水溜真由美
MIZUTAMARI Mayumi

堀田善衛　乱世を生きる

HOTTA Yoshie

ナカニシヤ出版

凡例

一、堀田善衞の著作からの引用は、『堀田善衞全集（第二期）』（全一六巻、筑摩書房、一九九三—一九九四年）によった。ただし、この全集に収録されていない著作については、原則として初出または初収によった。

一、『堀田善衞全集（第二期）』は、「全集」と略記した。

一、本文中で各種文献・資料のタイトルを示す場合、原則として文中の括弧書きの註に初出もしくは初収の書誌情報を示した。

一、創作ノート、草稿などから引用を行う際、引用箇所に訂正が施されている場合は、原則として訂正後の文字・記号のみを引用した。削除された文字・記号や校正記号については省略した。

一、略字、旧字体の漢字は、固有名などを除いて、適宜正字、新字に改めた。

一、ルビについては適宜省略した。ただし、判読が難しいと思われる漢字については、適宜ルビを振った。

一、引用文を省略する場合は（略）とし、改行はスラッシュ（／）で示した。

一、引用文中の註記や補足は［　］で示した。

堀田善衛　乱世を生きる　＊　目次

堀田善衞　乱世を生きる

高い欄干に肘をつき
澄みたる空に影をもつ　橋上の人よ
啼泣する樹木や
石で作られた涯しない屋根の町の
はるか足下を潜りぬける黒い水の流れ
あなたはまことに感じてゐるのか
澱んだ鈍い時間をかきわけ
櫂で虚を打ちながら　必死に進む舳の方位を

（鮎川信夫「橋上の人」『故園』第二輯、一九四三年五月）

序論　戦後派作家としての堀田善衞

一　堀田善衞と乱世

本書のねらいは、堀田善衞（一九一八―九八）の主要な著作をできるだけ網羅的に検討し、堀田を、乱世を生き、乱世を描き、乱世を思考した作家・思想家として再評価することにある。

まず堀田が「乱世を生きた」ということの意味は、一九三六年二月に慶應義塾大学法学部予科受験のため上京して以来戦時下の東京で青春時代を過ごしたこと、一九四五年三月に東京大空襲に遭遇したこと、同月末に国際文化振興会上海資料室に赴任するため上海に渡り中国で敗戦を迎えたこと、敗戦後国民政府中央宣伝部対日文化工作委員会に留用され一九四六年末まで中国にとどまり国共内戦を目の当たりにしたこと、一九五六年より八〇年代半ばまでアジア・アフリカ作家会議の運動にコミットし、冷戦・植民地独立闘争・中ソ対立など緊張した国際関係に身を晒したことに関わる。(1)

次に、堀田が「乱世を描いた」ということの意味は、堀田の作品の多くが、戦争や内戦がもたらす乱世的状況をテーマとしていることに関わる。第一の系譜として、戦争や内戦を素材とした小説がある。これらの小説は、さらにいくつかのカテゴリーに分類することができる。第一に、上海における敗戦と留用体験をもとにして書かれた「国なき人々」（『世界の動き』一九四九年五月号）、「祖国喪失」（『祖国喪失』文藝春秋新社、一九五二年）、「歯車」（『文學51』創刊号、一九五一年五月）、「漢奸」（『文學界』一九五一年九月号）、「断層」（『改造』一九五二年二月号）、『歴史』（新潮社、一九五三年）などの「上海もの」と言われる作品群がある。第二に、堀田が直接体験していない歴史上の出来事を素材とした『審判』（岩波書店、一九六三年）、『時間』（新潮社、一九五五年）、『夜の森』（講談社、一九五五年）、『海鳴りの底から』（朝日新聞社、一九六一年）、『スフィンクス』（毎日新聞社、一九六五年）、『路上の人』（新潮社、一九八五年）などの作品群がある。これらの作品はそれぞれ、原爆投下、南京事件（南京大虐殺）、シベリア出兵、島原天草一揆、アルジェリア独立戦争、中世ヨーロッパの異端審問を素材としている。第三に、「十五年戦争」期および冷戦期の日本を舞台にした、「広場の孤独」（『人間』一九五一年八月号、『中央公論文藝特集』一九五一年九月）、『記念碑』（中央公論社、一九五五年）、『奇妙な青春』（中央公論社、一九五六年）、『若き日の詩人たちの肖像』（新潮社、一九六八年）などがある。第二の系譜として、乱世を生きた作家・芸術家に関するエッセイ・評伝がある。主な作品として、鴨長明、藤原定家、ゴヤ、モンテーニュを扱った、『方丈記私記』（筑摩書房、一九七一年）、『定家明月記私抄』（正篇・続篇、新潮社、一九八六、八八年）、『ゴヤ』（全四巻、新潮社、一九七四―七七年）、『ミシェル城館の人』（全三巻、集英社、一九九一―九四年）がある。鴨長明と藤原定家は戦乱の時代であった院政期の随筆家・歌人、ゴヤはスペイン独立戦争（ナポレオン戦争）の時代を生きたスペインの画家、モンテーニュは宗教戦争の時代を生きたフランスの作家である。第三の系譜として、アジアや第三世界をめぐる『インドで考えたこと』（岩波書店、一九五七年）、『後進国の未来像』（新潮社、一九五九年）、『上海にて』（筑摩書房、一九五九年）、『キューバ紀行』（岩波書店、一九六六年）、『小国の運命・大国の運命』（筑摩書房、一九六九年）などの紀行文・評論・エッセイがある。

ところで、堀田善衞を乱世を生き、乱世を描き、乱世を思考した作家・思想家として捉えようとする本書の視点は決して新しいものではない。それどころか、「乱世」は堀田善衞を論じる際の定番のキーワードである。二〇〇八年に県立神奈川近代文学館で開催された堀田の回顧展も「堀田善衞展――スタジオジブリが描く乱世。」と題され、その第一部は、「乱世を生きる」と「乱世をみつめる」の二つのパートから構成されていた。[2] そもそも、「乱世」は堀田自身が好んだ言葉でもあり、一九五八年には評論集『乱世の文学者』を未來社から上梓している。

堀田に向けられるアクチュアルな関心も、堀田が乱世に深い関心を寄せたことと関係している。たとえば、二〇一一年三月一一日に発生した東日本大震災の後、東京大空襲の体験をふまえて書かれた『方丈記私記』が注目を集めたことは記憶に新しい。[3] また最近では、辺見庸が『1★9★3★7《イクミナ》（完全版）』（全二巻、KADOKAWA、二〇一六年）の中で南京事件を描いた『時間』を大きく取り上げている。同書において辺見は、安保関連法の成立に「戦争と暴力」の時代の接近を感じながら、『時間』に描かれた「ニッポンというどくとくの心性」を暴き出そうとした。どうやら堀田は、日本の読書界において、乱世的状況の中で想起される作家として位置づけられているようである。

堀田善衞研究は、次節で触れる他の多くの戦後派作家と比べれば立ち後れているが、近年研究が活発化している。昨年秋には陳童君『堀田善衞の敗戦後文学論――「中国」表象と戦後日本』（鼎書房、二〇一七年）が出版された。同書は堀田善衞に関する初めてのモノグラフである(4)。また、曾嶸『堀田善衞と中国――「上海体験」に始まる初期作品の形成と展開』（博士論文（大阪大学）、二〇一二年）も近年の注目すべき研究成果である。ただし、両著を含めて従来の堀田研究は、上海体験をベースとして書かれた「上海もの」や「広場の孤独」に傾斜していた(5)。もちろん、上海体験が堀田文学の出発点であることは疑いえないが(6)、半世紀に及ぶ堀田の作家人生は上海体験に収斂するわけではない。そもそも、一九六〇年代以降の堀田は上海あるいは中国を舞台とする作品をほとんど書いていない。堀田の文学・思想の全体像に迫るためには、堀田の人生全体を視野に収めると共に堀田の主要な著作をできるだけ網羅的に取り上げることが必要である。

二　戦後派と戦争体験

ところで、乱世との深い関わりは堀田の専売特許ではない。それどころか「十五年戦争」にまつわる体験は、堀田のみでなく同世代のすべての知識人に共通のものである。とりわけ堀田もその一人とされる戦後派の作家たちは、戦争体験を共通のバックボーンとして、極めて政治性・思想性の強い文学を開花させたことが知られている。本多秋五は『物語戦後文学史』（全三巻、岩波書店、一九六〇―六五［新潮社］＝二〇〇五年）の「結びの言葉」において、座談会「戦争と同時代――戦後の精神に課せられたもの」（『同時代』第八号、一九五八年一一月）における丸山眞男の発言を引用しつつ、「戦後派」とは「実は戦前世代であり、彼等の活動をささえたものが実は戦争体験に外ならなかった」（下巻、二四二頁）と指摘している。

戦後派とは、三〇代または二〇代で敗戦を迎えた世代に属する一連の作家・評論家を指す。どの作家・評論家を戦後派に分類すべきかについては議論があるが、たとえば、二〇〇一年に県立神奈川近代文学館で開催された「野間宏と戦後派の作家たち展」[(7)]のラインナップは、野間宏（一九一五年生まれ）のほか、梅崎春生（一九一五年生まれ）、島尾敏雄（一九一七年生まれ）、大岡昇平（一九〇九年生まれ）、武田泰淳（一九一二年生まれ）、堀田善衞（一九一八年生まれ）、中村真一郎（一九一八年生まれ）、福永武彦（一九一八年生まれ）、埴谷雄高（一九〇九年生まれ）、椎名麟三（一九一一年生まれ）、花田清輝（一九〇九年生まれ）、安部公房（一九二四年生まれ）である。『国文学　解釈と鑑賞』二〇〇五年一一月号の特集「戦後派の再検討」では、「作家（人と作品）」の枠で、野間宏、梅崎春生、椎名麟三、武田泰淳、埴谷雄高、大岡昇平、安部公房、堀田善衞、三島由紀夫（一九二五年生まれ）、長谷川四郎（一九〇九年生まれ）、井上光晴（一九二六年生まれ）、福永武彦が、「「近代文学」派の人々ほか」の枠で、平野謙（一九〇七年生まれ）、本多秋五（一九〇八年生まれ）、荒正人（一九一三年生まれ）、小田切秀雄（一九一六年生まれ）、山室静（一九〇六年生まれ）、佐々木基一（一九一四年生まれ）、伊藤整（一九〇五年生まれ）、花田清輝、寺田透（一九一五年生まれ）、加藤周一（一九一九年生まれ）、「荒地の詩人たち」が、「演劇」の枠で、木下順二（一九一四年生まれ）が取り上げられている。

ちなみに、かつては戦後派をデビューの時期によって「第一次戦後派」と「第二次戦後派」に区別することもあった。山本健吉が「第三の新人」（『文學界』一九五三年一月号）において、新しく登場した一連の作家を、「第一次戦後派」（「第一の新人」）および「第二次戦後派」（「第二の新人」）と差別化する形で、「第三の新人」に分類したことはよく知られている。

先述の『物語戦後文学史』において本多秋五は、野間宏、梅崎春生、椎名麟三、中村真一郎を「第一次戦後派」とする通説について、「第一次戦後派」に近い作家・思想家として竹内好、日高六郎、大岡昇平を挙げる一方で、中村真一郎を「第二次戦後派」に分類すべきだと主張している。他方で本多は、「第二次戦後派」として堀田善衞と加藤周一を挙げ、さらに三島由紀夫と安部公房を「第二次戦後派」の「突然変異」としている。そのうえで、「第一次戦後派に共通した特徴」を「マルクス主義――戦前の日本で唯一の社会科学であり、合理主義的思想であり、宗教でさえもあったもの――の洗礼をうけた前歴をもつこと、または、その人が作家として立つのに兵士の経験が決定的であったこと、いま一つ付け加えていえば、第二次戦後派の多くに認められる中世文学への親近をまったく欠いていること」を挙げている（上巻、一七六―一七七頁）。

他方で吉本隆明は、「戦後文学は何処へ行ったか」（『群像』一九五七年八月号）において、戦後派のうち、転向体験を出発点とした野間宏、椎名麟三、埴谷雄高と戦争体験を出発点とした梅崎春生、武田泰淳、堀田善衞の間に差異を見出し、後者に「政治上の優位」を認めている。とりわけ吉本は、「中国革命にたいするかれらの独自な理解とか、日本の中国にたいする侵略、残虐行動にたいする目撃者兼加担者としての独自な屈折」を「原動力」とする武田と堀田を「文学的同族」として位置づけている（『吉本隆明全著作集』第四巻、勁草書房、一九六九年、一三九頁）。多岐祐介は、この吉本の議論から示唆を得て、戦後を「解放の時代」として捉える荒正人、本多秋五らと「戦後日本に対する幻滅を特色とする」武田泰淳、堀田善衞との差異を強調しながら、「もはや死語となった観のある第二次戦後派という文学史用語を復活させてはどうか」と提案している[8]。

後述するように、戦後派の戦争体験は多様であり、その内部にある断層は単一のものではない。ただし、年齢差が体験の相違に深く関係していることはたしかであろう。たとえば、本多秋五が「第一次戦後派」の特徴とする「マルクス主義の洗礼」や吉本隆明が野間宏、椎名麟三、埴谷雄高の出発点とする転向体験は、年長の作家・評論家に限定されている。また、本多は中村真一郎を堀田善衛や加藤周一と同じ「第二次戦後派」に分類しているが、一九一八年生まれの中村、堀田と一九一九年生まれの加藤は全くの同世代である。荒正人、本多秋五と加藤周一の間に交わされた星菫派論争が、前二者と加藤の間に横たわる世代間格差を浮かび上がらせたことはよく知られている[9]。

つまり、戦後派の共通のバックボーンが戦争体験であるといっても、その中身は、年齢のほか、性格、健康状態、知的関心、政治的立場、さらには偶然的な要因によって大きく異なる。以下では、戦後派のバックボーンとなった戦争体験を、（1）転向体験（左翼運動をめぐる挫折の体験）、（2）戦時下で青春時代を過ごした体験、（3）兵営体験・従軍体験、（4）「外地」で敗戦を迎えた体験に分節化し、戦後派内部の体験の差異、多様性をふまえつつ概観したい[10]。

(1) 転向体験（左翼運動をめぐる挫折の体験）

「十五年戦争」の幕開けとなる満州事変以後、左翼運動に対する弾圧が著しく強化された。一九三三年の共産党幹部の転向を契機として転向者が続出し、左翼運動は壊滅状態に追い込まれた。「政治と文学」論争で荒正人が強調したように、その衝撃は敗戦時四〇代のプロレタリア作家に比べて敗戦時三〇代の戦後派の方がはるかに大きかった。転向体験（左翼運動をめぐる挫折の体験）は、埴谷雄高、椎名麟三、武田泰淳、平野謙、荒正人らにとって原点と言うべき体験であり、彼らに政治的理念に対する懐疑の念を抱かせ、「政治と文学」をめぐる考察を促した。ただし、右に挙げた五者のうち一九一三年生まれの荒が最年少であることが示すように、転向体験を持つ者は年長者に偏っていた。本多秋五が「第二次戦後派」に分類した堀田善衛、中村真一郎、加藤周一、安部公房らは、左翼運動にコミットする機会を持たなかった。堀田に即して言えば、堀田が慶應義塾大学予科に入学する一九三六年には共産党系の左翼運動は壊滅に近い状態にあり、マルクス主義の言説にアクセスすることさえ難しい状況にあった。

（2）戦時下で青春時代を過ごした体験

自由を欠く戦時下において青春時代を過ごした体験は、戦後派に分類されるすべての作家・評論家に共有されている。といっても、この点についても年齢による体験の差を無視することはできない。年長者は、大正デモクラシーの余波の下で左翼運動が高揚した満州事変以前の時代を知っていた。他方で、若年の堀田善衛、中村真一郎、加藤周一らにとっては全く事情が違っていた。加藤は『1946・文学的考察』（講談社、一九四七［眞善美社］＝二〇〇六年）の巻頭を飾った「新しき星菫派に就いて」の冒頭において、「戦争の世代は星菫派である。／詳しく云えば、一九三〇年代、満州事変以後に、更に詳しく云えば、南京陥落の旗行列と人民戦線大検挙とに依て戦争の影響が凡ゆる方面に決定的となった後に、廿歳に達した知識階級は、その情操を星菫派と称ぶに適しい精神と教養との特徴を具えている」（一二頁）と論じたが、南京陥落後に二〇歳となった堀田、中村、加藤は、まさしく「星菫派」の世代に属していた。堀田の自伝的小説『若き日の詩人たちの肖像』に描かれるように、彼らは、著しく自由を欠く時代状況の下で、死の恐怖に怯え、文学・芸術に耽溺しながら青春時代を過ごした。戦中派の安田武（一九二二年生まれ）は『若き日の詩人たちの肖像』に強いシンパシーを示したが、(11)「星菫派」世代の体験は戦中派のそれと重なっている。なお堀田は、戦時中は加藤周一や中村真一郎らのマチネ・ポエティックのメンバーよりも荒地派のメンバーに親近感を持っていたと回想しているが、(12)自伝的小説『若き日の詩人たちの肖像』に「ルナ」として登場する中桐雅夫（一九一九年生まれ）、「良き調和の翳」こと鮎川信夫（一九二〇年生まれ）、「冬の皇帝」こと田村隆一（一九二三年生まれ）は、いずれも堀田より年少である。

（3）兵営体験・戦場体験

兵営体験・戦場体験をバックグラウンドとする戦後派作家として、野間宏、武田泰淳、大岡昇平、梅崎春生、島尾敏雄、長谷川四郎らがいる。ただ、その体験の内容は多様である。右の六者のうち、戦場体験を持つ者は、野間宏、武田泰淳、大岡昇平、長谷川四郎である。このうち、武田は一九三七年から三九年まで中国戦線に従軍し、その間に中国人の民間人を殺害したとされる。大岡は戦争末期にフィリピン戦線に従軍して極限状態を体験し、その後連合軍の捕虜となった。長谷川は「満州」で徴兵を受けソ連国境の監視所に配属されたが、戦争末期にソ連軍の侵攻を受け捕虜となった。野間宏は一九四二年にフィリピンのバターン・コレヒドール戦に従軍した。他方で梅崎と島尾はいずれも戦場を体験していない。といっても、抑圧的かつ死の恐怖と隣り合わせの兵営生活は、それ自体非日常的な体験だった。さらに島尾の場合は、「内地」とは文化の異なる奄美諸島の加計呂麻島に特攻隊長として配属され、出撃直前に敗戦を迎えるという極めて稀有な体験をした。なお堀田は、入営直後に怪我をし陸軍病院入院を経て除隊となったために従軍を免れた。

(4)「外地」で敗戦を迎えた体験

戦後派の作家・評論家のうち、「外地」・敵国で敗戦を迎えた者に、大岡昇平、長谷川四郎、武田泰淳、堀田善衞、安部公房らがいる。大岡はフィリピンのレイテ島の捕虜収容所で半年以上を過ごした後、収容所で敗戦を迎えた。長谷川はソ連軍侵攻後の戦場体験を経て捕虜となり、一九五〇年初めまでシベリアに抑留された。武田と堀田は、いずれも上海で国策文化機関に勤務する民間人として敗戦を迎えた。ただし武田が一九四六年初めに帰国したのに対し、堀田は四五年秋から国民政府中央宣伝部に留用され四六年末まで上海にとどまった。安部は「満州」で育ち、高校入学のために帰国したが、大学進学後の一九四四年に再び「満州」に渡った。その後、一九四六年の引き揚げまで、安部は現地でソ連軍の侵攻、チフスの流行、国共内戦がもたらした大きな混乱を経験することになる。

このように五者の体験はそれぞれ大きく異なっているが、敗戦後、敵国民あるいは捕虜として過された点では共通している。とりわけ敗戦直前まで日本の占領地だった上海や「満州」に滞在していた長谷川、武田、堀田、安部は、敗戦による支配者から被支配者へのドラスティックな立場の転換を経験せざるをえなかった。武田に「滅亡について」(『花』一九四八年三月号)を書かせ、堀田に「祖国喪失」を書かせた動機は、まさしく敵国における「亡国」の体験である。[13]他方の「内地」では、ポツダム宣言受諾後連合軍の上陸までに約二週間の猶予があり、また当初連合軍が民主化を占領方針としたため、「敗戦」を「終戦」として、「占領軍」を「進駐軍」として捉えるような風潮が支配的であった。

これまで見てきたように、戦後派のバックボーンは戦争体験であるといっても、その体験の内容はそれぞれ大きく異なっている。堀田にとっての原体験としての戦争体験とは、先述のとおり、戦時下で青春時代を過ごした体験、戦争末期に中国に渡り中国で敗戦を迎えた体験、国民政府に留用された体験が中心である。といっても、堀田が実体験のない転向体験や戦場体験に対して無関係・無関心であったわけではない。

まず転向は、左翼運動に本格的にコミットした経験のない堀田にとっても大きなインパクトを持つ同時代的な出来事だった。ファシズム体制下で青春時代を過ごした堀田は、多くの知識人の変節を目の当たりにした。『歴史』には、国民政府に留用される竜田が転向体験を持つ元特務工作員の左林に向かって次のように述べる場面がある。

それは、僕なんかのような三十代初期の日本人は、あなたみたいな転向者で、以前とは反対の極へ行った人、行かざるをえないこともわかるのですが、そういう人たちを徹底的には憎めないんですよ。同罪、という感じがありますからね。二十になったかならぬときに、あなた方左翼ががらがらと、僕らの眼の前で崩壊した、させられた。そのために一番痛烈な打撃をうけたのは、あなた方自身は別とすると、実は、あなた方の後に来た世代だったかもしれないんですよ。何故かと云えば、つまりこの世代は、あなた方の崩壊のおかげで思想とか体系とか理論とかいうものの一切を信じなくなった。（全集二巻、一七〇頁）

竜田と堀田の間には若干の年齢のズレがあるが（『歴史』の時間は一九四六年秋に設定されているが、当時堀田は二八歳だった）、右の竜田の発言内容は堀田自身の見解とみなすことができる。なお堀田の作品には、『歴史』の左林のほかにも多数の転向体験者が登場する。たとえば、『記念碑』とその続編『奇妙な青春』では、戦時下および占領下の日本で転向する二人のインテリ男性（伊沢信彦と安原克巳）が批判的に描かれている。また『海鳴りの底から』の主人公は仲間を裏切り、島原天草一揆から離脱する山田右衛門作である。

他方で、堀田は『審判』や『橋上幻像』（新潮社、一九七〇年）において、兵士のトラウマの問題を先駆的に取り上げている。『審判』には中国の戦場で民間人を殺害した体験を持つ人物が、『橋上幻像』第一章にはニューギニアの戦場で体験した食人の記憶に苦しむ人物が登場する。両者のモデルはそれぞれ武田泰淳と加藤道夫であり、いずれも堀田の親友だった。堀田は武田の死後に書かれた「彼岸西風――武田泰淳と中国」（『世界』一九七七年六月号）において、「戦後の武田泰淳の根源」には「『審判』が厳として盤踞していた」（全集一三巻、四〇四頁）と指摘している。(14) また加藤については、加藤の自殺の直後に、「彼は終末期近いニュー・ギニヤへ行った。そこで彼は、地獄を、見た。その、ニュー・ギニヤの地獄が、彼をつかまえてはなさなかった。そのことを私は知っていた」（全集一四巻、七八頁）と証言している。[15]そもそも、兵営体験を持つ堀田にとって、戦場体験は自分の身に起こりえた身近な体験であった。堀田の除隊後、堀田の所属していた部隊は南方の島に向かう途中で輸送船が撃沈され全滅したという。[16]つまり、転向体験であれ、戦場体験であれ、戦後派の戦争体験とは、実体験の有無に還元されない世代体験の側面を持っている。

さらに堀田の場合、敗戦前後の上海体験が戦場体験や転向体験に近い役割を果たしたことも無視できない。一方で、堀田は上海において日本軍による中国侵略を目の当たりにした。『上海にて』には、日本兵が中国人の花嫁を性的に侮辱する場面を回想した箇所があるが、日本軍占領下の上海は戦場と地続きであった。他方で、堀田は上海において、親日派、国民党、共産党の間の熾烈な党派対立を目の当たりにした。特務機関の存在に背筋を凍らせる体験をする一方で、漢奸の公開処刑を目撃することもあった。埴谷雄高は、転向体験を背景として「政治」の暴力性・非人間性をめぐる実存主義的な思想を形成したが、堀田は上海体験を背景にしてほぼ同様の思想に到達している。

三　時代遅れの戦後派？

ところで、戦後派の文学は、今日においては過去のものとみなされ、あまり読まれていない。もちろん、大岡昇平の『野火』（創元社、一九五二年）のように戦争文学の古典として読み継がれている作品もあるし、島尾敏雄や安部公房などの（あまり戦後派らしくない）一部の作家は、現在でもよく読まれており、研究もさかんである。また一九九〇年代以降、ポストコロニアル研究、戦争文学研究・トラウマ研究の文脈において戦後派の作品を再検討・再評価する動きもある。[17] しかし、個別の作家・作品の評価が戦後派全体の評価に結びつくことは稀と言ってよく、[18] 戦後派全体を再検討する試みもごくわずかである。[19]

それにしても、なぜ戦後派は読まれなくなったのか。『国文学　解釈と鑑賞』二〇〇五年一一月号（特集＝戦後派の再検討）の巻頭におかれた川村湊、富岡幸一郎、柘植光彦による座談会「戦後派の再検討」は、戦後派の限界、アナクロニズムについて明快に論じている。

この座談会は、柘植光彦の「いま、戦後文学があまり読まれなくなっています。特に若い人は読んでいない。椎名麟三や野間宏の名前すら知らない、そういう状況があるような気がします」（六頁）という発言から始まるが、戦後派が読まれなくなった理由のうち特に強調されている点として、抽象性、観念性が挙げられる。抽象的、観念的な戦後派の作風は、イデオロギーが崩壊した今日においてはリアリティを持たないうえ、エンターテインメント性も欠如しているため、特に女性読者には受けないと指摘されている。

三者は、今日的な評価のポイントと考えられる戦争やアジアの描き方についても手厳しい。戦争の描き方については、何が問題なのか明確でないが、褒めていないことだけは確かである。川村湊は、今日において戦争小説が読まれていないわけではなく、「第一次戦後派の人たちが書いた戦争ものが読まれない」と断じ、この問題を、「第一次戦後派の書いた戦争の小説或いは戦争の捉え方を一言で言て《ママ》しまえば、吉本隆明が言っていた、戦争傍観者の文学であるという言い方に繋がってしまうところがあるのかなというふうに思うんですね」とまとめている（二〇頁）。この点に関連して、柘植は、戦争体験を持つ戦後派の作品は「被害者的な発想」が強く「加害者体験」があまり書かれていないと指摘している（二一頁）。

「アジアへの視点」については、多くの戦後派がアジアにまつわる体験を持ちながら、アジアの扱いが手薄であるとことが指摘される。他方で、武田泰淳、堀田善衞についてはアジアを描いていることは認めつつ、作品全体が抽象性、観念性に傾斜し、具体性が消去される傾向が指摘されている。たとえば富岡幸一郎は、堀田について、「中国を舞台にして、自分もそういう場所にいたんでしょうけども、作品そのものはある種の抽象性というか観念性というのが、とても色濃くあって、出来事そのものの記録性というよりはある種の普遍性をとにかく勝ち取りたいというような傾向がある。（略）中国で、南京で何人殺されたかというようなそういう具体性がむしろ消されているようなこともある」（二二頁）と指摘している。

ところで、抽象性、観念性に戦後派の限界を見る議論の嚆矢として、「戦後文学」論争の発端となった佐々木基一の評論「「戦後文学」は幻影だった」（『群像』一九六二年八月号、臼井吉見編『戦後文学論争』下巻、番町書房、一九七二年所収）を挙げることができる。以下では、この評論の内容を少し詳しく見てみたい。

佐々木は、安保闘争を機に戦後文学が活気を取り戻しつつある同時代の状況について[20]、「安保反対闘争のうちに戦後の民主主義運動と「戦後」という理念のもつ限界が一挙に明らかになったと考えるわたしとは反対に、彼らはあの闘争に結集したアモルフな大衆のエネルギーに感応されて、挫折した戦後文学の運動をいま一度再建する条件が出来たと感じているのであろうか。時代の声が彼らの復権を熱烈に要請していると感じているのであろうか」（『戦後文学論争』下巻、五六三頁）と、容赦のない冷や水を浴びせる。

ただし、タイトルから受ける印象とは異なり、佐々木は戦後文学を全否定しているわけではない。「どうして、戦後文学はあの初期にもっていたエネルギーとアクチュアリティとを自ら喪失して、情況にのみこまれ、俗化してゆかねばならなかったのか」（同、五七〇頁）という一節が示すように、佐々木は初期の戦後文学の意義を評価しながら、戦後文学がかつてのエネルギーとアクチュアリティを喪失したことを批判する。佐々木は戦後文学を、「生と死、神と悪魔、宇宙と人間、存在と自由等々といったもっとも根源的な究極の問題に問いを発」する文学、乱世が生んだ「観念的で頭でつかち」な文学として捉えたうえで、その意義と限界について、「彼らは、戦争によって、非常時を日常時とみる乱世の眼を養われたが、非常時のなかの日常時をとらえ、あるいは日常時のなかに非常時を発見する革命の眼はもつにいたらなかった」と結論づける（同、五七〇―五七一頁）。

右の一節が示すように、社会主義に立脚する佐々木の戦後文学批判は、今日の戦後派批判とはやや異なる。ただ、戦後文学とは乱世が生んだ観念的な文学であり、平和な日常の回帰によってアクチュアリティを喪失したとする理解は、今日も広く共有されているように思われる。また佐々木は、アクチュアリティ喪失後の戦後派の末路について、ある者は仕事を中絶させ、ある者は「政治と文学」の二元論を固定化させ、ある者は「政治と文学」の構図を「組織と人間」にスライドさせることで「俗化」させたと分析する。

何故、彼らは、仕事を中絶するか、新しい情況に順応して俗化するか、ひとつの場所にとどまつて、永遠にみはてぬ夢をみるか、するよりほかにすべがなかつたのか。（同、五七一頁）

このうち、「政治と文学」の二元論を固定化させた作家として、武田泰淳と堀田善衛がやり玉に挙げられる。

堀田善衛と武田泰淳は、乱世の亡霊を追つて、中国にアジア・アラブ諸国に、シベリアに、北海道にとたえまなく空間移動を行い、あるいは、二・二六事件や島原の乱といつた歴史的過去へと遡行するが「広場の孤独」や「ひかりごけ」に定着された思想をより深め、発展させることに成功していない。（同）

全体として見れば、佐々木の戦後派批判には一定の妥当性がある。何よりも、戦後復興・高度成長と戦後民主主義の定着によって日本社会が大きく変化したことは厳然たる事実であり、新しい時代状況を反映した新しい文学が若い世代を担い手として生み出されることは自然な動向であった。戦後派を特徴づける「政治と文学」論についても、共産党の権威、影響力が弱まるにつれて、アンチテーゼとしてのインパクトが弱まることは不可避であった。右のような日本社会の転換は、高度成長が開始され大衆社会論争が戦わされた一九五〇年代半ば頃から、戦後派世代を含めて広く意識されつつあった[21]（『近代文学』の創刊メンバーである佐々木基一自身、戦後派の評論家である）。

ただし、戦後日本社会の動向を、非日常から日常へ、戦争から平和へ、超国家主義から民主主義への転換としてのみ捉え、乱世的状況に固執する戦後派にアナクロニズムの烙印を押すことはやや早計である。そもそも、右のような戦後社会の捉え方は今日では一国主義的として厳しく批判されている。国際的な文脈で見れば、日本が戦後復興・高度成長を遂げた一九五〇年代から七〇年代初めまで、世界は冷戦のただ中にあり、朝鮮戦争、ベトナム戦争を始めとして、アジアを含む各地で戦争が多発していた。言うまでもなく日米安保体制は、そうした冷戦構造の一翼を担った。一九五〇年代、米軍の占領下にあった沖縄では、「本土」の復興・繁栄を余所に「銃剣とブルドーザー」による土地強奪と基地建設が着々進められた。

他方で、アジア・アフリカ作家会議を始めとする第三世界の連帯の動きは、冷戦に対するカウンターであった。佐々木はアジア・アフリカ作家会議にコミットした堀田や武田を「乱世の亡霊を追」うと冷笑的に表現しているが[22]、冷戦という名の「乱世」から戦後日本を切り離す佐々木の認識は一国主義的と言わざるをえない。他方で、堀田は一九五〇年代半ば以降アジア・アフリカ作家会議の運動を通じて頻繁に海外に赴き、第三世界の作家たちと交流した。つまり、堀田の「乱世」に対する認識は、一面において同時代の国際社会の現実に支えられていた。

付け加えるならば、今日では、朝鮮戦争勃発と共に活発化した日本の平和運動についても一国主義が厳しく批判されている。「戦争に巻き込まれたくない」という実感に支えられた当時の平和運動の主潮流は、日本が米国を介して朝鮮戦争に深く荷担する現実について無自覚であった[23]。一方で、堀田の小説「広場の孤独」は、二極化する国際関係を視野に収めたうえで、米国の占領下にある日本のポジションに焦点化しつつ朝鮮戦争を描いている。このように、堀田が日本をその一部とする冷戦の現実に敏感でありえた背景として、上海体験を無視することはできない。堀田は敗戦後の上海において、国共内戦の仲裁者として振る舞いながら国民党を支援し、援助の見せかけの下に余剰物資を中国に持ち込み国内産業を崩壊させるアメリカの介入の手法を目の当たりにした。「座談会　戦後文学の国際的背景――堀田善衛《ママ》を囲んで」（『文学的立場』第九号、一九六六年一一月）において堀田はこれらの点に触れ、「アメリカ支配ということにおける戦後世界の、まず二十年ぐらいの見通しは、ぼくそこでついたと思いましたね」（八七頁）と述べている。またこそ、堀田は占領軍についても幻想を持たなかった。『上海にて』では、抗日戦争の勝利を「惨勝」として捉えた中国の現実認識と対比しながら、「惨敗を「終戦」といいつくろい、占領軍を「進駐軍」といって、ことばの上で、あるいは定義の上で、きびしい現実をやりすごす、肩すかしをくわせて行く」日本人の現実認識の甘さを批判している（全集九巻、二一八頁）。

これまで述べてきたように、同時代の国際情勢を念頭におくならば、敗戦は乱世の終結を意味しなかった。敗戦後の上海において冷戦の萌芽を見、またアジア・アフリカ作家会議の運動を通じて国際情勢に通じていた堀田は、そのことをリアルに認識することができた稀有な作家だった。武田泰淳との共著『対話　私はもう中国を語らない』（朝日新聞社、一九七三年）において、堀田は、「十何年間、アジア・アフリカ作家会議をやるためいっしょに協力し、つねに交渉していた」楊朔が文化大革命で自殺に追い込まれたことを「憤懣にたえ」ないと語り、また「人間がその属する一国の一時の事情に、決定的に左右される」ことを痛感させた事象として、「インドネシアの友人たちも、スカルノがひっくりかえったときに、何人も殺された。パキスタンの友人は刑務所にいる。アンゴラの友人はポルトガル人に暗殺された」と語っている（八一―八二頁）。つまり、堀田の「乱世」に対する認識は、一面において同時代の国際社会の現実に支えられていた。

もっとも、戦後派の作家のすべてが堀田のように国際情勢に通じていたわけではないし、一国主義的な認識を免れていたわけでもない。戦後派が長期にわたって乱世に固執し続けた最大の理由は、もちろん原点としての戦争体験にある。

先述したとおり、一口に戦争体験と言っても多様であるが、青春時代に戦争に直面した体験は各々の人生に決定的な痕跡を残した。その一部はトラウマ記憶とも呼びうるものであり、島尾敏雄が未遂に終わった特攻体験を晩年に至るまでくり返し描いたように、記憶の持ち主に反復脅迫的な想起を強いた。戦後の日本において戦争のトラウマの問題をいち早く提起した安田武は、『戦争体験――一九七〇年への遺書』（朝文社、一九六三［未來社］＝一九九四年）の巻頭におかれた「なぜ戦争体験に固執するか」の中で次のように述べている。

なぜ、戦争体験に固執するのか、――そう問われれば、ぼくは当惑するよりほかはない。固執するわけではなく、固執せざるを得ないのだ。なぜならば、その体験を抜きにして、ぼくの今日は無なのだから。（八頁、傍点安田）

他方で、安田は戦争体験に対する固執を「執念」という言葉で語り、戦争体験を執念深く言い立てることの意味を「死者の無念」に関係づける。

しかし、ぼくは思う。――声高く己たち世代の犠牲や不遇を語るためではなく、死者の無念を語るために、ぼくたちは、自分たち世代の体験を固執せねばならぬ、と。そして、たとえ舌足らずであっても、それを語る勇気をもたねばならぬ、と。ぼくたちが、文字通り喪失の世代となった時、あの戦争が民族の上に強いた大きな不幸のある部分が、その時失われる。「戦後」はまだ終っていない。――どころか「戦争」さえ、まだ終ってはいないのだ。（九二頁）

一般に、安田を始めとする戦中派と戦後派は対立的に捉えられ、戦時下において「十五年戦争」に対する批判を持ちえたか否かによって区別されることが多い。もちろんこうした区別に意味がないわけではないが、戦争に対する批判の有無によって、戦争体験（特に極限的な体験）がもたらす衝撃の度合いが大きく異なるわけではないだろう。戦中派・戦後派の別を問わず、極限的な体験を持つ者が否応なく戦争体験に固執し、死者をめぐる思いに囚われる心の働きは共通であるように思う。

ただし、戦争体験に固執するすべての作家が、島尾のように、戦争をめぐる実体験を、具体的な形でくり返し描いたわけではない。先述の『国文学　解釈と鑑賞』の座談会において、川村湊は、『レイテ戦記』（中央公論社、一九七一年）や『ミンドロ島ふたたび』（中央公論社、一九六九年）を上梓した大岡昇平のケースと対照させながら、堀田善衛がライフワークとして上海体験を書いていないことに不満を表明している。武田泰淳についても、ライフワークとなった『富士』(中央公論社、一九七一年)や『快楽』(全二巻、新潮社、一九七二、七三年)において、中国体験が「抽象的観念的、全体小説的な世界」の中に解消されていることを批判している(二一一頁)。たしかに、これはありうる批判であろう。堀田は『歴史』によって「上海もの」にピリオドを打ったが、その後も堀田が上海体験をリアリズム的な手法で書き続けていたとしたら、優れたライフワークが残された可能性がなくはない。

もちろん、堀田は「上海もの」の締めくくりとなる『歴史』を発表した後も、戦争体験に触れていないわけではない。一九五七年の上海訪問後に書かれた『上海にて』は、堀田の上海体験の記録、総括の意味を持つ作品である。また自伝的小説『若き日の詩人たちの肖像』は、戦時下の青春を実体験に基づいて描いた作品である。さらに『方丈記私記』では、東京大空襲の体験が詳しく書かれている。

他方で堀田は、実体験を持たない南京大虐殺、原爆投下、シベリア出兵、島原天草一揆、院政期の内乱、スペイン独立戦争(ナポレオン戦争)、フランス宗教戦争などを素材とした作品を数多く書いている。右に挙げた戦争・内戦のうち、南京大虐殺、原爆投下以外は「十五年戦争」以前の出来事であり、シベリア出兵以外は堀田の生きた時代とは大きな隔たりがある。しかし、堀田はこれらの戦争・内戦と「十五年戦争」との間にある種の共通点を見出している。

堀田は、戦時下において培われた豊かな教養と、北前船の廻船問屋の倅ならではの軽やかなフットワークを武器にして、自在に時間・空間上の移動を行い、乱世的状況を反復脅迫的に描いた。加藤周一は『路上の人』(徳間書店、一九八五[新潮社]=二〇〇四年)に寄せた解説「『路上の人』及び堀田善衞」の中で、堀田の時間的かつ空間的な動きに触れ、「堀田善衞とは、いつでも、どこでも、その生涯を通じて常に四次元の世界の中で旅を続けた「路上の人」であった」（三八八頁）と述べている。先述の「「戦後文学」は幻影だった」において、佐々木基一は、戦後の堀田が「乱世の亡霊」を求めて空間移動を行い歴史的過去へと遡行したことを乱世的状況への固執として批判的に捉えていたが、筆者は加藤周一と共に、これを堀田文学のユニークな特質と見る。

四　乱世における知識人

堀田は作品の中で乱世的状況をくり返し描いたが、そのうち冒頭で述べた第一の系譜（戦争、内戦、革命などの歴史的事件を扱った小説）と第二の系譜（乱世を生きた作家・芸術家に関するエッセイ・評伝）に属する作品群では、乱世における知識人あるいは作家・芸術家の身の処し方に大きな関心を向けている。第一の系譜に属する作品群では、堀田の分身と思われる知識人的な人物がほぼ例外なく視点人物に設定されている。第二の系譜に属する作品群では、乱世を生きた実在の作家・芸術家の人生を正面に据え、この問題をより直接的に扱っている。

乱世を生きた知識人あるいは作家・芸術家に対する強い関心の背後には、堀田自身の体験がある。一九一八年生まれの堀田は、満州事変が勃発する三一年に石川県立金沢第二中学校に入学し、二・二六事件の直前に慶應義塾大学予科受験のために上京した。堀田は平和な時代をほぼ全く知らなかった世代に属している。さらに堀田は、敗戦後も中国の国民政府に留用され、帰国後もアジア・アフリカ作家会議の運動を通じて乱世的状況に関わり続けた。

こうしたバックグラウンドの下で、堀田は乱世における知識人あるいは作家・芸術家の身の処し方を厳しく問い続けた。といっても、堀田が関心を寄せる知識人は革命家タイプではなく傍観者タイプである。このことは、堀田の気質や思想と共に「十五年戦争」期に日本の知識人がおかれた状況を反映している。「十五年戦争」期、特に日中戦争が本格化する盧溝橋事件後には、時局に批判を持つ知識人が政治の大勢に影響を与える可能性は皆無に近かった。

ただし、こうした状況は必ずしも満州事変後に突然生じたわけではない。堀田は評論「日本の知識人——民衆と知識人」（岩波講座『現代思想』第一一巻「現代日本の思想」岩波書店、一九五七年）において、中江兆民『三酔人経綸問答』を議論の土台としながら、近代日本を特徴づける知識人の閉塞状況について論じている。堀田は同書に描かれる三人の知識人（洋学紳士、豪傑君、南海先生）のうち、「体制に忠実であるわけでもなく、また不忠実であるわけでもなく、いつも『かのやうに』あるいは「胡麻化せり」という意識の苦渋に耐えつつ、黙々と生きて行く」（一六九頁）南海先生に、日本の知識人の典型的な姿を見出している。堀田は、その背景として、他律的な仕方で近代化を強いられた近代日本のジレンマを見る。堀田の認識によれば、近代日本は「西欧帝国主義の追随者」であることによってのみ「アジア・ナショナリズムの先駆者あるいは同志」でありえた（一七一頁）。そしてこうした矛盾ゆえに、理想主義的な政治理念は状況を導く支配的な力とはなりえず、知識人は「動かすものではなく動かされっぱなしの受動性を習性的にもつようにな」った（一八二頁）。

堀田は同様の矛盾をゴヤの生きた後進国スペインにも見出す。『ゴヤ』の中で詳しく描かれるように、ナショナリズムと革命とが結びついたフランスと違って、ナポレオン軍の占領に対して独立戦争が戦われたスペインでは、ナショナリズムが封建的、反動的な立場と結びついた。フランス発の外来思想である啓蒙主義、進歩主義に与する知識人は裏切り者とみなされかねず、民衆からの孤立を余儀なくされた。

知識人が限りなく孤立化し無力化された「十五年戦争」下の日本、あるいはナポレオン戦争下のスペインのような状況下において知識人はどのように身を処すべきなのか――堀田は多くの作品の中でこう問うているように思われる。といっても、先述したように、堀田が自己を重ね合わせる知識人は反逆者、革命家というよりは傍観者であり、さらに体制に対する加担者でさえある。『海鳴りの底から』の山田右衛門作は島原天草一揆から離脱した裏切り者であり、ゴヤはナポレオン戦争前後の目まぐるしい権力の交代劇を生きのびた宮廷画家である。

これらの作品が傍観者的、体制迎合的な知識人を批判するために書かれたわけでないとすれば、そこに賭けられているものは何だったのか。一言で言うならば、それは乱世を生きる知識人が、消極的な仕方であれ抵抗し続けること、あるいは徹底的に覚めていることの可能性と意味であると言えるだろう。

もちろん、このような堀田の態度を物足りなく感じる読者は少なくないだろう。理想を言えば、いかなる困難な状況下にあっても積極的な抵抗を試みることこそが良心的な知識人の責務というものであろう。歴史を振り返れば、著しく困難な状況においてなお勇気ある抵抗が試みられた事例は無数に存在する。日本の植民地統治下の朝鮮では、厳しい弾圧にもかかわらず独立運動が続けられたし、ナチス占領下のフランスでは大規模なレジスタンス運動が組織された。ナチスの絶滅収容所においてさえ、抵抗を試みたユダヤ人や政治犯は存在する。
ただし、日本に生を受け南京陥落後に二〇歳となった堀田は、戦時下において、そうした抵抗の可能性をリアルには感じられなかった。また客観的に見ても、少なくとも人民戦線事件後、有効な抵抗運動はほぼ組織されなかった。他方で、多くの知識人や作家・芸術家は――検挙・投獄を避けるための最小限の保身のレベルを超えて――積極的な戦争協力を行った。加藤周一は評論「戦争と知識人」(『近代日本思想史講座』第四巻「知識人の生成と役割」筑摩書房、一九五九年)において、「明白な反対の意志を表明する余地がなかったということは、ただちに、賛成の意志を表明する余地しかなかったということではない。例外的な場合を除いて、沈黙の余地は最後まであった」(『加藤周一自選集』第二巻、岩波書店、二〇〇九年、三六二頁)ことをふまえたうえで、戦時下の日本において沈黙を守った知識人がごく少数であったことを指摘する。加藤は、その例外的な一人として永井荷風の名を挙げ、次のように論じる。

日本の知識人がみんな永井荷風であっても、ファシズムをどうすることもできない。しかし実情は知識人の大部分が、荷風でさえなかったのだ。(同、三九一頁、傍点加藤)

鶴見俊輔が転向研究の中で述べた言葉を借りれば、日本思想史の稜線は高くはなく連続もしていない(「序言　転向の共同研究について」『共同研究　転向(改訂増補版)』上巻、一九七八年、平凡社、四頁)。したがって、次のように述べることは許されるだろう。たとえ微温的に感じられようとも、日本の文脈においては、消極的抵抗の可能性と意味を問題にすることは無意味ではない。

堀田も、こうした日本の文脈をたびたび問題化している。堀田は随所で、日本人は無常観に囚われやすく宿命論的な発想に陥りやすいと論じている。丸山眞男は「日本の思想」（『日本の思想』岩波書店、一九六一年）や「歴史意識の「古層」」（『忠誠と反逆――転形期日本の精神史的位相』筑摩書房、一九九二年）において、規範的、原理的な思想傾向が弱く既成事実を肯定しがちな日本の思想風土について論じているが、堀田も丸山に近い見解を持っていた。そうした日本の思想風土を批判的に描いた作品として、『記念碑』とその続編『奇妙な青春』がある。両作品は戦中戦後の日本における知識人の転向の問題を扱った作品である。また『方丈記私記』では、東京大空襲の体験をふまえて、日本における無常観のイデオロギー的な機能を天皇制と関係づけて論じている。他方で、南京事件を素材とした『時間』では、中国人インテリの陳英諦を主人公としつつ、宿命論との対決を中心的な主題としている。

ただし、乱世と知識人の関係をめぐる堀田の問題提起は、日本流の無常観、宿命論の批判に収斂するわけではない。堀田は、知識人の中でも作家・芸術家に特別な関心を向け、多くの作品の中で乱世における文学、芸術のあり方について考察している。第一の系譜に属する小説『海鳴りの底から』の主人公は、島原天草一揆を生きのびた実在の画家山田右衛門作である。第二の系譜に属する作品は、いずれも乱世を生きた実在の作家・芸術家の生き方とその作品を問うものである。

これらの作品の中で、堀田は乱世と文学・芸術との関わりを両義的なものとして捉えている。それは図式的に述べるとすれば、以下のような意味である。一方で、文学や芸術は固有のコミュニティ・

約束事・主題・様式を持ち、乱世を生きる作家や芸術家にとって逃避の場として機能する。文学や芸術は現実と渡りあう契機を持ちながらも、それらが緩衝材となって文学や芸術を制度の枠内に閉ざしてしまう。他方で、作家・芸術家が、制度の枠を越えて、実存的な仕方で現実に対峙する場合もある。そのようにして制作された作品は、時として乱世的状況についての記録の意味を持つこともある。

堀田はこうした考察を日本の中世文学から引き出した。しばしば指摘されるように、堀田や加藤周一ら「第二次戦後派」の作家・評論家は戦時中に日本の中世文学に深く傾倒した。その理由は、彼らが乱世を生きた中世の作家・歌人に自己を重ね、アクチュアルな視点によって中世文学を鑑賞したからである。堀田や加藤は、中世の作家・歌人のおかれた危機的状況に思いを馳せ、中世文学の政治からの自立と美的洗練に注目した。

ところで、加藤は先述の「新しき星菫派に就いて」において、戦時下において教養が果たしたイデオロギー的な機能を鋭く暴き出している。一九三〇年代半ば以降の日本回帰の潮流の中で人気を博した日本の古典文学は、そうした教養の中でも中核的な位置を占めた。といっても、加藤の批判の対象は、戦時下のインテリ青年の浅薄な教養主義であって古典的な作品そのものではなかった。他方の堀田は、中世の作家・歌人による乱世との向き合い方を、そのものとして問い直した。その結果、堀田は芸術至上主義的な宮廷文学のあり方を、乱世の現実からの遊離として批判的に捉えるに至った。他方で、堀田は鴨長明『方丈記』の「五大災厄」をめぐる記述に着目し、そこに、宮廷文学の枠組みから自由になり乱世の現実を直視しえた出家者の目を見出した。後に堀田は、乱世を生きたゴヤやモンテーニュの作品にも同様の姿勢を認めることになるだろう。

シュテファン・ツヴァイクは、『権力とたたかう良心』（高杉一郎訳、みすず書房、一九六三＝一九七三年）において、エラスムス、ラブレー、モンテーニュらユマニスト（人文学者）を例に挙げつつ、「知っている者は行動する者ではないし、行動する者は知っている者ではない」と嘆いた（一六一―一七頁）。これら二つのタイプの知識人のうち、堀田が自己を重ね合わせるのは「行動する者」ではなく「知っている者」に対してである。先述したように、戦時下の日本において、行動の可能性を閉ざされた結果、時局を積極的に支持したり、宿命論に陥ったりした知識人の姿を目の当たりにした堀田は、乱世のただ中で消極的であれ抵抗の姿勢を持ち続ける知識人に対して深い共感を抱いた。他方で堀田は、国家権力が協力か抵抗かの二者択一を強いる乱世的状況下にあって、協力でない沈黙がありえないことについても自覚的だった。戦時下の日本において知識人が生存と自由を維持するためには、そして創作活動を継続するためには、時局に対する何らかの協力が不可欠であった。それゆえ堀田は、『海鳴りの底から』や『ゴヤ』において、知識人は本質的に裏切り者だとする認識を示している。

他方で、堀田は「行動する」ことについて常に消極的であったわけではない。一九五六年から四半世紀以上に及ぶアジア・アフリカ作家会議へのコミットメントは、その最も重要な反証である。堀田は、この運動に従事するようになった個人的な動機について、「戦中戦後の上海での生活によって、いわば西欧一辺倒であったかもしれなかった視線を、百八十度とは言わないまでも、相当程度に転廻する必要を感じたことから発していたであろうと思われる」（「著者あとがき　無常観の克服」、全集三巻、六五八頁）と回想している。大学でフランス文学を専攻し、多くの同世代の知識人と同様に西洋文化に深く傾倒していた堀田にとって、上海滞在は非西洋世界に目を向ける決定的な契機となった。

他方で、アジア・アフリカ作家会議の運動は、堀田にとって国際交流や国際親善を、反帝国主義の立場で、文化人同士の直接の交流によって、やり直す意味を持っていたように思われる。堀田は、戦時中に勤務先の国際文化振興会を通じて、アジア侵略の一環としての親善事業に携わることを余儀なくされた。

『上海にて』中の一節、「異民族交渉について」の中で回想されているように、敗戦直後、堀田は上海に住む日本人の文化人から原稿を集めて「中国文化人ニ告グルノ書」というパンフレットを作成し、中国人の文化人に配布することを企てた。しかしこの計画は、対日協力を嫌う印刷所の協力を得られず実現しなかった。堀田は、このパンフレットのため、日本人の文化人に対して、「弁解とか、戦争の正当化とか、通り一遍の詫び言などというのではなくて、正確な一言、を書いてほしいと依頼し」(全集九巻、一七八頁)たというが、堀田自身がどのような文章を準備していたのか定かではない。ただし、敗戦の翌年に中国で発行された『改造評論』一九四六年六月号に寄せた「反省と希望」から、その内容を推測することができる。

この論考の中で、堀田は戦時下の上海における日本軍による文化統制の厳しさを語り、中国人に対してそのことを謝罪している。と同時に、「良心ある日本の文学者は皆真実に憂慮し、焦慮してゐたのである」(全集一四巻、四三九頁)、「文学者個人個人の内心には、何とかしてこの歪んだ中日関係を、せめて文学の分野に於いてだけでも是正したいといふ悲しい願ひは燃えてゐたのである。しかし統制は絶対的であつた」(同)といった言葉で、当時の「良心ある日本の文学者」の胸中を告白している。弁解めいた言葉ではあるが、堀田は日本人の文化人の善意を中国人の文化人に伝えずにはいられなかったのだろう。

その後堀田は、対日協力者となった中国人の文化人が「漢奸」として厳しい罪に問われる姿を目の当たりにする。先述の「反省と希望」は、「私の文章は以上で終るが、最後にどうしても云ひたいことが一つある。それは漢奸、殊に文化漢奸と呼ばれてゐる人々に対して、肺腑よりして済まなかつたと詫びを申上げたいといふことである」（全集一四巻、四四三頁）という一節で締め括られている。

堀田は、こうした「文化漢奸」をめぐる罪責感をデビュー後まもない時期に発表された短編小説「漢奸」の中で描いている。さらに、中国の内戦を主題とした『歴史』では、中国侵略そのものに対する罪責感がストレートに表明されている。堀田は『歴史』の中で、未来における中国侵略の反復を回避すべく戦前日本から決別する断固とした意志を日本人の登場人物である竜田や亮子に託した。『歴史』はやや特殊な作品であるものの、戦争体験を基盤とする堀田の文学活動の底流に、戦前日本に対する反省と対決姿勢を認めることは困難ではない。その意味では、堀田の文学活動のすべてが、戦前日本に対する反省を出発点としたコミットメントであったと言うこともできるだろう。

五　本書の構成

最後に、本書の構成について述べておきたい。

第Ⅰ部では、戦争や内戦を素材として書かれた小説を取り上げる。

第一章では、朝鮮戦争を描いた「広場の孤独」を取り上げる。本章では、「広場の孤独」が、あらゆる人間に二者択一を迫り中立的な立場を許容しない二〇世紀の政治のあり方を鋭く描いていること、個人が独立を維持するために「見る」ことの重要性が示唆され、そのことが作品の末尾で主人公が小説を書く決断に連動していることを明らかにする。

第二章では、国共内戦を描いた『歴史』を取り上げる。本章では、『歴史』が、国共内戦の核となった中国国内の階級対立と支配層のグローバルな共謀関係を描いていること、インテリの視点人物がコミットメントを模索する例外的な作品であること、戦前日本からの決別を目指す堀田の意思をストレートに反映した作品であることを明らかにする。

第三章では、原爆投下の問題を扱った『審判』を取り上げる。本章では、『審判』が戦争のトラウマの問題を扱った先駆的な作品であること、対面的な殺人の罪と対比しつつ原爆投下の罪に人類史を画する意味を見出していること、ドストエフスキー文学のポリフォニックな構造を用いて戦争の罪と裁きをめぐる多元的な考え方を提示していることを明らかにする。

第四章では、南京事件（南京大虐殺）を描いた『時間』を取り上げる。本章では、『時間』が乱世的状況を描く思考実験的な作品であること、乱世における典型的な人物を類型的に描いていること、ヴェルコール『海の沈黙』の設定を取り入れながら、主人公の中国人インテリによる宿命論との対決を主要なテーマとしていることを明らかにする。

第五章では、島原天草一揆を描いた『海鳴りの底から』を取り上げる。本章では、『海鳴りの底から』を転向小説として位置づけつつ、同作品が一揆の証人となることを主人公山田右衛門作の裏切り（転向）の一因として描いている点に注目し、堀田がこの背理を知識人・芸術家の宿命として捉えていることを明らかにする。

第Ⅱ部では、乱世を生きた実在の作家・歴史家を描いたエッセイ・評伝を取り上げる。

第一章では、戦時中に発表された「西行」と未発表の草稿「西行　旅」に描かれる西行像について検討する。本章では、「西行」および「西行　旅」が、西行の出家に、現実乖離によって特徴づけられる同時代の宮廷文学に対する批評的な意味を見出していることを示し、両作品が戦後に書かれる『方丈記私記』や『定家名月記私抄』を先取りする作品であることを明らかにする。

第二章では、『方丈記私記』および『定家名月記私抄』に描かれる鴨長明像および藤原定家像について検討する。本章では、両書が定家を宮廷文学の枠内にとどまったインサイダーとして描いていること、他方で長明を宮廷文学の枠組みから逸脱した、それゆえに乱世の現実を直視しえたマージナルマン、アウトサイダーとして対比的に描いていることを明らかにする。

第三章では、『ゴヤ』に描かれるゴヤ像について検討する。本章では、『ゴヤ』が、スペイン独立戦争の時代を生きたゴヤを、宮廷画家として権力者に迎合しつつも、戦争がもたらした乱世的状況を伝統的な美意識や芸術の様式に捕らわれることなく描きえた稀有な画家として捉えていることを明らかにする。

第四章では、『ミシェル　城館の人』に描かれるモンテーニュ像について検討する。本章では、『ミシェル　城館の人』が、フランスの宗教戦争の時代を生きたモンテーニュを、懐疑主義の立場に立脚しつつ、新旧両派の狂信的な態度から距離をとり寛容な姿勢を維持しえた稀有な作家として描いていることを明らかにする。

第Ⅲ部では、アジア・アフリカ作家会議の運動を中心に、堀田と第三世界との関わりについて論じる。

第一章では、一九五六年の第一回アジア作家会議を端緒としてアジア・アフリカ作家会議の運動にコミットした堀田の基本的な姿勢について考察する。本章では、堀田が第三世界を未知の国として、また未来に希望を託す「後進国」として捉えていること、またアジアに帰属しながら、元帝国主義国であり先進国でもある日本の微妙な立ち位置を意識しながら、アジア・アフリカ作家会議の運動に関わったことを明らかにする。

第二章では、アジア・アフリカ作家会議に分裂を持ち込んだ中ソ対立を発端として、堀田が大国の党派主義に対してどのように対峙したのかを考察する。本章では、堀田が大国の党派主義に対して批判的な目を向ける一方で、チェコ事件に見られる小国の大国に対する異議申し立ての動きに大きな可能性を見出したことを明らかにする。

第Ⅰ部
乱世を描く試み

1950年２月12日、NHK 東京放送会館のスタジオで加藤周一（右）と（県立神奈川近代文学館・堀田善衞文庫所蔵）

第一章　朝鮮戦争　二〇世紀における政治と知識人
――「広場の孤独」――

一　はじめに

「広場の孤独」（『人間』一九五一年八月号、『中央公論文藝特集』一九五一年九月）は朝鮮戦争をテーマにした中編小説であり、堀田の文壇への本格的なデビュー作でもある。堀田は、「広場の孤独」、「漢奸」などにより、一九五一年下半期の芥川賞を受賞した。

「広場の孤独」の舞台は、朝鮮戦争勃発後まもない時期（一九五〇年七月）の「反動を以て鳴る」新聞社であり、主人公は朝鮮戦争勃発直後に臨時社員となった木垣幸二である。第二次大戦終戦前後に上海で暮らした経験を持つ木垣は、堀田の分身とおぼしき人物で懐疑する知識人である。朝鮮戦争の報道で多忙を極める社の内外には左右の政治対立が深い影を落とし、やがてレッドパージにより左翼的な政治的立場に立つ記者が解雇される。

堀田は、「広場の孤独」を執筆した当時、国論を二分していた講和問題に対して、多くのリベラル派の知識人と同様に全面講和論を支持していたと推測される。堀田は米軍基地を批判的に論じたエッ

セイやルポも書いている。(1)

ただし、「広場の孤独」の中心的なねらいは、朝鮮戦争下の日本の具体的な状況を批判的に描くこと以上に、(2)「戦争と革命の時代」であった二〇世紀における政治や文学のあり方、知識人の身の処し方を思想的な観点から考察することだったように思われる。朝鮮戦争は、こうしたテーマを扱ううえで格好の国際的事件でもあった。「広場の孤独」は、戦争とファシズムをくぐり抜けた多くの戦後派作家が共通の関心を持っていた思想的テーマを正面から追究した作品と言える。

「広場の孤独」は同時代の日本を小説の舞台に据えた作品であるが、堀田は、「広場の孤独」発表の前後に「歯車」(『文學51』創刊号、一九五一年五月)、「漢奸」(『文學界』一九五一年九月号)、「断層」(『改造』一九五二年二月号)、「祖国喪失」(『祖国喪失』文藝春秋新社、一九五二年)など、敗戦前後における上海体験を素材とした「上海もの」と呼ばれる小説を立て続けに発表している。本章で詳しく考察するように、上海体験は「広場の孤独」にも深い影を落としている。本章では、堀田の思想形成に大きな影響を与えた上海体験をふまえつつ、政治や知識人をめぐる堀田の思想を読み取りたい。

二　朝鮮戦争と「コミットメント」

「広場の孤独」が描き出すのは朝鮮戦争勃発直後の日本社会であり、主人公木垣が勤務する新聞社を中心として、朝鮮戦争が日本社会全体を暴力的な仕方で巻き込んでいく時代状況である。

木垣が臨時社員として働く新聞社の渉外部は、朝鮮戦争をめぐる報道で色めき立っている。渉外部には戦況を知らせる電文が海外からひっきりなしに届き、木垣はその翻訳に追われている。新聞社の報道姿勢は米国寄りで、渉外部の副部長の原口は北朝鮮軍を「敵」と訳し、ある電文の末尾に「平壌放送は共産政権のカイライ放送」という註を入れるよう指示を出す。また、国籍不明の飛行機が日本の海岸のはるか沖合で爆撃を行ったとする未確認情報に対して、社内は日本の「参戦」が決定したかのように熱狂する。やがて、木垣は、共産党員である同僚の御国から、党員および「同調者」の三八名が本社から「追放」されたことを知らされる。

朝鮮戦争の影響下にあるのは新聞社のみではない。敗戦から五年足らずの日本において戦争の傷は未だ癒えていないが、「戦争による廃墟のど真中」に建設された軍需工場が象徴するように、朝鮮戦争は日本社会を新たな戦争に巻き込んでいく。堀田は、朝鮮戦争において日本の米軍基地が米軍の出撃拠点となり、軍需工場が武器の生産を担い特需の恩恵に浴する状況を作品の中で描いている。木垣はOA通信のアメリカ人記者、ハワード・ハントのつきあいで横浜のキャバレーに向かう途中、ジープに先導されて疾走する軍需品を運ぶトラックの一隊を目にする一方、負傷兵を搬送する十数台の救急車とすれ違う。また、飛行場にフィルムを届けに行ったハントを待つ間に立ち寄った飲み屋では、「日本の戦争の手伝いをしてサ、いまア、またアメさんの手伝いだサ。面白エ、世の中だなア」、「戦争ちゅうもんは、なんちゅうても、景気のいいもんやな。（略）なんせ、こんなのまで働いておまんまを頂けるようになるんやからな」等、占領軍の番号入り作業服を着た「土工人夫」同士の会話を耳にする（全集一巻、三二一頁）。さらに、横浜のキャバレーでは、「パンパン」とおぼしきホステスから、「あたしのコレ、司令部付きなのよ、朝鮮へ行っちゃったの」と話しかけられる（同、三二六頁）。

　こうした状況下で、あらゆる行為・選択は一種のコミットであって中立的な立場はなり立ちえないという哲学が、木垣によってくり返し語られる。木垣は三年前に「追放資本」の受け入れをめぐる混乱の中でS新聞社を退職し、以後は探偵小説の翻訳と雑文を書くことで生計を維持してきた。朝鮮戦争開始後に木垣が自身の政治的立場と異なる新聞社で働くようになった動機は、家庭の問題で世話になったS新聞社時代の上司の頼みを断り切れなかったからである。

　しかし、電文中に〝Commitment〟という単語を見つけた木垣は、自分の政治的心情の如何にかかわらず、「いまこんな仕事をしていること自体、それは既に何かのCommitmentをしてしまったことになるのではないか」（同、二九七頁）という思いに囚われる。木垣の主たる職務は海外から届いた電文を翻訳することのようだが、そのことは反動的な言論への加担を免罪しない(3)。木垣は、新聞が事実を報道することを僭称しつつ出来事を既成事実化する役割を果たすことに自覚的であるが、自分の訳す記事が「無署名なるが故になお一層動かし難い真実として人々の眼にうつるのではないか」（同、二九八―二九九頁）という危惧を抱く。しかも、外国語の電文を翻訳する際には、訳語の選択を通じて訳者はある立場にコミットせざるをえない。

　とはいえ、社内では、記事の内容はおろか訳語の選択に疑問を投げかけることさえ容易ではない。物語の冒頭で、木垣は原口が「タスク・フォース」を「敵機動部隊」と訳したことに対して、「ちょっと、ちょっと。北鮮共産軍を敵と訳すことになっているんですか？　それとも原文にエネミイとなっているんですか？」（同、二九六頁）と疑問を投げかけるが、後で「思想が悪い」という評判を立てられていたことを御国から知らされる。朝鮮戦争下の緊迫した政治状況は人を左右のいずれかに分類せずにはおかない。

他方で、木垣は、このコミットメントの論理を、言論に責任を持つ新聞記者のみでなく、一般の労働者にも適用する。「所謂特需景気に酔いどれた労働者」の会話を耳にした木垣は、「爆弾をかつぐことによって、彼らもまた内心の如何に拘らず一歩限界を越えた《コミット》のではないか」と自問する（同、三〇二頁）。

ところで、木垣自身は全面講和論を支持しているが、同時に作中では、冷戦状況は中立的な政治的立場の選択を許容するのかという疑問も提起されている。この疑問は、フランスの論壇におけるサルトルに対するモーリヤックの批判として示される。木垣は、スイスの新聞に掲載された「サルトル氏、再びモオリヤック氏と論戦」という見出しのついた記事を読み、共産主義革命後の中国の承認問題や中国の国連加入問題などを軸にフランスの「平和と独立」を主張するサルトルら進歩的知識人に対して、冷戦体制下におけるフランスの平和は米国によって守られているとしてモーリヤックが批判を行ったことを知る(4)。

木垣はハントとの会話の中でサルトルの立場に共感を示し、また先述した飲み屋で耳にした労働者の会話の内容を、「要するに、日本は誰の味方でもない、日本はアジアの端の方にある国だ、という話さ」（同、三二二頁）と要約する。ハントは木垣ら日本のリベラル派の知識人が支持する中立論について、記事の中で、「或る者は日本の孤立孤独を強調するが、緊迫した情勢、特に朝鮮戦争以後にはどこにも孤立も孤独もありえないことに気付かず、気付いていないながらも敢て眼をつぶろうとする」（同、三四二頁）と批判する。木垣は、「中立論」を非現実的な理想論とみなすモーリヤックやハントの立場に同意しないが、「こういわれても仕方のない面がある。僕はこの頃、国際政治という奴は、もうもう、完全に人間の理性を越えてしまったところで、戦争を唯一のリアリティとした怪物的な論理で、というより組織で運んでいるように思えて仕方がない」（同）と、国際社会の現実が中立を困難にする状況にあることも認めている。

ところで、木垣の提起する「コミットメント」の論理は一九五〇年代に流行したサルトルの「アンガジュマン」の考え方に近い。サルトルは、『実存主義とは何か』（伊吹武彦訳、人文書院、一九五五＝一九七〇年）において、「自由の刑に処せられている」人間がとりうるどのような立場も一種の選択であり、選択しないことは不可能であると説いた。もちろん、本作品において提起されるコミットメントの論理は、サルトルの影響というより堀田自身の体験に由来するものだろう。

それゆえにと言うべきか、木垣におけるコミットメントは、ポジティブな理念や価値への投企に積極的な価値を見出すものというよりは、ある状況に加担することを余儀なくされるという否定的な意味合いが強い(5)。しかも、木垣はマルクス主義のような政治的理念にコミットすることについて強い躊躇を感じてもいる。それは、コミュニストである御国の発言に対する木垣の違和感から読み取ることができる。

木垣は御国とのうち解けた会話の中で、御国が反動的な立場に立つ新聞社で働いていることに「何となく割り切れぬものを感じていた」と告白する。御国は木垣の疑問に対して、「だって僕たちは、あらゆる組織の中にいる必要があります。弾圧の本家本元にだっていますよ」と応じる（全集一巻、三一〇頁）。さらに木垣が、御国のように組織に属さず「所謂生活のために手を汚さざるをえぬことを苦痛」と感じる人々の場合はどうなのかと問うと、「そんな人たちを救いだし解放するために、僕たちは死ぬ覚悟をしているのですよ」と明言する（同、三一一頁）。木垣は、理念の正しさを拠り所にして手段の選択に迷うことのない御国の割り切った態度に違和感を持つ。また、御国が日本の知識人の中立論を揶揄するハントの記事を批判した際には、「彼の論理にはあまりにも曖昧なものの影がない、曖昧なものをいささかも含まぬ論理は、日常人の論理ではなく、永久に闘い争う者の論理ではないか」という感想を抱く。と同時に、「しかし闘い争わず、流血を見ずして平和や人間らしい生活が獲得された例が、かつてあるかどうか……」（同、三四三頁）と自問する。木垣は、ある種の政治的理念への強いコミットメントなしに現状の変革は不可能かもしれないとも考える。

木垣は逡巡を続けるが、だからといって一切の決断、あるいは能動的なコミットメントを回避するわけではない。物語の中で、木垣は少なくとも三つの明確なコミットメントを行っている。

第一に、木垣は渉外副部長の原口からの転職の誘いを断る。原口は、近く新聞社をやめて「警察保安隊」に移る予定であることを木垣に話し、一緒に転職しないかと誘う。木垣はこの誘いを「僕は警察や軍隊は大嫌いです、折角ですがお断りします」（同、三四六頁）と言って明快に断る（その結果、木垣は原口から「同調者」のレッテルをはられる）。

第二に、上海で知り合った国際ブローカーのティルピッツ男爵からの金銭の融通を拒み、国外逃亡の夢を断念する。現在木垣は上海で知り合った京子と二歳の娘と暮らしているが、上海に行く前に結婚した法律上の妻との離婚が成立しておらず、京子は内縁の妻のままである。法律上の妻は離婚に同意する条件として慰謝料を求めている。他方で、木垣と京子には日本を脱出してアルゼンチンに移住する夢がある。その背景については次節で詳述するが、国外逃亡を強く望んでいるのは木垣以上に京子であり、その最大の動機は非人間的な国際政治の現実から逃避することだった。

京子はこの件をティルピッツに密かに相談し、アルゼンチンに住む彼の親戚から身許引受と入国許可をアレンジする旨の手紙を得る。一方、ティルピッツは独自の判断で一三〇〇ドル（五二万円）を用意し、黙って木垣の上着の内ポケットに入れる。この金額は離婚に必要な慰謝料のほぼ二倍に相当し、慰謝料のほかアルゼンチン移住のための旅費と当面の生活費の少なくとも一部をカバーするはずであったが、木垣はこの金を燃やしてしまう。木垣は、国際社会の裏面と結びついたこの金を使えば、もはや自分が自分自身の「自由の主人公」ではなくなってしまうのではないかと危惧していた。なお、ティルピッツは木垣が金を燃やしたことを知った後で再度パナマへの移住を勧めるが、京子は、「他の人全部が不安なとき、安心して暮す」貴族の行動を「売春行為」にたとえたティルピッツの言葉を用いて、「もういくら売春したって安全も安定もどこにもないんでしょう」と言ってこの勧めを断る（同、三六三頁）。最終的に、京子と木垣は、国際社会の現実から逃避することは不可能だとする認識に到達したと解釈できる。

第三に、木垣は物語の末尾で小説を書く決断をする。第四節で詳しく論じるように、「広場の孤独」は一種のメタフィクションであり、作中で木垣は独自の文学論を展開する。他方で、木垣は最初に御国と打ち解けた会話を交わした際、かつて探偵小説の翻訳をして生計を立てていたことから、御国から小説を書かないのかと問われるが、「とにかく僕が書かないのは、要するに君の云う、発言、が恐いからさ。書いたものは後々までのこる。才能のあるなしは別としても、こんな風な、どっちにころがるんだか得態の知れぬ時代には、証拠をのこさぬ方が賢いということになる」（同、三二一頁）と答える。この発言から、木垣が小説を書くことを一種のコミットメントとして捉えていることがわかる。物語の末尾において、木垣は「眼に見えたものは表現しなければならぬ。それがこのおれの解決の糸口なのだ」（同、三六四頁）として小説を書くことを決断し、「広場の孤独」というタイトルを書くところで物語は終わる。つまり、「広場の孤独」は主人公の木垣によって書かれた小説であることになる(6)。

三　上海体験と政治の暴力性

前節で詳しく見たように、本作品には左右の政治対立が深く影を落としている。言うまでもなく当時の日本は占領下にあり、否応なく日本は米国側に立って朝鮮戦争に協力することを余儀なくされた。批判を持つ者はその反対者であらざるをえなかった。

さらに、本作品には、敵対しあう陣営の一方の側にコミットすることを余儀なくする状況が世界各地で生じていることが示唆される。木垣の新聞社の同僚の日系二世の土井は、戦争中に交換船で来日した後、憲兵隊の通訳をしたために米国の市民権を喪失した。また上海時代に木垣と知り合った国民党系の中国人記者張国寿は、冷戦によって上海に暮らす妻子と引き離され、日本国内でも共産党のスパイによる監視を受けているらしい。

ファシズムの勃興から第二次大戦を経て冷戦体制の構築に至る国際政治は、各地で対立しあう陣営、党派に対する態度決定を人々に迫った。政治を政治たらしめるのが友‐敵関係であると喝破したのはカール＝シュミットだが、右のような時代状況は、シュミットにとどまらず多くの思想家に同様の考察を促した。たとえば、埴谷雄高「政治の中の死」（『中央公論』一九五八年一一月号）には、あまりにも有名な次のような一節がある。

これまでの政治の意志もまた最も単純で簡明な悪しき箴言として示すことができるのであつて、その内容は、これまでの数千年のあいだつねに同じであつた。

やつは敵である。敵を殺せ。

いかなる指導者もそれ以上卓抜なことは言い得なかった。

（『埴谷雄高全集』第四巻、講談社、一九九八年、五六一頁）

埴谷が問題にする政治の党派性と暴力性は、堀田にとっても重要なテーマだった。ただし、埴谷が右の考察を革命運動に参加した体験から導き出したのに対して、堀田の場合は、同様の考察を敗戦前後に上海に滞在し国共内戦を目の当たりにした体験から導き出した。

堀田は一九四五年三月末から一九四六年末まで、約一年九ヵ月間上海に滞在した。堀田は、敗戦まで国際文化振興会上海資料室に勤め、戦後は国民政府中央宣伝部対日文化工作委員会に留用された。

堀田は一九五九年に筑摩書房より上梓された『上海にて』の序文の中で、上海での生活を「運命」と捉え、「私の、特に戦後の生き方そのものに決定的なものをもたらしてしまった」（第九巻、一二〇頁）と述べている。

堀田は同書で、一九五七年の上海再訪とクロスさせながら戦前戦中の上海の記憶を語っているが、何よりもそれは流血の記憶である。国民党の特務機関であった軍統によるテロル、漢奸・戦犯の処刑、魯迅の弟子であった柔石ら多数の中国人作家の虐殺――。当時と大きく様変わりした上海を歩きながら、堀田は上海を取り巻いていた暗い記憶に囚われる。

かつての、〝敵〟と〝味方〟と〝漢奸〟の、この三者の流した血が沈んで行って、その上に更に、解放のために流されなければならなかった血が加わり、歴史という、どろどろのアスファルトか、溶岩流のようにもどす黒い、すさまじいものが眼に見えて来るようになって行った。（同、二一〇頁）

右の一節において、堀田は「敵」、「味方」、「漢奸」の「三者」に言及しているが、言うまでもなく、これらは国共内戦と抗日戦争の時代に敵対関係にあった国民党、共産党、親日派の三派を指している。抗日戦争開始後共産主義政権成立までの中国は、上記の三派（戦後は二派）に分裂し、中立が許されない状況にあった。堀田の上海体験の核の一つは、これら三派、特に国民党と共産党が抗日戦争下においてさえ手段を選ばず抗争を続けた結果、多くの血が流されたという点にある。

堀田は、エッセイ「アンドレ・マルロオ『人間の条件』」（『近代文学』一九五一年一月号）の中で、国民党に留用されていた間、「日本に対して徹底的な憎悪感を持ち、抗戦《レジスタンス》に挺身した、いわばはげしい精神の持ち主、政治が純粋な情熱と化した人に会ってみたい」という願望を持っていたが、「結局、それは無駄なことであった」と述べている[7]（全集一三巻、九五頁）。続けて堀田は言う。

政治が、純粋な情熱をもった人々によって運営されることは滅多にあるものではなかったし、また人間はそのように単純ではなく、とくに全体的抗日戦の最中にすでに内戦の存した中国の青年達は、そのように割り切れた環境にはいなかったのです。血みどろな地下工作に終始したといわれる人々もまた、中国勝利後に会ってみると、どことなく底深く汚れ、かつ勝利による慰藉感などは露もなくこの種の人々に独特の、不気味な疲労ばかりが眼に立っていました。（同、九五―九六頁）

政治の党派性・暴力性というテーマは、中国を素材として書かれた堀田のすべての小説に顔をのぞかせているが、このテーマを前面に据えた作品の一つに「歯車」がある[8]。堀田によると、「歯車」は茅盾の小説『腐蝕』にインスピレーションを受けて書かれた作品であるが[9]、『腐蝕』と同様、国民政府の特務機関である軍統の工作員の女性を主人公としている。以下に、「歯車」のストーリーを簡単に紹介する。

主人公の陳秋瑾は学生時代、共産党系の学生団体に所属し抗日運動に関わっていたが、検挙後に転向し国民党の特務工作員となった。他方で、秋瑾と一緒に逮捕された魏克典と恋人の黄は偽装転向後に共産党の運動に復帰した。戦争末期、秋瑾は共産党の工作員となった克典に再会し、行方不明になった黄の救出の手助けを依頼される（秋瑾は転向後に別れた黄を今も愛していた）。他方で、秋瑾は軍統の上層部から黄と復縁して共産党に対するスパイ活動を行うよう命じられる。秋瑾は黄を救うために、国民党内部で軍統と対立関係にあった政治保衛局と接触し、共産党の大物である克典と通じているとして軍統のスパイ全員を告発した（実際に、克典はスパイ活動の一環として軍統の実力者と接触を持っていた）。この告発は有耶無耶にされたが、やがて政治保衛局によって軍統は全面的な粛清を受ける。他方で、黄が何大金に「密殺」されていたことを知った秋瑾は、復讐のために何大金をホテルに誘い込んで殺害する。その後、秋瑾は、克典の手助けを得て、秋瑾の語る物語の聞き手であり国民政府の文化機関に勤務する日本人の伊能と共に船で国外への逃亡を図るが、何者かによる銃撃を受け船頭が殺され船が沈み始めるところで物語は終わる。

一見すると、「歯車」はスパイもののメロドラマであるが、この作品の中で堀田が描こうとしたテーマは国共内戦があぶり出す政治の非人間性であったと思われる。前田哲男『戦略爆撃の思想――ゲルニカ、重慶、広島（新訂版）』（凱風社、二〇〇六年）によれば、『腐蝕』の舞台は重慶であり（「歯車」の舞台は上海である）、一九四〇年に周恩来の求めにより文化活動の指導者として延安から重慶に招かれた茅盾自身の体験に基づいて書かれた。当時、「蔣介石の都」であった重慶では「共産党狩り」の白色テロが横行していた。国民党による恐怖政治を支えていたのは、軍統（軍事委員会調査統計局、藍衣社）および中統（国民党中央党部調査統計局、C・C団）の二つの特務機関であり、共産党系の要人は両機関の徹底した監視下におかれていた。

　堀田の作品において、しばしば政治の暴力がスパイの存在と関係づけられるのは、上海滞在時、国民党の非人間的な特務工作の有り様を頻繁に見聞きしたからだろう。しかも興味深い点は、『腐蝕』と違って「歯車」では、国民党の側のスパイ活動のみでなく共産党の側のスパイ活動も描いている点である。先述したとおり、「歯車」には、秋瑾の元同志の克典が共産党の工作員として登場する。克典は国民党や漢奸の間に幅広い人脈を持ち、「敵味方漢奸ごっちゃまぜの人的構成をもった大きな幽霊貿易会社」の設立計画や「欠損続きの映画会社」の援助などに関与している。さらに克典は、黄が逮捕され自身の身に危険が迫った際、保衛局と軍統に賄賂を渡して難を逃れる。

　堀田が、国民党のみならず共産党のスパイ行為を描いたことは、理念を異にする陣営が政治の論理においては合わせ鏡のように同形であり、「敵」と「味方」が容易に入れ替わりうることを示唆している。さらに克典と軍統の実力者の関係が示すように、「敵」と「味方」はしばしば裏で通じ合い取引を行っている。秋瑾は、伊能に向かって自分の境遇を語り始める前に、「……どこからお話ししたらいいか、全くこの政治というものは、頭も尻尾もなくて、敵だ味方だといってみたところで結局は敵味方が相対的に歯車のようにがっちり食いあった上で、政治にとってただ一つ絶対に必要なもの、血と肉をもった人間をがりがり喰って生きているのですから、どこをどういって切りようもありませんが」（全集一巻、二四八―二四九頁）という前置きを行う。ちなみに、「広場の孤独」が発表された当時、ゲオルギウの『二五時』と同種の現実を描いているとする評価がなされたが(10)、その背後に堀田の例外的な上海体験が存在したことは言うまでもない。

「広場の孤独」に話を戻すと、京子がアルゼンチンに移住しようとした動機もスパイ活動と関係している。京子は戦争中に上海でドイツ大使館の上海情報処に勤務していたが、そこで親しくしていた同僚の中国人の青年が国民政府のスパイだったことを戦後になって知る。京子は、意図せずに日本の情報を国民政府に漏らしたこと、さらには日本とドイツの間の情報漏洩にも関与したことを自覚し、「強度の神経衰弱」に陥った。といっても、それは日本に対する愛国心のためではなく、「国際間の問題に、生身の生活をもった個人がコミットしてゆくことそれ自体」（同、三四〇頁）に恐怖を感じたためと説明される。

他方で、この作品には、そうした非人間的な国際関係を逆手にとる人物が登場する。国際ブローカーのティルピッツ男爵である。オーストリア出身のティルピッツ男爵は根無し草のニヒリストであり、政治的な理念や道徳に囚われることなく、もっぱら経済的利益を追求する。「大規模な没落が行われる場所には必ず姿を見せる葬儀屋のような男」（同、三二六頁）と評されるティルピッツは、動乱や革命によって混乱する地域に出没しては、その地域から避難、脱出する人々の動産、不動産を取引し金儲けを行う。戦後の上海では、引き揚げ前の日本人や国民政府の要人や金持ちなどの財産を買いつけ多額の利益を得る。ティルピッツは、国家間、党派間の対立抗争の裏面で貪欲な利益追求が行われていた二〇世紀の国際政治が生んだ鬼子とも言うべき存在と言える。

ちなみに、上海を舞台として欠かれた「祖国喪失」には、ティルピッツに似たゲルハルトという国際ブローカーが登場するが[11]、ユダヤ人であるゲルハルトは第二次大戦中に絶滅収容所に収容された体験を持っている。この設定には、二〇世紀における非人間的な国際関係の犠牲者が、その受益者ともなりうるという背理を読み取ることができるだろう。

四　文学の危機と知識人

第二節で述べたとおり、本作品は、主人公の木垣が「広場の孤独」というタイトルの小説を書き始めるところで終わるが、作中で木垣は独自の文学論を展開する。まず木垣は御国に対して、自分が小説を書くとすれば、「もう個人がドラマの主人公ではなくて、事件とか事実とか事故とかが主人公になってしまうかもしれない」と述べる（全集一巻、三一一頁）。また、木垣は土井が所持する多数の探偵小説のうち、ある小説のタイトルが〝Stranger in Town（巷の異邦人）〟であることを認め、次のような考えに囚われる。

——任意の stranger を主人公にして〈小説〉を書いてみたらどうか。この任意の人物が、周囲の交叉し対立する現実に対応しつつおのれの立場を選ぶ。様々な事件や事故に接して選ばれたその立場位置が、今度は逆に、いわば対角線的に、この人物の位置を決定してゆく。（略）この人物は位置決定によって、任意の人物から特定の人物になる。そこまでを先ず描く。（同、三四四頁）

右の引用の要点は、ある人物を規定する要因はその人物の個性や考えではなくその人物がおかれた状況だという点にある。そして、その状況とは、京子を「三重スパイ」に仕立てたような複雑かつ非人間的な国際社会の現実そのものにほかならない。

エッセイ「母なる思想――Une Confession」(『文學界』一九五二年六月号)によれば、現代におけるあらゆる事象は複雑に関係しあっており、独立性を持たない。一つの事象は、「無限に核分裂して縦にも横にも連鎖反応を起し、終局的には歴史、ないしは現代史と称される「全体」の場に収斂される」(全集一三巻、一一三頁)。このことは、たとえば朝鮮戦争が朝鮮半島を取り巻く国際社会における複雑な事象の積み重ねの結果として発生し、またそれが多くの国々、人々に(プライベートな生活のレベルを含めて)計り知れない影響を及ぼすことを考えれば容易に理解することができよう。

右のような現代の時代状況が文学に対して持つ意味は、個性的な人物と独立した世界によって成り立つ完結した物語を不可能にする点にある。堀田は評論「覚書」(『文学』一九五二年六月号)において、登場人物や物語が明確な像を結ばずに状況の中に解体しがちである点に現代文学の危機を見る。

現代の文学は、全体として直接的な指標としては、完結完成という場をはなれ、次第に未定型の現代史を形成する、あるいは悪くいってその中に解消する、という方向にゆきつつあるように思われます。(全集一三巻、一一七頁)

こうした文学の危機をめぐる問題意識は、中村真一郎が二〇世紀における文学の方法論的な挑戦に大きな関心を寄せたことと無関係ではない。中村は、『現代文学入門――二十世紀小説の課題』(東京大学出版部、一九五一年）の第一章のタイトルを「現代小説と「現実」」とし、二〇世紀の小説が方法論のうえで様々な模索を行ってきた背景として、「十九世紀の方法では現代を描くことが不可能になった」ことを指摘する。中村によれば、保守的な思想家から小説の「自己解体期」、「衰亡期」とさえみなされる二〇世紀の小説の多様性は、戦争や革命を始めとする「現実のはなはだしい混乱の反映」である（『中村真一郎評論集成』第一巻、岩波書店、一九八四年、六頁）。

ところで堀田は、転換期にある文学の課題をより広い課題に結びつける。先述の「覚書」の中で、堀田は、「どこに完結完成をではなくて、作品としての独立性を確立すべき、決定的な一点あるいは一線を、あるいは発動力を求めるか。これは、現代社会の諸条件下における、人間の独立性をいかに発見するかということと同意義です」（全集一三巻、一一七頁）と述べている。つまり、ここで堀田は社会の中で人間の独立性を維持することと、文学作品の独立性を担保することを同一の課題として位置づけている。このことは、第二節の末尾で述べたとおり、木垣が小説を書くことを能動的なコミットメントとして捉えていることと深く関わる。

作中において、木垣は「見る」ことが人間としての独立性を維持することにつながることに思い至る。木垣は、御国からレッドパージについての報告を受けた際、「それが党員だけじゃないんですよ、同調者というのまで含んでいるんです」（同、三六〇頁）という言葉を耳にして、「同調者」の意味を問い返す。そして、「同調者」が英語の「fellow traveler」に該当すること、日本が一つの船であれば党員と同調者は「同船者」でないこと（つまり「非国民」ということであろう）、木垣も正社員であれば「同調者」とみなされかねなかったこと、などを理解する。さらに、木垣は「警察保安隊」への誘いを断った際、原口から「同調者」のレッテルをはられたことを思い起こす。原口の誘いの受諾、あるいは拒否は木垣を国際的な広がりを持つ政治対立の中に巻き込む可能性をはらんでいた。そのことに気付いた木垣は、「出発はここからだ。物を見ること、ただ見るだけでも実に容易なことではない」（同、三六二頁）と考える。木垣にとって、自身がおかれている立場、状況を見定めることは人間の独立性を維持するために不可欠であり、また彼にとってそれは小説を書くことの意味でもある。

ところで先に、木垣が「任意の stranger を主人公にして小説を書く」構想を抱いたことについて述べた。その際、木垣はある人物をその人物の内面からではなく、その人物がおかれた状況の側から書くことを構想したが、その最終的なねらいは以下にある。

> 颱風を颱風として成立させている、颱風の中心にある眼の虚無を、外側の現実の風を描くことによってはっきりさせる――こうしておれの存在の中心にあるらしい虚点を現実のなかにひき出してみれば、おれは生身の存在たるおれを一層正確に見極めうるのではないか。予見不能の地域、颱風の眼、それは人間にあっては魂と呼ばれるものではないか。もしそれが死んでいるならば、呼びかえさねばならぬ。（同、三四四頁）

右の木垣の決意は、人間が錯綜した状況の中に囚われていることを直視しつつ、人間の独立性をその状況の中に埋没させることを拒否するものだ。木垣は、状況を理解し、状況に働きかける人間の「魂」の存在を信じている。

それにしても、人間の独立性は「見る」ことによってかろうじて維持されるにとどまるのか。注目すべきは、木垣が「全面講和は期待薄。軍事基地反対は理想論」という新聞の見出しを目にした後、次のように考える件である。

木垣は、自分が全面講和を選んで波を立てずに話し合いをつけねばならぬものが全体いくつあるか、と彼の現在に含まれた因子を指折り数えるように、汗ばんだ指を曲げたり伸ばしたりしていた。そして深々と息を吸い込むと同時に、人が何であれ彼をとりまいて選択を迫るもの一切と全面的に話し合いをつけ、十全の独立を保ってゆくことが如何に困難であるかを思い知らされた。いずれか一つにコミットしてゆき、その対立者と対立することの方が、安易なのである。（同、三五八頁）

ここで木垣は、全面講和論という中立的な立場を「独立」という言葉を用いて語っている。もちろん、木垣はそれを「困難」であると述べているが、だからといって木垣は「いずれか一つにコミット」する「安易」な選択に与しない。しかも、全面講和論は、一般に「中立」という言葉がイメージさせるような判断停止を意味するわけではない。それは、一つの明確な政治的選択である。そしてこの選択は、特定の政治的理念から演繹されたものでなく、具体的な状況の中で理性的な判断をふまえて導き出されたものである。

木垣は、ハワード・ハントとサルトルとモーリヤックの論争について議論した際、「フランス人たちはあわてている」とサルトルを揶揄したハントに対して、「いや、フランス人たちは考えているのだ」と応じる。そして、「この記事によると、モオリヤック氏は恐れているように思えるが、サルトル、ジイド氏らは未来への道をひらくために考えているようにうけとれる。対立を深める一方の考え方、及び恐怖からは多幸な未来は生れえない」（同、三〇三―三〇四頁）と続ける。つまり、自らがおかれた状況を直視し、具体的な状況の中で自らの理性的判断による選択を行うことこそが木垣が提起する人間の独立性であると言えるだろう。

五　おわりに

木垣の提起するコミットメントは、あまりにも常識的かつ微温的という印象を与えるかもしれない。「広場の孤独」に限らないが、堀田の作品に対する批判は、しばしば堀田の分身とおぼしき知識人の主人公が逡巡するばかりで明確なコミットメントを行わないことに向けられてきた[12]。だが先述したように、そもそも堀田は状況が二者択一的な選択を強いる乱世において、イデオロギーに囚われずに現実を直視することが容易ではないことを強く意識していた。やがて堀田は乱世における知識人の現実認識について関心を深め、実在の著名な作家・芸術家の肖像を描くことに情熱を注ぐようになる。本作品はそうした系譜の出発点に位置する作品でもある。

同時に、本作品において、堀田が国際政治のブルータルな側面をふまえつつコミットメントの可能性を示唆した点にも注目したい。たとえば、堀田と同様に政治の本質について突き詰めた考察を行った埴谷雄高は、政治について極めてペシミスティックな立場を維持し続けた。もちろん、ファシズム体制の下で革命運動に参加し、投獄され転向を強いられた埴谷の体験は左翼運動をめぐる挫折の体験を持たない堀田のそれと同じではない。だからといって、堀田の体験が、埴谷のそれ以上に政治をめぐる甘い幻想を可能にするものであったとは思われない。それどころか、中国滞在時の堀田のように、特定の党派に所属していないインテリがすさまじい党派対立と殺し合いを目の当たりにすれば、政治嫌いになる可能性も少なくなかっただろう。

政治のブルータルな側面をふまえたうえでの、政治をめぐる木垣（堀田）の思考の大きな振幅、その点にこそこの作品のユニークさがある。と同時に、「広場の孤独」は、上海体験を背景として、文学の可能性や自身の著作活動の方向性を見定めようとしていた堀田自身の模索の過程を示す作品としても重要である。

第二章　国共内戦　歴史へのコミットメント
――『歴史』――

一　はじめに

堀田善衛『歴史』（新潮社、一九五三年）は、一九四六年秋の上海を舞台として、内戦に突入しつつあった時期の中国の状況を国民政府に留用された日本人インテリの視点から描いた長編小説である。[1]講演原稿「日本の知識份子」[2]（県立神奈川近代文学館・堀田善衛文庫所蔵）には、『歴史』執筆の背景が次のように記されている。

私は、一九四五年の三月、すなわち中日両国の人民が苦しみのどん底にあったときに、日本からこの上海に来ました。（略）そして、日本にとっては敗戦であり、中国にとっては勝利であった一九四五年、八月十五日をこの上海で迎え、戦後の、国民党下における強烈なインフレーションと、米国物資による中国経済の破壊を眼前に見、そして一九四六年、の十一月末から十二月にかけて、上海の市民の多数が立ち上って戦後の苦しい生活からの解放を求め、暴動を起した、その勇敢な闘争をも、私の眼で見て知っているのであります。そのときのことを、「歴史」という小説に書いたこともあります。

堀田は一九四五年三月末から四六年末まで上海に滞在し、帰国後、その体験をもとにして「上海もの」と呼ばれる一連の小説を執筆した。主な作品として、「歯車」、「漢奸」、「断層」、「祖国喪失」、そして『歴史』がある。

このうち『歴史』は、内容的にも、分量的にも、また発表時期から言っても、「上海もの」の集大成であり、他の四作品よりもはるかにスケールの大きな作品である。先述の講演原稿の引用からもうかがえるように、堀田は『歴史』において、一九四六年当時の中国の経済的な混乱の根底に階級間の対立を認め、数年後の共産主義革命の成就を念頭におきながら、胎動しつつあった変革の動きに深いシンパシーを寄せている(3)。つまり『歴史』は、国共内戦期の中国社会の動向をマルクス主義的な観点から捉えた作品として読むことができる。

こうした点において、『歴史』は「上海もの」に限らず堀田の小説全体の中で特異な位置を占める。というのも、堀田の小説のほとんどは、非人間的な政治のあり方を鋭く批判する視座に立ちつつも、アウトサイダー的な立場にある――したがって無力な――インテリに定位して書かれているからである。もちろん、堀田の分身である日本人インテリ竜田が視点人物的な立場で登場する『歴史』にも、他の作品と同様の構図が存在する。けれども、『歴史』の竜田は社会変革に身を投じる人々に率直なシンパシーを示し、政治に対する自分なりのコミットメントを模索する。ある意味で、『歴史』は堀田らしくない作品とも言える。(4) 堀田は「私の創作体験」の中で、「無理してることが十分この『歴史』の中にあるだろうと思うのです」と述べている（全集一三巻、一三三頁）。

にもかかわらず、堀田にとって『歴史』は、約一年九ヵ月間の中国体験の総括として、また「上海もの」の締めくくりとして、書かれなければならない作品だった。「私の創作体験」によれば、堀田にとって中国滞在は、「芸術至上主義的な考え」を打破し、日本と中国との間にある「宿命的な関係」を直視する契機となった。そして、「上海もの」と言われる一連の小説の中で堀田が描き出そうとした最大のテーマも、日本と中国の「宿命的な関係」だった。

そんなことがあって昭和二十二年、日本に帰ってきまして、まず書き始めた小説を全部まとめたものが『祖国喪失』という題名の、長編小説にはなっていませんけれども一連の連作小説、そういうものを昭和二十四年ごろからぼつぼつ発表し出しました。中国に材料を取ったもの。つまり、そこでいろいろな問題にぶつかった中でも一番大きな問題というのは、やっぱり日本と中国、中国と日本、そういう宿命的な関係です。（同、一三〇頁）

それにしても、『歴史』の場合、なぜ中国の内戦を階級対立の観点から描くことが日本と中国の「宿命的な関係」を問題化することにつながるのだろうか。本章では、『歴史』を枠づける階級間の対立構図を明らかにしつつ、日本人の登場人物である左林、竜田、亮子の存在にも注意を払い、堀田が国共内戦期の中国社会あるいは国際社会をどのように捉え、また日中関係についてどのような態度を表明しているのかを明らかにしたい。

二　支配階級の人々

『歴史』は一九四六年秋の上海を舞台とする作品であるが、力点がおかれるのは、上海の経済的な混乱と、暴利を貪る支配階級と困窮を強いられる労働者、貧民との間にある対立構造である。登場人物も、日本人の竜田と亮子をのぞけば、ほぼ二つのグループに分類することができる。このうち支配階級に属する主な登場人物は、左林（日本人）、康正（中国人）、羅紹良（中国人）、李安耀（中国人）、リュシェンヌ夫人（フランス人）、ラムステッド（アメリカ人）の六名である。まずはこの六名の顔ぶれを簡単に見ておきたい。

左林は、戦時中、陸軍の特務機関と一体化した「××通商」で中古の武器や阿片の取引を行い、また対重慶和平工作に名を借りた対敵貿易に従事していた人物である。現在の左林は、名目上竜田と同じく国民政府の資源調査委員会に留用されているが、実際には、国民政府の承認の下で、かつての特務機関のネットワークを利用しながらＡＡＥＣ（亜美経済会議）を主宰している。左林はＡＡＥＣを拠点として、中日米間の密貿易、希少金属の産地である海南島の開発、日本軍の遺留財産の移転・運用などに携わっている。

康正は、山西省出身の大富豪であり、上海のバンドの裏に六階建てのビルを持つ金福貿易公司（貿易商）の社長でもある。「外国商社が中国の内陸に対して商品を売り込むに際して仲立ちの仕事をする、所謂買辦商人《コンプラドール》」（全集二巻、二七頁）である康正にとって、左林は戦中からの取引相手である。羅紹良（少将）は、重慶に住む知日派の軍政部高官であり、戦時中左林の取引相手として対敵貿易に関与していた。一九四六年五月の国民政府の南京遷都後は、「奥地の政治経済軍事一切の実権を握る重慶行営に於て高い地位」（同、一一九頁）を占める。羅は左林と共謀する一方で、次に述べる李安耀と結託してAAECの資産を狙っている。

李安耀は、資源調査委員会の主任で竜田の上司である。李は第一次大戦後フランスに留学してパリ大学で政治学を学び、同窓のリュシェンヌ夫人と結婚した。

ラムステッドは、ニューヨークに拠点をおく経済調査専門の会社の社員であり、海外投資の有効性、安全性を調査する仕事に従事している。高給取りのビジネスマンであり、外国資本の手先と言うべき人物である。

これらの六名は共謀関係にある。物語のヤマ場において、国際飯店《パーク・ホテル》のラムステッドの部屋で開催されるこのグループの会議は、次節で取り上げるもう一方のグループの動きと対位法的に描かれる。

このグループに関して注目すべき点は国籍の多様性である。彼らのポジションは、特務工作員（左林）、軍人（羅紹良）、買弁商人（康正）、官僚（李安耀）、外国資本（ラムステッド）として捉えることができようが、国籍の異なる彼らが共謀して暴利を貪る構造は、支配層にとって資本蓄積の欲望がナショナリズムに優越することを物語る。しかも、左林、康正、羅紹良の結びつきが戦中に遡るように、またAAECが戦中の日本軍特務のネットワークを基盤としているように、そして外資が一貫して後発国である中国を食い物にしてきたように、支配層の共謀関係において戦中と戦後は連続している。

作中では、竜田の視点を通じて、戦火を交える敵国と裏取引を行い私腹を肥やすことの破廉恥さがくり返し指摘されるが、それは日中間に限ったことではないとも示唆される。ラムステッドは、第二次大戦中の米国のＳＤ石油会社とドイツのイー・ゲー・ファルベンの協力関係を念頭におきながら、竜田に対して、「戦争というものには、一種の osmotic な作用がある」（同、第七三頁）、「階級間、及び宗教上のそれではなく、資本主義国家間の同一平面上に於ける戦争では、当の敵は必ずいつか協力者になるものだ。これが僕の云う歴史の osmotic な法則だ」（同）と私見を述べる（作中では、「osmotic」の意味は、「交流とか滲透とかいう意味の化学用語」であると説明されている）。(5)

他方、本書では、戦後の経済的な混乱のただ中で、外国資本と結びついた商業資本、投機的資本がいたる所で政治権力と結託しながら一般市民を食い物にする状況が描かれる。(6) 何よりもそれは密輸、投機の横行と、その結果としてのインフレの進行として表れる。終戦直後の中国では、戦争によるダメージと産業基盤の未熟さゆえに、米、石炭、綿花、化粧品、粉ミルクなどのありとあらゆる商品が密輸され、投機の対象とされる。左林は、これらの商品に加えて旧日本軍の阿片や武器をも密売し、また中国経由で米国から日本にサッカリン、ライターの石、薬などを密輸している。左林は密輸ルートを確保すべく、リュシエンヌ夫人の名義を借りて、全中国の国内航空路線を独占する見込みの航空会社に多額の投資を行い、航路の日本への延伸も画策している。

他方で、国民政府は敗戦国である日本やドイツの工場を接収したうえで横領・私物化し、設備、原料、在庫品などを転売あるいは投機の対象にしている。買弁商人の康正はドイツの薬品会社バイエルの上海工場の接収に携わり、在庫品の日本への密輸を企てている。後述するように、『歴史』には、権力者の私利私欲と結びついた工場の接収に対抗する労働者の闘いも描かれる。

さらに、米国の余剰物資のはけ口でもあったアンラ（国連戦災地救済機関、UNRRA）[7]の救援物資が闇に流れて投機の対象となり、中国の民族産業を破壊していることにも目が向けられる。作品の冒頭では、竜田が夜中にガーデン・ブリッジの検問所の付近で目にした光景が映画のワンシーンのように活写される。疾走するトラックが兵隊による銃撃を受けながら走り去った後、路上には、トラックから撃ち落とされた一人の男の屍と四つのセメント樽が残される。壊れたセメント樽からは米国製粉ミルクがこぼれて広がり、それをめがけて裸足の「流氓」が群れをなして押し寄せる。この粉ミルクはアンラの救援物資であり、密輸団か倉庫破りの盗賊によって運搬される途中だったと説明される。

他方で、中国の共産主義化の可能性を見据えた動きも描かれる。すでに中国各地では人々の国外への逃亡と資産・資本の移転が開始されている。先に挙げた六者も例外ではなく、左林、李、リュシェンヌ夫人、羅は日本への引き揚げ・移住を検討し、ラムステッドは米国に去る。こうした動きは東アジアにおける冷戦秩序の構築と密接に連動している。ラムステッドは本国宛ての報告書の中で、「在上海の政府資本、民間資本、製造工業者等の日本への急速な移動希望」をふまえつつ、「中国より見た日本」が「次第に崩壊に近づく中国共産党に対する闘いの有力なる後方陣地としてのそれに変化しつつある」と分析する（全集二巻、二〇五頁）。左林は、中国が共産主義化すれば「蔣さんのところへ行く筈のアメリカの金と物の大部分が日本へ入ることになる」（同、一六八頁）ことを見込み、日本にいる「別の特務機関の長」Rと連携しつつ政治工作を進めている。北一輝の向こうを張り戦後版「日本改造法案」を執筆する左林は、「極東の兵器工場として反共立国」（同、二六三頁）を「日本再建要項」の第一項に掲げる。

　これまで見てきたように、堀田は『歴史』において日中米の権力の裏面を暴くことに力を入れているが、特に印象的なのは左林と羅にまつわる特務機関の闇を描いていることであろう。堀田は他の作品でもたびたび特務工作員やスパイを登場させており、「歯車」では、国民党の特務機関の手段を選ばぬ残忍さを描いている。

　特務機関に対する堀田の強い関心は、国民党の宣伝部に留用された体験に由来する。『上海にて』（筑摩書房、一九五九年）の冒頭に収録された「回想・特務機関」では、マラリアを患う知人のため、夜中に宣伝部の事務所に薬を取りに行った際の出来事が回想される。そこで堀田は、日本人から没収した所持品の山を前にして特殊工作員の主要メンバーが勢揃いする異様な光景を目にする。ちなみに、この「特務機関」とは戴笠を長とする軍統であり、「特務中の特務」、「テロ中のテロ」として人々から極度に怖れられていた。堀田は、座談会「戦後文学の国際的背景――堀田善衛《ママ》を囲んで」（『文学的立場』第九号、一九六六年一一月）でも軍統をめぐる「恐怖感」について語っている。堀田は、軍統の幹部職員が皆武装していたことや「日本が残していった財産というものの接収をめぐるものすごい暗闘、乱闘があった」ことを生々しく回想している。

　もちろん、『歴史』の中で重点的に描かれるのは、中国ではなく日本の特務機関についてである。敗戦前後に上海に滞在した堀田は、作中の「××通商」のモデルである昭和通商(8)、Rのモデルである児玉誉士夫(9)、上海の宏済善堂を拠点として阿片の取引を行った里見機関(10)など、中国における日本軍の特務工作や謀略事件について様々な情報を耳にしていたことであろう。このうち日本の特務機関による阿片の取引については、南京大虐殺を素材とした『時間』のプロットにも用いられている（第Ⅰ部第四章参照）。

三　革命家たち

さて、『歴史』では、前節で述べた支配層のグループに対して若き革命家たちが対置される。主な人物は、康沢、周雪章、史量才、洪希生、陶一亭、劉福昌の六名である。まずは、この六名の顔ぶれを見ておきたい。

康沢は、康正の息子でK大学亜東問題研究会のメンバーである。康沢は豪邸に住み、自家用車を乗り回し、石のコレクションとピアノの演奏を趣味とする大ブルジョワの生活を享受しながらも、革命思想に傾倒している。

周雪章は、K大学亜東問題研究会のメンバーで康沢の恋人である。仁々薬房の経営者の娘であり、階級的には小ブルジョワである。

史量才もK大学亜東問題研究会のメンバーである。抗日戦争のため各地を流浪しながら八年間にわたる学生生活を続けることを余儀なくされ、すでに三〇代である。史は、昆明において特務工作員の学生を密かに殺害した過去を持っている。

洪希生は、解放区に物資を融通するためにアンラに勤務している。貿易商の子として天津に生まれ、抗日戦争により北京の大学を中退した過去を持つ。

陶一亭は、紡績工場の労働者である。大別山脈中の寒村に生まれたが、家内工業が衰退したため上海に出て日本資本の新亜紗廠に就職した。当局による工場の接収に対する抵抗運動を組織している。

劉福昌は、イギリス資本の上海電車公司の車掌で、戦中に竜田が住んでいた旧共同租界の住居の門番の息子である。戦時中、大別山脈で新四軍に技術顧問として参加したが、両親の身を案じて終戦直前に上海に戻り、上海電車公司に復職した。

右の六名は、唐沢邸に出入りする「仲間」、「同志」である。このうち洪希生や劉福昌は共産党の指導部と接触があることが示唆されるものの、グループ全体が党の影響下にあるわけではない[11]。

注目すべきは、右の六名を革命を志向するグループとして同定しているのが竜田だという点にある。『歴史』は、竜田が康沢邸で劉福昌を除く五名と交流した後、帰宅を急ぐ場面から始まる。その日、竜田は李主任に連れられてK大学の討論会に参加し、終了後に左派の学生に誘われて康沢邸で食事を共にすることになった。当初竜田は、大ブルジョワの康沢を始めとして多様なバックグラウンドを持つ五名の「不調和さ」に違和感を抱くが、徐々に「中国の革命とは、こんな風な不調和な人々が無数に相寄って進めてゆく何物かであること」を自然に受け入れるようになる（全集二巻、二六頁）。さらに、左林に関する情報提供を促す洪希生の話を聞きながら、「その不調和さがとりもなおさず、広く深い〈組織〉というべきものの一環、或は氷山の頭なのかもしれぬということ」（同、五二―五三頁）に思い至り衝撃を受ける。

ところで、右の引用文中に「広く深い〈組織〉」とあるが、この言葉はすでに確立した組織のみではなく、将来革命の隊列に連なる人々をも含んでいるように思われる。『歴史』には、「流氓」と名指される無名の民衆たちの姿が印象的な仕方で描かれる。夜中のガーデン・ブリッジの上でこぼれた米国製粉ミルクに群がる「流氓」たちの多くは、現時点では革命思想を共有しているわけではなく付和雷同的でさえあるが、いずれ体制を転換する大きなエネルギーを秘めている。冒頭で引用した「日本の知識份子」の一節が示唆するように、『歴史』の後半では当局の露天商に対する弾圧をめぐる抵抗の動きが描かれるが、この動きは共産主義革命の成就に至る一里塚とみなしうる。

　堀田は『創作ノート（3）』（県立神奈川近代文学館・堀田善衞文庫所蔵）の中で、『歴史』について、「この小説の主人公は、AでもBでもない。AもBもCも圧倒し無意味にする群衆そのものである。しかし群衆そのものは、これまたA、B、C、から成る。しかもその全体はABCを越えたものである。◎しかもなほABCの努力は決して死にはしないこと」（二重丸・傍線・囲み線（原文は赤字）は堀田による）と書いている。『歴史』第三部では、「史量才は江湾への道を急いでいた。酔いどれのようによろよろしていた。熱があるようでもあった。眼には絶えず酷暑の夜、昆明で刺殺した男の顔と胸がちらついていた。彼はこの死者を、死者の影像を、もういちど殺したかった。けれどもそのためには、彼自身を殺さねばならない……。陶一亭は、冷い大餅に冷い油条をはさんでかじっていた。九時だ、たしか九時だと云ったな……。康沢と洪希生は再び街へ出掛けた。自動車のトランクにはビラがつめこんであった。康沢の書斎には鍵がかけられ、なかでは学生が輪転謄写機をまわしていた。書斎のドアーの前には白服の老ボーイが立番をしていた。竜田は左林の事務所に向って重い足をひきずっていた。亮子の身上話を聞いてもみたかったが、どうにも二人だけではいにくかった」（全集二巻、二三九頁）といった具合に、多数の登場人物の心理や行動が並列され、畳みかけられるように語られるが、この文体はまさしく「群衆そのものを描く」という『歴史』の狙いに対応している。

ところで、『歴史』にはどのような革命的な行為が描かれるのだろうか。その一つは、陶一亭を中心とする工場防衛の闘いに関わる。陶は、接収に名を借りた権力者による紡績工場の私物化（保険金を目当てとして工場が放火される可能性も囁かれている）と日本への移転をも阻止すべく、工場を自力で防衛しようとする。そのため陶は、劉福昌ら仲間の協力を得て武器を調達することとなり、次節で述べるように竜田も銃弾の運搬を手伝うこととなる。ただし、自分の工場のみを防衛しようとする陶一亭と、他の工場の防衛も含んだより大規模な闘いを組織しようとする劉福昌や洪希生との間で意見の齟齬も存在する。このうち日本軍と国民政府によって破壊された総工会（労働組合）の組織の再建を企てていた劉は、混乱の中で殺害される。

また、周雪章とその父親にまつわる闘いも描かれる。周雪章の父親は仁々薬房の経営者でかつては共産主義を毛嫌いしていたが、投機を目的とした薬の「買いだめ」に終始する商売のあり方に疑問を持ち、解放区で薬を販売することを検討する。そのため、父親は娘の雪章を通じて洪希生と面会するが、その場を押さえられて逮捕され殺害される（洪は逃亡する）。他方で、娘の雪章もK大学亜東問題研究会の活動を理由として別の場所で逮捕される。

さらに、これらの闘いとオーバーラップする形で、当局による露天商の弾圧に対する抵抗の動きが描かれる。この出来事の大枠は史実であり、堀田自身、上海においてこの「暴動」を経験した。堀田は芥川賞受賞祝賀会の「挨拶」において、当時の状況を、「いはゞ革命前夜といつた物騒極まる状態でした。政治の動揺、緊張民衆の不満、絶望と希望といふものが、どんな形を中国ではとるか、を少しは知つたやうに思いました」と回想している[12]（『近代文学』一九五二年五月号、一四頁）。なお、先述の『創作ノート（3）』には、『ニューズウィーク』一九四六年一二月一六日号掲載の英文記事が全文抜粋されており、『歴史』執筆時堀田はこの記事を参考にしたものと思われる。以下では、この記事の内容を見てみたい[13]。

冒頭では、日中戦争勃発後、四〇〇万の人口を持つ上海に徴兵を逃れて一〇〇万人の難民が流入したこと、彼ら彼女らが劣悪な生活を強いられていることが報じられる。またその難民の多くは、「廉価な化粧品、ガラス製品から宝石やこっそり盗んだ米軍の配給品まで」ありとあらゆるものを行商して生計を立てていること、その低廉な価格が一般の商店を圧迫していることが指摘される。そうした背景の下で、一一月後半に市が無許可の行商を禁止し、五〇〇〇人の行商人を逮捕投獄したこと、その結果、生計の手段を奪われた家族が黄浦江の警察に押し寄せ二日間にわたる暴動を行ったこと、市長は戒厳令を発し警察に射殺命令を下したことが報じられる。一方で、この騒動で五〇人が負傷したものの死者は出ておらず、すでに拘留された行商人のほぼ全てと暴動を扇動した疑いのある者二二一人中の一三八人は釈放されたと報じられる。

この露天商の弾圧に対する抵抗の動きは、『歴史』（全四部）の第二部以降において、一一月三〇日と一二月一日の二日間の出来事として描かれる。第二部の最終章「その前夜」には、「一九四六年十一月末日午後七時」、「同日　午後八時」、「同日　午後九時」、「同日　午後九時半」、「同日　午後十一時」、「十二月一日　午前零時」の小見出しが付されるほか、第三部でも随所で時間が示され、同時並行的に発生・進行する様々な出来事や様々な人物の行動が臨場感をもって描かれる(14)。第二部最終章が「その前夜」とされるように、暴動の発生は一二月一日とされている。第二部で描かれる暴動前日には、陶一亭と劉福昌は銃弾を米袋に入れて運搬し、洪希生、康沢、史量才も暴動の準備を始める。第三部、第四部では、暴動とそのただ中で発生する、江湾にある旧日本軍の弾薬集積所の断続的な爆発（理由は明らかにされない）、官憲による共産主義者の逮捕・処刑、政府によるビラを用いた民衆の扇動、民衆による略奪など、様々な出来事がカーニバル的な混乱を伴って描かれる。劉福昌の暗殺と周父娘の逮捕・殺害が生じるのも暴動当日であり、洪希生らは学生・教授・労働者らの釈放を求めて行動を起こすべく奔走する。

四　竜田

これまで論じてきたように、『歴史』の主な登場人物は、ほぼ支配層と革命家に二分される。日本人の竜田と亮子はこのいずれにも分類されないが、『歴史』の中で重要な位置を占める。本節では、まず竜田について検討したい。

国民政府に留用中の日本人インテリ竜田は、明らかに堀田の分身である。けれども、物語全体が堀田の分身である木垣の視点に寄り添うようにして語られる「広場の孤独」のような作品と比べれば、『歴史』の場合、竜田は様々な登場人物のワン・オブ・ゼムという印象が強い。『歴史』には竜田が登場しない場面も多く描かれるし、語り手は様々な人物の内面に自在に入り込む。

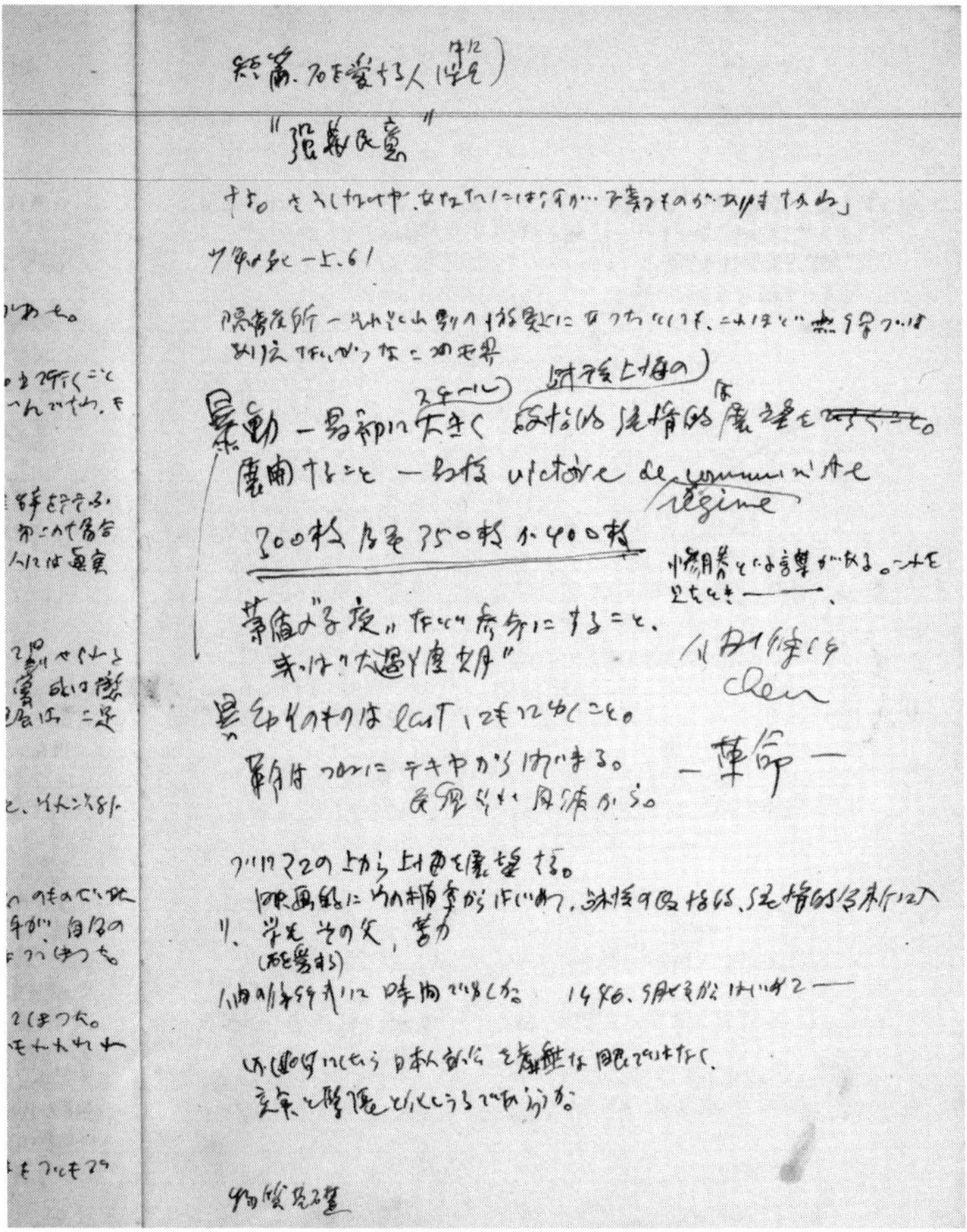

『創作ノート（3）』(県立神奈川近代文学館・堀田善衞文庫所蔵)

にもかかわらず、竜田は『歴史』の中で視点人物的な役割を果たしている。外国人の留用者であり、支配層のグループと革命家のグループの狭間に位置しつつその両方に関係する竜田の周縁的な立ち位置が、それを可能にする。読者は竜田を介して、内戦状態にある中国社会を二つのグループによって代表される階級間の対立として捉える俯瞰的な視点を手に入れる。

といっても、竜田は中国社会の状況を読者に対して表象《リプリゼント》する役割を帯びた単なる傍観者ではない。それどころか竜田は革命家たちとの交流を通じて、日本人インテリに特有の政治に対する傍観者的な態度を深く反省するようになる。竜田はK大学の討論会における「あなた方日本の知識階級は天皇をどうしようと思っていますか」という質問や、政治的意見の異なる学生同士が徒党を組んで徹底的に口論する「なまなましくどぎつい姿」に大きな衝撃を受ける。そして、日本においては、「知識階級全体が、何等かの意味で監禁乃至軟禁状態、或は自己監禁、自己軟禁の状態にあったのではないか」（全集二巻、一九頁）と反省する。また、康沢邸で学生たちが政治や革命について情熱的に議論する様子を見て、「革命どころか、政治或は政治的期待、希望が信じうるものとして信じられているらしいことの方が、奇蹟めいて見える」（同、三六頁）と彼我の違いを認識する。

その後竜田は、革命家たちの手助けをしたことをきっかけとして行動することに意味を見出していく。その経緯は次のようなものだ。竜田は、「ものを考えに野へ行った」帰りに銃弾の入った米袋を運ぶ劉福昌に偶然遭遇する。その際、竜田は劉に乞われるままに自分の留用証明書を示し虚偽の説明をすることで検問所の通過を助ける。さらに、三つの米袋を翌朝まで預かることに同意し、大胆にもそれらをＡＡＥＣの事務所のロッカーに運び込む。

米袋を運び終えた後、竜田は自分の行動の意味について長々と思いをめぐらす。そして、中国における革命が自分にとって他人事でないことに思い至る。それは劉福昌に会う直前に曠野で竜田が考えていたことと深く関わる。

『奴らはあれを繰返す』それは曠野の奥から夕陽とともに鞭のように飛んで来て彼の額を撃った。奴らにとっては、すべてがまた始まろうとしているのだ。それだけのことなのだ、敗戦も勝利も降伏も、奴らにとっては本当のところ、大したことではないのだ。奴らはあれを繰返すほかには、どんな別の方途も考えることは出来ないのだ。空想力がないなどと云ってみてもはじまらない。奴らはもういちど、あの陶一亭の云った宿命のコースを繰返そうとしているのだ。早期復興のためと称して、過去の宿命的な産業構造を米国とともに再建しようとしているのだ。もういちど朝鮮へ押し渡り満洲へ雪崩れ込み、そして華北から華中へと、『奴らはあれを繰返す』竜田は草のなかに寝たまま眼を瞑った。(同、八一頁、傍点堀田)

右の引用文中にある「奴ら」とは左林らを、「あれ」とは中国侵略を指している。第二節で詳しく論じたとおり、戦後においても、左林らかつての日本軍の特務工作員は暗躍し続けており特務機関のネットワークも生き続けている。また、右の引用が示唆するように、日本は戦前と同じ構造・体質を持った国家として再建されようとしている。作中では、産業の民主化を掲げる米軍の占領政策が転換されつつあることも示唆される。それゆえ、竜田には、いずれ日本が中国侵略をくり返すことは不可避と感じられる。しかも、左林と康正、羅紹良、李安耀が共謀関係にあるように、日本の元特務と中国の支配層は協力関係にある。「闘いながら商売をし、戦後は相携えて同一平面の再建にかかる」（同、一五二頁）腐敗した支配層にとっては、他国による侵略も戦争も金儲けの機会であるにすぎない。他方で、竜田は、「あれを繰返す」主体は元特務工作員のみでなく自分自身でもあることを自覚する。

ものの考え方感じ方をひっくりかえし生活を変え、極言して身体の生理的な構造までも変えねば、ひょっとしておれ自身があれをくりかえさぬとも限らない。（同、一二三頁、傍点堀田）

このような論理に基づいて、竜田は中国の革命運動に対するコミットと日本と中国の「宿命的な関係」の清算という課題を結びつける。またそのことによって、竜田はこれまで「外部の事件」、「偶然でありおれを巻き込むもの」として感じてきた戦争、敗戦、中国革命、弾圧などを、自身にとって「必然なもの」として捉え直す。さらに竜田は、「彼等から眺められている」ことを自覚することで「彼等」との間に連帯関係を見出していく。竜田は、自分にとって米袋を運ぶ行為は「偶然かつ無償に近い行為」であるにせよ、陶一亭や劉福昌にとっては「機能と責任」を伴う行為なのだと捉え直す。そして、「彼等」の視点に立ちながら、「彼等はそういう行為者としての彼をそのとき、云うならば愛していた、かもしれない……」と推測する（同、一二七頁、傍点堀田）。『創作ノート（4）』（県立神奈川近代文学館・堀田善衞文庫所蔵）には、「時間をわがものにする、支配するとは、つまり生きるとは、彼自身が彼自身の行動によってその時間に意味を与へてゆくことであり、その意味がこの世の中で生きるためには、それは他の人々と partager〔共有――引用者注〕され engager〔投企――引用者注〕されてゐなければならない」という記述もある。

さて、その後も竜田は何度か中国人の仲間の手助けを行い（ビラ配りや連絡係など）、それらを自分なりの投企として意味づける。内戦下の中国において反政府陣営に味方することは大きな決断であり、たとえ些細な事柄であっても、それを行動に表すならば少なからぬリスクを伴う。実際、堀田が一九四六年末に急遽日本に帰国することを決めたのは、共産主義者であったらしい知り合いの青年が逮捕され、その累が及ぶ危険を怖れてのことであったようだ(15)。

とはいえ、竜田が行った銃弾の保管、ビラ配りなどは、いずれも他者からの依頼に基づく受動的、補助的な行為であったと言わざるをえない。そもそも、中国人を主体とする運動の中での竜田の立場が部外者のそれだという印象は拭いきれない。といっても、竜田がそうした行為の意味を過大評価しているということではない。左林に対して帰国の意思をくり返し表明する竜田は、中国における革命運動が自分の闘いでないことを十分に知っている。

五　亮子

実は作中には、竜田が「日本と中国」の宿命的な関係を清算する意味を持つ、より直接的な行動を夢想する場面がある。左林の殺害である。といっても、竜田にとってそれは、左林の背後から階段を下りる際に瞬間的に心をよぎった非現実的な思いつきであったにすぎない。だが、この行為は物語の末尾で荻原亮子によって代行される。

亮子の本名は吉田初子である。亮子はT歌劇団に入団後、一九四三年に前線慰問のために中国に渡った。やがて亮子は国民政府の捕虜となるが、羅紹良に見出されて重慶にある羅の私邸に預けられた。その後、羅は亮子に中国語を教え、軍や政界の要人を紹介し、羅白鯉《ローパイリー》という名前で中国国籍を取得させる。羅は二重国籍を持ち二言語を操る亮子を特務機関の仕事やビジネスに利用するつもりであったようだ。そしていよいよその時期が到来し、亮子は羅の秘書として上海に送り込まれる。上海到着後、亮子は李主任に竜田のホテルの一室に連れて行かれ、そのまま竜田の部屋に滞在することとなる。

しかしながら、亮子は個人的な体験から密かに特務機関を憎悪している。亮子は三つの記憶に囚われている。第一に、日俘管理所から羅の私邸に連れて行かれる途中で立ち寄った墓地の記憶。そこには多数の日本兵が埋葬されていた。第二に、慰問団にいた頃、左林に漢口と上海でレイプされた記憶。左林は特務工作員が「文化人」を歓待する機会を利用し亮子に接近した。第三に、羅紹良邸で三虎牌マッチを目にした記憶。上海の日本軍管理工場で製造される三虎牌マッチが重慶の軍高官の家にあることは、日本と国民政府の間で対敵貿易が行われていることの証であった。他方で、長らく日本から離れ、「中国人で日本人」の立場におかれた亮子は、アイデンティティクライシスに陥っている。

第三部において、亮子は羅紹良の秘書として左林に再会したために激しく動揺し、左林の前で頑なに羅白鯉として振る舞う（もちろん、左林は亮子が日本人であることを知っている）。その直後、亮子は竜田の協力によりホテルを出て康沢邸に姿を隠す。この間の亮子の内面は意識の流れの手法で読者に示されるが、徐々に亮子は左林に対する復讐の念を募らせていく。

わたしは重慶の墓のなかから、復讐をしてやろうと思って出て来たのだから。復讐、仇うち。彼女ははじめて気づいた。あの霧のうずまく重慶という墓のなかで、そうだ、復讐をこそわたしは考えて生きて来たのだ。（全集二巻、二二七頁）

いったい何の権威があればとて、中国とか日本とかいう、国家というものはわたしをおもちゃのように俘虜にしたり、日本人にしたり中国人にしたり出来るのだろう。奴らは国家なのだろうか、戦争も平和も、みんな自分たちのものだ、といったような顔をしている。彼女は無意識のうちに、左林、羅紹良、李安耀などが、戦争中のあれの雛形を、重慶で見たマッチに象徴されるような機関の、より大きな国際的規模にわたるものの芽を、この上海と東京でつくろうとしているのだ、と感じた。（略）あれを叩きこわさねば、わたしは〈日本の日本人〉たちのなかへ、静かに摩擦なしに入ってゆくことは出来ない……。（略）――そこで彼女の考えは再び、マッチに、左林にぶつかり、またまた堂々めぐりである。あいつを取り除かないと、わたしは、いつまでも霧のなかのわたしだ……。（同、二二七―二二八頁、傍点堀田）

右の引用が示すように、亮子の復讐心は左林からレイプされたことのみに関わるものではない。亮子が復讐しようとする相手は、左林個人というよりは左林に代表される権力の総体である。こうした亮子の思いは、戦後もかつての特務工作員が暗躍し続ける状況を憂え、日本と中国の「宿命的な関係」を清算せねばならないと思い詰める竜田のそれと共鳴しあう。

物語の末尾において、亮子はＡＡＥＣの事務所を訪れて左林に向かって四発の銃弾を撃つ。竜田は亮子が、かつて自分の頭をよぎった左林の暗殺を「直接やった」と認識し、「彼等」の助けを得て亮子を日本に逃亡させることを決意する。

> こうなったからには、この女は彼等にたのんで解放区へ逃がし、華北からでも日本へ帰すほかに方法はなかろう。今夜、彼等はどこにいる？　彼等はどこかで、働いている。爆発音はまだつづいている。彼等は果してひきうけてくれるだろうか？
>
> 彼等は恐らく孤独なテロリズムは許さない筈だが。しかし、おれはこの女を国民党の法廷へもアメリカ軍の法廷へも日本の法廷にもわたしたくない、〈重慶の墓〉の下の死者たちが彼女を瞶《み》つめている。（同、二六六―二六七頁、傍点堀田）

他方で、竜田は、亮子が左林を撃った動機を次のように解釈する。

> 彼女にとって日本とは左林等のものであってはならなかったのだ。（略）孤独な彼女はああすることによってしか、重慶の墓から抜け出し、日本人としての実在に達するすべを見出しえなかったのだ。恐らく彼女は左林という特定の男を撃ったのではない、彼女は或る象徴を撃ったのだ。

（同、二六七頁）

右の引用にある「或る象徴」とは、先述したとおり、日本の中国侵略の元凶であった、特務工作員に代表される権力の総体を指す。そしてそれを象徴的に「撃つ」必要があったのは、亮子や竜田のみではない。誰よりも堀田こそが一年九ヵ月間の中国体験の総括として、中国侵略を反復しかねない日本の権力構造を否定する必要があった。先述の芥川賞受賞祝賀会の「挨拶」においても、堀田は、日本が中国侵略をくり返す可能性を指摘し、「日本にとつて平和とはあくまでまたいかなる形でも中国を侵略しないこと、しないでもすむような工合に、一切の構造をつくりかへること、このほかにはないやうに、私には思へます」（『近代文学』一九五二年五月号、一四頁）と述べている。亮子による左林の銃撃は、ほかならぬ堀田が、敗戦を経てなお延命する大日本帝国に否を突きつけるパフォーマティヴな行為にほかならなかった。

ただし、作中において銃撃による傷が致命傷とならなかった可能性を竜田が示唆していることは意味深長である。

あんな小さな拳銃では、たとえ四発全部が命中したとしても、致命傷を与えることはなかなかむずかしい。（全集二巻、二六六頁）

右は、堀田の立ち向かうべき相手の巨大さと、それに対する抵抗の微力さを意識していたが故の結末と解釈できよう。

ところで、テロを起こす亮子にはアンドレ・マルロー『人間の条件』に登場するテロリスト陳が深い影を落としている。先述の『創作ノート（4）』には、「亮子」についての、「暗殺者となる。――Tchen de Malraux［マルローの陳――引用者注］」という記述がある。『人間の条件』は一九二七年の上海で発生した反共クーデターを扱った作品であり、決起した革命家たちがコミンテルンに見捨てられ国民党に虐殺される悲劇が描かれる。陳はこの作品に登場する革命家の一人であるが、テロリズムがはらむ死の美学に魅了される一匹狼的な人物として描かれている。陳は作品の冒頭で銃の仲買人を暗殺し、さらにコミンテルンの方針に逆らって蔣介石暗殺を試みるが失敗して命を落とす。亮子は陳のようなヒロイズムに囚われているわけではないものの、左林の暗殺を決行する孤独な人物である点は陳に通じている。

ところで、亮子による左林の暗殺を共感を込めて描いているからといって、堀田はテロリズムを社会変革の手段として合理化しようとしているわけではない。むしろ、それが不可能であるからこそ、組織と接触を持たない孤独な人物に左林の暗殺を委ねる必要があったとも考えられる。亮子以上に『人間の条件』の陳に近い人物として造型されている史量才は、昆明で学生特務を暗殺した後に次のように考える。

革命家とは、決してテロリストの謂いではない、またあってはならない筈である。革命は、ついにはテロリストを弾き出してしまうにいたる。またテロリストは必ず自らを大衆から疎外する運命をもつ。世界は殺人を犯したことのない者の所有すべきものであって、殺人者の所有に属するものではないのであるから。(同、一八二―一八三頁)

また、だからこそ史は、殺人を犯したことを仲間に打ち明けることを控え、解放区に行くことを思いとどまったのだと述懐する。こうした考え方は、小説『審判』の中で提示されている、死者が加害者を裁くという考え方に通じている(第Ⅰ部第三章第六節参照)。

六　戦争の死者と「歴史」

前節で引用した亮子の語りには、「重慶の墓のなかから、復讐をしてやろうと思って出て来た」とする一節がある。また竜田が亮子を逃がすことを決意した後、「〈重慶の墓〉の下の死者たちが彼女を瞶つめている」と想像する場面もある。

両者の発言にある「重慶の墓」とは、前節で述べたとおり、亮子が日俘管理所から羅紹良邸に移される途中で立ち寄った日本兵の墓のことであり、亮子はこの墓の記憶に深く囚われていた。『歴史』第二部第二章のタイトルは「重慶の墓」である。

亮子にとって重慶の墓とはどのような存在なのか。また、なぜ重慶の墓は亮子にとって「復讐」の基盤となりうるのか。これらの問いに対する答えは竜田の語りの中に示されている。

第二節で詳しく論じたとおり、竜田はラムステッドの示唆を受けて戦争の「osmotic」な作用、つまり「闘いながら商売をし、戦後は相携えて同一平面の再建にかかる」支配層の恥ずべき振る舞いに義憤を募らせる。

なにが中国人だ。なにが日本人だ。ふふふふ、はははは、はあはあはあ――、耳の底に狂ったような笑い声が轟いた。ナンセンス――戦争も死も失業も貧窮も飢餓も、〈同じ人間〉のどんな苦しみもナンセンスだ。それは同一平面における経済と支配と操作の一齣二齣にすぎない。死んだ奴等はいったいどこで死に、どこへ行ったのか、ふふふふ、はははは、はあはあはあ――泪がぽとりと机の上に落ちた。戦争とは、何百万という人間が本意ならずして死んだ現実の事件ではなくて、ある経済上の必然的操作にすぎない……。（全集二巻、一五二―一五三頁）

右の引用文中において、竜田は「本意ならずして死んだ」多数の死者の存在を想起しているが、亮子が訪れた重慶の墓に埋葬される日本兵は、まさしくそのような死者である。[16] つまり、亮子による「復讐」とは、日中間の戦争に動員され無念に命を落とした死者に代わって、戦争のただ中で敵国と取引し私腹を肥やした権力者を撃つ行為にほかならない。

ところで、竜田は先述のラムステッドとの会話の後、死者が生者を駆り立てて歴史を動かす姿を夢想する。「osmotic」な作用による日本の産業構造の再編を見越しつつ「それが歴史というものだろう」と居直るラムステッドに対して、竜田は内心で異議を唱える。竜田は戦争の死者の存在を思い起こしつつ、ラムステッドが語る「歴史」に対して「もう一つの〈歴史〉の流れ」を対置する。そして、

「生者は二六時中死者とともにあることは不可能である」として、死者が生者によって忘却される必然を認識しつつも、死者の怨念が「多数者」を動かす可能性について思いをめぐらせる（同、七六頁）。というのも、権力から疎外され、時代に翻弄される「多数者」は死者のすぐ近くに位置しているからだ。

しかし考えて見れば、機械仕掛けの運命に追われ放しの、数えることも出来ず、とりつく島もないほどに多数の人々は、つねにこの死者の世界と膚接して生きている筈であり、死者の世界に陥らされることについても、その距離は最も短い筈である。とすれば真に歴史を動かす潜在エネルギーもまた、運命に対して最も力弱い筈の多数者に於て最も強力な筈である。強力でなければならぬ筈である。（同）

ところで、本書のタイトルは「歴史」である。「歴史」は小説のタイトルとしては奇異な言葉であるが、堀田は『歴史』において、ほかでもなく「歴史」そのものを描こうとしたのだと考えられる。(17) そして堀田が描こうとした「歴史」とは、何よりも中国における階級闘争を通じた革命の過程であった。その主体は被抑圧者階級であり、また彼ら彼女らの意思を汲んで革命を志向し連帯する多様な人々でもあった。ここで、堀田が「群衆そのものを描く」ことを『歴史』の狙いとし、革命を志向する主要な登場人物のほかに、名もなき民衆の姿をも描いていたことを思い起こしておきたい。彼ら彼女らは「流氓」とも名指され、その多くは闇取引によって糊口を凌ぐ人々である。テキストの中でくり返し言及される抗日戦争後に上海に流入した一〇〇万人の避難民の多くも「流氓」の中に含まれる。堀田は『歴史』において、そうした無数の人々が、決断と行動を通じて歴史に参加する様を描こうとしたのだと考えられる。単行本『歴史』の帯には、次のような堀田の言葉が書かれていた。

『歴史』は小説であろうか――現在の諸条件のなかで、人は如何にして実在性を獲得し、自己の孤独な時間の質を変え、これを歴史的時間のなかに位置せしめ得るか――不安の障壁、呪縛から脱け出るために、これは一つのエッセイ、試みである。(18)

右のような歴史の捉え方はマルクス主義的であるが、戦争の死者の怨念が多数者を駆り立てるという発想は、戦後派的と言える。埴谷雄高は、戦後まもなく、評論「平和投票」（『群像』一九五一年六月号）の中で、「死者はつねに見捨てられた歴史の彼方で、生者を呼んでいるのです」と述べた（『埴谷雄高全集』第一巻、講談社、一九九八年、三八五頁）。そしてその数十年後、評論「戦後文学の党派性、補足」（『群像』一九七四年三月号）において、「革命運動を振り返っても、戦争をふりむいても、死者はつねに私達の傍らに寄り添っていたのであり、そして、戦後文学のリアリティこそはその死者に支えられていたのである」と述べた（『埴谷雄高全集』第九巻、講談社、一九九九年、一七〇頁）。

堀田においても、多くの死者を生んだ戦争体験は戦後の文学活動の原点であった。堀田の場合、その中心にあったのは上海で日本の中国侵略の現実を目の当たりにした体験である。同時に、戦後の国民政府による留用体験は、堀田に政治の中枢に居座る者と政治に翻弄される末端の者との間にある深い溝に目を向けさせた。『歴史』には、こうした体験がストレートに反映されている。

七　おわりに

本章で詳しく論じたように、『歴史』は国共内戦を正面から描いた極めてスケールの大きな作品であった。『歴史』において、堀田は国共内戦の背後にあった階級間の対立に着目し、胎動しつつあった革命の動きに深いシンパシーを寄せた。視点人物的な位置にある日本人インテリ竜田は、中国人の革命家に連帯感を抱き、日本と中国の「宿命的な関係」の清算のため行動を模索する。また竜田と思いを共有する亮子は、延命する大日本帝国の象徴である左林に対する復讐を果たす。

『歴史』は「上海もの」の集大成と言われる作品であり、「祖国喪失」、「歯車」、「断層」などと多くの接点を持つ。一方で、『歴史』は中国の内戦をマルクス主義的な視点から描き、革命派に対するシンパシーをストレートに表明した、やや特異な作品でもある。堀田はデビュー当初から乱世を生きる知識人をくり返し描いてきた。堀田の描く知識人の多くは、宿命論的な考え方に批判を持ちつつも、政治的なコミットメントに対しても懐疑の念を抱く。たとえば、朝鮮戦争期の日本を舞台とした芥川受賞作「広場の孤独」の視点人物である木垣は社会のいたる所に影を落とす冷戦構造を批判的に見据えながらも、政治的な次元の行動に踏み出すことはない。同僚の共産党員御国に対する態度も冷淡である。ただし木垣は、物語の末尾で、状況に対する抵抗の意思を込めて小説を書き始める（第Ⅰ部第一章参照）。

『歴史』発表後に執筆された作品についても、こうした方向性は基本的に踏襲されている。南京大虐殺を中国人の視点から描いた『時間』においてさえ、主人公の陳英諦は行動的な人物とは言えない。陳英諦は日本軍に対する抵抗の意思を抱き、国民政府のために密かにスパイ活動を行いつつも、行動的な共産党員の刃物屋と自身の姿勢を差異化する（第Ⅰ部第四章参照）。さらに長編小説『海鳴りの底から』では、島原天草一揆に参加しながら裏切り者となる実在の画家山田右衛門作が主人公に据えられる。右衛門作は、一揆から離脱して一揆の事実を伝えることに画家である自らの役割を見出す（第Ⅰ部第五章参照）。また堀田は、七〇年代初めから晩年に至るまで、乱世を生きる実在の作家・芸術家の評伝を描く仕事に熱中した。堀田が取り上げた鴨長明、藤原定家、ゴヤ、モンテーニュらは、いずれも行動的な人物ではなく、彼らの反時代的な精神と抵抗の意思は作品を書く／描くことに向けられる（第Ⅱ部参照）。

ところで堀田は、『歴史』発表後も日本の中国侵略の責任についてたびたび言及し、その観点から日中間の国交回復の必要をくり返し主張した。他方で、左派の知識人が革命後の中国を理想化し絶賛する時代状況の中で、堀田の共産主義中国に対する讃辞は控えめであった。堀田の個人主義的な気質と文学的な感性が、体制思想となった中国の共産主義について一定の距離をとらせたように思われる。同時代の中国を概ね好意的に描いている『上海にて』においても、「「冒険家的楽園」」や「魯迅の墓」などの節では、共産主義体制に対する違和感が微妙な言葉で表現されている。さらにこうした傾向は、中ソ対立の深刻化によって、いっそう強められた（第Ⅲ部第二章参照）。ただし、ここから読み取るべきは反共イデオロギーなどではなく、政治や国家に対する堀田の一貫して懐疑的な姿勢である。そしてそれは、『歴史』において、政治から置き去りにされた戦争の死者に自己を重ね、その立場から中国の革命派にシンパシーを示した竜田の（すなわち堀田の）姿勢と決して矛盾するものではない。

第三章　原爆投下　戦争の罪と裁き

──『審判』──

一　はじめに

ジョン・W・トリートは『グラウンド・ゼロを書く──日本文学と原爆』（水島裕雅・成定薫・野坂昭雄監訳、法政大学出版局、二〇一〇年）の序章において、日本の原爆文学を「文学の最終的テーマ」を扱った文学であると述べている。原爆が「文学の最終的テーマ」だというのは、核戦争によって人類が滅亡すれば文学そのものが消滅するためであろう。トリートによれば、核兵器の使用は、「アウシュヴィッツの持つ意味に匹敵し、かつそれをさらに拡張させたような、歴史上の一つのターニング・ポイントを成している」（二三頁）。『グラウンド・ゼロを書く』におけるトリートのねらいは、戦後の国際社会において、ホロコーストと比べて原爆がもたらした「断絶」が十分に意識されてこなかったことをふまえながら、日本の原爆文学の再評価を行うことにあった。しかし意外なことに、トリートはクロード・イーザリー(1)（Claude Eatherly）をモデルとした一連の作品に対してごくわずかしか考慮を払っていない(2)。

クロード・イーザリーとは、米軍が広島に原爆を投下した際、先導機であるストレート・フラッシュのパイロットだった人物である[3]。イーザリーは戦争終結後も一年以上空軍にとどまり、一九四六年七月初めに行われたビキニ環礁における原爆投下実験にも参加した（イーザリーは、この核実験の際に被爆した可能性がある）[4]。除隊後のイーザリーは石油会社のセールスマンなどの職を転々としたものの、精神を病み、退役軍人向けの精神病院への入退院をくり返した。この間、イーザリーは二度自殺未遂を図り、小切手の偽造や強盗などの犯罪をくり返す一方で、原爆投下に加担したことについて罪悪感を表明し、国際的に大きな注目を集めた。

イーザリーに対する国際社会の関心は、イーザリーが反核運動に取り組むオーストリア人哲学者ギュンター・アンデルスと往復書簡を交わしたことによって一挙に高まった[5]。アンデルスは、イーザリーの犯罪の背後に彼の贖罪意識を認め、その背景として巨大な機構の歯車となる個人の良心の問題を指摘した。アンデルスの視点は、ケネディ大統領宛ての書簡の中の、「彼［イーザリー――引用者注］は、ニセの犯罪的行為をおこなうことによって、彼が本来ならば当然うけるべくしてうけることのゆるされなかった罰を、あえてもとめようとしたのです[6]」という一節に凝縮されている。アンデルスは同じ書簡の中で、イーザリーをナチスの高官でホロコーストの実行責任者だったアイヒマンと比較している。

ただし、イーザリーをめぐる報道には多くの不正確な点があったうえに、イーザリー自身の発言にも矛盾や虚偽が含まれていた。ジャーナリストのウィリアム・B・ヒューイは、一九六四年に刊行された『ザ・ヒロシマ・パイロット[7]』において、イーザリーをめぐる報道やイーザリーの言動の問題点を詳細に検討し、イーザリーの病や犯罪は原爆投下をめぐる良心の呵責に起因するものではないと主張した。ヒューイの議論は多岐にわたっているが、ヒューイが強調する基礎的な事実として、イーザリーが機長を務めたストレート・フラッシュは原爆投下時テニアン島に引き返す途中で広島から遠く離れていたこと、そのためイーザリーは原爆投下を目撃していないこと、作戦全体の中でストレート・フラッシュが果たした役割は周縁的なものにすぎず、イーザリーは罪を犯して有名になる以前は、英雄視されるどころか全く注目されていなかったことなどが挙げられる。さらにヒューイは、ストレート・フラッシュの乗組員から、イーザリーは自身の功績が十分に認められていないことについて不満を持っていたとする証言も引き出している。同書は、「原爆投下の罪に苦悩するパイロット」としてのイーザリーをめぐる神話を崩壊させ、以後イーザリーはメディアから姿を消すことになった。(8)

一九五九年夏以降、イーザリーの件は日本のメディアにも大きく取り上げられていた。たとえば、『読売新聞』一九五九年八月二日朝刊には、「原爆にのろわれた人たち」として、イギリスの『デイリー・メール』紙の記者による長文のイーザリー論が掲載された。また同紙の八月三〇日朝刊では、「原爆より強い人類愛　太平洋を結んだ三つの手紙」として、ある日本人読者の匿名の手紙に対するイーザリーの返信と「広島の原爆乙女たち」からのイーザリー宛ての手紙が掲載された。『朝日新聞』一九五九年八月四日朝刊には、「ヒロシマの傷跡」として、イーザリーとアンデルスの往復書簡の一部が紹介された。『東京新聞』一九六〇年一一月二四日夕刊には、「原爆投下は誤りだった」として、東京新聞社の質問状に対するイーザリーの回答と手記が掲載された。また、『朝日ジャーナル』には、一九六一年一〇月一五日号から同年一二月三一日号にかけてイーザリーとアンデルスの往復書簡「良心──立ち入り禁止」が篠原正瑛の訳により連載された[9]。

このようなイーザリーをめぐる報道を受けてイーザリーをモデルにした作品が相次いで発表された。その一つが堀田善衞の長編小説『審判』である。『審判』は、『世界』一九六〇年一月号から一九六三年三月号まで連載された後、同年一〇月に岩波書店から単行本として出版された。また、一九六四年には、宮本研の戯曲「ザ・パイロット」（『新日本文学』一九六四年一〇月号）といいだもも の長編小説『アメリカの英雄』（河出書房新社、一九六五年）が『新日本文学』誌上に掲載された。

本章では、堀田の『審判』について論じる。イーザリーをモデルにした主要な作品の中で最初に発表された『審判』は、原爆投下の罪と裁きの問題を正面から扱った壮大な思想小説であるが、先行研究はわずかである[10]。堀田は『審判』において、原爆投下がもたらした大量虐殺を人類史における根本的な切断とみなす視点に立ちながら、その下手人となったパイロットの罪と裁きの問題に肉薄した。もっとも、原爆投下に加担した個人の罪を問う視点は、イーザリーをめぐる議論の中ですでに提起されていたものである[11]。しかし本章では、堀田が虚構性の強い作品を書くことで、イーザリーのケースにユニークなアプローチを試みたことに着目したい。

先述したように、現実の世界では、「原爆投下の罪に苦悩するパイロット」としてのイーザリー像に対して根本的な疑問が投げかけられた。だが、たとえ生身の人間が十分に良心的でないからといって、大量虐殺あるいは組織化された犯罪をめぐる個人の責任の問題が消え去るわけでない。フィクションは、イーザリーという実在の人物に囚われることなくイーザリーのケースにアプローチする有効な方法であったように思える。

　他方で、兵士の戦争責任を問う視点は、イーザリーをモデルとした作品によって初めて日本文学に持ち込まれたわけではない。堀田の知友武田泰淳は、小説「審判」（『批評』一九四七年四月号）において、中国人の民間人を殺害した日本兵の罪と裁きの問題を取り上げた。タイトルが示すように、堀田が武田の「審判」からの示唆を受けて『審判』を執筆したことは疑いえない[12]。同時に、例外的な状況における倫理のあり方を問う実存主義的な視点は、共通の時代経験と読書体験によって、戦後派作家の間で広く共有されていた。本章では、『審判』が同時代の作家たちが共有していたパラダイムを前提として書かれた作品である点にも注目する。

二　『零から数えて』から『審判』へ

　ところで、堀田は『審判』に先立ってイーザリーをモデルにした小説を二点発表している。短編小説「背景」（『文學界』一九五八年三月号）と長編小説『零から数えて』（文藝春秋新社、一九六〇年）である。後者は、『文學界』一九五九年一一月号から一九六〇年二月号まで連載された後に単行本化された。なお、『零から数えて』の第一章は「背景」を加筆修正したものであるが、もともと「背景」を長編小説の導入部のつもりで書き始めた後に何らかの事情で一旦断念したのか、それとも短編小説のつもりで発表した「背景」を後に長編小説にすることにしたのか定かではない。いずれにせよ、『零から数えて』執筆のきっかけが一九五九年夏からのイーザリーをめぐる報道の加熱であったことは確実だろう[13]。特に、イーザリーとアンデルスの往復書簡の存在は堀田の創作欲を強く刺激したもの

ヒロシマの傷跡

原爆誘導機の乗務員への手紙

〔カットの写真は長崎の原爆〕

アンデルス氏から
イーザリー氏へ

理由がある君の苦悩

人は〝病人〟扱いするけど

イーザリー氏から
アンデルス氏へ

いつか本当の信念を

ギュンター・アンデルスとクロード・イーザリーの往復書簡（『朝日新聞』1959年８月４日朝刊）

と思われる。

　一九五九年秋、堀田は、原水協（原水爆禁止日本協議会）を通じてアンデルス宛てに手紙を送り、イーザリーとの間に交わされた書簡を見せてほしいと依頼したようだ。だがアンデルスは、イーザリーの精神状態に配慮してこの依頼を断った。アンデルスは同年一〇月一八日付けのイーザリー宛て手紙の中で、「最近、僕は日本から一通の手紙をうけとった。その手紙は、日本のある作家が広島のことを小説に書こうとしているから君や君の生活についてのデータを教えてもらいたい、と僕に頼んできているのだ。しかし僕はその頼みを断った」（『ヒロシマわが罪と罰――原爆パイロットの苦悩の手紙』篠原正瑛訳、筑摩書房、一九六二年、九五頁）と述べているが、アンデルスの言う「日本のある作家」とは堀田のことであろう。

　だが、堀田は両者の書簡を読むことを諦めきれなかったようだ。県立神奈川近代文学館・堀田善衞文庫にはアンデルスに対する返信の下書きが所蔵されているが、堀田はこの文書の中で、「もしイザリイ氏及びあなたのお許しを得ることが出来ますなら、やはり私はあなたとイサリイ《ママ》氏との間の往復書簡（複数）を読ませて頂きたいとの希望を捨てることが出来ません」と書いている(14)。

　ところで、「背景」と『零から数えて』は『審判』の習作と言うべき作品である。堀田は「背景」、『零から数えて』、『審判』の関係について、「この作品『背景』は、やがて『零から数えて』へ赴き、最終的には『審判』にいたる道の出発点となるものであった」（「著者あとがき　無常観の克服」、全集三巻、六五九頁）と述べている。以下ではまず、「背景」をその一部とする『零から数えて』と『審判』の接点を明らかにしておきたい。

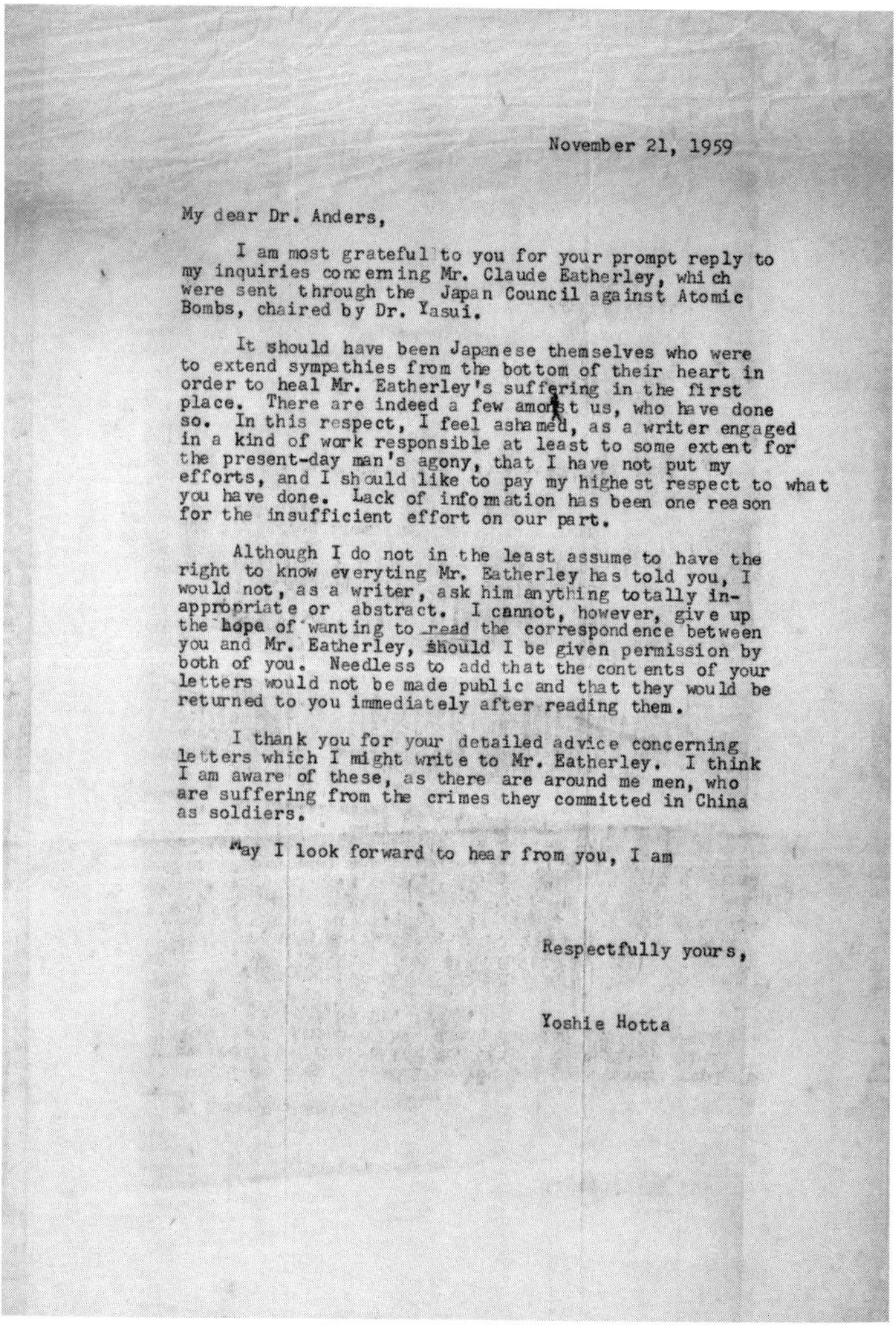

November 21, 1959

My dear Dr. Anders,

I am most grateful to you for your prompt reply to my inquiries concerning Mr. Claude Eatherley, which were sent through the Japan Council against Atomic Bombs, chaired by Dr. Yasui.

It should have been Japanese themselves who were to extend sympathies from the bottom of their heart in order to heal Mr. Eatherley's suffering in the first place. There are indeed a few amongst us, who have done so. In this respect, I feel ashamed, as a writer engaged in a kind of work responsible at least to some extent for the present-day man's agony, that I have not put my efforts, and I should like to pay my highest respect to what you have done. Lack of information has been one reason for the insufficient effort on our part.

Although I do not in the least assume to have the right to know everyting Mr. Eatherley has told you, I would not, as a writer, ask him anything totally inappropriate or abstract. I cannot, however, give up the hope of wanting to read the correspondence between you and Mr. Eatherley, should I be given permission by both of you. Needless to add that the contents of your letters would not be made public and that they would be returned to you immediately after reading them.

I thank you for your detailed advice concerning letters which I might write to Mr. Eatherley. I think I am aware of these, as there are around me men, who are suffering from the crimes they committed in China as soldiers.

May I look forward to hear from you, I am

Respectfully yours,

Yoshie Hotta

ギュンター・アンデルス宛て書簡下書き（県立神奈川近代文学館・堀田善衞文庫所蔵）

『零から数えて』は、原爆投下に関与したためトラウマを抱える米国人の元パイロットのデーヴィッド・ジョブ（David Job）が、いさむ、やすこ（Y女、Y子）、深沢（F）、はしもと（黒服の学生）、みどりら五人の若者たちの前に出現してから姿を消すまでの十数日間を描いた小説である。物語の主な舞台は、風天堂（喫茶店）、投錨地（バー）、安心（スタンド・バー）であり、これらの店に出入りするデーヴィッドと若者たちの会話が中心となっている。やすこが自分の語学の先生が首吊り自殺をしたと報告したことが発端となり、若者たちの会話は冒頭から死の問題をめぐって展開する。そこに、原爆投下をめぐる罪の意識を吐露するデーヴィッドの告白（独白）が重ね合わされる（ただし、若者たちはデーヴィッドの過去を十分に理解しているわけではない）。

全体として、物語はドラマティックな展開に乏しいが、クライマックスとなる最終章（第四章）ではカーニバル的な場面が繰り広げられる。ムーンライト・パーティーというグループによるショー（ミュージカル）が劇場で上演され、やすこがピアノの伴奏を行う一方で、月光党《ムーンライト・パーティー》の設立を企てる（妄想する）はしもとは、このショーを月光党の発会式に見立てる。ショーの途中でデーヴィッドが突然壇上に上がり「月光党は、月光の下に、死んだ人たちを招待しなければ、なりません。この世界は、死んだ人たちに、支えられているんですから。死んだ人だけが、歴史のぜんぶを知っているのです。（略）」と叫び（全集四巻、一三五頁）、ラブホテルで秘密裡に録音されたテープを再生する。この直後にデーヴィッドはバーバリー・コートを来た男に連れ去られ、エピローグは残された若者たちの会話で締めくくられる。

一方の『審判』は、気象偵察機のパイロットとして広島・長崎への原爆投下に関わった米国の退役軍人であるポール・リボートが数週間の航海を経て来日し、広島で自殺するまでの約一ヵ月間の出来事を扱った作品である。ポールは除隊後に輸送機運航の仕事を通じて知り合った寒冷地研究者の出音也を頼って来日し、来日後は出の家族やその知人たちとドタバタ劇を繰り広げ、この過程で原爆投下の罪と裁きをめぐる問題が掘り下げられる。最後にポールは広島を訪れ、広島で自殺する。

『零から数えて』と『審判』の際立った共通点は、原爆投下に関わった元パイロット（デーヴィッドとポール）のキャラクターと作中における彼らの位置づけである。デーヴィッドとポールは同一人物かと思われるほどキャラクターに類似性がある。また、二人はいずれも他の登場人物にとって謎めいた異者であり、突然外部の世界から到来し人々の間に波紋を巻き起こした後で突然姿を消す。

堀田は『零から数えて』の執筆動機について、「若年の頃から筆者にとって、この世でもっとも気になる人物であった、ドストエフスキーの『悪霊』の主人公スタヴローギンと、『白痴』の主人公ムイシュキン公爵の影が重なって来たのであった」と回想している（「著者あとがき「前衛的」と「かとりか（普遍的）」」、全集四巻、五八〇頁）。スタヴローギンとムイシュキン公爵の「影」を認めるべきは、デーヴィッド・ジョブであり、『審判』のポール・リボートでもある。もちろん、ムイシュキン公爵とスタヴローギンは対照的な人物だが、デーヴィッドとポールに、ムイシュキン公爵のイノセンスとスタヴローギンのニヒリズムを同時に認めることは困難ではない。

また、デーヴィッドやポールが突然人々の間に現れて突然姿を消す設定についても、堀田は『白痴』や『悪霊』を参考にした可能性が高い。『白痴』では、ムイシュキン公爵がスイスのシュネイデル療養所から四年ぶりにロシアに帰国する場面から物語が始まり、「白痴」同然になってシュネイデル療養所に戻るところで物語が終わる。『悪霊』では、スタヴローギンがヨーロッパ旅行から三年ぶりに帰郷するところから本格的に物語が始動し、スタヴローギンの自殺で終わる。

他方で、『審判』と『零から数えて』が大きく異なる点は、『審判』では原爆を投下したアメリカ兵の罪と中国で民間人を虐殺した日本兵の罪が対比的に扱われている点である。『審判』には、日中戦争に従軍して民間人を虐殺した過去を持つ出音也の義弟の高木恭助と、軍隊の中で高木の上官だった志村が登場する。後述するように、『審判』において恭助や志村による中国人虐殺の罪は、ポールによる原爆投下の罪の固有性を浮き彫りにする重要な意味を持っている。とはいえ、前者は後者をよりよく認識するための単なる参照項にとどまるわけではない。第二章で論じたように、日本の中国侵略の問い直しは、堀田にとっての主要な思想的課題の一つであった。

三　武田泰淳「審判」とドストエフスキー

先述したように、『審判』では、中国人の民間人を虐殺した日本兵の描写について武田泰淳の前掲小説「審判」からの多大な影響が認められる。以下、武田の「審判」の梗概を紹介する。

舞台は、日本敗戦直後の上海である。語り手の「私」（杉さん）は、「亡国の民」となり「沈んだ気分」で聖書を読みながら毎日を過ごしている。そこに「私」と同じ洋館に住む老教師の息子、二郎が復員してくる（ちなみに老教師はキリスト教徒で、「私」が読む聖書は老教師からの借り物である）。二郎は、美しい婚約者がありながら憂いに沈み、何事にも無感動、無関心になっている。やがて二郎は婚約を破棄したことを「私」に告げる。その後、「私」は二郎の手紙によって、二郎が戦場で無抵抗の中国人の老人を殺害したこと、自分を罰し「罪の自覚」を維持するため、婚約を破棄し中国にとどまる選択をしたことを知る(15)。

キャラクターには差異があるとはいえ、二郎の状況は、堀田の『審判』における高木恭助のそれと大きくオーヴァーラップする。『審判』において、日中戦争に従軍した体験を持つ恭助は、分隊長の志村が強姦した老婆を殺し遺体を穴に捨てたことについて、激しいトラウマと自己処罰の欲求に囚われている。恭助は中国で敗戦を迎えた後、帰国予定日の前夜に集中営を脱走して上海にとどまるが（東京では婚約者が恭助の帰国を待っていた）、数ヵ月後中国の憲兵に捕まって日本に送還される。帰国後、恭助は銀行に復職し婚約者と結婚するが、自堕落な生活に耽り、やがて仕事を辞め離婚する。その後離人症を発症した恭助は、ある日両脚の拘攣（痙攣）を起こして入院する。この症状はトラウマに起因するものであり、整形外科から神経科に移され心理療法を受けた後、恭助の両脚は治癒する。恭助は退院前に「精系を切断緊縛」する不妊手術を受ける。『審判』の中心的な舞台は安保闘争が本格化する一九五九年秋の日本に設定されているが、恭助にとって戦争の記憶は昨日のことのように生々しい。恭助は復員後のイーザリーであると同時に、帰国後の二郎でもある。

さらに、堀田の『審判』と武田の「審判」の共通点は、中国人を虐殺した日本兵のトラウマを描く点のみにとどまらない。タイトルが示唆するように、二つの作品はいずれも実存主義的な視点で戦争犯罪の裁きの問題を捉えている。

武田の「審判」において、二郎は手紙の中で戦場における日本兵（特に未教育の補充兵）の振る舞いについて次のように書いている。

武器を自由勝手にとりあつかい、誰もとりしまる者のない状態、その中で比較的知的訓練のない人々がどんなことをはじめるか、正常の生活にいるあなたがたには想像できますまい。法律の力も神の裁きも全く通用しない場所、ただただ暴力だけが支配する場所です。やりたいだけのことをやらかし、責任は何もありません。（『武田泰淳全集（増補版）』第二巻、筑摩書房、一九七八年、一五頁）

右の考察は平和な日常に生きる者を戦慄させるが、特に「神の裁き」という言葉に注目されたい。作品のタイトルの「審判」は、『新約聖書』の「ヨハネの黙示録」に描かれる「最後の審判」に由来する。先述したように、「審判」において、「滅亡」の観念に囚われる「私」は聖書を読むことに没頭している。「日本の破滅が神の裁きと考えはしないが、それでも黙示録の描写はそっくりそのまま今の日本にあてはまることを新しい発見のように感じた」（同、五頁）という「私」の語りが示すように、「私」は、黙示録の描写が「内地の惨状」を忠実に再現しているかのような錯覚を抱く。(16)

他方の二郎は「裁き」の問題に囚われる一方で、「神の裁き」に対して懐疑的な姿勢を示す。「日本は結局、この最後の審判の破滅をこうむっているんじゃないかね」と問いかける「私」に対して、二郎は「破滅をこうむることはたしかにありますね。みんなが洪水に流されたりしてね。罰をうけることはありますね。しかし、その一人一人が平等に罰を受けるんでしょうか。まちがいなく罪の重さだけ各人が罰を受けるんでしょうか。その点が疑問なんですけどね」と応じる（同、七頁）。また二郎は「私」と一緒に教会を訪れた際に、「イエスを信じますか」という老牧師の問いに対して挙手することを拒む。

要するに、武田の「審判」は、戦争における個人の罪を問いつつ、「神の裁き」に対して疑問を投げかける。といっても、神に代わる倫理の担保者が想定されるわけではない。たとえば、戦場では「法律の力」も無効になる、と語られる。つまり、「神の裁き」に対する懐疑は、非道な行為に対する裁きそのものについての懐疑を意味している。

だからといって、暴力が支配する戦場の現実が正当化されるわけではない。二郎は「神の裁き」に疑問を投げかけながら、自らが戦場で犯した残虐行為に深く囚われている。というよりも、二郎は自分が犯した行為を贖うことのできないものとして倫理的に突き詰めるからこそ、「神の不在」を強く意識せざるをえない。

堀田の『審判』においても、原爆投下の罪をめぐる倫理的な問いは「神の不在」という考え方を招き寄せる。ポールは恭助に向かって次のように問いかける。

> 普通は、人を殺した人は、国家で殺されます。国家が殺します。この場合、国家は、神を信ずる人々の場合には、神に代って、神を信じない人々の場合には、多分人に代って、その人殺しを殺します。（略）
>
> 戦争の場合ですと、国家が国民に命令を出して敵国民を殺せ、と言います。そうしておいて、

殺した人の罪を、国家は決して背負ってても処理してもくれません。国家は、それは神さまの領分だ、といって、知らぬ顔をします。（略）しかし、その人がもし、相談する神さまをもたなかったら、どうしますでしょうか。（全集五巻、二六二頁、傍点堀田）

これらの場面において武田の「審判」および堀田の『審判』が浮かび上がらせるのは、紛れもなくドストエフスキー的な問い、「神がなければ全ては許されるのか」、「神は人間の絶対の苦悩を贖うことができるのか」という問いである。周知のように、ドストエフスキーは『カラマーゾフの兄弟』においてこれらの問いを真正面から扱った。

イワン・カラマーゾフは、父親殺しの下手人である下男スメルジャコフとの会話によって、父親殺しの犯人は自分だという罪の意識に苛まれるようになる。やがて良心の葛藤によって憔悴するイワンのもとに悪魔が訪れて、「良心！　良心ってなんだ？　そんなものは、僕が自分で造りだしてるんじゃないか。なぜ僕は苦しむんだろう？　つまり習慣のためだ、七千年以来の全人類的習慣のためだ。そんなものを棄ててしまって、我々は神になろうじゃないか」（『カラマーゾフの兄弟』第四巻、米川正夫訳、岩波書店、一九二八＝一九五七年、一八五頁）と言ってイワンをからかう。

周知のように、イワンは無神論者であり、『カラマーゾフの兄弟』には、イワンが自作の「大審問官」という劇詩を僧院で修行する弟のアリョーシャに披露する有名な場面がある。その直前の会話の中で、イワンは、無垢な子供が無慈悲な暴力の犠牲となって惨殺される例を挙げながら、彼の無神論を次のような言葉で正当化する。

一体この世界に、赦すという権利を持った人がいるだろうか？　僕は調和なぞほしくない、つまり、人類に対する愛のためにほしくないというのだ。僕はむしろ贖われざる苦悶をもって終始したい。たとえ僕の考えが間違っていても、贖われざる苦悶と癒されざる不満の境に止るのを潔しとする（『カラマーゾフの兄弟』第二巻、米川正夫訳、岩波書店、一九二八＝一九五七年、七三頁、傍点原文）

これらのイワンの発言は、文脈は異なるものの、二郎やポールの問いと響き合う。戦場における倫理の問題を思想化するうえで、武田や堀田が『カラマーゾフの兄弟』の影響下にあったことは疑いがない。それにしても、なぜドストエフスキーなのか。

一九三〇年代におけるシェストフのドストエフスキー論、『悲劇の哲学』の流行が示すように、ドストエフスキーは、ファシズム体制下で左翼運動の挫折に直面した日本の知識人に大きな影響を与えた。埴谷雄高は、それまで『貧しき人々』、『虐げられし人々』、『死の家の記録』を中心とする「感傷的ヒューマニズム」に傾斜していた日本のドストエフスキー受容のあり方が、転向の体験を経て大きく転換したと述べている[17]。周知のように、転向の時代である「不安の季節」に集中的に読まれた作品は、シェストフがドストエフスキー文学のターニングポイントとして注目した『地下室の手記』であった。埴谷によれば、日本の「ドストエフスキー派《エコール》」は、「各個人と全社会が大混沌のなかへ投げ込まれる戦争という巨大な経験」を経て、『地下室の手記』から『悪霊』、『カラマーゾフの兄弟』へと「成長せざるをえなかった[18]」。埴谷は日本の知識人が自らの体験に照らしてドストエフスキーを理解したことを強調しているが、同時に彼らは、政治の暴力であれ、極限状態における倫理であれ、困難な時代状況が浮かび上がらせた課題をドストエフスキー文学のフレームで思想化した。

周知のように、日本の「ドストエフスキー派」の筆頭に位置するのは埴谷雄高や椎名麟三であるが、ドストエフスキーは武田や堀田の作品にも大きな痕跡を残している。[19]なお、序論でも述べたように、堀田善衛（一九一八年生まれ）は、埴谷雄高（一九〇九年生まれ）、椎名麟三（一九一一年生まれ）、武田泰淳（一九一二年生まれ）らより若く、左翼運動をめぐる挫折の体験を持っていない。堀田の場合は、戦争体験と共に、戦後の上海で国共内戦を目の当たりにしたことがドストエフスキーの思想を受け入れる重要な土台となったのではないかと考えられる。

四　原爆投下と中国人虐殺

堀田の『審判』には、米軍のパイロットとして原爆投下に関わったポール・デーヴィッドと日中戦争で中国人の民間人を虐殺した高木恭助が登場する。両者は、良心の呵責に苛まれ深刻なトラウマを抱えている点で似た境遇にあるが、両者の加害行為には質的に大きな違いがある。先述したように、『審判』の主題は、ポールと恭助を対峙させて原爆投下と中国人虐殺の罪を対比すること、それを通じて原爆投下の罪の固有性、原爆が人類史にもたらした「切断」を浮かび上がらせることこそであった。それでは、堀田はどのような点に原爆投下と中国人虐殺の差異を認めているのか。[20]
第一に、中国人虐殺は特定の個人の殺害であるが、原爆投下は不特定多数の殺害である。恭助が中国人の老婆という特定の個人を殺害したのに対し、広島・長崎に投下された原爆は数十万人におよぶ不特定多数の人々を死に追いやった。原爆の被害者は、「日本人」にさえ限定されない。恭助は正当にも、「広島と長崎でやられた人たちは日本人だけではなかった、中国人、朝鮮人、ビルマ人、アメリカ人、ロシア人なんかもいた。つまり〝人間〟というようなことにならざるをえないだろう」と指摘している（全集五巻、三四七頁）。

このような差異は、加害行為に加担したことをめぐる兵士の側の自覚の有無に連動する。恭助は、老婆を明確な自覚の下で殺害し、老婆を殺害したことについて良心の呵責を感じている。では、分隊長の志村の場合はどうか。志村は、恭助が記憶する限りで、伍長時代に五人、軍曹時代に五人の中国人女性を強姦した。しかもその手口はすこぶる残虐だった。志村は中国人に変装して追剝ぎをした後で強姦を行い、被害者を「ゆっくりと鶏でも料理するみたいにして殺した」（同、二〇三頁）。また、志村は例の老婆を強姦しただけではなく、局部に水道のホースをつっこんで虐待した。志村は、これらの行為に対して恭助のような良心の呵責を感じているわけではないが、「犯され殺された人の顔や身体つきを眼に浮べること［は――引用者注］出来る」。そしてその限りで、中国人虐殺は原爆投下と異なり、「生命の範囲での出来事」、「自ら罰し得る範囲のこと」であるとされる（同、三二五頁、傍点堀田）。

他方で、気象観測機のパイロットして原爆投下に関わったポールは、原爆が地上にもたらした被害を目撃していない。したがってポールには、被害者について直接的な記憶がない。恭助が言うように、「ぼく［恭助――引用者注］は明らかにあの中国のお婆さんの顔を覚えている。けれども、ポールは誰一人覚えているわけではない」（同、三四七頁）。ポールは恭助に対して、「恭助サン、答えて下さい。わたくしは、ほんとうに、人を殺した、のでしょうか」（同、三八〇頁）と問いかける。

ポールは、自分が犯した行為の結果から徹底的に疎外されている。そもそも、数十万人の死は、命令に従って原子爆弾をはるか上空から地上に投下した、あるいはそれに付随する任務を遂行した行為の結果として、あまりにもバランスを欠いていよう。恭助は、原爆とホロコーストを比較して、「人間が主人公であることをやめている」点に両者の類似を見出し、「アウシュヴィッツも広島長崎も、犯行だけがあって犯人のいない、原罪に似た点があろう」（同、三三四頁）と述べる。

さらに、中国人虐殺と原爆投下の間に見られる加害者と被害者の関係の差異は、加害者が抱えるトラウマの差異にもつながっている。恭助の脳裏には、分隊長の志村が中国人の老婆を強姦したうえで局部に水道のホースを入れて虐待した場面、その後老婆の後頭部と心臓を拳銃で撃って殺し穴に捨てた場面がくり返しフラッシュバックする。また、老婆殺しのトラウマは恭助の身体の変調、痛みとして現れる。恭助の両脚は痙攣によってくの字に曲がるが、これは断末魔の老婆の姿を反復するものである。恭助は、両脚の痙攣を罰であると同時に救いとして受け止めている(21)。

他方のポールのトラウマは、原爆投下の被害や被害者をめぐる直接的な記憶に起因するものではない。ポールは、原爆投下のトラウマによって極度のニヒリズムに陥っている。出音也の次男の吉備彦が、自宅に招待するためホテルにポールを迎えに行った際、ポールは吉備彦に対して、「I'm saying these things. Love, trust and brotherhood among human beings. But, at heart, I don't and I can't believe these things, neither ......」と語る（同、一七三頁）。

　ただし、ポールは積極的に悪事を働く能動的なニヒリストではない。ポールは、人間的な意思、感情、欲望をほとんど喪失してしまっている。ポールの顔は、何度も「仮面」、「無表情」といった言葉で形容される。恭助の姪で愛人の唐見子は、「どうしてあのポール・リボートが、生きているものにつきもののいろいろなビラビラをぜんぶ剝ぎとられたように、たとえば馬鹿か白痴のように単純なのか。どうして自分にそう見えたか」（同、四二九―四三〇頁）と自問する。先に、ポールの中にムイシュキン公爵のイノセンスとスタヴローギンのニヒリズムが共存していると述べたが、これらはトラウマの結果であると考えられる。

　また、ポールは世俗的な社会関係に背を向けている。ポールはトラウマが悪化して妻子と別れ、財産を整理し、二度と米国に戻らない覚悟で来日した。つまり、ポールは家族と故国を棄てた根無し草である。またポールは、来日前に精神病院で治療を受けながらグリーンランドと米国を往復する輸送機運航の仕事に従事していたが、ポールがグリーンランドの仕事を志望したのは、グリーンランドが「地の涯」にあり、「人間がいない」場所だと考えたためだった（同、二二一頁）。ポールの歓迎会で、出音也が来客にグリーンランドのスライドを見せるシーンがあるが、グリーンランドの風景は「この世ならぬ、すなわち人間と何の関係もない、あるいは何の関係もなかった景観」と形容される（同、一八六頁）。さらに、この時ポールは北極で越冬した経験を語り、皆を驚かせている。

　『審判』におけるグリーンランドと北極は、孤独とニヒリズムに陥ったポールの心象風景であると同時に、核兵器による人類滅亡後の風景も連想させる。堀田は、エッセイ「愚者の視点」（『朝日新聞』一九六一年一月一九日朝刊）において、飛行機の上から見た、「アラスカから、グリーンランド、北極にかけての広大な局地の氷原」と「トルコから中近東、アラビア、エジプトなどの赤茶けた、広大な荒地、さばく」を想起しつつ、これらを「大量原水爆による大量報復戦」が戦われた後の「人間以後の景観」と結びつけている（全集一四巻、二〇四頁）。

五　戦争の罪の裁きと対話形式

それでは、堀田は『審判』において、原爆投下と中国人虐殺の裁きをどのように描いているのか。タイトルが示すとおり、『審判』の最大の焦点が戦争の罪をめぐる裁きにおかれていることは明らかだ。平野謙も小中陽太郎も『審判』の解説の中で、この点に触れている。

平野謙は、恭助の内面を描いた、「審判などというものはありえないのだ、というのが恭助の結論なのである。審判というものがあると思われている限りにおいて、人は永久に物語や小説のたぐいを創作し読んで行くであろう。ありうるのは実は罪と罰だけなのだ、そのあいだにはさまっている審判というのものは、要するに仮構なのだ。そうして仮構なしに人は生きない」（全集五巻、四三四頁）という箇所を引用しつつ、ポールが広島で投身自殺する物語の結末に堀田の「絶望ニヒリズム」を認め、それを「作者のつかんだ結論」だとしている(22)。

小中陽太郎は、平野の解釈を不十分だと評しつつ、恭助がポールを追って広島に行き、広島を彷徨《さまよ》いながら展開する独白の中に、堀田の結論を見ようとする。小中は、「虚無、それが裁きなのだ」、「もし原子爆弾や水素爆弾が悪であり否定し廃止すべきものであるとしたら、それはこの武器が、一切を虚無化して行くからなのだ」、「ここで一切が見えるという気がするのは、その両側がよく見えるからなのだろう。この町自体が、ポイント・オブ・ノーリターンの頂点なのだ。つまりはこの町は審問官だ、ということであろう」といった恭助の独白を引用したうえで、「虚無である町」（広島）が「審問官」であるという点に堀田の結論を認めている。(23)

平野と小中の考察について、筆者は、テキストの特定の箇所、あるいは物語の結末を特権化して、そこから作品全体の「結論」を導き出している点に違和感を覚える。『審判』には、戦争の罪の裁きに関する多様な考え方、視点が提起されているが、管見では、それらの妥当性について堀田は明確な評価を下していない。『審判』において、戦争の罪の裁きの問題は多くの登場人物によって語られ論じられるが、特定の登場人物のみが筆者の見解を代弁しているわけではない。なお、『零から数えて』においても、多くの登場人物が死や原爆投下の罪の裁きをめぐって対話を行うが、この傾向は『審判』において、より顕著である。また『審判』には、『零から数えて』よりもはるかに多くの人物が登場し、各々の人物の性格や思想傾向がよりはっきりと書き分けられている。

ところで、登場人物同士が哲学的、思弁的な対話を展開する場面は、埴谷雄高『死霊』、武田泰淳『富士』、野間宏『青年の環』などの作品にも見られるが、このようなスタイルはドストエフスキー文学の影響によると考えられる。周知のように、ドストエフスキーの登場人物は極めて饒舌であり、作中において哲学的、思弁的な思想を展開する。このようなドストエフスキー文学の対話的なスタイルをポリフォニー（多声）という概念を用いて理論化したのは、ミハイル・バフチンであった。(24)バフチンによれば、ドストエフスキーの登場人物は、作者が強いる型に収まることも、作者の思想の代弁者となることも拒む。彼ら彼女らは、「最後の言葉」を自分自身のものとして留保する。バフチンによれば、登場人物が作者による統御を逃れていることこそがドストエフスキーの革命性であり、ドストエフスキーの登場人物は完成した思想の代弁者であるわけではない。ドストエフスキーの小説を「モノローグ的」な多くの小説から区別している。といっても、ドストエフスキーの登場人物は、孤立した意識の中に自己を閉ざすことなく「カーニバル化」された空間の中で他者と交渉を持つ。そのため、各々の登場人物が抱く思想も完結した静的なものではありえず、対話の中で揺らぎ変化する。バフチンは、ドストエフスキーの小説では、登場人物の独白にさえも他者の視点が刻印されていると指摘している。

堀田は、こうしたドストエフスキー文学のスタイルを巧みに『審判』に取り入れている。『審判』には、多くの個性豊かな人物が登場する。彼ら彼女らは、カーニバル的な状況の下で出会い、関係し、対話を繰り広げる。『審判』の中心的な主題である原爆投下と中国人虐殺の対比も、ある部分は、ポールと恭助の対話を通じて展開される。

くり返すと、『審判』では、戦争の罪と裁きについて、多様な考え方、視点が提起されるが、各々の妥当性について明確な評価は示されていない。ところで、『審判』の主題である戦争の罪と裁きの問題は、ドストエフスキーが格闘した神の存在の問題と同様に、一元的な答えを出すことが困難な問題である。ドスエフスキー文学のポリフォニックなスタイルは、戦争の罪と裁きというテーマにアプローチするうえで有効な方法であったと思われる。

六　預言者としてのパイロット

それでは、戦争の罪の裁きに関して、『審判』では具体的にどのような視点が提起されているのか。第三節では、神の裁きに対して懐疑的な視点が提起されていること、そのことは非道な行為に対する裁きの不在を示唆していることを指摘した。だが戦争の罪の裁きをめぐる『審判』の観点は、この点に終始するわけではない。

以下では、特に三点を取り上げて論じたい。まず本節では、原爆投下の罪の裁きとして、原爆投下を人類が犯した原罪として捉え、その下手人となったポールを預言者とみなす視点を取り上げる。第七節では、戦争の罪を一種の宿命として捉え、罪を犯した加害者を裁くことなく、慈悲の心で寄り添う視点を取り上げる。第八節では、兵士のトラウマの原因を兵士自身が殺害した死者の記憶に求め、戦争の罪の裁きを死者による裁きとみなす視点を取り上げる。

先述したように、『審判』では、戦争犯罪をめぐる神の裁きに対して疑問が投げかけられていた。この点について付け加えるべきこととして、ポールが、八月六日にテニアン島を発進する際に従軍牧師が祈りを捧げたことを回想していることが挙げられる(25)。恭助はこの発言に大きな衝撃を受けているが、ポールの発言を前提にすれば、「イエス・キリストの名において、主の守りにおいて発進した」ポールの行為を神が裁く余地は存在しない。

ただし興味深いことに、『審判』は神による裁きの無効性を示唆する一方で、ポールをキリストに見立てる視点も提起している。先に「アウシュヴィッツも広島長崎も、犯行だけがあって犯人のいない、原罪に似た点があろう」という恭助の発言を引用したが、恭助は原爆投下を原罪に近いものとみなしている。『審判』に先立って執筆された『零から数えて』のタイトルも、この点に関わる。作中では、原爆投下時のカウントダウンを連想させる「5、4、3、2、1……0《ジロ》」というフレーズが反復されるが、デーヴィッドは「ゼロを踏みこした人」、つまりある限界を超えた人間であると捉えられている。

それでは、なぜ原爆投下は人類にとっての原罪なのか。第一の理由は、「アウシュヴィッツも広島長崎も、犯行だけがあって犯人のいない、原罪に似た点があろう」という恭助の発言が示すように、下手人となる兵士の作為をできるだけ除去し、罪悪感を抱くことなく大量殺人を行うことを可能にした点にある。これはナチスの絶滅収容所のガス室にも通じる点である。第二の理由は、原爆（核兵器）の開発・使用が人類滅亡の可能性を開いた点にある。人類が神の被造物であるとするならば、人類が自らを滅ぼす力を持つことは神に対する最大の冒瀆であろう。しかもその過程は不可逆的である。一度知恵の実を食べた人間が二度と楽園に戻ることができなかったように、一度核兵器を入手した人間もそれ以前の時代に戻ることはできない。

もちろん、これらは堀田のオリジナルな見解とは言えない。堀田に先立って多くの思想家が、核兵器の開発・使用が人類史に根本的な切断をもたらしたことを指摘してきた。たとえば、サルトルは、「大戦の終末」（『レ・タン・モデルヌ』一九四五年一〇月号）において、原爆の出現によって、全人類、さらには地球上の全生物の存続の可否が人類の意思に依存する状況が生まれたと述べている。

全人類［が――引用者］、もしそれが生存し続けて行くものとすれば、それは単に生まれてきたからという理由からそうなるのではなしに、その生命を存続せしめる決意を樹てるが故に、存続し得られるということになろう。もはや人類というものはない。原子爆弾の監理者となった共同体は生物界の上にある。なぜならば、生物界の生と死との責任を持つにいたっているからだ。この共同体が来る日も、来る日も、一分毎に、生き抜くことを承認してくれなければならぬ。（略）この度の戦争が終わった瞬間に、宙返りが行なわれてしまったわけで、人類は、我々銘々のうちに、その可能なる死滅を発見し、その死と生との責を引き受けたのだ。（『シチュアシオンⅢ』渡辺一夫訳、人文書院、一九六四年、四八頁、傍点原文）

ところで、再度の核兵器の使用が人類の滅亡をもたらすとすれば、将来、デーヴィッドやポールと同じ罪を負う者が現れれば人類は滅亡を免れない。したがって、人類が存続する限りデーヴィッドやポールは孤独であることを宿命づけられている。『零から数えて』においてデーヴィッドは次のように問いかける。

平和で、戦争がもうないならば、わたしは永遠に罰せられています。そうして、もしわたしが行為《おこない》をしたと同じ戦争があれば、世界じゅうは滅びます。世界じゅうが滅びて、わたしと同じ行為をした人がたくさん出来たら、そのときわたしは、お仲間が出来て、それで救われるのでありましょうか。（全集四巻、九八頁）

こうした自覚がデーヴィッドやポールを預言者にする。ポールは、『審判』において、「わたくしは、あの経験以後、人々のなかにいて、その人々とはまったく別な人になった」（全集五巻、二七四頁）と述べているが、ポールは沈黙する神に代わって、選ばれた人間の立場から神の言葉を発する。

神さまの俘虜、囚人、保留された人がもし、自分が神さまを背にしていると信じて、こう言ったとしたらどうなりますでしょうか。

誰もかれも、なにもかも、みんな間違っているのですよ！　そこにあるすべては、一切は、全部は間違っていますよ、偽りのものですよ！　殺したいなどとはまったく、ツユ思わずに、一瞬に二十万からの人を殺したわたくしが言うのです、わたくしが言うのですよ、だからわたくしの言うことは、正しいのですよ。わたくしこそが、オーソドクスなのですよ！

と、こう言ったらどうなりますでしょうか……（同、二六三頁）

つまり、原罪の自覚によって、ポールは裁かれる主体からいわば裁く主体に転換する。ポールの言葉を聞いた恭助は重い口を開く。

あなたは、キリストかもしれない、裏がえしの（全集五巻、二六三頁）

もちろん、広島・長崎の原爆投下に関わったパイロットはポールやデーヴィッドだけではない（つまり、クロード・イーザリーだけではない）。しかし、ある人間を預言者にするのは存在ではなく意識である。恭助は言う。

ポール以外の、原爆の爆撃機に同乗していた奴らは、みな未曽有の新しい人間になる機会を放り出してしまって、要するにただのアメリカ人に戻ってしまったわけだ。命令を出したトルーマンなんて奴は、結局いちばんの馬鹿もんかもしれんな。アメリカ人だ政治屋だ、なんていう狭い枠を出て、黙示録の予言者みたいにさえなれる、つまり現代から先の人間になれる機会を自分で投げ出してしまったわけだからな(26)（同、三四五頁）

右の恭助の発言に対して、唐見子は次のように呟く。

そうするとポールさんは、たった一人の、予言者。（同）

七　宿命と慈悲

『審判』のラストで、ポールは広島に赴き、能面（般若面）を被って、「ワタ……クシハー……、オニー……デスー……」と叫びながら町を彷徨い、平和大橋から飛び降りる。堀田はこの結末を、山伏の呪文によって鬼女が消え去る、能の『安達原』の結末（「夜の嵐に紛れて失せにける」）と重ね合わせている。堀田は、この『審判』の結末について、「格別に自殺である、というふうにする必要はないと思うんです。人間の境涯といいますか、人間世界の境涯、人類に共通項のない罪を持った人が、やはり人間の境涯にいることはできなかった、という結論でいいんだろうと思っています」と説明している（「著者あとがき　共通項なき罪」、全集五巻、六三七頁）。

『安達原』は『審判』において特別な位置を占める作品である。[27]作中には、玩具輸入バイヤーのアレック・モートンの妻エディスと出教授の母郁子刀自が『安達原』をめぐって対話する場面がある。ポールと同じ船で来日したエディスは、殺人を犯した過去を持ち（その詳細は語られない）、ポールと同様に深刻なトラウマを抱えている。エディスはポールの歓迎会に参加した折、出宅に飾られていた般若面に異常な関心を示し無断で持ち去る。翌日、エディスは出宅に般若面を返しに来るが、その折、郁子に『安達原』の舞台を観てきたことを報告し、『安達原』とギリシャ劇『アンチゴネー』（劇の内容から、『オイディプス王』とするべきであろう）の違いについて質問する。エディスは、「エディポス王に関して、そこにどういうことが起るかわからぬ（エニイスィング・ハプンズ）人間の運命というものがあり、しかも重要なことはエディポス王は裁かれてしまうが、あの人界《にんがい》にあっては里女に化身していて、しかもなお鬼女でもあるあの老女には、運命だけがあって裁きがないのはどういうわけであろうか」と問う。またエディスは、鬼女は「夜の嵐のなかに紛れ失せた」後、「どうなったのだろうか」とも問うている（同、三六九頁）。

ここで、『安達原』の梗概を確認しておこう。那智の東光坊の山伏阿闍里祐慶が、同行の山伏や能力と共に、諸国行脚の途中、陸奥《みちのく》の安達ヶ原で貧しい老女のあばらやに宿を借りる。老女は祐慶の前で糸を紡ぎながら辛く長い人生を歌い、懺悔の涙を流す。その後、老女は自分の寝室を決してのぞかないようにと念をおしたうえで、山に薪を取りに行く。老女の留守中、能力が好奇心から寝室をのぞくと、そこには膿や血にまみれた屍体が累々と積み重なっていた。能力の知らせにより屍体の山を目の当たりにした祐慶は、老女のあばらやが鬼の住処であることに気づく。祐慶らが慌てて逃げ出すと、薪を背負った鬼女が、秘密を暴露された怒りに燃えて後を追ってくる。祐慶らが呪文を唱え祈り伏せると、鬼女は我が身を恥じ呪いつつ姿を消す(28)。

ところで、能の『安達原』では老女が殺人鬼になった経緯は語られないが、福島県二本松市に伝わる民話では老女が殺人鬼になるまでの物語が語られる。その内容を見よう。『安達原』に登場する老女の名前は「いわて」で、京都の立派な屋敷で身分の高いお姫さまの乳母をしていた。いわては、お姫さまが生まれつき唖者であることを心配し易者に見せたところ、胎児の生き肝を飲ませれば病気が治るという予言を得た。そこでいわては陸奥へ行き岩屋にひそんで妊婦の到来を待った。ある時、いわては京都からやって来た若い夫婦を岩屋に泊めた。いわては妻が腹痛を訴え、夫が薬を買いに出かけた隙に、妊娠していた妻の腹を割いて胎児の生き肝を取り出した。いわては死に瀕した妊婦の言葉と妊婦の持っていたお守りから、妊婦が幼い頃に別れた娘の恋衣《こいぎぬ》であったことを知り、発狂して鬼になる。以後、いわては岩屋に泊まった旅人を次々と殺すようになった(29)。

民話として伝承されている物語全体をふまえると、エディスが『オイディプス王』と『安達原』を比較した理由がよくわかる。オイディプスといわてはいずれも、それと知らずに肉親を殺害する悲劇的な運命に見舞われる人物である。もっとも、エディスは『安達原』においては「運命があって裁きがない」と述べているが、周知のように『オイディプス王』の結末では、父親を殺し母親と交わったことを知ったオイディプス王は自分の両目を潰し、テーバイから追放される。

エディスの問いに対して、郁子は「エディスさんや、人ちうもんはね、あんまり深追いしたらいかんがやがいね。お慈悲の方が大事ながやがいね」、「安達ヶ原ちうのはやな、その慈悲がやな、舞台になって出とるがやがいね、あんながやな、まるのままでの慈悲ちうもんながやがいね」と述べる（全集五巻、三六九頁）。そして、郁子は威厳に満ちた様子で、「あさましや、人界《にんがい》に生《しやう》を受けながら、／かかる浮世に明け暮らし、身を苦しむる悲しさよ」、「かかる浮世にながらへて、明暮《あけくれ》ひまなき身なりとも、／心だに誠の道に叶ひなば、祈らずとても終《つひ》になど、／仏果の縁とならざらん」と、『安達原』の謡いを披露する（同、三七〇頁）。

郁子の言う慈悲とは、鬼女を裁くことなく鬼女の運命と悲しみに寄り添う姿勢である。そもそも、いわては意図して娘を殺したわけではない。いわてが、易者の導きによってはるばる陸奥へと赴き、こともあろうに妊娠した実の娘に遭遇し、腹を割いて胎児の生き肝を取ったことは、ひとえに運命の仕業と言うほかない。

郁子による『安達原』の解釈は殺人を宿命として捉える視点に立つものであり、裁きの前提にある、殺人の原因を加害者の自由意思に求める考え方を相対化する。郁子は、エディスとの会話の中で「むかしな、日本にな、親鸞上人というお人がおられてな、善人なおもて往生す、と言われたがやぜ」（同、三八二頁）と述べているが、人間の行為の原因を人間の意思を超える超越的な力に求める発想は、まさしく『歎異抄』の他力本願の考え方に通ずる。

こうした視点は、原爆投下の罪に適合的な部分がある。すでにくり返し指摘したように、原爆投下において、下手人であるパイロットの犯した行為と被害の規模は著しくバランスを欠いていた。さらに『審判』において堀田が示した解釈によれば、パイロットの意思と彼の行為がもたらした結果の間にも乖離があった。ポールは人を殺したという実感を抱くことさえできずにいる。これらの点をふまえるならば数十万人の死をポールの自由意思に還元することは酷であろう。

他方で、対面で暴力が行使される場合であっても、殺人を自由意思の結果とはみなし難いケースが存在する。もちろん、「十五年戦争」における日本軍の加害行為に関する限り、志村のように兵士が無抵抗の捕虜、民間人を意図的に（あるいは軍や上官の命令に従って）殺害したケースが多数存在する。とはいえ、戦場における死をすべてそのようなものとして捉えることはできない。少なくとも一兵士の目線に立つ限り、戦場における生死は多分に偶然に左右されるし、自分の生命を守るため嫌々ながら他者の生命を奪わざるをえない局面も存在する。

これは大岡昇平が『俘虜記』（創元社、一九五二年）の中で扱った問題である。周知のように、大岡は、アジア・太平洋戦争の末期にフィリピンのミンドロ島のジャングルにおいて米兵と遭遇し、米兵を撃たなかった体験を持っている。大岡は、『俘虜記』においてこの体験を反芻し、米兵を撃たなかった理由について、多くの仮説を提示している。最終的に大岡が明確な結論に達しているのかどうかは曖昧であるが、考察の過程で、『歎異抄』の一節「わがこころのよくてころさぬにはあらず。また害せじと思ふとも、百人千人をころすこともあるべしと、おほせのさふらひしは、われらがこゝろのよきをばよしとおもひ、あしきことをばあしとおもひて願の不思議にてたすけたまふといふことを、しらざることをおほせのさふらひしなり」に言及している点に注目したい[30]（『大岡昇平全集』第二巻、筑摩書房、一九九四年、七五頁）。この一節は、大岡が米兵を撃たなかった理由が、大岡のよき心、すなわち自由意思によるものではない（と大岡が考えていた）ことを示唆している。

なお右の引用中で、親鸞は、たとえよき心を持っていても「百人千人」を殺すこともありうると述べている。興味深いことに、堀田が『審判』のポールや『零から数えて』のデーヴィッドをムイシュキン公爵を思わせるイノセントな人物として設定していることは、この親鸞の思想と符合する。さらに、堀田は『零から数えて』の主人公、デーヴィッド・ジョブ（David Job）の名前を、「旧約聖書中の『ヨブ記』の主人公ヨブから借りたもの」だと述べている（「著者あとがき「前衛的」と「かとりか（普遍的）」」、全集四巻、五八〇―五八一頁）。周知のように、『ヨブ記』は義人のヨブが神によって次々と試練を与えられる物語である。堀田は、デーヴィッドが大量殺戮の罪を犯して苦悩する姿をヨブと重ね合わせることで、デーヴィッドの意図と原爆がもたらした被害の間に横たわる溝を浮かび上がらせようとしたのだと言えるだろう。

八　死者による裁き

『審判』は、加害者である兵士のトラウマを主題化した先駆的な作品である。恭助が「戦傷者だけではなく、すべて戦場に出たことのある人間は、たとえ五体完全で帰還していたにしても、彼もまた傷痍者なのだ」（全集五巻、三一三頁）と述べているように、作中では、出征した体験を持つ兵士は心に傷を負った「傷痍者」であると語られる。

それでは兵士のトラウマの原因は何か。『審判』では、兵士のトラウマは人を殺した体験に結びつけられている。恭助は言う。

人を殺すってことは、人を物にすることだろ。だから殺した奴は、自分の人間のほかにもう一つ、その、物をもってしまうことになる。人外の物をもってしまった奴が、相対の、人を愛そうとか愛されようとかいっても、その、物が、あいだにどすんと冷たく横になっていて、それは駄目なんだな。（同、五一二―五一三頁）

恭助の言う「人外の物」とは、言うまでもなく死者である。恭助は、両脚をくの字に曲げて死んだ中国人の老婆の記憶に四六時中取りつかれている。兵士のトラウマの原因は死者の記憶である。

堀田は武田泰淳と違って戦場で殺人を犯した経験はない。しかし、堀田の周囲には、弾圧により命を落とした左翼運動家、戦死した日本兵、米軍による空襲の犠牲者、日本軍に殺された中国人、国共内戦の犠牲者等々、多数の死者が存在した。『記念碑』（中央公論社、一九五五年）の末尾には、戦争の死者についての次のような印象的な記述がある。

死んだ人々はどこへ死んでいったのだ。

眼をつぶると、ぞろぞろ、ぞろぞろ、と草履をひきずるような音が聞えて来る、また、どさ、どさ、どさ、と、重い軍靴をひきずって、暗い冥府を、暗い海の底を、不規則な足音をたてて行く足音が聞えて来る。亜細亜と南海の陸と海との隅々から、死んでいった若い人たちが、死んだときの、殺されたときの形相のままで、

ぞろぞろ

…………

ぞろぞろ

…………

どさ　どさ　どさ

…………

どさ　どさ　どさ

…………

死んだときの、殺されたときの形相そのままで、天の奥処《おくが》を限りなく、いまも歩いている。

（全集三巻、一七五頁）

また堀田は、エッセイ「流血」（『荒地詩集・一九五二年版』荒地出版社、一九五二年）において、二〇世紀を流血と不可分の「革命と戦争の世紀」として捉えたうえで、「現代の最大の命題は、あらゆる意味を含めて、他者が人間に対して犯す流血にある」と述べている（全集一三巻、一〇四―一〇五頁）。

このような世代体験を持つ堀田にとって、戦争の記憶とは不可避的に死者の記憶である。堀田は小説『橋上幻像』（新潮社、一九七〇年）において戦争の死者の記憶の問題を正面から扱っている。『橋上幻像』は三部構成の作品であるが、第一部ではアジア・太平洋戦争における人肉食が、第二部ではホロコーストが、いずれもサバイバーにとっての死者の記憶の問題として扱われる。[31] 第一部には軍属としてニューギニアに徴用された体験を持つ日本人男性が、第二部にはホロコーストのサバイバーのユダヤ人女性が深刻なトラウマを抱える人物として登場し、知人に自分の戦争体験を告白する。作中で反復される「屍（カダブル cadavre）」という言葉が示唆するように、『橋上幻像』では、死者は物体としてイメージされる。「報告」と題されたエピローグは次のような一節で始まる。

私にもう一つの幻像がつきまとっている。
それは、地球へ戻るすべを失ってしまった宇宙船が、一つの、あるいは数個の屍を内包して、永遠にわが頭上の宇宙を旋回している、あるいは何処へという方向もなくて浮遊し彷徨をしているという幻像である。（全集七巻、六〇三頁）

ここで吐露されるのは、死者が永遠に存続し続けるというオブセッションである。『審判』において恭助は、同様の思いを、「戦争に行った男はね、ほら、この橋の両岸にあるような、暗い大きな倉庫をもっているのさ」（全集五巻、三四四頁）と、別の比喩を用いて語っている。

ところでポールの場合はどうか。先述したように、原爆投下時、爆心地のはるか彼方にいたポールは原爆がもたらした被害を直接目にしていない。そのため、ポールの記憶には死者が欠けており、ポールは殺人を犯したことをめぐる実感の欠如に苦しんでいる。

　他方で、『審判』には被爆者が登場する。吉備彦の大学の友人である河北華子は長崎に投下された原爆で母や兄を亡くしており、自らも被爆者である。華子の父親の河北画伯も被爆者であり、ひそかに原爆の絵を書きためている。原爆投下直後の光景を描いたそれらの絵は、「写生」ではなく「写死」であると表現される。

　ポールは、河北画伯の絵を通じて原爆による死者に出会う。志村の家を訪問した際、不意に河北画伯の絵を見せられたポールは、叫び声を上げて志村の家を飛び出す。クライマックスにおけるポールの広島訪問もポールが原爆による死者に出会う意味がある。ポールは広島の墓地で、原爆によって家族全員が亡くなった一家の墓が無数に存在すること、それらの墓に「倶会《くえ》一処《いっしょ》」という文字が刻み込まれていることを目の当たりにして衝撃を受ける。『零から数えて』にも、デーヴィッドが広島訪問を回想する場面がある。デーヴィッドが広島を訪れた日は偶然にも八月六日で、河では精霊流しが行われていた。河を流れる灯籠に父親に宛てた子供のメッセージを読み取ったデーヴィッドは、被爆死した子供を想像して、「暗い河底」に、「白く小さな手の骨を見た」と思い込む[32]（全集四巻、七五頁）。

　このように『審判』では、加害者のトラウマと死者の存在とが密接に関連づけられている。恭助はそれを死者による裁きとして捉える。ポールを追って広島に行った恭助は、「自分はあの中国の婆さんを殺した、そうしてもとの自分ではなくなった。もとの自分でなくなった者は、何度でも何度でも、どこででも裁きをうけつづけなければならない」と自分に言い聞かせる（全集五巻、五〇五頁、傍点堀田)。同時に恭助は、むき出しの暴力を伴う現代史に参加した人々は、「もとの人間であることの出来なくなる、帰り道のない地点、ポールのように英語でそれを言えばポイント・オブ・ノー・リターンをもっている筈」であり、「その虚無、それが裁きなのだ」と考察する(同、五〇六頁)。

第四節において、恭助が両脚の痙攣を老婆を虐殺した罰であると同時に救いとみなしていることを指摘したが、恭助は死者による裁きを進んで受け入れる。さらに恭助は、志村に対しても死者の裁きを受け入れるよう強いる。そもそも、恭助は志村が老婆を虐待した際、志村に対して激しい怒りを感じたが、「志村のやつは生かしといてやろう、生かしといてやることが、お前を殺すことになるんだ」と判断して、志村を撃ち殺すことを思いとどまった(同、二〇九頁)。戦後、恭助は優れた職人(経師屋)として真面目に働き妻と四人の子供と共に平穏に暮らしている志村のもとを訪ね、戦場における志村の行為を問い詰める。「おれは、経師屋だ!」という言葉をひたすら反復する志村の姿に、恭助は志村が過去の記憶に「堪えている」ことをうかがいつつも、それだけでは不十分だと感じる。

ただし、『審判』が示唆する死者の裁きとは、死者の記憶や殺人の体験がもたらした虚無にひたすら堪えることでしかない。罪が償われることはありえない。死者の裁きを受け入れることは、惨殺された子供についてイワン・カラマーゾフが述べたように、死者に対して「贖われざる苦悶をもって終始」することにほかならないのである。

九　おわりに

以上の考察を通じて、『審判』が、原爆投下の罪と裁きの問題を扱った壮大な思想小説である所以が明らかになったと思う。堀田は『審判』において、気象偵察機のパイロットとして原爆投下に関わったポール・リボートと日中戦争に従軍し中国人の老婆を虐殺した高木恭助を登場させ、両者の対比を通じて、原爆投下の罪の固有性を浮かび上がらせた。同時に堀田は、登場人物同士の対話を通じて、戦争の罪の裁きをめぐる多様な考え方、視点を提起した。ドストエフスキー文学から借用されたポリフォニックな対話形式は、この答えのない問題を掘り下げるうえで有効な方法であったと考えられる。

ところで、『審判』に登場するポールと恭助は戦争中に殺人を犯したことを深く反省する良心的な人物である。このような人物設定について、ポールや恭助のような良心的な人物は実際の帰還兵の中では珍しく、リアルではないという批判がありうるかもしれない（ただし『審判』には、戦中の残虐行為について罪悪感を抱いていない志村も登場する）。

田口憲一は、「〝原爆勇士〟、つまり広島と長崎の爆撃に直接参加した軍人は、イーザリーのほかに四十一人もいるが、ひとりとして自責の念から精神に異常をきたしたものはいない」と断定している(33)。もちろん、「精神に異常をきた」さなかったからといって罪悪感を抱いていないということにはならないだろうが、たしかにイーザリーは例外であったからこそ国際社会から注目された。その背景として、米国において日本への原爆投下が強力なイデオロギーによって正当化されていることが指摘できる[34]。

では、日本兵の場合はどうか。民間人や捕虜に対する残虐行為について反省の念を公に表明した帰還兵は、中華人民共和国成立後に太原・撫順の戦犯管理所に収容され、帰国後に中国帰還者連絡会を組織した者を重要な例外として、少数だった[35]。野田正彰は『戦争と罪責』（岩波書店、一九九八年）において、多くの記録や証言をふまえながら、大多数の日本兵は精神的に傷つかなかったと結論している。中国の戦犯管理所に収容された日本兵の場合も、「認罪」に至るまで、つまり自らが殺害した被害者が一人の人間であったことを理解し罪の意識を獲得するまで、例外的なまでに寛大な処遇と忍耐強い働きかけを必要とした。野田はその理由を、過剰なまでに集団への順応を強い人間的な感情を麻痺させる日本社会の体質に求めている。

だが、第一節で述べたとおり、生身の人間が十分に良心的な存在でないからといって、戦争における個人の責任の問題が消滅するわけではない。むしろ、生身の人間が十分に良心的ではないからこそ、フィクションを通じて、この問題にアプローチする意味があるとも言える。『審判』が発表されるわずか数年前に、中国の戦犯管理所から日本兵が帰還し、口々に中国人に対する謝罪の言葉を口にした際、メディアを含めて日本社会は極めて冷淡な反応をした[36]。当時、多くの日本人は兵士個人が戦争中の残虐行為に対して罪の意識を抱くことを予期していなかった。

仮に堀田や武田が、戦争中の残虐行為を「戦争中だったからやむをえなかった」と合理化する兵士を描いたとすれば、それは圧倒的に現実の帰還兵の姿に近く、リアルであっただろう。だがその作品は、(もちろん帰還兵の描き方にもよるが)、思想的な次元ではマジョリティの実感を追認することにしかならなかっただろう。我々は、堀田の『審判』や武田泰淳「審判」が兵士個人の罪という重要な問題を先駆的に提起したことを正当に評価すべきである。

さらにまた、『審判』は帰還兵のトラウマの問題を取り上げた先駆性においても高く評価されるべきだ。帰還兵のトラウマが「外傷後ストレス障害(PTSD)」として名指され、社会に広く認知されるようになるのはベトナム戦争後であり[37]、『審判』が発表された当時、この問題は日本はおろか海外でも十分に理解されていなかった[38]。

ところで、堀田は『審判』において、原爆の使用を人類史のターニング・ポイントとして捉える視点を提示していた。こうした視点が、当時どの程度読者の共感を得たのかは不明である。ともあれ、今日、原爆の危険性を切実なものとして捉える感覚が当時に比べて薄れつつあることはたしかだろう。その理由は、核兵器の存在が既成事実化され、我々が核兵器の存在に慣らされてしまっているからであろう。トリートは、前掲『グラウンド・ゼロを書く』において、「科学的な進歩は、それに対する倫理的な譲歩に、わずかであるが先立って起こるようだ。第一次世界大戦での機関銃の斬新さと高い効率性は、あっという間に原子爆弾にその座を奪われたが、このことは人間社会がいかにより強力な殺戮技術を発明し得るか、またそれを使用するために工学的限界のみならず、いかに道徳的な許容範囲をも拡張させてしまうのかを示している」(一四―一五頁)と指摘しているが、至言である。しかし、二〇一一年の福島の原発事故が明らかにしたように、核が人類の生存を脅かすほどの破壊力を持ったエネルギーであるという本質は、『審判』の発表から半世紀以上経った現在も何ら変わっていない。

しかも、核兵器であれ、原発であれ、核はますます多くの国・地域に拡散し続けている。人類が核を手にするようになったことの破壊的な意味を思い起こすためにも、『審判』は読み継がれるべき作品であろう。

第四章　南京事件　宿命論との対決
――『時間』――

一　はじめに

堀田善衞の長編小説『時間』[1]（新潮社、一九五五年）は、南京事件（南京大虐殺）を描いた稀有な作品である。『時間』の例外性は、加害国側の作家である堀田がこの事件を正面から描くにとどまらず、被害国側の中国人の知識人を主人公に据えている点にある。[2] 辺見庸は最近復刊された同書の「解説」の中で、この点を次のように論じている。

だれもが最初におどろくのは、主人公の「わたし」が陳英諦という名の中国人インテリであることだろう。Nanking Atrocities や Nanking Massacre さらには The Rape of Nanking などという最大級の悪名で世界中につたえられ、「人間の想像力の限界が試される事件」（イアン・ブルマ『戦争の記憶』ちくま学芸文庫）とまでいわれる大虐殺事件を、第三者でも加害側でもなく、もしも被害側の目でみたなら、どんな光景がたちあがるか。加害側のたちいふるまいは中国人の目にはどううつったのか――という、どこまでも黯《あん》然として重苦しいテーマを、加害国ニッポンの作家、堀田善衛がひきうけ、みずからが塑像した中国人・陳英諦に仮託するかたちで、惨劇を活写し、ひとはここまで獣性をあらわにできうるものか、ニッポンジンとはなにか、歴史とはなにか――を縦横に思索させたのである。（堀田善衛『時間』岩波書店、二〇一五年、二七二頁）

『時間』は、南京事件の渦中にあった中国人知識人陳英諦の日記として書かれているが、陳だけでなく、本作品の主要登場人物は、桐野中尉（大尉）と部下を除いてすべて中国人である。辺見が指摘するように、このような設定は日本軍が犯した残虐行為を中国人の視点から捉え直す意味がある。中国人の視点から南京事件の追体験を試みること――多くの読者は、その最大の狙いを中国における日本軍の蛮行を批判することにあると考えることだろう。堀田と中国との関わりも、そのような想定を裏付けるかに見える。周知のように、堀田は一九四五年三月末から四六年末まで上海に滞在した。堀田は、『上海にて』（筑摩書房、一九五九年）において、戦争末期の上海において日本兵が中国人の花嫁を辱める場面に遭遇し、その日本兵に「つっかかり、撲り倒され蹴りつけられ、頬骨をいやというほどコンクリートにうちつけられた」体験を、自身にとって「一つの出発点」であったと述懐している（全集九巻、一七四頁）。堀田は、デビュー後まもない一九四〇年代末から五〇年代にかけて上海を舞台とした作品を多数発表しているが、これらの作品の底流にも、日本の中国侵略の歴史に向き合おうとする真摯な姿勢が認められる。

しかし、『時間』に関する限り、日本の中国侵略や日本軍の残虐行為に対する批判は、少なくとも作品の主眼であるとは思われない。同書において、堀田の関心は乱世的状況における中国人の身の処し方、中でも知識人であるところの陳英諦のそれに向けられている。英諦の日記の体裁をとる『時間』において、堀田は乱世を生きる知識人の内面に入り込み、一体化する。

堀田は『時間』執筆中に新日本文学会で行われた講演「私の創作体験」（『乱世の文学者』未來社、一九五八年）の中で、『時間』が思考実験的な作品であることを告白している。この講演において、堀田は『時間』のねらいについて、「現代」という時代が課す条件の中で生きる人間を考えること、「いわばもっとも現実的で、同時に極度に抽象された舞台における思考の訓練」であると説明している（全集一三巻、一三九頁）。このことと関連して、堀田の創作ノート『夜の森　時間』（県立神奈川近代文学館・堀田善衞文庫所蔵）には、「この作物の主人公、陳英諦氏はわたしの Teste 氏である」という記述も見られる。

右の講演において、堀田がヴァレリーの『テスト氏』のみならず、カミュの『ペスト』に言及している点も示唆的である。周知のように、『ペスト』はフランスの植民地であるアルジェリアのオランを舞台としてペストに対する市民の闘いを描いた小説であるが、この作品に描かれるペストは戦争のアレゴリーであることが知られている。三野博司は、「『ペスト』が提示しているのは、平時ではなく戦時のモラルである。人類が巨大な災禍と闘うとき、どのようなモラルが可能なのか、その思考実験の作品であるということもできる(3)」と論じている。なお、カミュは『ペスト』のエピグラフとして、「ある種の監禁状態を他のある種のそれによって表現することは、何であれ実際に存在するあるものを、存在しないあるものによって表現することと同じくらいに、理にかなったことである」というデフォーの一節を掲げているが（宮崎嶺雄訳、新潮社、一九六九年、四頁）、この一節は、カミュが戦争がもたらす「監禁状態」をペストがもたらす「監禁状態」を用いて表現したことを示唆するものである。以上の点をふまえつつ、本章では、『時間』が乱世的状況におかれた人間の身の処し方をどのように描いているのかを詳しく検討したい。

二　乱世における様々な身の処し方

まずは、『時間』の梗概を確認したい。

『時間』は南京の洋館に暮らす陳英諦の日記として書かれている。英諦の日記は一九三七年一一月三〇日から始まり一二月一一日を最後に中断された後、一九三八年五月一〇日より再開され同年一〇月三日で終わる。約半年間日記が中断された理由は、虐殺事件に巻き込まれた英諦が自宅を離れることを余儀なくされたためである。ただし、虐殺事件については再開後の日記の中で詳しく語られる。

陳英諦は、国民政府海軍部の官吏であり国民政府のスパイでもある。英諦は、日本軍の南京入城が迫り国民政府が漢口に移転した後も、妊娠中の妻莫愁と五歳の息子英武と共に南京にとどまる。その理由は、同居していた司法官の兄英昌から、南京にとどまり家財を守るよう命じられたためである。その物語は、英諦が南京を去る兄とその家族を見送る場面から始まる。その数日後、従妹の楊嬢が日本軍に占領された蘇州から南京に逃れてくる。他方で、南京には、市政府の衛生部に勤務する伯父とその家族も暮らしている。

日本軍の南京入城後、英諦、莫愁、英武、楊孃は馬羣小学校に連行される。やがて日本兵の蛮行が始まり、混乱の中で四人は安全地帯である金陵大学に逃れる。しかし、まもなく金陵大学にも日本兵が乱入し、英諦は連行される。九死に一生を得た英諦は日本軍の軍夫として使役され、逃亡後五ヵ月ぶりに帰宅する。

日本軍に接収された自宅には、日本軍の情報将校の桐野中尉（後に大尉となる）と部下が暮らしている。英諦は奴僕《ボーイ》（「下僕兼門番兼料理人」）として桐野らと同居しながら密かにスパイ活動を続ける。すでに伯父は日本の傀儡政府の衛生部に転じており、日本軍の特務機関が関与する麻薬の取引にも手を染めている。スパイ活動を再開した英諦は、古い友人でもあるスパイKと再会する。英諦はKが日本軍の特務機関に出入りし、傀儡政府の秘書室に勤める莫愁似の「灰色の服の女」と恋愛関係にあることを知る。他方で、英諦は虐殺事件の直前に逃亡した召使いの洪嫗に再会し、息子の英武の死と遺体の埋葬場所を知らされる。

やがて英諦は、共産党員の刃物屋から、楊孃が日本軍の兵士に強姦され、妊娠し、流産したうえ、黴毒と麻薬中毒を患っていること、妻の莫愁が英諦の連行後に金陵大学で死亡したことを知らされる。英諦は、桐野の許可を得て楊孃を自宅に引き取り療養させるが、楊孃は麻薬の禁断症状から自殺未遂を図る。その直後、英諦は伯母の来訪を受け、金を渡され、楊孃を上海の「ドイツ人の病院」に入院させるよう勧められる。だが、楊孃は上海に行くことを拒み、「こんな身体にされた、その現場でよみがえりたい」として、南京の金陵大学病院に入院したいと述べる。

右の梗概から明らかなように、中国人の主要登場人物である陳英諦、陳英昌、伯父、楊孃、刃物屋、

K、「灰色の服の女」は、日本軍の南京入城から占領に至る危機的状況の中で多様な生き方を選ぶ。英諦は、各々の生き方に強い関心を払い、論評を加える。以下では、各々の登場人物の身の処し方について概観する。

まず陳英諦について。本作品の語り手である英諦は、日本軍の南京入城以後の乱世的状況に身を曝し、乱世の現実を見定め、これを日記に記録する。この点において英諦は、随筆や絵画によって乱世の生々しい現実を記録した鴨長明やゴヤと近い立場にある。同時に英諦は、日本軍の南京占領を非とし、奴隷の境遇に身をおきつつ日本軍に対する抵抗の姿勢を維持する。英諦は桐野との融和を拒み、自宅地下室の無電機を使ってスパイ活動を続ける。

陳英昌について。司法官の英昌は政府の漢口移転を機に南京を去る一方、弟英諦には家財を守るため南京にとどまるよう命じる。保身的で身勝手な人物である。英諦は兄の態度に批判を抱くが、その批判は、危機的状況において易々と人民を見捨てる支配者や国家体制に対する批判に重ねられている。(4)

伯父について。伯父は、終始南京にとどまりながら巧みに身を処し、日本軍の南京入城から占領に至る混乱を乗り切る。伯父は虐殺事件の発生時、金陵大学におかれた国際安全地帯委員会に所属し身の安全を確保する（後に刃物屋の証言により、伯父は金陵大学から連行される英諦を黙殺していたことが明かされる）。日本軍の南京占領後は傀儡政府の衛生部に転じ、やがて桐野が関与する特務機関と通じて阿片の取引に手を染める。伯父はエゴイストの機会主義者であり、乱世に乗じて私服を肥やす「広場の孤独」のティルピッツ男爵や「祖国喪失」のゲルハルトと重なる人物として造型されている。前掲の創作ノート『夜の森　時間』には、「伯父こそ Nihilisme であること」という記述が見られる。

楊嬢について。楊嬢は、日本兵に強姦され心身に大きな傷を負いながらも南京事件を生き延び、最終的に生きる希望を取り戻す。英諦は、思慮と勇気を兼ね備えた楊嬢を、「新しい精神」を持つ「新しい世代」として好意的に描いている。英諦は、楊嬢が的確な状況判断のうえで蘇州を脱出したこと、馬羣小学校でいち早く難民の組織化に着手したことを賞賛する。また物語の末尾では、金陵大学に入院し「苦しみのその只中で癒え」ようとする楊の決意に「内発的」な闘いの姿勢を認めている。

刃物屋について。日本軍の軍夫として英諦と苦難を共にした刃物屋は、英諦の南京帰還後、刃物の行商人として英諦の邸を訪問する。この時、英諦は刃物屋が抗日運動にコミットする共産党員であることを察知する。英諦は党派の違いを越えて、若い刃物屋の勇気と行動力に敬意を払う。またこの点において、英諦の刃物屋に対する視線は楊嬢に対する視線とも重なっている。

Kについて。Kは、一九二〇年代に英諦と共に革命運動にコミットした過去を持つ画家であるが、国民党のスパイ活動を通じて英諦と再会する。英諦は、日本軍の特務機関に出入りするKを二重スパイではないかと疑っている。

「灰色の服の女」について。「灰色の服の女」は国民政府の官吏の妻であるが、「家財保全」のため夫の漢口移転後も南京にとどまり、傀儡政府の秘書室に勤務している。「灰色の服の女」は最後まで謎の残る人物だが、スパイであることが示唆されている。

ところで、右に述べた七名の登場人物のうち、英諦、K、「灰色の服の女」はスパイもしくは二重スパイである。伯父のようなタイプの機会主義者・ニヒリストと同様に、スパイもまた堀田の作品に頻出する人物類型である。第一章で詳しく論じたように、茅盾『腐蝕』を下敷きにして書かれた小説「歯車」には、国民党のスパイ陳秋瑾と共産党のスパイ魏克典が登場する（陳秋瑾は共産党員の元恋人黄を救うため、二重スパイとなる）。堀田がスパイに強い関心を示した理由の一つは、評論「鹿地事件における小説的解釈」（『新潮』一九五三年二月号）の中で論じられているように、スパイが敵か味方かを峻別する「政治」にとって不可欠の手段であること、そして敵か味方かの態度選択を余儀なくする「政治」のあり方が優れて二〇世紀的であることによる。堀田はスパイの心理にも強い関心を示したが、この点については第四節で検討する。

三　二つの宿命論

先述したように、英諦は、刃物屋と楊嬢を勇気ある抵抗者として捉えている。それでは、国民政府のスパイとして抗日運動に関与する英諦も、刃物屋や楊嬢と同じタイプの人物として位置づけてられているのだろうか。この点について、英諦自身は、両者と自身を差異化している。英諦は、「研ぎ了えた庖丁を手にもち、ためつすがめつ眺め入」る刃物屋を見ながら、次のような考えに捕らわれる。

　わたしは、どうやら何者かで在ろうとし、
　楊をはじめとして、彼らは、何事かを為そう、としているのであるらしい。
　わたしは、つねにいかなる者で在るべきかを主にして考え、（存在、）

彼らは、与えられた時と場に於て、何を為すべきか、を考える。（行為、そして組織）。（全集二巻、三七三頁、傍点堀田）

右の引用において、英諦は、自身を「何事かを為」すことよりも、「何者かで在」ることを「主にして考え」る人間として位置づけている。その理由の一端は、おそらく英諦が一九二七年の反革命クーデターにより革命運動に挫折した経験を持ち、かつ中年に近い年齢に達していることと関わるだろう。英諦は、もはや行動に純粋な情熱を傾ける若い世代には属していない。

しかし、英諦が日本軍の南京占領下における身の処し方として、「何者かで在」ることに力点をおく理由は、そうした消極的な要因のみに由来するわけではなかろう。先述の創作ノート『夜の森　時間』の表紙には、「われわれにとって「革命」とは何であるか？　これがこの両書の根本視点である」とする記述がある。この記述は、主人公である英諦の観点が「革命」性をはらんでいることを示唆している。

ここで、英諦のおかれた状況について考えてみたい。日本軍占領下の南京では、中国人が日本軍に抵抗する可能性は著しく制限されていたと考えられる。さらに日本軍の南京入城時には、非武装の市民にとって抵抗の可能性はほぼ皆無であったと言ってよく、難を逃れるためには、英昌のように逃亡するか、伯父のように特権を利用するほかなかった。そして英諦はこのいずれの道も採らず、家族もろとも日本軍の蛮行の犠牲となった。

一般に、行動の可能性の欠如は人間を内向させる。英諦が日本軍占領下の南京において、深夜の地下室で日記を綴り自己と対話を続けることも、自由を奪われた英諦の内向を示す。しかし、英諦においてそれは、外界に対する受け身的な態度を帰結しない。英諦は日本軍の南京入城直前にあたる一二月九日の日記に、絶望的な状況の発生を予期しながら次のように書き留める。

砲火、死、占領、亡国、属国、殖民地。
奴隷の境遇にあって、いかにして奴隷ならざる、奴隷から最も遠い精神を立てて生きてゆくか。
（同、二九一頁、傍点堀田）

ところで、右の引用中文に「奴隷から最も遠い精神」とあるが、それはどのような精神なのだろうか。

英諦は、「奴隷的境遇」におかれた人々が宿命論に陥る傾向を持つことをくり返し批判している。というのも、宿命論は現状を容認させ、現状に対する抵抗を放棄させるからである。たとえば英諦は、日本軍の南京入城直前の一九三七年一二月六日の日記に、「伯父の如きは、完全に日軍入城後の暴行を期待していると云えると思う。それは心理的に、既に既成事実だ……」（同、二八三頁）と綴っている。また翌三八年八月五日の日記には、伯父とのやりとりをめぐる次のような記述がある。

「日本は勝っちまったじゃないか。秋になりゃ、漢口も陥ちるよ」
「……」

彼は漢口の陥ちることを望んでいる。日本は勝ったじゃないか、と云って、彼は誰にもわからぬ未来、各人の意志によるしかない未来を不断に過去化しようとしている、まだ陥ちもしない漢口をすら、早く過去のことにしたくて仕方がない。わたしは彼を苛立たさぬよう慎重になる。

「日本は強い、仕方がないことだが。現実的にならなきゃいかんよ。事実が問題なんだ、事実が」

（中略）

「誰しも平和に暮したいには変りはないだろうが」

平和主義者が敵国の戦力を頼りにする。事実を認めろ、と云う。私も事実を認めるにやぶさかではない。だが、わたしにとって事実を認めるとは、既成事実をより一層かためるために協力することではない。その事実を変えようと意志することだ。（同、三五六頁）

前節で確認したように、伯父はエゴイストの機会主義者であり、私利私欲のため日本軍による中国侵略を最大限に利用する。権力者に取り入ることが習い性となった伯父にとって、状況は自ら作り出すものではなく所与のものであらねばならない。

他方で英諦は、破局的な状況のただ中で自然や風景を審美的に捉える態度——川端康成や芥川龍之介が「末期の眼」として論じたことで知られる——にも、一種の宿命論を見出す。英諦は、日本軍の南京入城前日の一二月一〇日の日記の中で、息子の英武がもみじの枯葉を拾い上げて「お父さん、きれいだねえ……」と述べたことに触発されて「末期の眼」論をめぐる考察を行う。英諦は、「自然は、自然美は意志された美ではない。自然は非意志的なものであり、言い換えれば絶望的なものである。死はこの自然の律法に従うことを意味する、この絶望的な律法に従うときに美が見えてくるとすれば……」（同、二九七頁）として、破局的な状況におかれた者が意志を放棄し自然の美に身を委ねることに、誘惑を感じながら、強い反発を示す。

第Ⅱ部第一章で詳しく論じるように、堀田は日本の伝統的な美意識に連なる「末期の眼」論をくり返し批判している。評論「恐怖について」（『思想』一九五四年六月号）では、戦時中に「末期の眼」論が戦争を宿命論的に受け入れさせる役割を果したことを、「戦時中、戦場に出て殺される、殺すという問題を、最終的に解決してくれたものが、結局はあの『末期の眼』論であったこと、あそこに一切を解決というよりも、人間と歴史に対する責任の念を解消するという、そういう点に辿りついたことを私は恐怖をもって思い出す」（全集一四巻、八二―八三頁）と述懐している。

堀田は戦時中から、アラン『マルス――裁かれた戦争』を手がかりとして、戦争と宿命論の関わりについて考察を深めていたようだ。自伝的小説『若き日の詩人たちの肖像』には、フランス語を学び始めてまもない時期の「若者」が「白柳君」（モデルは白井浩司）の求めで「人が宿命論を信ずれば、それだけ宿命は本物になってしまう」という一文で始まる『マルス』の一節を日本語に訳す場面がある。なお、『時間』には、「戦争は宿命論的な感情をもっとも深く満足させる」（全集二巻、三二七頁）という一節があるが、この一節に『マルス』のエッセンスを認めることは困難ではない[5]。

ところで、先述の二つのタイプの宿命論は、いずれも「奴隷」が「奴隷の境遇」を主体的に受け入れる点で「奴隷的な精神」を意味する。他方で、「奴隷から最も遠い精神」を志向する英諦は、現状を拒否し宿命論を退ける。英諦が、「非意志的」な「自然物」のアンチテーゼとして「人工になる物」を対置するのも、そうした精神の表れである。英諦は日本軍の南京入城直後の一二月一二日午後、「破壊され倒壊した小さな廟の庭」に一基の鼎を見出し、これを抵抗の拠り所とみなす。

木の葉のように吹きまくられたり、水鳥やベンチの黄葉の美に（略）魅入られたりするのではなく、わたしはあの熊にも似た黒い鼎のように存在したいのだ。静かに、しかし内面的には鼎に油の湧くが如きものでありたいのだ。（全集二巻、三一九頁）

人工になる物はすべてはかないという妄念は葬らるべきだ。黒い鼎一箇は、紫金山と優に相対しうる。（同、三〇七頁）

同時に英諦は、絶望的な状況のただ中で、希望を持つことの意味を強調する。英諦は、スパイの世界における恋愛の「道具化」を嘆くKに対して、「うむ。だけど恋愛だけではなしに、束の間の閃光も薄光りも、とどのつまりは意志し希望しなければ、無いよ。（略）知ることよりも恐れることよりも、欲することの方が大事だよ。でなければ、何も彼もあやふやな夢におわる」（同、四一一頁）と説く。

未来に希望を持つことは、現状を拒否し、現状を変える可能性にコミットすることと同義である。しかし、絶望的な状況の下にある人間は、ペシミズムやニヒリズムに傾斜しがちであり容易に希望を持ちえない。創作ノート『夜の森　時間』には、"Espoir（希望）"と題したフランス語のエッセイが書かれているが、このエッセイは、"Nous sommes dans le nihilisme. Peut-on sortir du nihilisme? C'est la question qu'on nous inflige（我々はニヒリズムの中にある。ニヒリズムから逃れることは可能か。それこそが我々に課せられた問題である）[6]"とする一節で始まる。[7]同様に、「口にこそ云わぬが、毎時毎分、わたしは黒々としたニヒリズムと無限定な希望とのあいだを、往復去来していることになろう」（全集二巻、三七二頁）とする一節が示すように、英諦自身もニヒリズムから自由であるわけではない。とはいえ、英諦は、「希望の方は、希望する義務があると確信するから、だから漸くにして持ち得ているのである。（略）希望は、ニヒリズムと同じほどに、担うに重い荷物なのだ。われわれは死ぬまでこの荷物を担ってゆく義務がある、とそう思っているのだ」（同）として、自らに「希望する義務」を課す。

四　スパイとしての生

前節の冒頭で指摘したとおり、英諦は乱世に対する向き合い方として、「何をなすか」ということよりも、「何者であるか」ということに重点をおいていた。他方で、英諦は宿命論を戒め、絶望的な状況のただ中で「希望する義務」を説いていた。つまり、英諦にとっての「あるべき自己」とは、状況を可変的なものとして捉え、未来に可能性を見出す態度とほぼ同義である。もっとも、状況を変えうると信じるからこそ何をなすべきかが問題になりうるという意味では、通常、「何者であるか」という問いと「何をなすか」という問いは連続的であろう。

しかし、両者が不連続な場合もある。たとえば、行動の選択肢が存在しないか著しく制限されているにもかかわらず、状況が好転する可能性を信じ続けるような場合である。あるいは、状況に働きかけようとする意思を持つにもかかわらず、何らかの事情で、それを外面的な行動にストレートに表現できないような場合である。英諦のケースは、これらの両方に関係するが、その背景として、南京が外国軍の占領下におかれていることに加えて、英諦がスパイであることを指摘することができる。以下では、主として後者について詳しく検討する。

一般に、スパイは自己を偽って敵に接近し、敵から情報を引き出す。つまり、スパイにおいては、「他者にとっての自己」と「真の自己」とが鋭く分裂する。しかも、しばしばスパイは敵を欺くために味方をも欺く必要があり、そのことがスパイを極度の孤独に陥れる。

以下では、その典型的な事例として、済州島四三事件を描いた金石範「鴉の死」(『文芸首都』一九五七年一二月号)を取り上げてみたい。この作品の主人公丁基俊《ジョンキジュン》は通訳として済州米軍政庁に勤めながらパルチザン活動に従事している。つまり、基俊はパルチザン側のスパイなのだが、幼馴染みでパルチザン組織の幹部である張龍石《ジャンヨンソク》のほかに基俊がスパイであることを知る者はなく、基俊は米軍の手先として住民から白眼視されている。基俊は、パルチザンの「公開死刑」の視察のため収容所を訪れた際、処刑を目前にした龍石の父親から罵詈雑言を浴びせられ、また元恋人の龍石の妹亮順から「氷のような目」を向けられる。

この悲劇的な立場はスパイの宿命と言ってよい。後述するフランスのレジスタンス小説『海の沈黙』の著者ヴェルコールは、『沈黙のたたかい――フランス・レジスタンスの記録』（森乾訳、新評論、一九九二年）の中で、ドイツ占領下のフランスにおいて、対独協力者とみなされ周囲から白眼視されていた人物が、逮捕・処刑後にレジスタンスの闘士であったことが明らかにされた複数の事例を紹介している。

もちろん、英諦の場合はことさらに日本軍の協力者であるふりをしているわけではないし、抗日運動に共鳴する刃物屋や楊嬢との間には微かな連帯感情も存在する。けれども、英諦の場合も、「他者にとっての自己」と「真の自己」の間には大きな隔たりがある。英諦がスパイであることを知る者は、スパイ仲間であるKを除けばほぼ皆無である。

ところで、『時間』において「鴉の死」の丁基俊と近い立場にある人物は、Kである。先述したように、Kは国民政府のスパイでありながら日本軍の特務機関に出入りしており（ただし、その目的は明らかにされない）、スパイ仲間の英諦から二重スパイの疑惑を持たれている。しかし、Kはこの疑惑を否定する。Kは英諦に対して、「桐野大尉の謀略事務所へ出入りする、けれどもそのおれの行動が二心あるものではないと証明してくれるものは、同じ桐野大尉の私宅のボーイをしている君、君だけなんだからね」（全集二巻、三九二―三九三頁）と語りかける。

ただし、『時間』はもっぱら英諦の視点から書かれているため、Kの真意は明確ではない。また、たとえKが本心を述べているとしても、今後もKが心変わりをしない保証はない。ただし、可能性のレベルで考えるならば、英諦についても同じことが言える。英諦は、現時点では同居する桐野の情報を盗む立場にあるが、将来、桐野に情報提供する立場に転じる可能性がないとは言えない。英諦は、自分が「桐野中尉がもっとも知りたがっている大後方地区と中国共産軍の解放地区の様子」（同、三二三頁）をよく知っていると日記に綴っている。

これらの事例から明らかなように、スパイは、自己を偽って敵に接近し敵を籠絡するが、その反面、敵に籠絡される危険に曝されてもいる。スパイがスパイの任務を忠実に果たしうるか否かは、スパイの忠誠心にかかっている。そしてスパイが特定の党なり国家なり大義なりに忠実であり続けるためには、「他者にとっての自己」と「真の自己」の分裂がもたらす孤独に耐えねばならない。したがって、スパイが身の証を立てるべき相手は、誰よりもまず自分自身である。英諦はKに対して、「人間になるってことは、愛国家や政治家たちが云うほどに、やさしくはない。自分自身との戦い、抵抗がはじまるまでは、愛国も何も、やさしいこったよ。怖れたり、怒ったり、殴ったり殺したりするぶんには、何も思想や統一のある意志なんかいりはしない」（同、三八一頁）と述べている。

また、スパイは、敵の目をくらます演技の中で自己を見失う危険にも晒されている。英諦と同じくスパイであるKが「抽象が抽象を食らいつく」すような政治の解毒剤として、深夜にリアリズムの絵画を描くのも、おそらくこの点と関わる。Kにとってリアリズムの絵画は、英諦が深夜に綴る日記と似た意味を持っている。

ところで、敵国の占領下におかれた者の状況は、本質的にスパイの状況に似ている。彼または彼女が表面的に敵に服従しながら内心において占領を拒否するとすれば、「敵にとっての自己」と「真の自己」の間には鋭い分裂が生じざるをえない。このことを、英諦は次のように考察している。

わたしと「わたし」——被征服、被占領地や殖民地の、または被圧迫階級の人民は、どうやら放っておけば、必然的に分裂的性格をもたざるをえないようである。（同、三二一頁、傍点堀田）

この引用の直前において、英諦は、「わたしは、他の誰も知らないわたしの任務についているとき、すなわち、深夜地下室に下りて無電機の前にたったひとりで坐るとき、そのときだけわたしは「わたし」である」（同、三二〇—三二一頁、傍点堀田）とも述べている。つまり、英諦にとってスパイの任務を果たすことは、日本軍の占領を拒否することと等しい意味を持つ。それゆえ、スパイ活動を行う英諦は、日本軍の占領下に身をおきながら解放に希望を託すすべての中国人の立場を体現している。

五　沈黙による抵抗

これまで見てきたように、英諦の日本軍に対する抵抗は、スパイ活動を通じて人知れず行われている。スパイ仲間を除けば、英諦が自宅の地下室に無電機を持ち、深夜に国民政府と交信していることを知る者はほぼ皆無である。他方で、英諦は同居する桐野中尉（大尉）に対して抵抗の意思表示を行う。

第二節で指摘したように、英諦は南京の自宅に戻った後に桐野の奴僕《ボーイ》となる。けれども桐野は、英諦が知識人であることを知った後、突然態度を転換する。英諦に対して英語で「Mr. Chen」と呼びかけ、召使の仕事をやめて三階の自室に戻るように懇願する。

作中において、桐野は、「O・ラティモアやG・クラーク、R・H・トゥネイ、J・B・コンドリフらのなどの中国研究書を読み研究する」(全集二巻、三五三頁)、元大学教授として設定されている。英諦は桐野が態度を転換した理由について、「家のなかに話し相手となりうる一人の知識人を発見して、怖れと悦びの二つの感情を経験」(同)したためではないかと推測する。

他方で、英諦は「わたしは兄から奴僕となって家財を守れと云われ、わたしもそれを望んでいるのですから、あなたの意向や好意の如何にかかわらず、わたしは奴僕の仕事をつづけてゆきます。この家のことをもっともよく知っているのは、わたしです」(同)として、桐野の申し出を拒否する。つまり、英諦は主体的に奴隷の立場を選択する。その理由は、奴隷の立場にとどまることこそが「奴隷から最も遠い精神」であると考えるためだろう。

けれども中尉は、――皮肉なことに、ほかならぬこの中尉が、わたしの頭と思想と身体とを、奴僕の位置へはっきりと還してくれた。しかもそこへ還ることによって主権をも恢復してくれた。
(全集二巻、三五四頁)

竹内好「近代とは何か(日本と中国の場合)」(『現代中国論』河出書房、一九五一年)の有名な一節にあるように、「ドレイは、自分がドレイであるという意識を拒むものだ。かれは自分がドレイでないと思うときに真のドレイである」(『竹内好全集』第四巻、筑摩書房、一九八〇年、一五八頁)。他国の占領下にあるにもかかわらず、日本人将校の友人であるかの如く錯覚し、奴隷でないかのように振る舞うことこそ真に奴隷的なのである。

さらに英諦は、「奴僕《ボーイ》としての最小限度より口をきくまい。その余のことは、沈黙」（全集二巻、三五四頁）として、桐野に対して沈黙を貫くことを決意する。英諦にとって沈黙は雄弁な抵抗の意思表示である。

しかし、沈黙とは、一つの言葉なのだ。何かをそれは意味する。黙ることは語ることだ。唖者は黙っているのではない。（同）

ところで、同居する敵国の軍人に対して沈黙を通じて抵抗を行う『時間』の設定は、先述のヴェルコール『海の沈黙』から借用されたものと推測できる(8)。ここで『海の沈黙』のストーリーを簡単に紹介しておきたい。

舞台は、ドイツ軍占領下のフランスである。姪と二人暮らしの主人公は、ドイツ軍に自宅を接収され、ドイツ軍の将校および従卒と同居することを余儀なくされる。作曲家を名乗る将校は、フランス文化に強い憧憬を持つ礼儀正しい教養人である。将校は、毎晩居間を訪れ主人公と姪に語りかけるが、二人は沈黙を守り将校と言葉を交わそうとしない。将校は二人の沈黙に理解を示しつつも、高度な文化を持つフランスとドイツが、『美女と野獣』さながらに「結合」することを夢見る。

しかし、ドイツ軍将校の夢は無残にも打ち砕かれる。休暇中にパリを訪れた将校は、勝利者になりきった友人たちとの会話から、ナチスが、フランスをその「魂」を含めて「たたき潰」そうとしていることを思い知る。また将校は、ドイツの占領地においてフランスの文学書・思想書の持ち込みが全面的に禁止されたことも知る。絶望した将校は、これらのことを主人公と姪に語ったうえで、過去六ヵ月の間に自分が話したことを忘れてほしいと頼み、東部に向かう地方の旅団に志願したことを告げて主人公の家を去る。

『海の沈黙』には、占領軍に対して幻想を持ち、融和的な態度をとるフランス人に対する警告が盛り込まれている。この作品は、フランスのレジスタンス運動の発展に大きな影響を与えた。

『海の沈黙』が執筆された背景と意図については、前掲『沈黙のたたかい――フランス・レジスタンスの記録』に詳しい。同書によると、ヴェルコールが『海の沈黙』を執筆したきっかけは、「敗戦フランス」への「讃歌」としてのエルンスト・ユンガーの著作（『庭園と街路』）を読み衝撃を受けたこと、「フランス人には幻想を抱かせて惰眠をむさぼらせておけばいい」という趣旨の、あるドイツ人の発言を耳にしたことだったという。また、作中の主人公とドイツ人との関係は、ヴェルコールと彼が復員するまで自宅に住んでいたドイツ人の青年将校との関係をもとにして書かれている。ヴェルコールは、村で会う度に礼儀正しく挨拶するこのドイツ人の青年将校を無視し続けたという。

これらの点から、『時間』と『海の沈黙』の共通点は明らかであろう。『海の沈黙』において、隠居に近い静かな生活を送る主人公と姪はレジスタンス運動の闘士ではない。しかしながら両者は、同居するドイツ人将校に対して、消極的ながらも明確な意思表示を行う。先述したとおり、堀田が英諦に託した乱世における身の処し方とは、華々しい政治運動にコミットすることよりも、自己の良心のみがそれを証するような静かな抵抗の姿勢を貫くことであった。それゆえ、堀田が、被占領者が沈黙によって抵抗の意思表示を行う『海の沈黙』のプロットに強い関心を抱いたことは自然である。

ただし、占領者が被占領者の文化に憧憬を抱き、被占領者と対等な友情を持とうとする『海の沈黙』の設定は、日本軍占領下の中国においては現実的ではなかった。というのも、当時の日本の知識人の多くは、西洋文化に憧憬を抱く一方、同時代の中国文化を後進的として見下す傾向があったためだ（もっとも、ドイツについても、東ヨーロッパの占領地を舞台としたならば、『海の沈黙』のような作品は書かれなかったであろう。堀田も、評論「戦争」（『文藝』一九五五年一月号）において、西部戦線と東部戦線の質の違いを指摘している）。さらに、当時の日本の知識人の多くは、他国の知識人と対等な立場で友情を育むような経験を持っていなかった。

これらのことを意識したためか、堀田は『海の沈黙』のプロットを『時間』に持ち込む際に、大きな変更を加えている。まず桐野は、『海の沈黙』のドイツ人将校と違って、文化を通じた日中融和の理想について語らない。桐野が「同文同種」という言葉を持ち出す場面はあるが、それは虐殺事件の見え透いた弁明としてであり、英諦は内心においてこの言葉を「月並」な言い草として一蹴する。そもそも桐野は、「数十冊たまった英独文の中国研究書や中国古典の、どの一冊をも完読していない、マルクシズムや経済学の話もしはじめたが、これも完読しているものが尠《すくな》い」（全集二巻、四〇〇―四〇一頁）と評される二流の知識人、「劣等優劣両様のコンプレックス」（同、三六〇頁）に囚われた卑小な俗物として描かれる。また、桐野が英諦に対して礼儀正しく振る舞いうる理由は、書物を通じて覚えた英語を用いるためだと示唆されている。

以上をふまえると、敵国の将校の人物造型に関する限り、『時間』は『海の沈黙』のパロディとして読むことができる。もちろん、ここに、日本の知識人に対する堀田の痛烈な批判を読み取ることは困難ではない。

六　『夜の森』と『時間』

ところで、堀田は『時間』とほぼ同時期に、シベリア出兵を素材にした『夜の森』（講談社、一九五五年）という小説を執筆している。[9]『夜の森』は、小倉の呉服屋の手代である巣山忠三が応召し復員するまでのシベリアでの体験を、巣山の日記として描いた作品である。

堀田は創作ノート『夜の森　時間』の表紙の裏に、『時間』と『夜の森』は「表裏一体」の作品であると書いている。

われわれにとって革命とは何か。これが「夜の森」「時間」の両書の根本主題である。「夜の森」は大正七、八年の日本軍のシベリア出兵、革命干渉戦に取材し、――［「時間」――引用者注］は日華事変の際の南京暴行事件に取材し、小説というかたちにとらわれぬところで考えぬこうとしたものである。両者は相互に別々の作品であるが、作者はこれを表裏一体のものと考えている。

それにしても、なぜ『時間』と『夜の森』は「表裏一体」の作品なのか。[10]考えられる理由として、シベリア出兵と首都南京の攻略を含む中国侵略の同型性、連続性が挙げられる。『夜の森』に描かれる日本軍による残虐行為とシベリアのパルチザンによる抵抗は、『時間』に描かれる日本軍による残虐行為と中国人による抵抗に通じている。また、両作品はいずれも日本の海外侵略に巻き込まれた主人公による日記として描かれている。筆者の見るところ、堀田はいずれの作品においても、日本の海外侵略を客観的に捉え直すこと以上に、主人公が日本軍の海外侵略をどのように認識し、どのような態度をとるのかという点に大きな関心を向けている。

ただし、言うまでもなく、両作品には重要な差異もある。『時間』の主人公・語り手が中国人の知識人であるのに対して、『夜の森』のそれが日本人の庶民だという点である。国籍、出身階層の違いは、乱世的状況をめぐる両者の認識や態度に少なからぬ差異をもたらしている。

とはいっても、巣山がシベリア出兵に対して無批判だということではない。巣山は、無学ながらも鋭い観察力・洞察力を持ち、日本の新聞報道やロシア革命に共鳴する花巻という通訳との交流により、次第に啓蒙されていく。巣山は、貧困家庭の出身である自身の境遇に照らし合わせながら、労働者や農民の反逆という点で米騒動とロシア革命が似た構造を持つことを認識し、下層階級が米騒動の鎮圧・弾圧に駆り出されていることを批判的に理解するようになる。詳しい分析は省略するが、巣山の日記は、シベリア出兵の記録として、小学校卒の商家の使用人によって書かれたとは思えないほど優れた内容になっている。

にもかかわらず、巣山は最終的には宿命論者になる[11]。

しかし、腹を立てたとて何になろう。こうしておられぬ気がするとゆうたところで我は軍人、内地へ帰って除隊したところで、村へ戻れば地主小作、呉服屋へ戻れば主人朋輩、抜きも差しもならぬ。こんなことを考えるのも、軍隊という旅に出ておるような環境だけのことかもしれぬ。（全集二巻、五三〇頁）

もっとも、巣山の日記が終始宿命論的なトーンで彩られているわけではないことをふまえるならば、右の独白は巣山の気持ちの揺れとして解釈すべきかもしれない。第三節で論じたように、『時間』の陳英諦も、ニヒリズムと希望の間で逡巡していた。とはいえ、陳英諦と比べて、巣山には、抵抗の姿勢を貫く覚悟や未来にコミットする姿勢は希薄である。

他方で、巣山は、米騒動とロシア革命を比較しながら、体制順応的な態度を日本人の特性であると考察している。

つまり、我が国では、米騒動などのように、窮民が騒ぐには騒いでもついにはおさまりがついてもとにかえるのだが、いつまででも荒れ放題でもとにかえらぬロシアとの比較が頭に浮ぶわけである、米暴動で暴れた内地の連中とて、いまも以前と同じように貧乏で、矢張り寒晒しだろう。とにかく日本という国には、貧乏人や寒晒しの我々などが如何に怒ってみても、その怒った顔を、氷が解けるように、いつのまにか、なにかは知らんが解いてしまうような仕掛が備わっておる。我々自身の方にも、何かしらん、ケロリとなるようなものが備わっておるようである。（同、四六二頁、傍点堀田）

なお、同様の見解は、堀田の他の著作においてもくり返し表明されている。たとえば、戦前から戦中、および戦中から戦後にかけての日本の知識人の転向の問題を扱った『記念碑』（中央公論社、一九五五年）とその続編『奇妙な青春』（中央公論社、一九五六年）では、あらゆる対立を「中和」し、状況への追随を促す日本の思想風土が、登場人物によって批判的に考察される[12]。

たとえば『記念碑』には、伊沢信彦が、「ゆく河のながれはたえずして、しかももとの水にあらず。よどみにうかぶうたかたはかつきえかつむすびて、ひさしくとどまる事なし。世中《よのなか》にある、人と栖《すみか》と又かくのごとし——、なんて云われると、妙な工合だね、するするっとまきこまれてしまうんだよ、基本的に対立も何もなくなっちまうみたいに、一見、見えてくるから不思議だよ」（全集三巻、一四二頁）と述べた後、『方丈記』を朗読する場面がある。この伊沢の朗読を聞きながら、愛人の石射康子は、「不平や不満が歴史的な何物かに結びつき、結集されることによって力と智恵が生ずることを、官憲の弾圧だけではなくて、口惜しいことに民衆自体のなかにある何かが阻害し、解消してしまう……」（同、一四四頁）と思いを巡らす。

ちなみに、アジア・太平洋戦争開始以前の伊沢は国策通信社の海外局次長として、「東京と欧米各地を往復転々とし」ていた。元来、伊沢はリベラルな人物であるが、一九四二年にアメリカ人の妻を残してアメリカから交換船で帰国した後は、軍部に迎合し各地で戦意昂揚の講演を行う。他方、戦争末期には、康子の義父である深田英人顧問官らと共に和平工作に関与するが、東京大空襲で負傷し中途で身を引く。戦後は、旧国策通信社を再編した通信社の重要なポストに就く一方、公職適否審査委員会の委員を務め、占領軍に対して迎合的な態度をとる。つまり、伊沢は「既成事実」に弱い典型的な宿命論者であるが、作中において、伊沢のメンタリティーは一貫して日本的なものとして位置づけられている。

これらの点をふまえるならば、先述の巣山の独白を一時的な気持ちの揺れとみなすことは妥当ではなかろう。明らかに堀田は、巣山の宿命論への傾斜を日本人に支配的なメンタリティーとして位置づけている。そして、そのことを前提するならば、スパイとなり抵抗を貫く陳英諦の姿勢に日本的なメンタリティーのアンチテーゼを認めることは困難ではなく[13]、その点に、堀田が『時間』と『夜の森』を通じて考察しようとした「われわれにとって「革命」とは何であるか?」という問いに対する答えを見出すことができよう。

七　おわりに

本章では、『時間』を、南京大虐殺に仮託して乱世的状況を描いた実験的な作品として読み直してきた。

単純化するならば、堀田は、日本軍の南京入城以後の乱世的状況を生きる中国人の処し方を、「役人」、「ニヒリスト」、「革命家」、「スパイ」に類型化して描いている。「役人」に該当する陳英昌は、官吏の立場を利用して乱世的状況を回避し我が身を守る。「ニヒリスト」に該当する伯父は、乱世的状況を積極的に利用して私利私欲を満たす。「革命家」に該当する刃物屋は、政治的党派に属し、日本軍に抵抗するべく勇敢に行動する。「スパイ」に該当する英諦とKは、国民政府のスパイとして人知れず孤独な抵抗を行う。

他方、乱世における身の処し方として、堀田は宿命論的な態度を批判的に捉える。『時間』において、その一つの典型は、状況を既成事実化しながら功利的に振る舞う伯父に見出すことができる。他方で、「末期の眼」をもって自然美に耽溺する逃避的な姿勢も宿命論の一形態として批判的に捉えられる。陳英諦は、これら二つのタイプの宿命論を退け、絶望のただ中においてなお希望を持ち続ける義務を自らに課す。

なお、先述した四つの人間類型に関係づけるならば、「役人」と「ニヒリスト」は宿命論者、「革命家」と「スパイ」は非宿命論者ということになるだろう。作中において、堀田は前二者を否定的に、後二者を肯定的に描いている。ただし堀田は、状況に対してストレートに抵抗する「革命家」よりも、屈折、分裂をはらんだ「スパイ」により強く同一化している。その理由の一つは、堀田が「スパイ」の心理を乱世を特徴づける普遍的な心理状態とみなすためであろう。本文中で論じたように、分裂をはらんだ「スパイ」の心理は、狭義のスパイにとどまらず日本軍占領下におけるすべての中国人の心理に通じている。

もう一つの理由は、堀田が知識人を「スパイ」的な存在として捉えていたためだろう。次章で詳しく論じるように、堀田は体制に批判的な目を向けながら体制の内部（あるいは周辺）にとどまる知識人を、ユダ的な存在として捉えていた。『時間』において、堀田が英諦とKを革命に挫折した、つまり転向した知識人として設定していることは偶然とは思われない。

『時間』には、英諦がKの家を訪れた時、Kの持つ美術史の本の中に、クールベ作のボードレールの肖像画に目をとめる印象的な場面がある。英諦は日記の中で、この肖像画について詳しく描写した後、深夜に無電機に向かう自分の姿を、一人机に向かうボードレールに重ね合わせる。

ありていに云えば、わたしは、深夜地下室で前のめりになって無電機に向っているわたし自身の姿勢を、あの絵の詩人の身体格好に認めたのだ。詩人は孜々《しし》として語を選び、練りきたえ、美を創造する。同じ姿勢で無電機に向い、わたしもまたそうであってはならぬという理由はなかろう。

けれども詩人は、あのように真剣な眼つきのまま、その肉体を、楊と同じく黴毒にむしばまれてゆき、わたしは、わたし自身の救いのために、祈りをこめて電鍵《キイ》を叩き、いつかは発見されて、拷問され、もういちど殺されるだろう……。（全集二巻、三九六頁）

深夜の地下室において、人知れず電鍵を叩き、日記を綴る英諦の姿――。堀田にとって、おそらくそれは乱世を生きる知識人の原イメージなのであろう。

第五章　島原天草一揆　ユダとしての知識人
――『海鳴りの底から』――

一　はじめに

『海鳴りの底から』（朝日新聞社、一九六一年）は島原天草一揆に取材した長編小説である。[1] 堀田は、物語の間に挿入された「プロムナード」と題した七つのエッセイの中で、[2] この作品を執筆するに至った楽屋裏を披露している。

「プロムナード　3」によると、堀田が島原天草一揆に関心を持ち始めたきっかけは、一九三七年頃に友人の父親である尾池義雄が執筆した『切支丹宗門戦の研究』（良書刊行会、一九二六年）を熟読したことだという。以後堀田は島原天草一揆に関心を持ち続け、多くの書物を読み、島原半島や原城趾を何度も訪れたという。

『海鳴りの底から』が描き出すのは、原城に籠城した一揆勢と幕府軍との攻防である。物語は、籠城のため一揆勢が原城の修復を行う場面から始まり原城落城で終わる。「プロムナード　6」において、堀田は「原城落城の悲惨」について決定的なイメージを与えた出来事を、アジア・太平洋戦争末期のアッツ島やサイパン島における玉砕だったと語っている。『海鳴りの底から』において、堀田は原城落城を玉砕のイメージで描き、玉砕戦術に対して批判的な視線を投げかけている。[3]

「プロムナード　6」の冒頭では、安保闘争をめぐる印象的な記憶が語られている。新安保条約強行採決後の一九六〇年五月末、堀田は東京に滞在していた。その際堀田は、間断ない〝声〟、〝鳴音〟と化した安保条約反対の声を耳にして深い感銘を受けたという。このほか、「プロムナード　6」ではアジア・太平洋戦争中の思い出も語られる。堀田がコミュニストの伊藤律宅を訪ねた時のこと、伊藤が小用に立った隙に伊藤の妻が部屋に駆け込んできて、堀田に向かって「いまに人民が立ち上がってきっとこんな戦争なんか止めさせます。きっとです！」と囁いた。堀田は、この言葉を「一生忘れないであろう」と述べる一方で、「遺憾ながら、そういうことは起こらない、と堅く信じていた」と回想している（全集四巻、五四四―五四五頁）。さらに、敗戦後の上海における思い出も語られる。堀田は、敗戦後の上海において、ある古本屋でミカエル・シュタイシェンの『キリシタン大名』[4]の原書を入手した。堀田は同書の中で、島原天草一揆の叛徒を「人民の権利の最初の擁護者」として評価する言葉に出会い、強い印象を受けたという。

それにしても、これらの記憶はどのような相互関係を持つのだろうか。安保闘争は島原天草一揆を継承する大衆的な革命運動ということになるのだろうか。他方で、革命的な大衆蜂起としての島原天草一揆のイメージと玉砕戦のイメージはどのように結びつくのだろうか。堀田は、「アッツ島やサイパン島における玉砕、戦時中の一コンミュニストのことばと、それに対応するコンミュニストにはあらで、篤実なカトリックのお坊さんのことば、さらに安保反対闘争の〝鳴音〟などが、裁判用語でいうならば、この仕事をするについての作者の心証を、徐々に形づくってきたものの一部であった」（同、五四七頁）と述べるのみで、これらの記憶の相互関係についてはほぼ何も語っていない。もっとも、『海鳴りの底から』の面白さ、スケールの大きさは、堀田が矛盾を恐れずに多様な主題をこの作品に盛り込んだことに由来するように思われる。

革命か玉砕かという問題のみではない。たとえば、作品の冒頭におかれた「プロムナード　1」では、キリスト教の土着化と外来文化を変質させる日本の思想風土の問題が論じられている。物語中でも、キリスト教の土着化、日本化が進行しつつあることがくり返し示唆されている。この思想的テーマは、『海鳴りの底から』に先立って書かれた小説『鬼無鬼島』（新潮社、一九五七年）から引き継がれたものであり、『海鳴りの底から』とほぼ同時期に書かれた丸山眞男「日本の思想」（『日本の思想』岩波書店、一九六一年）の問題提起とも響き合う(5)。

また堀田は、『海鳴りの底から』において、一揆勢のみでなく一揆勢に対する幕府軍の対応も丹念に描いている。島原天草一揆において、幕府軍は最終的に一揆を粉砕したが、原城籠城から落城までに約三ヵ月間を要したうえ、幕府軍の内部からも多数の死傷者を出した。堀田は、その背景に幕府軍の官僚主義とセクショナリズムを見て、これを徹底的に風刺している。「プロムナード」では語られていないが、堀田が幕府軍の姿に「十五年戦争」を遂行した大日本帝国の政府や軍の姿を重ね合わせていたことは想像に難くない。

これまで見てきたように、『海鳴りの底から』は多種多様な主題が混在する作品だが(6)、本章では主要登場人物の一人である山田右衛門作に焦点を絞りたい。次節で詳しく説明するが、実在の人物である山田右衛門作は、キリシタンとして一揆に参加しつつも仲間を裏切り幕府軍の捕虜となって一揆を生きのびた。堀田は、この数奇な運命をたどった人物に特別な関心を向け、右衛門作を一揆に原理的な批判を持つ内省的な知識人として描いた。

堀田にとって乱世における知識人の身の処し方は終生にわたるテーマだった。この点についてはすでに、「広場の孤独」、『歴史』、『時間』などに即して考察してきた。また、第Ⅱ部で詳しく論じるように、一九七〇年代以後の堀田の関心は、鴨長明、藤原定家、ゴヤ、モンテーニュなど、乱世を生きた知識人、芸術家のユニークな肖像を描くことに向けられた。『海鳴りの底から』はフィクションであるが、山田右衛門作は実在の人物であり、堀田が彼に向けた視線は、鴨長明やゴヤに向けた視線とオーバーラップする。本章では、こうした点も念頭におきながら、堀田が、山田右衛門作をどのようなタイプの知識人として描き、そこにどのような思想を盛り込もうとしたのかを考察することとしたい。

二　先行作品における山田右衛門作像

まずは、山田右衛門作がどのような人物であったのかを見ておきたい。事典や歴史書の記述からこの人物についての大まかな輪郭を知ることができる(7)。

山田右衛門作はもともと有馬氏の家臣で南蛮絵師であった。だが、キリシタン大名であった晴信が岡本大八事件によって死罪になった後、有馬藩を継承した直純は日向に転封を願い出た。有馬氏が日向に移った後、右衛門作は口之津に残ったが、後に新領主である松倉氏に絵師として仕えた。島原天草一揆が勃発すると右衛門作はこれに加わり、原城では指揮者の一人として幕府軍との矢文のやりとりなどに関わった。陣中旗（聖体讃仰天使図旗）を制作したともされるが定かではない。降伏勧告のために幕府軍が有馬直純の家臣（有馬五郎左衛門）を使者として城中に派遣した際には、一揆勢の代表者として使者と会見した。しかし、後に右衛門作は有馬藩の働きかけで幕府軍に内通し（矢文を通じて、五〇〇人の部下を味方につけ天草四郎を生け捕りにして引き渡すことを申し出た）、露見して家族と共に幽閉された。その結果、家族は一揆勢に殺害されたが、右衛門作本人は落城時の混乱の中で幕府軍の捕虜となった。一揆後、右衛門作は松平信綱の計らいで江戸に住み、キリシタン目明かしとなる一方、古庵などの号を用いて画業を続けた。右衛門作の晩年については、再びキリスト教を信仰したため禁固になった、あるいは長崎で没したといった説があるようだが定かではない。なお、一揆鎮圧後の右衛門作の供述書として「山田右衛門佐口書写」(8)があり、貴重な記録とされている。

右衛門作は謎に包まれた人物であるが、最大の謎は、キリスト教に対する彼の考え方や態度、また裏切りを行った動機や心理であろう。右衛門作は、有馬晴信に仕えていた当時、キリシタンとして有馬セミナリヨで西洋画の技法を学び、その後禁教の圧力で棄教したものの、信仰を取り戻して一揆に参加したとされる。しかし、そうであるとすれば、島原天草一揆に加わったほとんどすべてのキリシタンが信仰のため命を捧げたにもかかわらず、なぜ右衛門作のみが仲間を裏切ったのかという疑問が浮上して来る。

一方で、右衛門作が一六三七年一二月一〇日付けで城中から松倉藩主に宛てて放った矢文には、息子を人質にとられ、脱出に使おうとした舟も沈められ、家を焼き討ちすると脅迫されたため、不本意ながら一揆に参加するに至ったと書かれている(9)。もしこれが右衛門作の本心であったとすれば、後の裏切り行為をその必然的な結果とみなすこともできる。もともと一揆への参加が意思に反したものであったならば、機を見て離脱しようと考えたとしても不自然ではない。五〇〇人もの部下を味方につけ四郎を生け捕りにするという申し出は突飛であり非現実的でもあるが、少なくとも、仲間を裏切ることは指導者であった右衛門作が一揆から離脱するための唯一の方法であったと考えることはできる。さらには、右衛門作のキリシタンへの「立ち帰り」そのものが自分や家族の命を守るためのカムフラージュだったと捉えることも可能かもしれない。ただし、一揆への参加が不本意なものであったにせよ、仲間を裏切ることに躊躇や良心の呵責を感じなかったのかという疑問は残る。さらに、晩年の右衛門作がキリシタン信仰を理由に捕らわれたとする説の存在は、右衛門作の信仰に対する複雑な姿勢を想像させる。

島原天草一揆の唯一の生き残りとしての右衛門作の例外的な位置と、その背後に推測される右衛門作の信仰に対する複雑な態度や裏切りに伴う屈折した心理は、これまで堀田のみならず多くの作家たちの関心をかき立ててきた。あるいは、史料が制限されているが故に、右衛門作の内面について様々な読み込みが許されてきたとも言えるかもしれない。

以下では、木下杢太郎「増補　天草四郎」(「天草四郎と山田右衛門作」)、村山知義「終末の刻」、左近義親『落城日記』、榊山潤「日本のユダ」を取り上げ、各々の著者が右衛門作の裏切りの理由とその心理をどのように描いているのかを考察したい(10)。

（1）木下杢太郎「増補　天草四郎」（「天草四郎と山田右衛門作」）

「増補　天草四郎」は、山田右衛門作を主要登場人物の一人とする戯曲であり、初出は『中央公論』臨時増刊第二九年第八号、一九一四年七月である。(11) この作品は、上の巻（全四場）と下の巻（全四場）からなり、上の巻では、一揆に立ち上がるまでのキリシタンの動きが、下の巻では、一六三八年正月以降落城までの城内の逼迫した状況が描かれる。

右衛門作の背信は下の巻の中心的なテーマであるが、その動機は右衛門作の信仰心の動揺に求められる。右衛門作の信仰心が揺らいだ理由は、キリスト教そのものへの疑いと並んで、各々の国には固有の歴史や文化があるとする文化相対主義的な考え方や、キリスト教を信仰することが日本の国益を損なうのではないかというナショナリスティックな危惧にも由来している。信仰心と愛国心の間で動揺する右衛門作は、裏切りが発覚して監禁された後、「でうすに尽す忠義が真《まこと》か、この国の君父に尽す忠義が真か」（傍点木下）という問いをくり返しつぶやく。他方で、本作品は島原天草一揆を首謀者の一人である森宗意軒の野心に基づく陰謀として描いているため、右衛門作の信仰に対する懐疑が正当化されているようにも読み取れる。なお、右衛門作は裏切り行為に対する良心の呵責を感じていない。

（2）左近義親『落城日記』

左近義親の小説『落城日記』は一九三九年に教文館から出版され、同年上半期の芥川賞候補になった。この作品は、島原天草一揆後、江戸の松平信綱邸に暮らす右衛門作が原城籠城時の心境を日記の形式で記録しているという設定で書かれ、そのために物語は右衛門作の江戸における現在と籠城時の過去とを行き来する。

『落城日記』における右衛門作は、古庵の雅号を用いて画家として江戸に暮らす現在もひそかに信仰を維持している。ある時、右衛門作は、火の不始末を起こして処刑された罪人を磔にした絵を描くことを命じられるが、布教の目的でこの絵を聖画（磔刑図）として描く。一方で、右衛門作は弟子雅道の父である仙斎からキリシタンであること打ち明けられ、彼の提案で時折キリシタンの会合を持つようになる。やがてこの会合が露見し、右衛門作は捕らえられる。

右衛門作が書く「落城日記」には、一揆の際の裏切りの経緯やそれに伴う心境が丹念に綴られる。右衛門作は、当初より殉教を賛美するような狂信的な信仰のあり方に疑問を持ち、暴力と破壊を伴う武力蜂起にも批判的だった。ではなぜ一揆に参加したのかといえば、参加を拒むことが困難であったうえ、四郎の純粋な熱意にほだされたためである。だが、状況が絶望的になるにつれて仲間と運命を共にしようとする気持ちが弱まる。軍評定の席で述べた意見が理不尽な非難攻撃に曝された後、右衛門作は裏切りに踏み切る決断をする。

右衛門作は裏切り行為を後悔していないが、江戸で暮らす彼の心は安まらない。キリスト教を布教した廉によって捕らえられた右衛門作は仙斎の裏切りを疑い、かつて自分に裏切られた仲間の苦悩を推し量る。

(3) 村山知義「終末の刻《とき》」

村山知義の「終末の刻」は、『世界』一九五六年七月号、八月号に発表され、同年五月に大阪新劇団の合同公演として初演された戯曲である。この作品は、四幕九場からなり、右衛門作が一揆に加わり仲間を裏切って生き残る経緯を描く。第四幕第二場では、一揆から二二年を経た一六五九年一〇月に絵師として江戸で暮らす右衛門作が描かれるが、聖像を描いたことが発覚して捕らわれるところで物語は終わる。

「終末の刻」の特徴は、右衛門作の裏切りの動機をエゴイズムに求め、右衛門作の自責の念を強く打ち出している点にある。右衛門作は、絵を描き続けたいという現世的な欲望と死の恐怖を終始強く意識し、殉教する勇気を持たない自分の弱さを自責する。第三幕第二場では、右衛門作が裏切りの意思を表明する矢文を敵陣に射込んだ後、四郎を生け捕りにする計画は生きのびるための「真赤なうそ」であると心の内で告白し、「私はただ生きたい！　死にたくない！　――死にたくないのでございます！」と叫ぶ（『村山知義戯曲集』下巻、新日本出版社、一九七一年、二九四頁）。

江戸においても右衛門作は良心の呵責に囚われ続ける。右衛門作は、井筒屋というキリシタンの紙商から、キリシタンを絶やさぬため信徒一同と打ち合わせたうえで内応したと見せかけたのではと問われるが、井筒屋の憶測を否定し、自分は裏切り者であると主張する。また、臆病な自分にはもはや「いじけ、しなびた画」しか書けないと吐露し、キリシタンであることを告白し十字架にかかって死にたいと述べる。その直後に松平信綱の用人が右衛門作を捕らえに来るが、右衛門作は、天に向かって、「天帝さま、サンタ・マルヤさま、ありがとうございます。私の極悪の罪業を、どうぞお許し下されませ」（同、三〇八頁）と感謝と贖罪の言葉を発する。

（4）榊山潤「日本のユダ」

榊山潤の「日本のユダ」は短編小説であり、一九六〇年頃発表された作品である[12]。冒頭では、原城址を訪れた「私」が島原天草一揆で命を落とした死者たちに思いを馳せ、次いで「日本のユダ」である山田右衛門作を想起する。その後、物語の時間は過去に遡る。前半では、城内に幽閉された山田右衛門作に、後半では、江戸の松平信綱の邸内で暮らす右衛門作に焦点が絞られる。後半の末尾で、右衛門作はキリシタンの嫌疑をかけられ信綱の邸内で斬られる。

本作品では、右衛門作の裏切りの動機を四郎にまつわる幻想の崩壊に求めている。右衛門作はそれまで四郎を奇蹟を可能にする神のような存在として崇めていたが、幕府軍の石火矢が四郎のいる本丸に落ちて狼狽する四郎を見た後、信仰心が揺らぎ始める。その直後に内通を促す矢文を拾った右衛門作は、仲間を裏切る内容の矢文を放つ。

右衛門作は、城内に幽閉された際には「同宗を裏切ったことの道義的な痛恨」を感じていなかったが、江戸で暮らす間に幕府に利用されたとする思いを強め、目明かしとしてキリシタンを裏切り続けねばならない状況に苦悩する。右衛門作はある時、磔にされた放火者の絵を描くことを命じられるが、「ふといたずら心を起こし」てキリストの顔を描こうと思い立ち、次第にその絵に熱中し始める。右衛門作は絵の出来映えに満足し、裏切り者である自分にも、「神の恩寵が消えていない」ことに喜びを覚える。だが、辻に貼られたその絵を隠れキリシタンが拝んだことが発覚し、右衛門作は、信仰を持つ危険な人間とみなされ殺される。語り手である「私」は、右衛門作の末路について、「彼［右衛門作］の描いた処刑者が、かくれた同宗の徒に、キリストと映っただけでも、大きな慰めであったろう」と思いをめぐらせる（『天草』叢文社、一九八三年、二七八頁）。

三　転向文学と山田右衛門作

前節で取り上げた四作品は多様な右衛門作像を描き出している。もちろん右衛門作をめぐる記述は、史料や伝説に依拠している点が少なくなく、すべてが著者によるフィクションというわけではない。たとえば、榊山潤は、本丸に石火矢が落ち四郎の神通力が損なわれたことを右衛門作の裏切りの契機として描いているが、これは前掲の「山田右衛門佐口書写」の記述にヒントを得た記述である。この史料には、本丸に石火矢が落ち四郎の左の袖が切られ、周囲にいた者が多数亡くなったため、城内の人々がひどく動揺したという記述がある。とはいえ、四作品に書かれた右衛門作像に各々の筆者の解釈が色濃く反映されていることは否定できない。

他方で、木下杢太郎「増補　天草四郎」を除く三つの作品には多くの共通点もある。その共通点とは、一揆後江戸で暮らす右衛門作の動向や心境を描いていること、裏切りによる右衛門作の内面の葛藤に強い関心を向けていること、右衛門作の裏切りは信仰の放棄を意味せず一揆後も右衛門作が信仰を持ち続けたとする立場に立っていること、最終的に右衛門作が信仰を持ち続けたことが露見し捕らわれる設定となっていること、などである。

こうした共通点が生まれた要因として、先行作品との影響関係のほか転向をめぐる同時代的な体験を考慮する必要がある。周知のように、一九三〇年代には国内でファシズム化が進行し、共産主義者に対する弾圧が激化した。その結果、一九三〇年代半ば頃までに多数の共産主義者およびそのシンパが政治運動から離脱したり、政治的立場そのものを放棄したりした。一九三三年における佐野学・鍋山貞親の獄中における転向は、共産主義者の大量転向のきっかけとなった出来事として知られている。

転向体験は当事者の心に深い傷を残した。丸山眞男は「日本の思想」において、「たとえコンミュニストの大量転向が、（略）多くは伝統的な形でおこなわれたにしても、思想的転向がともかく良心のいたみとして、いろいろな形で（たとえマイナスの形ででも）残ったということは、少くもこれまでの「思想」には見られなかったことである」と指摘している（前掲『日本の思想』、五七頁）。

右の指摘の一つの証とも言えようが、一九三〇年代半ば以降、転向体験を持つ作家によって多くの「転向文学」が書かれた。本多秋五は「転向文学論」（『転向文学論』未來社、一九五七＝一九七一年）の中で一九三〇年代の日本における転向の特徴を「良心に反して」行われたことに求め、その「内面心理」を正面から扱おうとした最も優れた作品として、村山知義「白夜」と中野重治「村の家」を挙げている。他方で、本多は転向文学は一枚岩ではなく、時期により性格が異なっているとも指摘する。本多によれば、第一期（一九三四年から三六年まで）においては、外的強制への屈従の結果としての「心ならぬ」転向が描かれるのに対し、島木健作『生活の探求』（一九三七年）出版後の第二期においては、「幾分の後めたさを残しながらも「半分は心から」の転向」が描かれる。

ところで、本多はこの論文の末尾において、プロレタリア文学以外で「転向者の心理」に触れた作品として長与善郎の『青銅の基督』を挙げているが、前節で取り上げた左近義親『落城日記』、村山知義「終末の刻」、榊山潤「日本のユダ」は本多の言う意味で「転向者の心理」を描いた作品と言える。これらの作品は、いずれも右衛門作の「転向」を、棄教を伴わない点で一種の偽装転向として捉え、偽装転向者の複雑な心理に着目している。他方で、「終末の刻」では外的強制への屈伏の結果としての「心ならぬ」転向が描かれるのに対し、『落城日記』では、信仰のあり方や一揆という手段への疑問を理由にした「半分は心から」の転向が描かれる。

ちなみに、「終末の刻」において、村山知義は二度の転向体験を持つ村山自身の分身として右衛門作を描いている。村山は、島原天草一揆を封建的搾取と圧制に抵抗した輝かしい農民一揆として捉える一方[13]、右衛門作を死の恐怖から仲間を裏切る臆病で意志薄弱な人物として描いた。村山は、「終末の刻」初演時のパンフレットの中で、島原天草一揆におけるキリシタンの殉教の事例は、「勇気と意志の力の弱さに悩んでいた」社会主義者の自分を「強く鼓舞」したこと、さらに二度の転向体験は彼ら彼女らに対する尊敬の念をいっそう強めたと告白している[14]。村山は「白夜」（『中央公論』一九三四年五月号）において村山の分身である主人公鹿野を、蔵原惟人をモデルとする非転向者の木村と対比して露悪的なまでに否定的に描いたが、「終末の刻」の右衛門作の描き方はこの鹿野の描き方に通じている。

それでは、堀田の『海鳴りの底から』も「転向者の心理」を描いた小説と言えるのだろうか[15]。詳しい分析は次節以下に譲るが、『海鳴りの底から』における山田右衛門作の描き方は、一揆後の右衛門作を描いていない点を除けば、多くの点で「終末の刻」、『落城日記』、「日本のユダ」のそれと重なる。

これらの作品と同様に、堀田も右衛門作を裏切り後も信仰を持ち続ける一種の偽装転向者として描き、作中で裏切り行為を行った右衛門作の動機や心理を詳しく描写している。

ところで、堀田本人と転向体験との関わりはどのようなものだったのだろうか。左翼運動にコミットした経験はないものの、一九一八年生まれの堀田にとって転向はごく身近な問題だった。自伝的小説『若き日の詩人たちの肖像』（新潮社、一九六八年）にも登場する堀田の従兄（野口務）は、共産主義運動にコミットして検挙され、転向を強いられた。

しかし、身近なところに転向者がいたということ以上に重要なのは、堀田自身が「十五年戦争」期に特定の思想信条を持つことが生命を危険に曝すような社会状況を生き、そうした状況の下で思想形成を行ったということだろう。同時に、第二次大戦前後に中国に滞在して抗日戦争と国共内戦を目の当たりにした経験も大きな意味を持っている。当時の中国では、対立する政治的立場、イデオロギーが社会を根深く分断し、人々は不可避的に政治的立場の選択を強いられた。こうした状況はスパイを横行させる一方、多くの人々に転向を強いた。

中国における堀田の体験はユニークなものであるが、転向をめぐる堀田の世代体験は他の戦後派作家のそれと深い部分で結びついている。本多秋五は前掲の「転向文学論」において、「転向文学は、あるいは転向文学の地下をくぐつた底流は、戦後になつて、大きく分けて野間宏と椎名麟三に代表される文学を生んだ。ここには、思想は正しい、挫折した私に非はすべてである、とばかりはしないものがある」と指摘している（前掲『転向文学論』、二一八頁）。

本章では戦後派作家と転向との関係を詳しく論じることは控えたいが、戦後派作家が描いた転向が、一九三〇年代後半に書かれた転向文学と同様に「半分は心から」の転向でありつつも、より深い屈折を含んでいたことを指摘しておきたい。たとえば、椎名麟三「深尾正治の手記」（『個性』一九四八年一月号）の杉本や、埴谷雄高『死霊』第五章（『群像』一九七五年七月号）に登場するスパイの「彼」は、革命の理念に忠実であればこそ仲間を権力者に売り渡す決断を行う。他方で、『海鳴りの底から』の山田右衛門作にも、村山、左近、榊山の小説には見られないタイプの屈折を認めることができる。この点については、作品分析を行う過程で明らかにすることにしたい。

四　裏切りの経緯

本節より『海鳴りの底から』における右衛門作像の検討を行う。まずは、一揆に参加してから仲間を裏切り、幕府軍の捕虜となるまでの右衛門作の足取りを辿ることとしたい。なお、この作品はもともと週刊誌の連載小説として書かれ、各回の掲載範囲が単行本収録時に独立した章とされた（各章の通し番号は単行本収録時に省かれ、タイトルのみが残された）。以下では、参照箇所を示す際、必要に応じて章題を山括弧を付して提示する。

右衛門作が最初に登場するのは、「プロムナード　1」の後におかれた〈城をつくる〉の中盤である。城に向かうキリシタンの群れに混じる右衛門作は、城に到着するや大江村の大庄屋である大江源右衛門一行の出迎えを受け、キリシタンへの立ち帰りの誓いを行う。次いで右衛門作は源右衛門から白衣に着替えるよう指示を受け、右衛門作が制作した陣中旗の旗絵について感謝の言葉をかけられるが、気のない返事をする。その後、右衛門作の内面が描かれ、彼が一揆に対して懐疑的であることが示される。

〈星火燎原《せいかりようげん》〉では、右衛門作が一揆に参加するに至った経緯が語られる。当初、右衛門作は一揆に加わることを拒んだため、キリシタンたちは彼の家に押し寄せ焼き討ちを呼びかけた。しかし、この企ては源右衛門によって制止された。源右衛門は、一揆に参加するどうかの回答を保留にしたまま右衛門作に陣中旗の旗絵の制作を依頼する。右衛門作は旗絵が完成した後、その出来映えに満足するが、思想が形となりそれが団結の中心になることに恐ろしさも感じる。他方で、右衛門作が旗絵の制作を行っている間に、長男の和作が一揆勢によって人質にされ、手持ちの船も奪われてしまう。源右衛門に旗絵を渡した右衛門作は、画材を裏山に埋め、松倉藩の多賀主水と横山清右衛門の注文により制作した屛風を土蔵にしまった後、家族と共に一揆に加わる。城内で右衛門作は矢文の役と本丸における配下五〇〇人の指揮を任されるが、一部の指導者が右衛門作に不信感を持っていたため、城に到着して長男の和作が解放された後、新たに次男の権之助が人質にとられる。

〈夜のもっとも深い時〉では、源右衛門が右衛門作に一揆に参加することを決断した理由を尋ねる。右衛門作は、一揆の開始後、「こんふらりあ（組講）」が再生し、身分間の差別が消え、キリシタンが蘇る姿が見えてきたこと、それが本来の日本のキリシタンの姿であると感じたと語る。しかし、源右衛門は右衛門作の回答に納得せず、一揆への参加は「説明しがたい深間《ふかま》を飛び越」すことだと考える。

なお、物語全体を通じて、源右衛門は右衛門作の心理の鋭い洞察者として描かれている。

征討使板倉重昌到着後の原城の様子を描いた〈転位の契機〉、〈続・転位の契機〉では、右衛門作の視点から信仰に基づく人々の見違えるような変化が描かれる。当初頼りなく思えた四郎は、「異常に輝きをまし」た目をして万人の平等を説き、金貸しの彦蔵は自らの過去を懺悔する。長男の和作は『こんてむつすむん地』を耽読し信仰にのめり込む。右衛門作はこうした状況に感銘を受けつつも、強い違和感と疎外感も感じる。〈続・転位の契機〉の末尾では、右衛門作が「一つの深間を飛び越してしまった」ことが報告される。これは右衛門作が裏切りを決意したことを意味し、この決断が右衛門作の絵師としてのアイデンティティと深く結びついていることが示唆される。

〈続・転位の契機〉に続く〈匹夫の志、奪フベカラズ〉では、煩悶する右衛門作の内面が描かれる。右衛門作はキリシタンの信仰のあり方について疑問を語り、「信心者であるよりも何であるよりも、自分は物を見据え見きわめる絵師でありたい」（全集四巻、二五七頁）と考える。右衛門作は、「匹夫の志、奪ふべからず」とつぶやいた後、「見ていろ、人としては最低のこのおれが、よりによって最低の奴になりさがり、この城にいま在る、もっともけだかいものを世につたえてやるぞ……」との決意を固める（同、二六一頁）。

〈二つの矢文〉では、右衛門作が松倉藩をめがけて矢文を射込む。この矢文は、一揆への参加がやむをえないものであった旨弁明し、多賀主水と横山清右衛門の注文を受けて制作した屛風が蔵に入っていることを知らせるもので、文面はほぼ史料通りである。

〈二つの矢文〉に続く〈二つの屍〉では、次男の権之助が解放される。矢文に綴った「裏切り」の理由の一つが取り除かれてしまったため、右衛門作は内心きまりの悪い思いをする。

〈涙を水、心を墨に〉では、右衛門作が一揆勢を代表して幕府軍の派遣した有馬五郎左衛門と面会する。すでに二月の初旬であり、城内では食糧が尽きかけ敗色が濃くなっている。その夜、指導部会議に参加した右衛門作は死ぬことの空しさを改めて感じ、生きる側に与する点において裏切ることを自然であると感じる。

〈春に向かう〉では、右衛門作はついに有馬直純に宛てて裏切りの矢文を送り、配下五〇〇人を味方につけ幕府側の攻撃に乗じて城に火をつけることを申し出る。しかし、その矢文に対する返書を蘆塚忠兵衛が拾ったために裏切りが露見し、右衛門作は家族もろともに監禁される。

〈訣別〉では、幕府軍の総攻撃のただ中で右衛門作の家族が順に斬られるが、右衛門作が斬られる寸前に幕府軍が本丸に突入し混乱状態になる。ある武士が縛られた右衛門作に気づき彼の素性を問うと、右衛門作は有馬直純の旧臣であったことを告げ、懐中にあった直純の手紙を差し出す。武士は手紙を読んだうえで「よし」と叫ぶ。

五　一揆に対する批判

『海鳴りの底から』において、右衛門作が一揆に参加し、仲間を裏切り、幕府軍の捕虜となった経緯は前節で述べたとおりである。右衛門作の裏切りの動機や心理を理解するためには作品全体をふまえる必要があるが、さしあたり第二節で取り上げた他の作品との目立った差異として、一揆が上げ潮のムードにある段階で右衛門作が離脱を決意していることが指摘できる。このことは、右衛門作の裏切りが他の作品の場合よりも強い確信を伴う「心から」の転向であることを裏付けるだろう。他方で、右衛門作は裏切りを決断した後もキリシタンを自認しており、村山、左近、榊山の作品と同様に、『海鳴りの底から』でも右衛門作の裏切りは一種の偽装転向として描かれる。

それでは、右衛門作はどのような動機で裏切りを決断したのか。まず、右衛門作が一揆に集結したキリシタンの信仰のあり方と一揆という方法に批判的だったことが指摘できる。

そもそも、右衛門作は島原天草一揆をどのように捉えていたのだろうか。〈招かれざる客〉で右衛門作が示す一揆についての理解は次のようなものだ。もともと、信仰の自由は一揆が掲げた唯一の大義名分ではなかった。当初は松倉藩の苛斂誅求に抵抗するために一揆に参加した者が少なくなかったが、籠城後、参加者は団結を強めるために信仰に支えを見出すようになった。その結果、多くの異教徒が参加したにもかかわらず、一揆の目的は信仰の自由を守ることに一元化されていった。一揆を「切支丹の叛乱」と断定することは、政治に対する批判をかわし国内の団結を高めるという点で、幕府軍にとっても好都合だった。

ここで注意すべき点は、右衛門作が必ずしも政治的抵抗の手段としての一揆を否定しているわけではないことである。右衛門作は、一揆の目的が圧制の緩和であれば、わずかではあれ幕府軍から妥協を引き出す可能性がありえたと考察している。しかし、キリシタン側が信仰の自由を掲げたために和解の可能性が絶たれ、「踏ミ潰スカ否カ、という明白な二者択一だけがのこされることになった」（全集四巻、三四六頁）。

それでは、右衛門作はなぜ一揆に参加したのだろうか。後述するように、一部の首謀者は、キリシタンが籠城した城内の状況をキリシタンにとっての理想世界（「かとりかのれぷぶりか」）の実現とみなしたが、右衛門作はそのような理解に強い反発を感じていた。他方で右衛門作は、くり返し残酷な弾圧を受け松倉藩の苛斂誅求に耐えきれなくなったキリシタンに深く同情を感じてもいた。右衛門作は二つの気持ちがせめぎ合う中で一揆への参加を決断した。

異常であり、これが吉利支丹宗をまもる道ではないと一方においては思い、また一方では、このほかに道はない、と思う、その二つの矛盾した物思いのせめぎあいのさなかで、右衛門作は三日間をかけてあの旗の絵を描き、そうしてついに参加を決意して出て来たのであった。（同、四一五頁）

作中で「深間を飛び越す」という表現がくり返し用いられているように、堀田は重大な局面における「あれか、これか」の決断を、根拠づけの困難な命がけの跳躍として捉えていた。しかし、もちろん決断することで心の中の逡巡に最終的な決着がつくわけではない。次の引用は、右衛門作のもう一つの決断（一揆からの離脱）も同様のせめぎ合いの中でなされたことを推測させる。

しかも、参加を決意したからといって、その矛盾は解決されたわけではなく、彼の心のなかでは、この二つのものはつねに旋回し、衝突しあい、蛇が自身の尾を嚙むように、二つのものは互いに深く嚙みあって、引きはなしがたくなっているのであった。（同、四一五頁）

次に、キリシタンの信仰のあり方をめぐる右衛門作の批判について考える。右衛門作は一揆の首謀者たちと違って、武装蜂起により信仰の自由を獲得しようとする企図そのものに批判的だった。右衛門作は、「他人《ひと》に異なる信仰や信条をもったものは、たとえば隠者のように、市井に潜んでじっとその信仰信条を持し、時の推移とともにその信仰信条それ自体が、世間にあって何の不思議もないもの、すなわち自然そのものになる日を待つべきである」（同、四一二―四一三頁）と考えていた。また右衛門作は、「信心というものは、人の生と死をわけるような、たとえば鍛えられた刃のようなものなのか」（同、四一二頁）とも自問している。

一方で、右衛門作は城内でキリシタンが示した純粋な信仰心に心を奪われもする。先述したように、〈転位の契機〉、〈続・転位の契機〉では、右衛門作の視点から、籠城するキリシタンの見違えるような変化が描かれる。さらに、指導者の一人である山善右衛門は、キリシタンと敵対する相手を「大日本」という言葉で名指す一方、キリシタン勢が立ち上げた共同体を「かとりかのれぷぶりか」という言葉で表現する（傍点堀田）。「かとりかのれぷぶりか」とは何かという問いに、山善右衛門は、「かとりかと申すは、世間は広いという意で、れぷぶりかと申すは、国ということじゃ、国というてもな、天地同根、万物一体、一体衆生貴賤を撰ばずちゅう国柄のことじゃ」（同、三一一頁、傍点堀田）と答える。このような身分関係を廃した平等な個人からなる国家像は、キリスト教思想が可能にした新しい考え方である。

右衛門作は、キリシタンの信仰心の純粋さや思想の新しさに心を打たれつつ、その信仰のあり方に強い抵抗も感じている。その理由は、第一に、それが奇蹟や迷信によって支えられているためである。

作中では、一揆の指導者が、この世に終末が訪れる時、「一人の善か人《よひと》あらわれ、その善童は習わざるに諸道に達し、鳥の卵に対して祈禱をすれば卵ひらけて中から経文が出て来た」といった四郎にまつわる神話を作り、百姓の間に広めたことが指摘されている（同、一八四頁）。右衛門作には、「そういう作為」が「不快」に感じられた。

第二に、それが一揆がもたらした絶望的な状況に裏打ちされているためである。右衛門作は、滅亡を不可避とする現実の状況が救いに対するキリシタンの期待を高め、さらには殉教を聖化する理由となっていることに自覚的だった。右衛門作は、「この世における徹底した絶望こそが、とりもなおさず天上における至福であるという状況、従って、信者は次第により残酷な刑を欲しさえするという極端さ」に「耐えがたいもの」を感じる（同、二五八頁）。右衛門作は、こうした現実と信仰の転倒、すなわち現実に対する働きかけを放棄し信仰に立て籠もる信者たちの姿勢に欺瞞を認める。そして、次のように自問する。

人間は、たとえこの春の城にこもっていようとも、現実のこの世に生きているものなのだ。現実に解決を迫られている問題は、現実のこの世のあり方のなかでしか、解決されないのではないか。

（同、四九六頁）

そもそも、右衛門作によれば、一揆勢による殉教は、多数の信者を根絶やしにする点で、信仰を守り広めるという意味において無益である。右衛門作は、長男の和作に向かって「死んでなんで教えをひろげることが出来るとか」（同、四八八頁）と問いかける。つまり、右衛門作にとって、島原天草一揆は現実を変革する可能性も信仰を守り広める可能性も持たない、完全なる玉砕戦であった。

ところで、堀田はこうした批判の背後にある右衛門作のリアリズムを近代精神によるものとして描いている。堀田は右衛門作を「新しい人間」であると規定する。

> 山田右衛門作にとっては、彼が新しい人間であるだけに、心に城を築くことは、（略）出来にくかった。いや、心に城を築くどころか、彼はどんな城からも出て行きたかった。何者にもとらわれることなく、描くものを描きたかった。（同、一五七頁）

また右の引用から読み取れるように、堀田は、リアリズムに徹しようとする右衛門作の態度を絵師としての職業意識にも関連づけている。右衛門作は、「信心者であるよりも何であるよりも、自分は物を見据え見きわめる絵師でありたい。さむらいなどであるよりも先に、まず絵師でありたい」（同、二五七頁）と独語している。この言葉から、右衛門作は信者であることよりも絵師であることに自らのアイデンティティを見出していることがうかがえる。この点については後述する。

とはいえ、堀田は右衛門作の視点を絶対化しているわけではなく、右衛門作に対する他のキリシタンの批判も書き込んでいる。〈続・かとりかのれぷぶりか〉には、源右衛門と右衛門作が一揆の是非について議論する場面がある。そこで源右衛門は、「すべて理詰めに、結果としての現実の全滅だけを土台」とする右衛門作の考え方に批判を投げかける。また、〈自由について〉では、右衛門作の裏切りが露見して彼が監禁された後に数人のキリシタンが雑談するシーンが描かれるが、そこで源右衛門は、右衛門作を実務に長けた人物として捉え、それが彼の信仰の妨げになっていることを示唆する。

おいは思うに、右衛門作は、この世ンことがの、あんまりうまかとじゃ。（同、五五四頁）

根性から実務がうまかとじゃ、本来悪いことでなか。ところが、あの男、我慢がないのじゃ、絵師のくせに、はらいそ（天国）がじゃ、人の心ンなかン、だんだんと出来て行く、そののろくそうて眼に見えん時のたたずまいに気が付かん、我慢がないとじゃな。（同、傍点堀田）

さらに、源右衛門は右衛門作の実務的な態度を、福音書の中に書かれたベタニヤのマリヤによるイエスに対する塗油をめぐるエピソードに関係づける。周知のように、イエスがベタニヤを訪れた際、マリヤは高価な香油をイエスの足に塗った。イエスの弟子たちは、その香油を売って貧しい人に施しをすべきだったとしてマリヤを批判したが、イエスは自身の死を預言しながらマリヤの行いを擁護した。源右衛門は、イエスがマリヤの持つ「本式の信仰心」を認めたことを指摘し、「怒ったお弟子にはじゃな、実務だけが、この世のつとめだけしかが見えなんだとじゃろう。（略）人には目先のつとめだけがあるとではなか」（同、五五五頁）として、イエスの弟子たちを批判している。

六　もう一つの動機

ところで、ヨハネ福音書は、マリヤを批判した弟子をイスカリオテのユダとしている。ヨハネ福音書によれば、ユダは盗人であったが故に高価な香油を用いたマリヤを批判した。また、マタイ福音書によれば、ユダは銀貨三〇枚のためにイエスを売ったとされる[16]。周知のように、キリスト教文化圏では古くからユダは守銭奴、裏切り者の代名詞とされてきた。

源右衛門は、ある場面で右衛門作をユダに重ね合わせている。征討使板倉重昌が到着する直前の城内の様子を描いた〈夜のもっとも深い時〉において、源右衛門は右衛門作の裏切りを予感し、「右衛門作を、しゅたす（ユダ）にしてはならぬ」と独語する（全集四巻、二〇〇頁、傍点堀田）。と同時に、源右衛門は、「しゅたすは、この現世においてきりしとを心から愛していたがゆえに、それゆえに裏切った、ということがありはしないか。最後の晩餐でも、きりしとは決して、怒りをもってしゅたすの裏切りを指摘したのではなかったのではあるまいか」（同、二〇一頁、傍点堀田）とユダの複雑な心理とイエスの胸中を推し量る。同時に、源右衛門は、全国に禁教令が敷かれ「背教しない者の方が稀」となった同時代の日本が「裏切りの時節」であることも見定めている。さらに、源右衛門は、「もし右衛門作がしゅたすになるとすれば、それは彼のなかの絵師がなるのかもしれぬ」（同、二〇五頁、傍点堀田）と、右衛門作の裏切りを予告する意味深長な発言をしている。

作中におけるユダに対する言及はもう一箇所ある。〈続・人生虚妄〉に右衛門作が源右衛門と共に、種子島から一揆に加わった皆吉長右衛門を見舞う場面があるが、その際長右衛門は読んでいた冊子の中からユダの裏切りにまつわる場面を朗読する。

さらに、末尾におかれた「プロムナード　7」には、「真の信仰というものは、つねにユダ、あるいはユダ的なものを必要とする」（同、五七六頁）、「キリスト教成立のためには、ユダは必至であったのだ、と思います」（同、五七七頁）というユダをめぐる重要な指摘がある。これら発言の意味については以下で検討するが、ここでは、堀田が右衛門作とユダを重ね合わせつつ、両者の裏切りの意味を独自な視点から解釈しようとしたことを指摘しておきたい。

ところで、ユダの裏切りに独自の解釈を加えた日本の文学作品に太宰治の短編小説「駈込み訴へ」（『中央公論』一九四〇年二月号）がある。太宰はユダがイエスを裏切るまでの心理を独白体で綴ったこの作品において、ユダがイエスを売った理由をユダのイエスに対する愛に求めた。この作品の背後には、太宰の左翼運動からの離反の体験があると主張する論者もいる[17]。「しゅたすは、この現世においてきりしとを心から愛していたがゆえに、それゆえに裏切った、ということがありはしないか」という先述の源右衛門の仮説は、あるいは「駈込み訴へ」に示唆を得たものかもしれない[18]。

武田泰淳も、「わが子キリスト」（『群像』一九六八年八月号）においてユダの裏切りを描いている。この作品は、ローマのユダヤ進駐軍兵士（「おれ」）を語り手とする短編小説で、「おれ」の視点からイエスの誕生から復活までが語られる。武田の大胆な解釈によると、「おれ」こそがイエスの実の父親であり、復活したイエスその人でもある。またイエスの復活は、ユダとローマの最高顧問官が異なる動機から（前者はイエス没後のキリスト教の確立のため、後者はローマの円滑な統治のため）協力して仕組んだ陰謀とされる。さらに、ユダの裏切りは他の弟子たちの汚名をそそぐためユダが考案したカムフラージュであり、大商人であるユダには銀貨三〇枚のためにイエスを裏切る理由はなかったという解釈が示される。

先述のとおり、「プロムナード　7」において、堀田はキリスト教の成立に際してユダの裏切りが不可欠であったとする解釈を示した。堀田はユダの意図については触れていないが、堀田のユダ解釈は武田の「わが子キリスト」のそれと部分的に重なる。他方で、堀田は右衛門作の裏切りの動機の一つを信仰の継承に関連づけている。第四節で述べたとおり、右衛門作は裏切りを決断した後、「見ていろ、人としては最低のこのおれが、よりによって最低の奴になりさがり、この城にいま在る、もっともけだかいものを世につたえてやるぞ……」（全集四巻、二六一頁）と独語する。先述したとおり、右衛門作は城内におけるキリシタンの純粋な信仰心と新しい思想に心を惹かれていた。右は、裏切りを行うことで、キリシタン滅亡後、それらを後世に伝える役目を果たそうとする右衛門作の決意を示している。

実は、右衛門作の裏切りをめぐる以上のような解釈は堀田の着想によるものではない。仁尾環は、『天草島原切支丹一揆史談』（私家版、一九三五年）の第一八章「山田右衛門作の返忠」において、右衛門作の裏切りは一揆勢の深慮の結果であるとする仮説を提示している。籠城者が死に絶えてしまえば一揆をめぐる史実は後世に伝わらず、またキリシタンの前途を見届ける者もいなくなってしまう――仁尾は、これらのことを危惧した一揆勢が、芸術家である右衛門作を選んで意図的に裏切り者に仕立てたのではないかと推測する。その根拠として挙げられているのは、右衛門作がキリシタンであること、さらに右衛門作の裏切りには不自然な点が多いことだ。右衛門作は有馬氏に矢文を送り五〇〇人の部下を率いて投降し四郎を生け捕りにすることを申し出たが、仁尾は五〇〇人もの部下と降参の相談をすれば露見することは明らかであったと主張する。また仁尾は、いかに落城時の混乱が甚だしかったにせよ、一揆勢が本丸に監禁されていた右衛門作を処分することが不可能だったはずはないとも主張する。西村貞も、『日本初期洋画の研究』（全國書房、一九四五年）に収められた「島原乱の切支丹陣中旗と山田右衛門作」において、仁尾とほぼ同じ仮説をより詳しく展開している。

堀田は「プロムナード　7」において仁尾と西村の著書に触れており、両者の仮説は『海鳴りの底から』における右衛門作の人物造型に少なからぬ影響を及ぼしたと考えられる。しかし、堀田は仁尾や西村と全く同じ仮説に立脚しているわけではない。第一に、前節で詳しく論じたとおり、堀田の描く右衛門作はキリシタンの信仰のあり方や一揆という方法について内在的な批判を抱いていた。つまり、堀田は右衛門作の裏切りを信仰の継承のための方便に還元しているわけではない。第二に、『海鳴りの底から』では、右衛門作の裏切りは一揆の首謀者の深慮によるものではなく、右衛門作の個人的な判断によってなされている。仁尾や西村の仮説と違って、堀田は右衛門作を飽くまでも孤独な背教者として描いた。

七　知識人の宿命

裏切ることで、キリシタン信仰と一揆をめぐる史実を後世に伝える——この右衛門作の役回りは悲劇的だが、堀田はこれを知識人の宿命として捉えていた節がある。

堀田は乱世における知識人の身の処し方をテーマにした小説、エッセイ、伝記を多数書いているが、総じて堀田は、混乱する時代を冷徹に見据える知識人の散文的なリアリズムの精神に高い評価を与えている。たとえば、『方丈記私記』では、類い希な実証精神の持ち主であった鴨長明が動乱の時代の生々しい現実を冷静に見据えたことを高く評価している（第Ⅱ部第二章参照）。『ゴヤ』では、ナポレオン戦争が引き起こした暴力を虚飾なく描いた点に、ゴヤの絵画の決定的な新しさを認めている（第Ⅱ部第三章参照）。『ミシェル　城館の人』では、宗教戦争のただ中で自己の経験と事物に対する観察のみを信頼し、信仰から距離をとったモンテーニュに深い共感を寄せている（第Ⅱ部第四章参照）。『海鳴りの底から』において、堀田は右衛門作の持つリアリズムの精神を強調しているが、右衛門作を鴨長明、ゴヤ、モンテーニュといった知識人の系譜に位置づけることは困難ではない。

ただし、支配的なイデオロギーに囚われることなく現実を冷静に認識するということは、必ずしも権力に真っ向から反抗することを意味しない。そもそも堀田が注目した知識人の多くが生きた時代は前近代社会あるいは近代社会への過渡期であった。芸術が未だ商品化されていなかった当時、芸術によって生計を維持するためにはパトロンを必要とした。堀田は、「現代文学と宗教（上）」（『東京新聞』一九五四年九月一七日号）において、クロード・ロワによるゴヤの評伝に依拠しながら、ゴヤの「二重生活」について論じている。ロワの評伝によると、ゴヤはナポレオン戦争の凄惨な場面を加害者、被害者のいずれにも肩入れせずにリアルに描く一方で、ナポレオンのためにスペインから略奪すべき名画のリストを作成したという。つまり、ゴヤにおいて、パトロンたる権力者への追随と権力批判の契機を含んだ作品は矛盾をはらみつつ共存していたことになる。

このことは右衛門作についてもあてはまる。右衛門作にとってのパトロンとは誰よりも有馬直純であり、また松倉藩の藩主や家老でもあった。堀田の描く右衛門作は山善右衛門のように封建的な身分関係を否定する平等思想を信奉していたわけではなく、旧主である有馬直純への忠誠心を維持し続けた。

とはいえ、右衛門作は主君に心酔していたわけでもない。先述したように、右衛門作は有馬氏が日向に移った後も絵を描き続けるために口之津に残った。また、右衛門作は注文を受ければ誰のためでも絵を描くと言い切っている。

おいは絵師じゃ。いまでも本当は、絵師じゃ。注文をされれば、有馬のためにも、松倉のためにも絵を描く。（全集四巻、一七三頁）

右衛門作は、城中から松倉藩の家老と藩士の注文で制作した屛風を蔵に入れたことを知らせる矢文を送ったが、これは絵師としての職業意識に基づく行動とみるべきだろう。つまり、右衛門作は権力との関わりを多分に手段的に捉えている。

さらに、右衛門作は権力に寝返ることについて後ろめたさも感じている。先述の「見ていろ、人としては最低のこのおれが、よりによって最低の奴になりさがり、この城にいま在る、もっともけだかいものを世につたえてやるぞ……」という右衛門作の独語に着目したい。右衛門作は、仲間を裏切り権力に寝返ることを「人としては最低」の振る舞いであることを自覚していた。堀田は、一揆後の右衛門作を描いてはいないが、仲間を裏切った右衛門作がユダのように呪われた最期を迎えることを示唆している。右衛門作の裏切りが発覚した後、懸針金作は次のように予言する。

奴は生きのびるとか。……じゃが、いつかきっと奴は変死することじゃろう……。それがもう面相にあらわれておる。（同、五六八頁）

ところで、創作ノート『海鳴りの底から――長崎にて』（県立神奈川近代文学館・堀田善衞文庫所蔵）には、先述の右衛門作の独語と深く響き合う次のような一節がある。

インテリは最低の人間である。しかし、その最低の人間がもっとも大切なものを伝えて行く。もっとも大切なものは最低の人間に宿らざるをえない。カラマーゾフ兄弟もまた然り。右衛門作を優柔不断、裏切者と言うのはやさしい。底の底においては最低、最悪の者が、最良のものをつたえて行くのだ。

権力に追随し生き長らえることによって真実を後世に伝える役割を果たす――ここに、堀田が描く乱世を生きる知識人の宿命を読み取ることができる。権力に対して敵対的な思想信条を持つことが生死を左右するような状況下では、生き長らえることそれ自体が権力に追随する意味を持つ。しかし、またそのことは権力に抵抗する記録を可能にするという逆説を成立させる。

「この城にいま在る、もっともけだかいものを世に伝えてやるぞ……」という独語は、右衛門作が絵画を記録の手段として用いようとしたことを示唆しているように思われる。冒頭の〈城をつくる〉において、堀田は右衛門作の絵画を、「新しい遠近の法、陰影の法」に基づいて、「空間に、一つ一つが距離をおいて存在するものを、そのあるがままにとらえようとする」リアリズムの絵画として特徴づけている（全集四巻、一五六―一五七頁）。右衛門作は、自分の描く絵画の新しさを次のように語っている。

……おれは新しい絵をかく。これまでの墨絵や大和絵などの、因襲のつみかさねのなかですでに息を止め、ふすまや板戸などの、要するに家具の一部と化してしまった絵ではなく、おれは生きた外部をかく、生きた世界をかく。なんでもかく。人も物も景色も、自然も人工も、なんでもかく。（同、一五五頁）

「生きた世界」をリアルに描く右衛門作の絵画は記録と親和的である。もちろん、右衛門作の作風がリアリズムだというのは堀田によるフィクションであるが、乱世において画家が記録者の役割を果たしうることはゴヤの例から明らかである。

ところで、右衛門作を通じて堀田が描こうとした知識人像に、武田泰淳が『司馬遷――史記の世界』（日本評論社、一九四三年）で描いた司馬遷像を重ね合わせるとしても、牽強付会とは言えないだろう。

周知のように、武田は同書第一篇「司馬遷伝」の冒頭に「司馬遷は生き恥さらした男である。士人として普通なら生きながらえるはずのない場合に、この男は生き残った」(『武田泰淳全集(増補版)』第一一巻、一九七八年、五頁)と書いている。これは、匈奴の征伐に派遣され捕虜となった李陵を擁護したため宮刑に処せられた司馬遷が、我が身を深く恥じながら自害せず生き長らえたことに関する記述である。武田は、その理由を歴史家であった司馬遷の記録に対するすさまじいまでの執念に見出す。武田は歴史家について、「史官は記録者である。唯一の記録者である。彼が筆を取らねば、この世の記録は残らない。そのかわり、書けば、万代までも、事実として、残るのである」(同、一五頁)と述べ、記録することに命をかけた斉の三兄弟の例を挙げている。武田によると、斉の権力者の崔杼《さいちょ》は、自らが荘公を殺したことを太史が記録したため太史を殺した。すると、彼の弟が同一のことを記録したため、その弟も殺した。すると、その弟の弟がまた同一のことを記録したが、崔杼はもはや彼を殺さなかった。武田は、「「記録」のきびしさは、つきつめればここに至る」(同、一五頁)と記している。

他方で、現実の歴史において、右衛門作の供述書が一揆勢の残した島原天草一揆をめぐる数少ない証言の一つであったことを想起しておきたい。ホロコーストについてくり返し論じられてきたように、歴史は権力者あるいは勝者の視点から語られることが常であり、出来事を忘却するため、権力者が意図的に証人を根絶やしにしたり証拠を隠滅したりすることさえ珍しくない。堀田は右衛門作に、「しかし、一揆に立ち上がり、結果、人々すべてが滅びてしまったらどうなる……」(同、一八六頁)と述べさせているが、実際に、幕府は一揆に加担したキリシタンを全滅させたとされる。つまり、右衛門作の裏切りに多くのキリシタンの流血を伴う凄惨な出来事の証言、記録が賭けられていたとする想定は、根拠のないものではない。

前掲の創作ノート『海鳴りの底から――長崎にて』には、「方丈記の死者を数うる如き人間を一人つくること」というメモがあり、そのすぐ脇に、「作者がそれになる」と書かれている。堀田は、右衛門作を、過酷な現実をリアリズム的な態度で直視し、それを具《つぶさ》に記録する人物として造型しようとしたのであろう。そして、また堀田自身そのような知識人でありたいと願ったのであろう。

「十五年戦争」を経験し中国の国共内戦を目の当たりにした堀田は、武田と同様に「記録のきびしさ」について自覚的であった。同時に、堀田が右衛門作を「最低の人間」として描いた点に、「十五年戦争」を生きのびた堀田が死者に対して感じていた後ろめたさと、それ故の責任意識を読み取ることもできるだろう。

八　おわりに

『海鳴りの底から』において、堀田は、唯一の生き残りである絵師右衛門作の裏切りに焦点を絞って島原天草一揆を描いた。堀田の描く右衛門作は、キリシタンに立ち帰って島原天草一揆に参加するものの、キリシタンの狂信的な信仰のあり方や玉砕を不可避とする武装蜂起の試みに当初より批判を抱いていた。堀田は、これらの批判を、「新しい人間」である右衛門作のリアリズムの精神に根ざすものとして描いている。他方で、堀田の描く右衛門作は、裏切りを決意した後も信仰を維持し続けた。

堀田によれば、右衛門作の裏切りは、一面において、キリシタン信仰と島原天草一揆をめぐる真実を後世に伝えようとする深慮に根ざすものだった。堀田は、裏切り者となることで信仰を後世に伝え、出来事の証人となることを引き受ける右衛門作に、乱世における知識人の役割を見出した。

ところで、乱世における知識人の身の処し方は、デビュー以来堀田が関心を持ち続けたテーマだった。堀田は、「祖国喪失」、「断層」、「歯車」、「広場の孤独」、『歴史』、『時間』など、『海鳴りの底から』に先立って発表された多くの作品の中で動乱の時代を生きた知識人の姿を描いた。『海鳴りの底から』はこれらの作品の延長線上に位置する作品でありつつも、歴史上の人物をモデルとした点において新しい試みでもあった。やがて堀田の作品の比重はフィクションからノンフィクションに移行するが、堀田の中心的な関心は、鴨長明、ゴヤ、藤原定家、モンテーニュなど乱世を生きた実在の知識人、作家・芸術家の肖像を描くことに向けられた。翻って考えると、『海鳴りの底から』における右衛門作像は、鴨長明、ゴヤ、モンテーニュのそれと重なりあう面がある。すなわち、『海鳴りの底から』は堀田の転換点に位置する作品としても重要である。

第Ⅱ部

乱世を生きる作家・芸術家の肖像

1973年、マドリードのアルバ公爵邸の「アルバ公爵夫人像」の前で　撮影廣瀬義男（県立神奈川近代文学館・堀田善衞文庫所蔵）

第一章　西行
――「西行」、「西行　旅」――

一　はじめに

堀田善衛は、一九七〇年代以降晩年にかけて、作家や芸術家の肖像を描く仕事に熱中した。主な作品に、『方丈記私記』（筑摩書房、一九七一年）、『ゴヤ』（全四巻、新潮社、一九七四―七七年）、『定家明月記私抄』（正篇・続篇、新潮社、一九八六、八八年）、『ミシェル　城館の人』（全三巻、集英社、一九九一―九四年）がある。堀田は、これらの作品を通じて、伝記、研究書、評論、エッセイのいずれでもあるようなユニークなジャンルを切り開いた。

これらの作品を通じて取り上げられる鴨長明、ゴヤ、藤原定家、モンテーニュの共通点は、いずれも乱世を生きた作家・芸術家だという点にある。乱世における作家・芸術家あるいは知識人に対する堀田の関心は、敗戦前後に中国に滞在し抗日戦争と国共内戦を目の当たりにした体験と深く関わるが、その出発点は日本国内で戦争とファシズムの時代を生きた体験に求められる。自伝的小説『若き日の詩人たちの肖像』[1]（新潮社、一九六八年）は、堀田が慶應義塾大学法学部予科の入学試験を受験するため富山から上京した一九三六年二月二五日（二・二六事件の前日）から始まるが、まさにこの日こそが堀田にとっての乱世の幕開けだった。以後、堀田は文学に対する関心を深め、古今東西の古典的著作を幅広く読み、文学好きの仲間とつきあい、詩や評論を書きながら冬の時代を生きのびた。戦中の堀田は作家・芸術家あるいは知識人が乱世をどのように生きるべきかを切実に問うた。また堀田は、この問いを著名な作家・芸術家に照らして考え始めていた。乱世を生きた作家としての鴨長明や藤原定家に対する堀田の関心も戦中に始まっている。さらに、戦中に『批評』に連載を始め未完に終わった西行論にも、同様の問題意識を見て取ることができる。

堀田が描いた乱世における作家・芸術家の肖像はどのようなものだったのか。そしてそれらの作家・芸術家の肖像には堀田のどのような経験が反映しているのか。またそこに、堀田はどのようなメッセージを盛り込んだのか。筆者は、こうした観点から堀田が描いた作家・芸術家の肖像を読み解いていくつもりだが、本章では、その導入として、戦時中に書かれた西行論について検討したい。

二　戦中の知的状況

戦中の堀田は、どのような動機や背景のもとで鴨長明、藤原定家、西行ら乱世を生きる作家に関心を持つようになったのか。本節では、戦中の堀田をとりまいていた知的状況について考えてみたい。まずは、「堀田善衞年譜」（『堀田善衞展　スタジオジブリが描く乱世。』）を主な手がかりとして、上京から戦争末期に日本を離れるまでの堀田の足取りを確認したい。堀田は一九三六年二月に慶應義塾大学法学部予科の入学試験を受けるために上京し、同年四月に同科に入学した。一九三九年四月に法学部政治学科に進学したものの、四〇年四月に文学部仏蘭西文学科に転じた。堀田は、同科で白井浩司、加藤道夫、芥川比呂志、小山弘一郎、鈴木亨、村次郎（石田実）、青山健二（庄兵衛）らを知り、彼らを介して『山の樹』の加藤周一、中村真一郎らを、また別ルートで『詩集』（荒地派）の鮎川信夫、田村隆一、中桐雅夫らを知った。一九四二年一月、雑誌の整理統合の流れの中で『山の樹』が『詩集』に合流することとなり、堀田も『詩集』に参加した。一九四二年九月、慶應義塾大学を繰り上げ卒業後、国際文化振興会調査部に就職した。やがて国際文化振興会の伊集院清三から吉田健一を紹介されて『批評』の同人となり、河上徹太郎、小林秀雄、中村光夫、西村孝次、芳賀檀、山本健吉らを知った（山本、吉田、西村は国際文化振興会の同僚でもあった）。一九四三年一〇月、海軍軍令部臨時欧州戦争軍事情報調査部に転じ、四四年二月には徴兵により東部第四八部隊に召集されたが、入営中に肋骨骨折による胸部疾患のため富山陸軍病院に三ヵ月間入院した後、五月に召集解除となった。一九四五年三月、東京大空襲に遭遇。同月末に国際文化振興会の上海資料室に赴任するため日本を離れた。

右の略歴は、戦中の堀田が、多数の作家・知識人の知己を得たことを示している。『若き日の詩人たちの肖像』では、「新橋サロン」に集う『山の樹』の同人や、「新宿の詩人たち」と称される『詩集』の面々との交友関係が生き生きと再現されている。同書には、これら二つのグループに属する友人たちが、白井浩司＝「白柳君」、加藤道夫＝「赤鬼君」、芥川比呂志＝「澄江君」、村次郎＝「浜町鮫町君」、小山弘一郎＝「汐留君」、鈴木亨＝「光を厭う黒眼鏡の君」、青山健二＝「胸紐坊ちゃん」、加藤周一＝「ドクトル」、中村真一郎＝「富士君」、福永武彦＝「詩人」、鮎川信夫＝「良き調和の翳」、田村隆一＝「冬の皇帝」、中桐雅夫＝「ルナ」といったユーモラスな名前で登場する。(2)

また、『若き日の詩人たちの肖像』は堀田の読書ノートさながらであり、若き日の堀田がどのようなきっかけでどのような書物を読み、それらの書物からどのような影響を受けたのかを知ることができる。主人公の「若者」と堀田の経験を同一視するならば、当時の堀田が読んでいた書物は、レーニン、ドストエフスキー、アラン、ランボー、ヴェルレーヌ、サルトル、平田篤胤、藤原定家、鴨長明など幅広い。太平洋戦争開始直後は自宅に閉じこもり、一日約一八時間、フランスとロシアの近代文学や日本の古典文学をひたすら読んだという記述もある。また、英語が堪能だった堀田は、焚書の扱いを受けていたレーニンの著作を英語で読んでいた。(3)

だが、堀田が例外だったわけではない。当時、文学好きの青年たちは、皆浴びるように本を読んでいた。また、彼らは仲間との切磋琢磨を通じて教養の幅を拡げた。堀田の世代の文学好きの青年たちが、どれほど知的に早熟で、どれほど幅広く読書をしていたのかということは、「新橋サロン」に集った仲間たちの中でも際立って博識であった加藤周一や中村真一郎の回想からうかがうことができる。(4)敗戦後まもなく、加藤、中村は、福永武彦と共同で「CAMERA EYES」というタイトルの時評を『世代』に連載し、連載終了後に『1946・文学的考察』（眞善美社、一九四七年）として出版したが、同書には驚くべき数の古今東西の作家・思想家が取り上げられている。

インテリ青年たちが厖大な量の古典的著作を読み教養の広さ・深さを競うような雰囲気は、旧制高校を中心とするエリートの集う空間と出版資本主義が可能にした教養主義の所産と言うべきものだろう。ただ、大正デモクラシーの時代に確立した教養主義は、満州事変後、そして左翼運動壊滅後の閉塞した社会状況を生きたインテリ青年にとって、独自の意味合いを持つようになったと考えられる。

ここで当時の時代状況を簡単に振り返っておこう。一九三三年、共産党幹部の転向を引き金としてマルクス主義者の大量転向が生じ、翌年のナルプ解体によってプロレタリア文化運動は壊滅状態に陥った。時局に対する抵抗の可能性は、一九三七、三八年の人民戦線事件を最後にほぼ完全に消滅した。他方で、戦争の激化は徴兵された青年たちが戦地に送られる可能性を高め、彼らを明日をも知れぬ死の恐怖と直面させた。さらに、一九四一年秋には繰り上げ卒業制度が導入され、青年たちの徴兵時期を早めた。

言論界の動向に目を移すと、一九三〇年代半ば以降徐々にマルクス主義の言説が姿を消し、自由主義的な言説も含めて言論統制が厳しくなった。他方で、文芸復興が提唱され、多数の転向文学が書かれ、不安の哲学が注目を集めた。また、日本浪曼派が文壇を席巻し、日本回帰の風潮が強まり、日本の古典文学が競って読まれるようになった。

こうした状況の下で、教養への耽溺は、時局の肯定に向かわないまでも現実逃避につながりかねない危うさをはらんでいた。『1946・文学的考察』の巻頭におかれた加藤周一の「新しき星菫派に就いて」は次の一節で始まる。

戦争の世代は、星菫派である。

詳しく云えば、一九三〇年代、満州事変以後に、更に詳しく云えば、南京陥落の旗行列と人民戦線大検挙とに依て戦争の影響が凡ゆる方面に決定的となった後に、廿歳に達した知識階級は、その情操を星菫派と称ぶに適しい精神と教養との特徴を具えている。（『1946・文学的考察』講談社、一九四七〔眞善美社〕＝二〇〇六年、一二頁）

ここで加藤が批判している「星菫派」とは、戦争に突き進む社会から背を向け「詩と哲学」に耽溺した中上流階級の青年たちを指している。加藤は、彼らの好んだ作家・思想家、作品として、アイヒェンドルフ、リルケ、カロッサ、ヘッセ、グンドルフ、ベルトラム、日本浪曼派、京都学派、『万葉集』、『新古今集』などを挙げている。「星菫派」は状況追認的に戦争を肯定はしたが、必ずしも皇国史観や軍国主義を熱狂的に賛美したというわけではではない。加藤は彼らをウルトラナショナリストであったが故にではなく、自己の階級的特権に無自覚なまま狂信的な時代に背を向けたが故に、また文学と芸術への向き合い方が不徹底であったが故に、断罪したのである。

ところで、加藤による「星菫派」批判をめぐって、『近代文学』の荒正人や本多秋五らとの間に「星菫派論争」と呼ばれる論争が生じたことはよく知られている。(5) 加藤の「星菫派」批判に対する荒による批判のポイントは、「星菫派」とは客観的に見て加藤らの自画像であり、加藤の「星菫派」批判は自己批判・自己風刺であるべきだったという点にある。(6) 本多もまた、「星菫派」は加藤らの「内部にこそいた」として、「星菫派」に向けられた批判が「自己批評」でないことを批判している。(7)

中村真一郎は『戦後文学の回想』（筑摩書房、一九六三年）において、加藤の言う「星菫派」とは一高の国文学会や堀辰雄の周囲に集った青年たちの一部を指し、加藤の痛烈な批判は戦中に彼らと

「戦って来た体験」に根ざすことを指摘している。さらに中村は、加藤は敗戦後まもない時期の『四季』や『胡桃』の発刊に「いちはやくその世代の出発を発見」し、「警告を発した」のだとも述べている（五九頁）。荒や本多は、加藤らの世代の内部に存在したこうした立場の差異や対立について無自覚・無関心だった。

しかし、荒や本多が「星菫派」を加藤らの自画像とみなしたことには理由がないわけではない。何よりも、加藤や中村と「星菫派」とは同世代であり、両者の世代体験や知的バックグラウンドは大きく重なっていた。一方で、加藤や中村は左翼運動に参加した経験を持っておらず、プロレタリア文学にも強い関心を示さなかった。他方で、加藤はフランス文学、ドイツ文学を始めとする西洋文学と日本の古典文学に造詣が深かった。そもそも『山の樹』の誌名はニーチェの『ツァラトゥストラはかく語りき』に由来し(8)、同誌には、リルケ、カロッサなどドイツ文学の翻訳が掲載された(9)。もちろん、加藤や中村はマルクス主義の言説が可能にした戦争批判の論理を知っており、とりわけ加藤は時局に対して批判的だったが、文学や芸術の意味や価値をもっぱら政治的な尺度で測ろうとするマルクス主義的な立場には与しなかった。中村は「星菫派」を全否定した加藤に異論を示し、「「星菫派」の最良の部分［は――引用者注］戦争中の狂愚のなかで、芸術的感性を守ってきた」と主張したが（前掲『戦後文学の回想』、五九頁）、このことは加藤や中村自身にもあてはまる。

さらに、戦中の加藤らの文学や芸術への耽溺には――おそらく「星菫派」の青年たちと同様に――死の不安に対峙する実存的な意味が含まれていた。中村は、後述する堀田の評論「未来について」をふまえつつ、「私たちにとっては、死というものは、そうした遠い未来のものではなく、家を出て、街角を曲ると、すぐそこに待ちかまえているものであったり、夜、寝ている間に襲いかかってきて、そのまま朝になっても眼がさめなくなってしまうような、身近なものであり、毎日が死の予感の連続であった」と、戦中の心境を振り返っている。(10) さらに中村は、当時の中村にとって「最も重要なもの」は、堀田と同様「死と芸術」であったとし、「しかもその死と芸術とは、直接する上の年代の人々にとっても、下の年代の人々にとってとも、異った姿をとって、私たちの前に現れていたのである」と述懐している。(11)

一方、堀田の『若き日の詩人たちの肖像』には、堀田や中村の世代にとっての死と芸術の関係を物語る次のような一節がある。

> 汐留君の新橋サロンへ集まった詩人たちは、彼らもまた、戦争へ戦争へと吹いて行く時代の風のなかにあって、これはいわば一種の吹き溜りのようなものかもしれない、と若者は考えていた。（略）風が次第に烈しくなって来るからこそ、彼らは懸命に勉強をし、明日を思い患う心を、つとめて読書や作詩のなかに捩《ね》じ込んでいるのだ、とも言えるのであろう。そうして、ようやく自由に使うことの出来るようになった語学力によって、西方の文学を、残された日々を指折り数えるようにして、まことに貪慾に、たとえば文学による欧州地図を、それぞれの一角から塗りつぶすようにして古典も現代もずんずんと読み進めてみれば、それは耳もとを吹く風のこととは別に、面白くて面白くてかなわず、十日間会わないでいたとすれば、それぞれがみな二十ほどは、話したくてかなわぬ、内容の詰ったものをもっていたのである。一人がジロドォの話をすれば、片方

では、それにかさねてヴィルギリゥスの話がかわされ、そのまた横の方では式子内親王や建礼門院右京大夫がたちあらわれて来、その衣擦《きぬずれ》の音といっしょにマラルメやラフォルグは藤原定家や俊成卿などと、あたかも同時代の人であるかのように語られている。それは、いわば絢爛《けんらん》たる、夢の浮橋に似ていた。（全集七巻、二五九―二六〇頁）

加藤周一は最晩年に出演したドキュメンタリー映画『しかしそれだけではない。――加藤周一　幽霊と語る』（二〇〇九年）の中で、戦時中、権力によって未来を奪われた自身の状況を実朝のそれに重ねていたと語っている。戦中の危機的な状況下での加藤の実朝に対するシンパシーは、『１９４６・文学的考察』に収録された「金槐集に就いて」からも読み取れる。

「金槐集に就いて」において、加藤は実朝について、「無能の将軍が、力強い歌人であったのは矛盾ではない」としたうえで、「行動を放棄する過程が、詩的認識の過程に他ならず、外的現実を相対化する過程が、内的現実を抜き差しならぬ所で成熟させる過程に他ならないと云う、現実に対して精神がとり得る一つの究極的な態度の裡に、実朝と云う歌人の本質がある」と分析している（前掲『１９４６・文学的考察』、一六一頁）。つまり実朝は、実践的なレベルで行動を放棄したからこそ、危機的現実を「永遠の相の下」に見定め和歌に定着することに成功した。

加藤は、当時の実朝が危機を脱するためには行動することが必要だったと指摘する一方で、『金槐集』の優れた芸術性を、実朝が「全人生を代償として」芸術に身を投じたことに求めている。加藤は、実朝が行動を放棄し芸術に殉じたことを現実逃避とはみなさなかった。というのも、加藤は、「行動」

によって危機を回避する可能性が限りなく無に近い状況がありうること、そしてそのような状況の中から宿命のようにして優れた芸術作品が生まれうることをよく知っていたからだろう。戦中の加藤もまた、実朝と同様に「行動」しえないまま死の不安に向き合うことを余儀なくされた。もちろん、「金槐集に就いて」において、加藤は現実に背を向けて芸術に立てこもるような態度を無条件に是としたわけではない。しかし少なくとも、薄倖の将軍実朝に寄り添い彼の心情を内在的に理解しようとした「金槐集に就いて」の論調は、「新しき星菫派に就いて」の戦闘的なそれとは異なっている。これら二つの論考は、共に加藤の戦争中の精神生活を示唆するものとして併せて読まれるべきものであろう(12)。

三　初期評論

死の不安を「読書や作詩のなかに捩じ込」もうとする姿勢は堀田のものでもあった。『若き日の詩人たちの肖像』を読めば、死の恐怖が当時の堀田や彼の仲間たちをどれほど深く呪縛していたのかが手に取るようにわかる。堀田が大学を繰り上げ卒業したのは一九四二年九月であるが、堀田の世代の青年は、徴兵検査に合格すれば卒業後すぐに召集される可能性が高かった。もちろん、一度召集され戦地に送られれば、命の保証はあるはずもなかった。作中では、「若者」と同時期に卒業した「澄江君」、「冬の皇帝」、「良き調和の翳」が卒業と同時に入営を余儀なくされている。徴兵検査の結果が「第三乙」だった「若者」にはしばしの猶予が与えられたが、やがて徴兵される（『若き日の詩人たちの肖像』は、「若者」が入営するところで終わる）。

他方で、『若き日の詩人たちの肖像』には、左翼運動に関与した友人、知人が次々と検挙され、彼らの一部が留置所で、あるいは釈放後に、命を落としたことも生々しく描かれる。作中において、「若者」と同じアパートに住んでいた短歌好きのマルクス主義者（「短歌文芸学」）は仮釈放後に自殺する。しかも、ファシズムが猛威をふるっていた当時、左翼運動にコミットしていない者もあらぬ嫌疑で検挙される危険があった。作中において、「若者」は満州国皇帝溥儀の来日時に一三日間の拘留を受ける。また、横浜事件で仏文科の先輩が逮捕されたと知るや、累が及ぶことを恐れて軽井沢の知り合いの別荘に身を隠す。

中村真一郎の小説のタイトルではないが、まさに当時のインテリ青年は死の影の下に生きていた。『若き日の詩人たちの肖像』には、我知らず死者の視点に立って詩を書いていたことに気づいた「若者」が、「詩とは死のことだ」と悟るシーンがある。その直後に、「若者」はかつてフランス語塾で読んだアナトール・フランスの『我が友の書』の内容を思い起こす。

あれはたしか『我が友の書』というのであった。幼年期の追憶の書であり、そいつの序文には、

Nel mezzo del cammin di nostra vita ……
われ人生の道なかばにして……

という、ダンテの神曲冒頭のことばがひいてあって、死者たちのまぼろしが立って来て、その死者たちが、Les morts sont si légers, hélas! いかにもかろがろと近づいて来る、ということを書いていた。日本では人生五十年だが、西洋では七十年だと金沢の牧師さんが言っていたから、ダンテもアナトール・フランスも三十五歳のときの十二月三十一日にあれを書き出したのだろう。せめて三十五歳まで生きられたら……！　しかし、いまのこの国の有様では、それは高望みというものだろう。支那を相手にしただけの事変というものでこの有様なのに、アメリカやイギリスまで相手にしての戦争という奴がはじまるとすれば、せめてもなにも、とても三十五歳は無理だろう。

とすれば、やっぱりどうも詩は死、ということになりはしないか。（全集七巻、二二七頁）

それでは、戦中の堀田は詩と死の関係、あるいは文学や芸術と死の関係をどのようなものとして捉えていたのだろうか。また、死の影の下に生きていた当時の堀田にとって、文学や芸術はどのような存在だったのか。以下では、この点を西行論に先立って書かれた三点の評論に即して検討したい。

「未来について」（『山河』一九四三年五月号）では、冒頭より、当時の堀田が感じていた死の不安がストレートに語られる。近頃頻繁に、星空の美しさ、荘厳さに感じ入り、草花をしみじみと見つめては、「どこに行つても、どこにゐても、いつもここにゐるとは限らぬに」という思いを抱くと堀田は述べる（全集一三巻、三頁）。そうした死の不安は未来の不確さに連続している。[13] 堀田は芸術を未来に向き合うための「確実な土台」として位置づける。なぜなら、「詩作の刹那のあの純粋集中の持続時間」には、死の不安がもたらす「壁」、「限界」を超越しうるからだ。同時に、完成した芸術作品は人間から独立し、永遠の生命を持ちうるからだ。すなわち、「人間に死があり、芸術には死はない、滅びはあつても死はない」(同、五頁)。けれども堀田は、芸術を人間の生から切り離して絶対化しようとしない。「作品の独立は矢張り結果に過ぎず、作品は常に、未来へと進み歩み入るための前進基地であつて、絶対の完璧であり得ることは出来ない」(同、六頁)からだ。堀田は、芸術の醍醐味を不確定な未来に向かう投企そのものに、すなわち創造の過程そのもの(「無への創造」)に見ようとしている。

「覚書」(『批評』一九四三年九月号)では、「末期の眼」のアンチテーゼとしての文学のあり方が模索される。「末期の眼」という概念は、芥川龍之介の遺書「或旧友へ送る手記」(一九二七年)にある、「唯自然はかう云ふ僕にはいつもよりも一層美しい。君は自然の美しいのを愛し、しかも自殺しようとする僕の矛盾を笑ふであらう。けれども自然の美しいのは、僕の末期の目に映るからである」という一節に由来する。(14)敷衍すれば、「末期の眼」とは、死を覚悟した者、行動の可能性を欠く者が陥りがちな、傍観者であるが故の虚無的かつ審美的な視点のことだと言えるだろう。「覚書」では、「末期の眼」は「酷薄な眼」、「自然な生の方向とは逆方向へと強ひられたものによって鋭利に研ぎ澄されたレンズ」、「何等の血統も子孫もなく、その限りに於ては何ものも信じない孤児の眼」などという言葉で言い換えられる。堀田によれば、「末期の眼」の背後には「無数の可能性の全面的保持への焦慮」がある。それは、「全き虚無」と紙一重であり、「敢為する行為」の対極にある。堀田は「末期の眼」によって特徴づけられる文学を、「デッド・エンド」、「絶望的な行詰り」であるとして、また「進み出る主体を失つたものの悲惨な文学」として否定的に捉えている(全集一三巻、一二一―一二三頁)。

では、この行き詰まりを打破する文学とはどのようなものなのか。この点について明確な見解が示されているとは言い難いが、「純粋な詩人」、「素直な心」、「自然な生命力」といった文言から、「西欧絶望感覚の文学作品」の対極にある、健康な芸術の回復が志向されていることがうかがえる。末尾では、「少年の日、早く決意と血統といふ最終の言葉を教へた人に僕らは今深く感謝したい」と述べたうえで、「今日の精神の澄明な気圏の、その正午の天頂の下に生きるべき文学」として、三好達治の詩「鐘鳴りぬ」の一部分（「聴け／鐘鳴りぬ／聴け／つねならぬ鐘鳴りいでぬ／かの鐘鳴りぬ／いざわれはゆかん」、「ゆきてふたたび帰りこざらん」）が引用されている（同、一五頁）。「覚書」において、死と親和性を持つ絶望の文学の乗り越えを志向する堀田は、ナショナリズムのフレームとロマン主義的な決断主義に引き寄せられているような印象を受ける。

「ハイリゲンシュタットの遺書」（『批評』一九四三年一〇月号）は、「覚書」の延長線上で「末期の眼」のアンチテーゼとなる文学・芸術のあり方を、より具体的に展開した論考として読むことができる。この論考では、難聴に見舞われたベートーヴェンが弟に宛てた手紙に依拠しながら、ベートーヴェンを「己が裡なる日常人に訣別し」、「つかまれた理想の宿命に生き切らう」とした孤独な天才詩人として描いている。なお、この論考を通じてベートーヴェンは「詩人」として名指されるが、堀田によれば、「詩人」とは、「幼い眼、奥底の純情の心を明らさまに持ちつゞけることをわれ知らず、その心自体に命令され、それが己が生の使命とした人」（全集一三巻、二〇—二一頁）のことだと説明される。

さらに、堀田はこの論考において、ベートーヴェンのほか、バッハ、ヘンデル、ハイドン、モーツァルトを「偉大なる血統」として位置づけ、「たとへ欧洲に終末が来たにしても、それらの音楽は夕陽にあかく映えたアルプスのやうにそびえ又漾《ただよ》つてゐるのであらう」として絶賛している（同、二四頁）。他方で、ボードレール、マラルメ、リラダン、ヴェルレーヌ、ランボー、ショパン、トルストイ、ドストエフスキー、ツルゲーネフ、チェーホフらは先述の「偉大なる血統」とは差異化される。「喪つてしまつた故郷への切々たる思慕《ノスタルジヤ》、一言で言つてみれば、これが浪曼派の身上ではなからうか。このことが容認されるならば、浪曼派正義といふものが、没落への情熱にあるとするのは、まことに正しいことであると私は思ふ」（同、二四頁）という一節が示すように、当時の堀田は、（後期）ロマン派の登場を画期として天才の時代が終わり、西欧の没落が開始されたとする歴史観を抱いていたようだ(15)。

これまで見てきたように、西行論以前の堀田の初期評論から読み取りうるのは、一方で戦中の堀田が、文学や芸術に、死の不安に対峙する実存的な意味を認めようとしていたことである。他方で堀田は、「末期の眼」に集約されるような、死と親和的な虚無的な文学を批判し、そのアンチテーゼとして、自己の宿命に忠実に生きる詩人像を提出した。

もっとも、戦後に書かれた評論と比較するならば、これらの評論は未だ習作の域を出ていない。とりわけ「覚書」、「ハイリゲンシュタットの遺書」は、日本浪曼派のタームや「西洋の没落」などのフレームに引きずられ、堀田らしさを十分に示すに至っていない。文体のレベルでも、どこか自己に酔うようなトーンが感じられ、戦後の堀田の評論、エッセイに特徴的な平明さ、散文性、ユーモアが欠如している。ただ、「ハイリゲンシュタットの遺書」は、実在の著名な音楽家であるベートーヴェンに定位した点で、その後の堀田の方向性を定めた論考として重要である。「ハイリゲンシュタットの遺書」のベートーヴェン像は、まもなく西行論へと架橋される。

四　西行論

堀田は、「ハイリゲンシュタットの遺書」の発表後、まもなく『批評』誌上に西行論の連載を始めた。西行論の連載は、徴兵の期間をはさんで五回に及んだ（一九四三年一二月号、一九四四年一月号、二月号、四月号、一一月号）。初出時のタイトルは、それぞれ「伝説（一）――西行・序」、「西行（二）――出家」、「西行（三）――原高貴性（一）」、「西行（四）――原高貴性（二）」、「崇徳院――西行の二」であったが、戦後に「西行」のタイトルで『堀田善衞自選評論集』（新潮社、一九七三年）に収録される際に、「西行（三）――原高貴性（一）」と「西行（四）――原高貴性（二）」が統合され、「伝説」、「出家」、「原高貴性」、「崇徳院」の四部構成となった。

『批評』掲載時、「西行（四）――原高貴性（二）」の末尾には次の文章がおかれた。

別離辞

ここまで記して来たところ、筆者はお召しをうけた。「原高貴性」に於て伝記を、「詩と人生」に於て西行詩歌の豊かさ豪華さ、たとへばあのねがはくはの歌に見られる如き豪華なる王者の如き死への要請などについて、又、「あそび、たはむれ、わらひ」「心」「旅」「四季」そして「文学史」などの章を綴る心算であつたが、今は一切を措いて征くのである。同人諸兄、読者諸兄姉の御健康を祈る。万歳。　昭和十九年一月二十六日。（全集一三巻六八三頁）

折しも、文芸雑誌の整理統合により、『批評』は「西行（四）――原高貴性（二）」を掲載した一九四四年四月号を最後に休刊を余儀なくされ、堀田の除隊後に発表された「崇徳院――西行の一」は、復刊第一号となったガリ版刷りの『批評』一九四四年一一月号に掲載された。一九四五年二月には『批評』復刊第二号が発行されているが、堀田の論考は掲載されていない。

ところで、県立神奈川近代文学館・堀田善衞文庫には、『批評』に掲載された西行論の続編と思われる二点の草稿が所蔵されている。タイトルはそれぞれ「西行　旅」、「西行　月と花――二つの歌合せ」である。分量はそれぞれ原稿用紙五九枚、二四枚（原稿用紙上部に頁数が記載されているが、後者では一〇頁が重複しているため、二三頁が最終頁である）で、共に未定稿、後者は未完である。本文中の時局への言及から、これら二点の原稿が戦中に書かれたことは確実であると思われる。

以上をふまえて、本章では、『批評』に発表された論考をまとめた「西行」と草稿「西行　旅」、「西行　月と花――二つの歌合せ」（以下、「西行　月と花」と略）のうち、特に前二者を中心に検討したい（「西行」からの引用は全集版による。後二者からの引用では、草稿に記された頁数を本文中に示す）。

先述したように、「ハイリゲンシュタットの遺書」に描かれるベートーヴェン像と西行像との間には明確な連続性がある。「ハイリゲンシュタットの遺書」には、「ハイリゲンシュタットの遺書、それは何かの機縁によつて突然仏道の真実であることを思ひ知らされ啓示された、我国の古人の出家の決意を思はせる。そしてこれは明らかに第一等の詩人の覚悟である」（全集一三巻、二二頁）という一節がある。この一節に見られる「我国の古人」が西行を指していることは明白であり、「ハイリゲンシュタットの遺書」執筆時すでに堀田は西行論を暖めていたものと推測される。

それにしても、堀田はなぜ「ハイリゲンシュタットの遺書」執筆後に題材を日本の古典文学に求めたのか。『若き日の詩人たちの肖像』には、それまで西洋文学一辺倒だった「若者」が、「新橋サロン」における「汐留君」の「大演説」を聞いた後で日本の古典文学を本格的に勉強し始める様子が描かれている。実際に「汐留君」こと小山弘一郎の演説が直接のきっかけであったかどうかはともかくとして、堀田が加藤周一、中村真一郎、加藤道夫を含む周囲の仲間に感化されて日本の古典文学に関心を持つようになったことは確実であろう。同時に、「西行」の発表媒体となった『批評』の同人であった芳賀檀、山本健吉らの影響も小さくなかったと思われる[16]。

そもそも、一九三〇年代末頃よりインテリ青年たちは日本の古典文学を競って読むようになった。一高時代に国文学会に所属していた中村真一郎（一九三五年入学、三八年卒業）は、中村の卒業後に急速に国文学への関心が高まり、在学時には五名程度だった会員が数年後には一五〇名ほどに増えたと証言している[17]。とりわけ日本浪曼派の影響は絶大だった。意識的であったかどうかはともかくとして、先述したように堀田の初期評論にも日本浪曼派の影響が認められる。『若き日の詩人たちの肖像』には、雑誌の校正のアルバイトをする「若者」が、保田與重郎の文体を嫌悪するあまり、保田のゲラの誤りを故意に放置する場面があるが、この記述は鵜呑みにすべきではないかもしれない。後述するように、西行論にも保田の『後鳥羽院』からの少なからぬ影響を見て取ることができる。

なお、戦後も含めて堀田の古典文学への関心は中世に集中しているが、それは、中世が乱世あるいは転換期であったこと、かつ優れた文学作品を生んだ時代であったことと深く関わっている。『若き日の詩人たちの肖像』には、「若者」が、「細民は旦暮《たんぼ》に其生を安じがたく、京師飢饉あること亦稀ならずして、病者に至りては路頭に臥するもの多かりしと云ふ。此の如き境遇に在りては、人生の意義なるものも、極めて浅薄なるものなれば……」という原勝郎『日本中世史』（創元社、一九三九年）の一節をふまえつつ、[18]「しかし、この人生の意義なるものも極めて浅薄なるものになってしまっていた中世こそが、日本の文学史の上で、いや世界の文学史のなかでも最美なものに属する詩歌の古典を、かくも数多く輩出させているのはなぜか？」（全集七巻、三七〇頁）と問う場面があるが、これは堀田の西行論、鴨長明論、藤原定家論に通底する問いと言えよう。

もちろん、当時堀田のみが中世文学に注目していたわけではない。先述の「汐留君」の演説は定家の『明月記』に関するものであるし、加藤周一も実朝や定家をよく読んでいた。[19]著名な作家の中では、小林秀雄が一九四二年から翌四三年にかけて、「平家物語」（『文學界』一九四二年七月号）、「徒然草」（同、一九四二年八月号）、「西行」（同、一九四二年一一月号）、「実朝」（同、一九四三年二月号）などを立て続けに発表している（「西行」については、先行研究の中で堀田の西行論への影響が指摘されている）。[20]また保田與重郎は、一九三九年に後述の『後鳥羽院』（思潮社）を上梓し、同年出版の『改版日本の橋』（東京堂）には「木曾冠者」（『コギト』第六五号、一九三七年一〇月）を収録している。他方で、「十五年戦争」期には日本の古典文学の基礎的な研究も大きく発展した。西行についても多数の研究書が出版され、歌集・全集の編纂も相次いだ。[21]当時、堀田もこうした最新の研究成果に触れたものと推察される。

それでは、西行論の検討に入る。先述したとおり、堀田は西行を「ハイリゲンシュタットの遺書」におけるベートーヴェンと共通するイメージで捉えている。すなわち、歩むべく道を悟り（「邂逅」）、日常と訣別し（「別離」）、天性を生かすべく宿命に生きた「詩人」としてのイメージである。[22] ただし、両者において「別離」と「邂逅」の意味するところは同一であるわけではない。ベートーヴェンにとっての「別離」と「邂逅」とは、自身の天稟・天命を悟り、音楽のみに自己を捧げることを意味していた。西行の場合、若くして武士の身分を捨て出家した点において「別離」と「邂逅」のドラマはベートーヴェン以上に見やすいが、西行がどのような自覚の下で出家し、何に自己を捧げたのかは自明ではない。

堀田は西行の出家をめぐる「多くの伝説」の存在を指摘しつつ、その伝説を「固定させ」ることを戒める。

いはゞ所謂「人間」を超えた決断を、「人間」で割り算をして何か割り出されて来るだらうか。残るものは依然として闇の光炎の決断そのもののみである。（全集一三巻、三九頁）

つまり堀田は西行の出家を天性によってなされた決断として、つまり一種の宿命として捉えている。

堀田は、一面において、西行のそうした宿命を彼の出自と結びつけて捉えている。「西行」第三節「原高貴性」では、藤原秀郷の子孫で奥州藤原氏と同族である西行が「高貴の家・血統」に連なる詩人であることを強調している。また、第四節「崇徳院」では、西行と交渉があった多数の「至尊高貴な人々」に言及したうえで、特に崇徳院との結びつきに着目している。

これらの記述には、保田與重郎『後鳥羽院』のあからさまな影響が見て取れる。(23) 保田は同書において、日本武尊から後鳥羽院を経て後水尾院、明治天皇に至る日本の文芸の「血統」を跡づけているが、『後鳥羽院』における「血統」は皇統の連続性に関わる実体的なものである。(24) 保田は歴代天皇の中でも、『新古今集』の時代の宮廷文壇を主宰し承久の乱後は隠岐で歌作を続けた後鳥羽院を日本文学の中心的な再建者、変革者として高く評価している。同時に、保田は折口信夫の学説を援用・換骨奪胎しつつ、「女房文学から隠者文学へ」の展開を語り、(25)「後鳥羽院以後隠遁詩人の系譜」として西行から芭蕉に連なる系譜に注目している。本書では詳述しないが、堀田も「隠者文学」への転換という文脈で西行と芭蕉の連続性を強調しており、この点でも保田の堀田に対する影響は明らかである。付け加えるならば、保田は『俳句研究』一九四二年六月号に発表し、『皇臣傳』（大日本雄弁会講談社、一九四三年）に収録された「西行」において、(26) 西行の崇徳院に対する「帰依の情」に注目している。

他方で、西行の出家について、「かくて彼は乱世に於ける詩人といふ運命の生き方をひらいたのであつた」（全集一三巻、三九頁）として、「乱世」という時代背景と関連づけながら、同時代の文学・芸術のあり方に対する批評的な意味を読み取ろうとした点は堀田のオリジナリティーに属する。先述したように、堀田の中世文学に対する関心は、乱世であった平安末期から鎌倉初期にかけての日本社会が、世界的にも稀に見る優美な文学を生み出したことへの驚きから出発している。「西行」を収録した全集一三巻の「著者あとがき　彗星の尾の如き」にも次のような記述がある。

『西行』という未完の書きものは、戦時日本にあって、当時よりももっともっと、より凄じい時代を日本の歴史のなかに求めるという作業のなかから出来《しゅったい》して来たものであった。しかし、この作業を進めているうちに、この歴史にもっとも凄惨な時代に、たとえば西行や藤原定家などの、人工美をきわめたものが誕生していたことの発見は、筆者に二度びっくりを強いたものであった。（同、六七九―六八〇頁）

草稿「西行　旅」において、堀田は、その優美さをきわめた当世風の和歌を、現実との乖離として、芸術上の行き詰まりとして批判的な視点から捉えようとする。

この爛熟、一角が崩るれば直ちに頽唐期に入る寸前の歌人達の精神世界といふものは、歌の優美さ、とは反対に、砂漠に近かかつたとは云ひ得ることなのである。そこに、空に、砂漠の蜃気楼の如く光り出る技術に支へられた夢の浮橋が架かつてゐたのだ。（一八頁）

他方で、堀田は西行の例外性を強調する。堀田は、「己の生に就いての信」を第一とする西行の和歌が平明さによって際立っていることを指摘し、西行が歌の中に素直な感情を詠みえたことを高く評価する。堀田は、『山家集』から、「おくりおきて返りし道の朝露を袖にうつすは涙なりけり」を引用し、「新古今集中第一の歌人としてある西行の詠歌が、あの爛熟の時に凝りつくされ肉声を失ひかけた声々の中でどのやうな役割をもつてゐたかは、明らかであろう」（全集一三巻、六〇頁）と論じてい

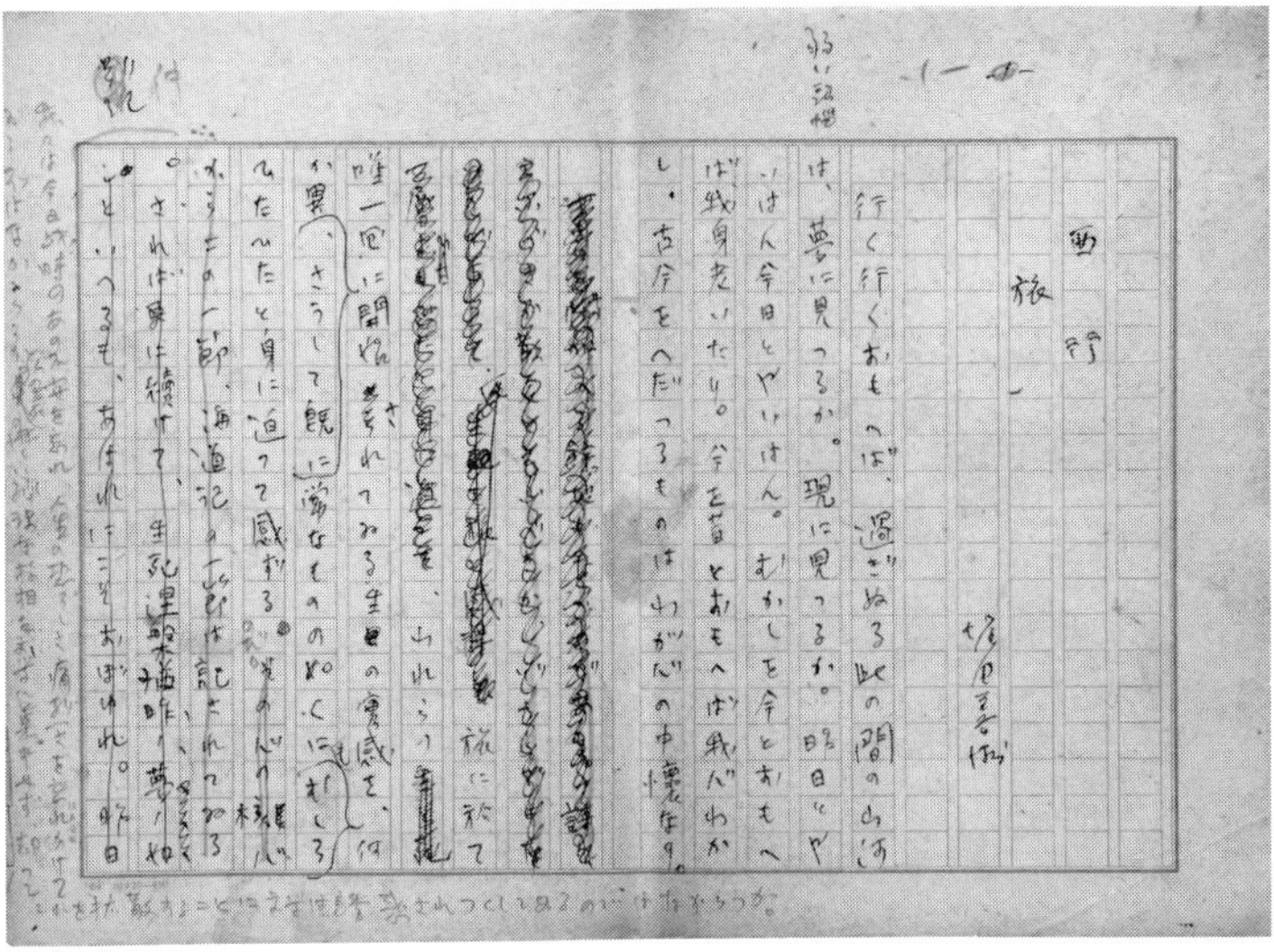

草稿「西行　旅」（県立神奈川近代文学館・堀田善衞文庫所蔵）

る。

堀田によれば、出家は、西行が「肉声」を維持するための不可避的な条件であった。堀田は、西行の出家を、「恐らく己がいのちを最も完《まつた》うに生かし得、生き得るところの形式であつた」（同、四二頁）と肯定的に評価している。堀田によれば、このことは、西行の生きた時代が乱世であったことと密接に関わっている。

しかし、人の世に動乱はある。人がその生粋の自然のままに生き難くなる時はあるのである。当に然かあるべき歴史と自然のところを得ることが難く、悲しくも孤立の日に会はねばならなかつたといふ運命はあるのである。自然に生きる為には、一大決断が要るという日はあるのだ。（同、三六頁）

言うまでもなく、西行にとって「決断」とは出家を意味している。つまり、西行は出家したからこそ、乱世の現実を回避する「夢の浮橋」に立てこもることを回避して歴史や自然と向き合うことができた。すなわち、「西行は世を捨てて却つて歴史に生きた」（同、三八頁）。また世を捨てたからこそ、本質的な意味で芸術や信仰の世界に生きることができた。(27)

なお、西行の出家は、物理的に都を離れることも意味していた。「西行　旅」において、堀田は西行が御裳濯河歌合において「山家客人」、「野径亭主」と名乗ったことに触れながら（「西行　旅」、三四頁、傍点堀田）、西行の芸術が山里を基盤としたことを指摘している。また堀田は、「女房文学から隠者文学へ」のフレームをふまえつつ、西行以後、山里が「隠者文学の場」になったとも指摘している。堀田によれば、山里は「自然と人生との交換の場」であり、「王朝の人工とは異つた人生観が誕生する」ことを可能にした（同、三九頁）。さらに西行は、山里にあって自然と対峙し季節の移り変わりを肌で感じたからこそ、「花の詩人」、「春を待つ詩人」でありえた。堀田は、「人工した夢の浮橋は、現実の季節をも失ひ勝ちのものである」（同、四〇頁）と論じている。

しかし、もちろん西行は特定の土地に根を下ろした里の詩人ではなく、「羇旅漂泊」の人生を送った旅の詩人であった。堀田は、西行にとって旅が「未知」との対峙であったと述べ、そのことが「予め固定してしまった凝結した情」を介してものを見ることを回避させたと論じている。ここには、創作とは未知の未来に向かう過程そのものであるという、先述した評論「未来について」のモチーフが回帰しているようにも感じられる。さらに堀田は「移りゆくこと」それ自体であるような西行の旅の性格から、西行にとっての出家の意味を逆照射する。

ただ旅と云はずに、羇旅漂泊とかさねて云つて来たのは、この旅には目標《めじるし》がないからである。恐らくどんな用もないのである。さうして出家すらも既に一つの純粋行為である。（同、一六頁）

堀田は「万物の流転に身を投じ」た詩人として西行を位置づけ、「西行　旅」を次の一節で締めくくっている。

しかし旅に出ては身自ら一切と共に旅ゆくものとして感得する者は、無常の形骸といふ観念、又有限といふ観念をいつか脱け出、いつか忘れる。彼の外にある巨大な存在は、いつか彼の偏見の鉄殻を叩き破る。（同、五八頁）

五　おわりに

堀田は、平安末期から鎌倉初期の乱世において、文学が宮廷内の狭いサークルに自閉し袋小路に陥る傾向にあったことをふまえつつ、出家し「羇旅漂泊」の生涯を送った西行の生き方と彼の文学に、そのアンチテーゼを認めた。戦後の堀田は、『方丈記私記』、『定家明月記私抄』、『ゴヤ』において、乱世における芸術が「芸術のための芸術」に自足し現実との交渉を失っていたことを批判し、鴨長明、藤原定家、ゴヤがそうした状況にどう向き合おうとしたのかを論じたが、西行論では、その中心的な主題が先取りされている。

なお、中世文学をめぐる「芸術のための芸術」に対する批判は、戦中の文学・芸術のあり方をめぐる批判へと発展する可能性をはらんでいた。平安末期に和歌が宮廷貴族に乱世の現実と対峙することを阻んだように、戦中の文学・芸術も知識人が現実と向き合うことを阻んだからである。そもそも、戦中に堀田や同時代の多くの知識人が中世に心を惹かれたのは、乱世であった当時の日本と中世を重ね合わせたためである。そして中世文学に対する関心は、堀田の視野を、自己の死についての関心から、乱世的状況にある社会全体への関心へと拡大した。同時に、堀田は死と芸術の関わりを問う視点を、社会と芸術の関わりを問う視点へとスライドさせた。

ただし、西行論執筆時の堀田は、中世文学をめぐる批判の射程が同時代に及ぶことを十分に意識していたとは言い難い。また西行論では、乱世における作家・芸術家の政治的な立ち位置や文学や芸術の持つ広い意味での政治性については、主題化されていない。このことは、左翼運動の凋落後に知識人として自己形成を行った当時の堀田にとって、文学や芸術が政治的コミットの可能性を持つ現場として自覚されていなかったことを示していよう。文学・芸術と政治の関係をめぐる堀田の思想が成熟するためには、東京大空襲を経て中国に渡り、日本の戦争責任問題に直面し、もう一つの乱世であった中国の内戦の様子を間近に見ることが不可避であった。

ただし、草稿「西行　月と花」において、堀田が西行論から大きく逸れ、日本文化をめぐる批判的な問題提起を行っていることは注目される。この論考において堀田は、西行の和歌に見られる神仏習合思想の連想から芥川龍之介の「神々の微笑」を長々と引用し、日本人の伝統的な外来文化の受容の傾向（「同化力」）と宿命論（「おのづから」）を批判的に問題化している。もっとも、この論考は未完

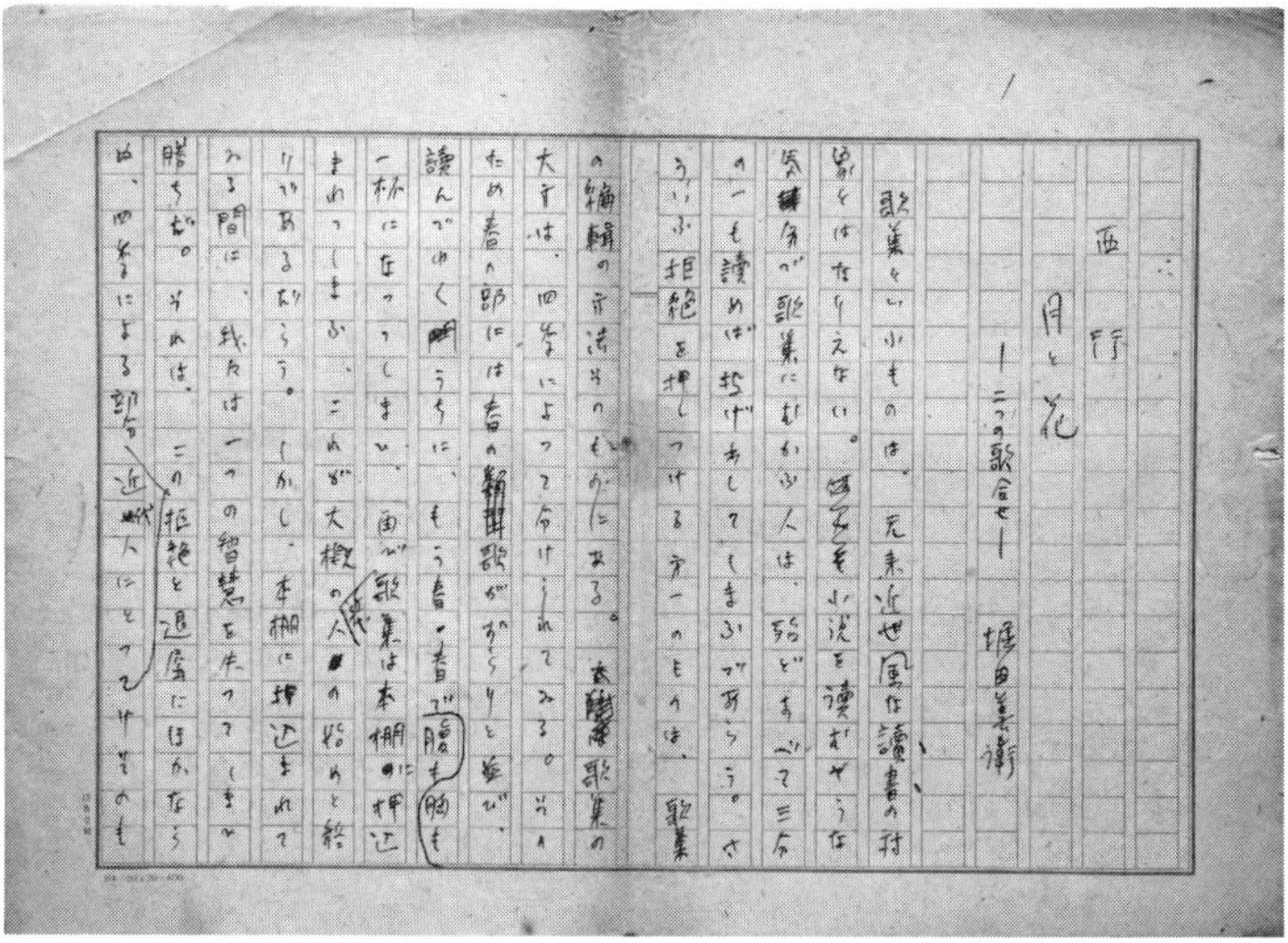
西行
月と花
―二つの歌合せ―　堀田善衛
歌集といふものは、元来近世風な讀書の対象とはなりえない。歌集を小説を讀むやうな気分で歌集にむかふ人は、殆どすべて三分の一も讀めば投げ出してしまふであらう。さういふ拒絶を押しつける第一のものは、歌集の編輯の方法そのものにある。大概歌集の大方は、四季によつて分けられてみる。そのため春の部には春の歌がずらりと並び、讀んでゆくうちに、もう春・春で腹も胸も一杯になつてしまひ、而も歌集は本棚に押込まれてしまふ。これが大概の人の始めと終りであるだらう。しかし、本棚に押込まれてみる間に、我々は一つの智慧を失つてしまひ勝ちなのである。この拒絶と退屈にほかならぬ、四季による部分が近代人にとつて

草稿「西行　月と花――二つの歌合せ」（県立神奈川近代文学館・堀田善衛文庫所蔵）

であり、右に述べた日本文化批判も着想のレベルにとどまるが、この論考に、『方丈記私記』、『記念碑』（中央公論社、一九五五年）、『奇妙な青春』（中央公論社、一九五六年）、『鬼無鬼島』（新潮社、一九五七年）などにおいて提起される天皇性批判と結びついた日本文化批判の萌芽が見られることは無視できない。その意味で「西行　月と花」における日本文化批判は、日本浪曼派の影響とも無縁でなかった堀田が、神秘的なものとされていた日本の伝統文化に対して内在的な批判を強めつつあったことを示すように思われる。同時に、それはまた、国内における戦争とファシズムの体験が堀田を知識人として着実に成熟させていったことも示しているだろう。

第二章　鴨長明・藤原定家
――『方丈記私記』、『定家明月記私抄』――

一　はじめに

第一章では、戦中に書かれた堀田の西行論について検討した。戦中の堀田は、乱世にあって極めて優美な文学を開花させた日本の中世文学に強い関心を抱いた。といっても、乱世における類稀な文学的達成を無条件に賛美したわけではない。むしろ堀田は、『新古今集』において頂点に達する日本の宮廷文学が乱世の現実に背を向け人工美の世界に立てこもったことに批判の目を向けた。他方で堀田は、出家することによって現実と対峙し自己の「肉声」を維持しえた西行に、既存の文学に対するアンチテーゼを見出そうとした。

ところで、堀田が中世文学に対する関心を深めた理由はほかでもなく、戦中の日本もまた乱世であったことに由来する。ただし西行論では、中世文学に対する関心が、いかなるアクチュアリティを持つのか詳しく語られることはなかった。また、『新古今集』に対する批判的な視点や西行の文学に対する共感が、中世文学や西行をめぐる議論の枠を超えて、文化と社会との関係や作家・芸術家の生き方について何を示唆するのか踏み込んで論じられることもなかった。これらの点は、西行論の執筆から数十年を経た後に上梓される『方丈記私記』（筑摩書房、一九七一年）と『定家明月記私抄』（正篇・続篇、新潮社、一九八六、八八年）の主要なテーマとなる。『定家明月記私抄』において、堀田は戦中に書かれた西行論と戦後に書かれた『方丈記私記』の連続性について次のように述べている。

私は青春の頃に、『西行』と題する長々しい文章を書いたことがある。戦中のこととて、それは中断した。すでに四十数年前のことである。その後に、三十年の歳月がすぎて『方丈記私記』というものを書いた。それぞれ別個のものではあるにしても、私においてそれらはつづいているものであろうし、時を経て私自身のなかで、西行という人物が次第に巨大な何物か、日本の思想史のなかにあって、それこそ隠然として重味をもって存在している、いわば端倪すべからざる人物として見えてきている。（全集一〇巻、三七五頁）

それでは、戦中に書かれた西行論と『方丈記私記』、さらに『定家明月記私抄』の間にはどのような連続性があるのだろうか。以下では、戦中の乱世的状況を出発点とする堀田の日本中世文学に対する関心が、西行論を経て、戦後にどのような形で『方丈記私記』と『定家明月記私抄』に結実したのかを概観することとしたい。

二　西行から長明・定家へ

前節で確認したように、戦中に書かれた堀田の西行論には、『新古今集』に代表される同時代の宮廷文学の支配的な潮流と、若くして出家した西行の歌風を対立的に捉えるフレームが存在した。このフレームは、戦後に書かれた『方丈記私記』と『定家明月記私抄』では、藤原定家と鴨長明の対立へと発展させられる。

といっても、堀田は、先程の引用箇所をのぞけば、戦中の西行論と戦後の『方丈記私記』および『定家明月記私抄』の連続性について(1)ほぼ何も語っていない。そもそも、戦後の堀田は西行について本格的な論考を執筆しておらず、『方丈記私記』と『定家明月記私抄』においても西行に関する言及はさほど多くはない(2)。

他方で、戦中の西行論には、「俊成定家は、夢の浮橋といふことを云つたが、西行にあつては伝説的木像の俤《おもかげ》が示すやうな逞しい生命力が浮橋とまでの絶望を遮断するのである(3)」、「式子内親王俊成定家の歌は、歌が歌のみによつて生きて行つてそれが如何終るかを示してゐるのである(4)」といった定家に関する記述が認められる。ただし、西行論は定家を『新古今集』に代表される当世風の文学の象徴として捉えているにすぎず、定家の生き方や個性に肉薄するような記述は含まれていない。

一方、鴨長明のイメージは定家ほど明確でないものの、「西行」（『批評』）には、『方丈記』についてのややまとまった記述がある。そのうち、戦後の『方丈記私記』に通ずる記述として、たとえば、

「死もなく生もなく、たゞ物と事とを見るべく運命《さだめ》られた「眼」をもたされた、名ある人の子が、同じ六十年の、生涯かけて得た日野山方丈に居坐つて、書いてゐるのである」（全集一三巻、四九頁）を挙げることができる。また堀田は、その少し後で、「それ三界は只心ひとつなり」という『方丈記』の末尾の一節から、「何ものにも架橋を許されなくなつた孤絶の魂の惨烈さ」（同、五一頁）を読み取り、俊成、定家と対比しつつ、長明の孤独の深さを見て取っている。ただし、「西行」における『方丈記』に関する記述は限定的であり、戦後に書かれた『方丈記私記』と違って、同時代の文学に対する『方丈記』の革新的な意味合いが掘り下げて論じられることはなかった。

ところで、『方丈記私記』によれば、堀田にとって『方丈記』が重要なテキストとして意識されるに至った契機は東京大空襲だった。堀田は同書において、空襲のただ中で呆然として真っ赤な夜空を眺めていた際に、安元三年の大火に関する『方丈記』の一節が浮かび上がってきたと回想している。

他方、同書では、東京大空襲に遭遇する以前は『方丈記』について強い関心を持っていなかったと証言している。堀田によれば、当時の文学青年にとっては、『明月記』に「世上乱逆追討、耳ニ満ツト雖モ之ヲ注セズ、紅旗征戎吾事ニ非ズ」(5)と記し、「芸術至上主義者としての旗幟を明らかにしていた若き日の定家」の方が魅力的な存在だった（全集一〇巻、二一三頁）。堀田は、この「世上乱逆追討、耳ニ満ツト雖モ之ヲ注セズ、紅旗征戎吾事ニ非ズ」という定家の言葉を『定家明月記私抄』の冒頭にも掲げており、次のように回想している。

定家のこの一言は、当時の文学青年たちにとって胸に痛いほどのものであった。自分がはじめたわけでもない戦争によって、まだ文学の仕事をはじめてもいないのに戦場でとり殺されるかもしれぬ時に、戦争などおれの知ったことか、とは、もとより言いたくても言えぬことであり、それは胸の張裂けるような思いを経験させたものであった。（同、三四〇頁）

ところが、自ら大空襲に遭遇するに及んで、『方丈記』が「意外に精確にして徹底的な観察に基づいた、事実認識においてもプラグマティクなまでに卓抜な文章、ルポルタージュとしてもきわめて傑出したものであることに、思いあたった」（同、二一二頁）のだという。『方丈記私記』において、堀田は、東京大空襲後に目にした光景を、長明が描いた様々な災厄の光景に重ね合わせて記述している。たとえば、大八車に乗せたピアノを売っていたセーラー服にモンペ姿の女学生を目にした際に、『方丈記』中の養和の飢饉についての、「あやしき事は、薪の中に、赤き丹《に》着き、箔《はく》など所々に見ゆる木、あひまじはりけるを尋ぬれば、すべきかたなきもの、古寺に至りて仏を盗み」というくだりを思い起こしたと述懐している（同、二四七頁）。また堀田は、長明が同じ飢饉の折に、仁和寺の「隆暁法印」が行き倒れた死者に出会う度に額に阿字を書いて仏縁を結んだことを書きとめ、この飢饉による死者の数を四万二千三百余と記している点に「乱世に生きた類稀なリアリストとしての姿」（同、二四九頁）を認めている。(6) おそらく堀田は、このくだりを東京大空襲後、各地に無数の犠牲者の遺体が散乱する光景と重ね合わせて思い描いていたであろう。

とはいえ、東京大空襲が『方丈記』への関心を芽生えさせたとする証言には誇張もあるようだ。国際文化振興会の同僚で『批評』の同人でもあった山本健吉は『方丈記私記』の「解説」の中で、「私の印象では、氏が方丈記について語り、仁和寺の隆暁法印のすさまじい行為について、感動的に私に語ったのは、東京大空襲よりは前のことであった。もしそれが事実なら、江東の焼け跡を訪ね、焼死体がいくつもころがっているのを見て、氏が隆暁法印とその行為を記録した長明とを、乱世に生きた類い稀なリアリストと感銘したというのは、氏自身が撒布《さんぷ》した一種の「堀田善衞伝説」ではないのかと思われてくるのだ」と述べている（『方丈記私記』新潮社、一九七六年、二二四頁）。

たしかに、戦時中に書かれた西行論における『方丈記』に関する言及を見ても、また西行論の執筆動機となった中世文学についての関心から考えても、東京大空襲以前の堀田が『方丈記』に関心を持っていなかったとは考えにくい。山本が指摘するとおり、堀田の回想には、いくばくか記憶の再構成が認められるように思われる。

とはいえ、東京大空襲が『方丈記』を新たな視点から読み直させるきっかけになったことは事実であろう。そして、その理由は、『方丈記』における災害の描写が空襲直後の東京の光景を彷彿とさせるものであった点のみにはとどまらないだろう。そもそも東京大空襲は、堀田にとって乱世にまつわる、それまでとは次元の異なる体験だった。空襲に遭遇する以前の堀田は、死の不安がいかに切実なものであったにせよ、短期間の兵営での経験を除外すれば相対的に安全な場所で銃後を過ごしてきたといっても過言ではない(7)。ところが東京大空襲は、文学書や思想書を読みながら日々の不安をやりすごしていた青年を暴力的に日常の外に引きずり出し、戦争のコアにあるリアルな現実と対峙することを余儀なくさせた。そして、そうした体験こそが、『方丈記』が「如何に、残酷、あるいは冷酷なほどな低声をもって語られたものであったか」（全集一〇巻、二一三頁）を皮膚感覚で理解させたのではないだろうか。

さらに、乱世をめぐる「傑出したルポルタージュ」としての『方丈記』の捉え直しは、『新古今集』に代表される宮廷文学の観念的な美学や現実乖離の問題点について再考を促す契機となったであろう。西行論において、堀田は定家や俊成に代表される『新古今集』の支配的な潮流を批判的に捉え、出家して羇旅漂泊の人生を送った西行にそのアンチテーゼを見ようとした。もちろんこのフレームは、それとして妥当性を持つものであろうが、西行は、政変、戦乱、天災などに関わる生々しい事象を直接的な形で文学の題材としたわけではない。それは、和歌というジャンルの性格上、困難なことでもあっただろう。

一方の『方丈記』は、乱世の現実をより直截に記録した点では、『新古今集』のアンチテーゼとして、はるかに相応しいテキストだった。堀田は、東京大空襲の経験を経て、『方丈記』が、かねてから感じていた『新古今集』に代表される芸術至上主義の文学に対する違和感の根拠を正確に照射するテキストであることを見出していったのではないだろうか。

そもそも、戦中に書かれた西行論には、やや歯切れの悪いところもあった。おそらくその理由の一つは、日本浪曼派のパラダイム、文体に呪縛されていた当時の堀田が、文学をどこかで特権化し、西行から高貴な出自を持つ天才詩人としてのイメージを払拭することができなかった点にあるだろう。他方で、東京大空襲と中国滞在による乱世の経験は、堀田の中に潜在していた散文的な資質を前面に押し出すと同時に、文学という営みを徹底して対象化、客観視させたように思われる。最終的に、中世文学をめぐる堀田の見解は、定家を一方の極としつつ、定家対長明、『明月記』対『方丈記』というフレームへと発展し、東京大空襲から数十年の時を経た後で『方丈記私記』、『定家明月記私抄』という二つの優れた作品へと結実する。

ところで、この二つの作品は、それぞれ独立した作品でありながら不可分である。その理由はほかでもなく、堀田にとって『方丈記』と『明月記』、長明と定家が一つのフレームの二つの極だからである。『方丈記私記』に定家に対する頻繁な言及が、また『定家明月記私抄』に長明に対する頻繁な言及が見られることはその証である。堀田にとって両者はコインの両面であり、定家を語らずに長明を語ることも、長明を語らずに定家を語ることもできなかったのだと思われる。

なお、これら二つの作品は、タイトルが示すように、それぞれ『方丈記』論、『明月記』論であり、これら二つの作品を読み進めるスタイルで書かれているが、いずれも単なる作品論ではない。堀田の関心の中心を占めているのは、自立したテキストとしての作品の構造や美的価値であるよりも、乱世における作家・知識人の身の処し方と乱世における文学の可能性と限界である。堀田の中世文学に対する関心は、乱世にあって世界的にも稀に見る優美な文学が生まれたことをめぐる驚きから出発していたが、『方丈記私記』と『定家明月記私抄』において、堀田は、その秘密を、乱世を生きた生身の作家の姿に肉薄し、作家と文学の関わりを検討することから明らかにしようとしている。

しかも、『方丈記』と『明月記』に対する堀田の視線が単なる歴史的関心に終始しているわけではないことも看過されるべきではない。これらの作品において、堀田は乱世を生きた長明と定家の経験に、乱世を生きた自身の経験を重ね合わせている。そのことは、堀田が、乱世における長明や定家の身の処し方、あるいは文学に対する向き合い方から堀田が生きた二〇世紀にも通じる普遍的な意味を引き出そうとしていたことを意味するであろう。
以上の点をふまえながら、第三節では『方丈記私記』について、第四節では『定家明月記私抄』について考察し、堀田が長明と定家の肖像をどのように描き、そしてまた堀田自身の乱世の経験をどのように重ね合わせ、そこからどのような意味を引き出そうとしたのかを検討したい。

三　『方丈記私記』における長明像

(一)『方丈記私記』の構成

『方丈記私記』(8)は、『展望』一九七〇年七月号から七一年四月号まで九回にわたって連載され(一九七一年二月号は休載)、一九七一年七月に筑摩書房から単行本として刊行された。同書は全一〇章からなり、各章はいずれも、「その中の人、現し心あらむや」、「世の乱るゝ瑞相とか」、「羽なければ、空をも飛ぶべからず」、「古京はすでに荒れて、新都はいまだ成らず」、「風のけしきにつひにまけぬる」、「あはれ無益の事かな」、「世にしたがへば、身くるし」、「世中にある人と栖と」、「夫《それ》、三界は只心ひとつなり」、「阿弥陀仏、両三遍申してやみぬ」というように、『方丈記』のテキストの一節をタイトルとしている。

先述したように、『方丈記私記』は『方丈記』を読み進めていくスタイルで書かれており、『方丈記』のテキストの大部分が本文中に引用されている。『方丈記私記』は『方丈記』の解説・解釈でもあり、堀田は多くの研究書や『方丈記』の同時代の作品にあたって勉強を重ねたうえで同書を執筆している。といっても、『方丈記私記』は研究書ではない。まず、テキストを読み進めていくといっても変則的な部分がかなりあるし、何よりも同書の語り口にはジャンルに囚われない自由さがある。また、「私が以下に語ろうとしていることは、実を言えば、われわれの古典の一つである鴨長明「方丈記」の鑑賞でも、また、解釈、でもない。それは、私の、経験なのだ」（全集一〇巻、二〇六頁）という冒頭の一節が示すように、『方丈記』のテキストと重ね合わせる形で堀田自身の体験（主として東京大空襲の体験）が詳しく語られることも、『方丈記私記』の大きな特徴である。このことは、特に前半（第一章から第四章まで）について当てはまる。

第一章は、一九四五年三月九日夜の回想から始まる。まず東京の洗足にある友人のK君の疎開先で空襲に遭遇したことが述べられ、次いで真っ赤な夜空を見ながら不意に『方丈記』の大火をめぐる記述を思い起こしたことへと筆が進められる。第二章では、三月一〇日朝、汐留にあるK君の両親が営む運送屋を訪ねたことが回想され、『方丈記』の辻風をめぐる記述が想起される。続く第三章では、三月一八日に知り合いの女性が住む深川を訪れたこと、その際彼の地を訪れた天皇と人々の間に繰り広げられた「廃墟での奇怪な儀式」を目撃したことが語られ、「無常観の政治化」について論じられる。第四章では、三月一〇日から中国に発つ直前の二四日まで、『方丈記』を集中的に読んで過ごしたことが語られる。この章では、『方丈記』の飢饉や福原遷都をめぐる記述が、東京大空襲の体験、あるいはより広く戦争末期の状況と重ねられながら論じられる。また、一九四四年に発生した南海地震を『方丈記』の中の大地震の記述に重ね合わせる記述もある。

ここで鴨長明『方丈記』の構成について簡単に見ておきたい(9)。『方丈記』のテキストは通常五段に分けられる。第一段は、「ゆく河のながれは絶えずして、しかも、もとの水にあらず」に始まる序であり、人と栖の常住ならざる様について述べた箇所である。第二段は、「五大災厄」について述べた箇所である。この段では、久寿二（一一五五）年頃に生まれた長明が二〇代の頃に経験した、安元三（一一七七）年四月二八日の大火、治承四（一一八〇）年四月二九日の辻風、治承四年六月から一一月にかけての福原遷都、養和元（一一八一）年から翌二年にかけての飢饉、元暦二（一一八五）年七月九日の大地震のことが書かれ、最後にまとめとなる考察が加えられる。第三段は、出家遁世に至る自らの来歴と日野の庵における生活について述べた箇所である。この段では、父方の祖母の家を継承したものの、三〇歳余でその家を出て鴨川の河原に庵を結んだこと、五〇歳の春に大原に移り住み、さらにその五年後に日野に移り住んだことが語られる。この間に住居の広さは、一〇分の一、一〇〇分の一、さらに「わづかに方丈」まで縮小した。次いで、現在の日野における住居や生活の様子が詳しく語られる。第四段は、「閑居の気味」について述べた箇所である。この段では、体面や体裁と無縁な、簡素な草庵における独居生活が大きな満足をもたらすものであることが語られる。第五段は終章である。この段では、仏教の教えに基づいて、草庵における生活への愛着や閑寂への執着に対する反省が述べられる。

『方丈記私記』に話を戻そう。先述したように、堀田は、同書第一章から第四章にかけて、自身の東京大空襲の体験と重ね合わせながら、『方丈記』第二段の「五大災厄」をめぐる記述について論じている。第五章では、「五大災厄」のうちの福原遷都をめぐる記述と関連づけながら長明の晩年における鎌倉（実朝）訪問について触れた後、第六章にかけて歌人としての長明の活躍について論じている。その後、第六章末から第七章にかけて、長明が出家するまでの経緯が語られる。

この点について少し説明を加えておきたい[10]。長明は、下鴨神社の正禰宜であった長継の次男として生まれたが、一〇代後半で父と死別し後ろ盾を失った。禰宜職を継いだのは父のまたいとこの祐季である。一方で、長明は歌林苑を主宰する俊恵の弟子となって和歌の世界で研鑽を積み、四〇代後半で、後鳥羽院が再興した和歌所の寄人に抜擢された。その後、長明の精勤ぶりに目を留めた後鳥羽院の計らいで下鴨神社の附属社である河合社の禰宜となるチャンスが訪れる。しかし、この話は祐季の息子で当時下鴨神社の禰宜となっていた祐兼の反対により頓挫し、長明は失意のうちに出家したとされる。第五章、第六章において、堀田は、出家前の長明が地下ながら宮廷貴族の世界に参入し和歌を相当なレベルまで極める一方で、様々な摩擦（スキャンダル）を引き起こしたことを詳しく記している。

第七章後半以降は、基本的に『方丈記』のテキストに即した展開となる。第七章では、『方丈記』第二段のまとめの部分から第三段の長明自身の来歴を述べた箇所までが、第八章、第九章では、第三段の日野の草庵における生活について述べた箇所が、第一〇章では、「閑居の気味」について述べた第四段と終章にあたる第五段が論じられる。

前節で述べたように、堀田の『方丈記』評価の最大のポイントは、ルポルタージュ的な性格を持つ「五大災厄」に関する記述にある[11]。といっても、堀田が「五大災厄」について論じているのは第一章から第五章前半までである。それでは、第一章から第五章前半までの前半部と第五章後半以降の後半部はどのような関係にあるのだろうか。堀田は、『方丈記』における「五大災厄」をめぐる記述と、長明の宮中における歌人としての活躍やその後の出家をどのように関係づけているのだろうか。

結論を先に述べれば、堀田は長明が宮中において周縁的な位置にとどまり、やがて出家したことを、「五大災厄」をめぐる記述が成立するための必要条件であったと考えている。もちろん、長明が「五大災厄」に遭遇するのは、出家するはるか以前の二〇代の頃のことである。父の死によって神官としての将来を閉ざされた後の長明は、歌の道を志しつつも出世の道筋は見えていなかった。他方で長明は四〇代後半で和歌所の寄人に抜擢され、宮中の文学サロンで頂点に近い位置まで上り詰めた。堀田は、この点をふまえつつも、神官の家に生まれながら神官になれなかった長明を「はみ出た人」として捉え、また同時に長明が貴族社会に十分に順応しえない気質を持っていたことも丁寧に描いている。つまり堀田の見るところ、長明は父の死によりひとたびアウトサイダーとなり、やがて宮廷サロンの仲間入りをするもマージナルマンとしてとどまり、さらに出家して完全なるアウトサイダーとなったからこそ、当時の皇族・貴族の多くが不可視化した乱世の現実を直視することができたということになる。以下ではこの点をさらに詳しく論じたい。

(二) 長明と定家

第二節で指摘したように、『方丈記私記』の土台には、定家と長明を対立的に捉えるフレームが存在する。堀田にとって定家は宮廷文学の支配的な潮流を代表・象徴する存在であり、長明はその批判者として位置づけられている。以下ではまず、『方丈記私記』において堀田が定家と長明を直接対比させている箇所を見てみたい。

そもそも堀田にとって定家とは、何よりも福原遷都と頼朝の挙兵の年に、『明月記』に「世上乱逆追討、耳ニ満ツト雖モ之ヲ注セズ、紅旗征戎吾事ニ非ズ」と記した人物であった[12]。第二節で述べたとおり、この言葉は戦中の堀田や堀田の周囲の文学青年に強い印象を与えた。というのは、この言葉に象徴される定家の姿勢は、戦争のただ中で政治に背を向け、文学や芸術に専心、没入しようとした当時のインテリ青年の姿勢と呼応するものであったためである。

加藤周一は「定家『拾遺愚草』の象徴主義」(『文藝』一九四八年一月号)において、「紅旗征戎吾事ニ非ズ」のフレーズに、「戦い」に対して「吾事」を対置する、「詩人」としての定家の態度が要約されていると論じている。同時に、「四〇年間の社会秩序の混乱のなかに投げだされた」定家の詩業は「軍国主義日本のなかに生きていた我々の魂に呼応」するものであったと述懐し、「『拾遺愚草』のみならず、『新古今集』の華やかなる饗宴は、ことごとく業火と群盗との街で、戦乱と飢えと寒さとに脅かされ、予防する手段のない流行病にしばしば生命の危険を感じた生活のなかから生まれ、野蛮な権力の下で何よりも文化の急速な低下としてあらわれる社会的変動から眼を背け、己が内面の世界を築こうとした反時代的精神によって営まれた」と評している(『加藤周一自選集』第一巻、岩波書店、二〇〇九年、一六三頁)。

右の引用箇所に見られる加藤の定家に対する評価は極めて好意的である[13]。他方で、戦後半世紀近くを経過した後に書かれた『方丈記私記』において堀田が提示する定家像は、加藤のそれとはかなり異なっている。たとえば堀田は、『明月記』中の「紅旗征戎吾事ニ非ズ」のくだりを次のような形で提示している。

遷都——おれの知ったことか。
頼朝挙兵——おれの知ったことか。
九月に入って、
　世上乱逆追討、耳ニ満ツト雖モ之ヲ注セズ、紅旗征戎吾事ニ非ズ。
おれの知ったことか。(全集一〇巻、二五七頁)

京都はすでに古京であり、そこに住むことを誇りとすることの出来ない都市になり下っている。
しかし、そんなことはおれの知ったことか。(同、二五八頁)

右の記述は、守られた場所に身をおきながら、乱世の現実を自己に無縁なものとして突き放す定家の冷淡さ、傲慢さを印象づけるが、この点については後述する。

それでは、一方の長明は頼朝の挙兵や福原遷都をどのように捉えていたのだろうか。堀田は、『方丈記』における「五大災厄」をめぐる記述の中の、「その時おのづから事の便りありて、津の国の今の京に至れり。所のありさまを見るに、……」という一節に注目する(同、二六二頁)。堀田はこの一節から、長明が新都をわざわざ「見に行ったのだ」と推測し、長明の中に「心よりもからだの方が先に身を起し、足の方から歩き出してしまう行動人」(同、二六四頁)の姿を見て取っている。さらに、「古京はすでに荒(れ)て、新都はいまだ成らず。ありとしある人は皆浮雲の思ひをなせり」という一節に着目し、時代の転換を鋭く捉えた長明の歴史意識を高く評価する。[14]

歴史の転換期においては、つねに「古京はすでに荒（れ）て」いて、またつねに「新都はいまだ成」ってはいないのである。そうしてこの亀裂に、人々を浮雲の思いに放り出すところに、歴史そのものの無気味な姿が、歴史の実存そのもののかたちが現出するのである。（同、二六四頁）

他方で、堀田は和歌をめぐる認識についても定家と長明の差異を強調している。堀田は、戦中の西行論においてすでに『新古今集』に見られる和歌の現実乖離について違和感を表明していたが、『方丈記私記』では、この点をより明確に批判している。第六章の冒頭では、『千載和歌集』以後の歌集に収められた和歌が、作者の判別が困難で（つまり個性を欠き）、退屈に感じられることを率直に述べている。堀田は、その主な理由を本歌取りに起因する作品のパターン化に見出しており、その観点から定家の歌論に注目している。堀田は、定家の歌論書『詠哥之大概』から、「情《ココロ》、新ナルヲ以テ先ト為ス、詞ハ旧ヲ以テ用フベシ。……古人ノ歌ニ於テハ多ク其ノ同ジ詞ヲ以テ之ヲ詠ズ、スデニ流例ト為ス」（同、三二八頁）という一節を引き、ここに「現代日本語の拒否」と「現実を歌うことの拒否」の「二つの拒否」があると指摘する。

本歌取りとは、歌によって歌をつくることであり、すなわち芸術によって芸術をつくれ、現実を詠じてはならぬ、ということである、いわばみやびの強制である。フィクシオンを土台にして、フィクシオンを用いて、フィクシオンをつくれ……。（同、三二八頁）

他方で堀田は、当世風の和歌をめぐる長明の言葉、「中古の躰は、学びやすくして、しかも秀歌はかたかるべし。……今の躰は習ひがたくして、よく心得つれば、詠みやすし」（同、二八二頁）に着目する。堀田は、この言葉を定家や寂連が聞いたとすれば、「顔を真っ赤にして怒ったであろう」と推測する。なぜなら、右は、定家や寂連らを中心的な担い手とする当世風の和歌をめぐる根本的な批評を含んでいるである。堀田はこの点を次のように説明している。

彼らが詠むところの歌は、すべてもろもろの家集や草子、巻物による、つまりは文学による文学なのである。現実世界にはなんのかかわりも関係もありはしない。時代の惨憺たる現実などは、いや、それを遮断するための詩なのであり、従って時代の言語もまた彼らの文学には何の関係もなく、定家にいたっては三百年以前のことばを使えというところまで行く。人工言語による人工歌である。

そういう文学による文学は、たしかに「習ひがたく」はあるであろう、つまりは一定以上の古典知識がなければならないが、しかし、それならばそれで、一応のところを「よく心得つれば、詠みやすし。」ということになる。つまりは古歌をとる、本歌取りということである。（同、二八三―二八四頁）

これらの記述を通じて堀田が問題にしているのは文学の制度性である。定家や長明が活躍した時代には、過去の優れた作品の再生産を促すような本歌取りが正統的なスタイルとされた。さらに、定家や長明の文学活動の場であった宮廷社会は、そのような規範が十分に滲透するほどに狭く、かつ階層化されていた。つまり、中世文学における和歌のパターン化と現実からの遊離は起こるべくして起こったと言える。また、こうした文学の支配的な傾向から距離を取りえた長明が宮廷内のマージナルマン、そしてアウトサイダーであったということは、定家と長明の差異が文学の制度性に根ざしていたことを裏書きしている。

（三）天皇制批判へ

他方で堀田は、定家らの文学のパターン化、現実遊離を、文学の制度性のみでなく天皇制とも関連づけている。この点について論じる前に、まずは東京大空襲時の堀田の体験について記しておきたい。先ほど簡単に触れたように、堀田は空襲後の三月一八日に深川の知人を訪ねた折、天皇をめぐる「廃墟での奇怪な儀式」を目撃した。その詳細は以下のとおりである。

三月一八日朝、堀田が焼け野原となった富岡八幡宮跡を通りかかると、「小豆色の、ぴかぴかと、上天気な朝日の光りを浴びて光る車のなかから、軍服に磨きたてられた長靴をはいた天皇が下りて来た」（全集一〇巻、二三六頁）。やがて、多数の人々が天皇の下に集まり土下座をした。そして、涙を流しながら、「陛下、私たちの努力が足りませんでしたので、むざむざと焼いてしまいました、まことに申訳ない次第でございます、生命をささげまして、といったことを、口々に小声で呟いていた」（同、二三七頁）。堀田はこの「奇怪な儀式」の中に次のような「奇怪な逆転」を読み取り、大きな衝撃を受けた。

私は本当におどろいてしまった。私はピカピカ光る小豆色の自動車と、ピカピカ光る長靴とをちらちらと眺めながら、こういうことになってしまった責任を、いったいどうしてとるものなのだろう、と考えていたのである。こいつらのぜーんぶを海のなかへ放り込む方法はないものか、と考えていた。ところが責任は、原因を作った方にはなくて、結果を、つまりは焼かれてしまい、身内の多くを殺されてしまった者の方にあることになる！　そんな法外なことがどこにある！　こういう奇怪な逆転がどうしていったい起り得るのか！（同、二三七頁）

堀田は、この箇所のすぐ後で、転倒した論理によって天皇を免責する人々の姿勢を「臣民の優情」と呼んでいる。そして、「日本国の一切が焼け落ちて平べったくなり、上から下までの全体が難民と、たとえなったにしても（略）体制は維持されるであろう」（同、二四〇頁）という絶望的な思いに囚われたと述べる。つまり、この記述が事実であったとすれば、堀田は戦中においてすでに敗戦後の天皇に対する免責を的確に見通していたことになる。

さて、右のような天皇制をめぐる批判的な考察は、定家らの文学の現実遊離とどのような関係を持つのだろうか。ここで再度「五大災厄」をめぐる記述に戻りたい。先述したように、堀田は福原遷都の際に長明が自分の足で新都を見に行き、転換期における歴史の「不気味な姿」を鋭く感じとっていたことを高く評価していた。他方で、長明とは対照的に、定家が頼朝の挙兵と福原遷都について、「おれの知ったことか」という素っ気ない態度を示したことを批判的に捉えていた。

実は同じ箇所で、堀田は九条兼実の日記『玉葉』における福原遷都に関する記述にも言及している。

堀田は、福原における清盛の別荘への後白河院の「行幸御幸」についての洛中の反応を、兼実が「オヨソ異議紛紜、巷説縦横、緇素貴賤、仰天ヲ以テ事トス、タダ天魔朝家ヲ滅セント謀ル、悲シムベシ悲シムベシ」と記録していることに注目している（同、二五六頁）。

堀田は、「おれの知ったことか」という定家の反応と「タダ天魔朝家ヲ滅セント謀ル、悲シムベシ悲シムベシ」という兼実の反応は、一見正反対であるように見えながら、いずれも「おれたちはともに朝廷一家の者だ、という意識の枠内のもの」であると指摘している（同、二五八頁）。堀田の言う「朝廷一家の者だ、という意識」とは、状況がどう転んでも決して敗者になることのない天皇制の特殊な構造と関連している。このことに関連して、堀田は、源平の騒乱をめぐる後白河院の日和見的な対応について次のように批判している。

おそらくは言葉もろくに通じなかったであろう木曽の山猿の義仲であろうが、平清盛だろうが、源の義経だろうが、頼朝だろうが、とにかく京の事態を一時とりまとめてくれるものでありさえすれば、誰でもよく何でもかまわないのである。（同、二五八―二五九頁）

徹底した便宜主義であってそれは政治と言うべきものではない。京都占領軍の一切、誰彼なしでその上にのっかっておればよいのであって、この時の、何某追討の宣旨ほどにも、今日はあいつを討て、明日はこいつを討て、逆賊と忠臣との間になんの別もありはしない。朝廷一家があるのみである。要するに時間と都合の問題である。（同、二五九頁）

右の二つの引用において堀田が問題にしているのは、後白河院あるいは天皇家による、勝ち馬に乗ることで保身を図ろうとする無原則無節操な姿勢である。ここには、危機的な状況を乗り切るための、責任意識に根ざした統治者としての主体的な決断、行動は存在しない。そして、後白河院の危機への対し方は、堀田が東京大空襲後に深川で目撃した「廃墟での奇怪な儀式」へと連続している。つまり、昭和天皇は戦争がもたらした危機的状況に対する責任を臣民から無条件に免除されていた。そして、そのような昭和天皇と臣民の関係は、昭和天皇が敗戦という国家最大の危機を米国という勝ち馬に乗ることによって乗り切ることへと通じていた。

堀田は、定家や長明が生きた時代の宮廷文学が乱世の現実を回避したことの背後に、こうした天皇制に特有のメンタリティーが介在していることを鋭く見抜いていた。

朝廷一家の行う〝政治〟なるものが、政治責任、結果責任などというものとまるで無関係なところにあるものとして在るからこそ、怖るべき現実世界の只中においてあのような形而上世界を現出させえたのだ。（同、二六一頁）

ただしもちろん平安末期に始まる乱世においては、皇族や高位の貴族であっても、その地位は必ずしも安泰であったわけではない。熾烈な権力闘争、体制転換を中心とする社会の混乱に巻き込まれて落命・失脚・没落した皇族・貴族は枚挙にいとまがなく、天皇・上皇すらその例外ではなかった。しかし堀田は、そのような乱世の現実がもたらす「危機意識と無力感」は、かえって宮廷貴族を現実から逃避させ、伝統文化に立てこもらせたと主張する。

危機意識と無力感が、彼らの貴族集団内だけで通用する先例と故実、ことばをひろくして言えば、あらゆる意味での古典の蒐集、完成を目ざさしめた。そこに彼らの集団外では何の意味もない先例を規範とし、共通の古典と美学を、屏とも盾ともした緊密な、生活自体が本歌取りと化した閉鎖集団が出来たのであった。そうしてそれは、また二重に危機意識と無力感に裏打ちされて、ほとんど完璧なまでに完成された。すなわち、生活自体がフィクシオンと化した。（同、三三一頁）

堀田によれば、他方の長明は、出家することで宮廷社会や伝統文化の一切から自由になりえた。先述したように、『方丈記』の第五段において、長明は仏教の教えに基づきながら、草庵における生活に対する愛着、閑寂への執着を反省しているが、堀田は大胆にも、この段の記述に長明の仏教に対する相対化の姿勢を読み込もうとする。すなわち、末尾にある「只《ただ》、かたはらに舌根《ぜつこん》をやとひて、不請《ふしやう》（の）阿弥陀仏《あみだぶつ》、両三遍申（し）てやみぬ」と「于時《ときに》、建暦《けんりやく》のふたとせ、やよひのつごもりごろ、桑門《さうもん》の蓮胤《れんいん》、外山《とやま》の菴《いほり》にして、これをしるす」の間にある「凍て果てたような沈黙」に着目し、ここに、仏教をも含んだ既存の制度や文化に対する長明の徹底した否定の姿勢を認めようとする。

世、社会は否定され、仏教もまたどうでもよいものになってしまっている。最後の拠りどころ

であった筈の仏道もまた、ここで傍らに退き控えてしまっている。赤裸の長明がいるだけである。（同、三三七頁）

そのうえで、堀田は、既存の制度や文化に対する徹底した否定の姿勢こそが「古京はすでに荒（れ）て、新都はいまだ成らず」の一節に示される長明の歴史意識を可能にしたのだと主張する。

歴史と社会、本歌取り主義の伝統、仏教までが、全否定をされたときに、彼にははじめて「歴史」が見えて来た。（同）

もちろん、ここで堀田の言う「歴史」とは、未来へと向かう目的論的に意味づけられた過程のことではなく、先述の引用にあるように、「亀裂」、「不気味な姿」、「実存そのもの」、すなわちあらゆる可能性に開かれた不確定な状況そのもののことである。堀田が、『方丈記』の記述に右のような意味での歴史意識を読み取りえたのは、東京大空襲を契機として、堀田自身が、未来を見通すことのできない状況におかれ、不確実な「歴史」と対峙することを余儀なくされたためだと言えるだろう。

四　『定家明月記私抄』における定家像

『定家明月記私抄』は、『波』一九八一年一月号から八四年四月号まで、三九回にわたって連載され

（八二年二月号は休載）、八六年二月に新潮社から単行本として刊行された。さらに、その「続篇」が、「続・定家明月記私抄」というタイトルで、『波』一九八六年一月号から八八年三月号まで、二七回にわたって連載され、八八年三月に新潮社から『定家明月記私抄　続篇』として刊行された。本書では、煩雑さを避けるため、正篇・続篇の区別は行わず、両書を『定家名月記私抄』として一括している。

さて、『明月記』は藤原定家により、一九歳から七四歳まで、時折中断されながら半世紀以上にわたって書き綴られた日記であり、堀田は時系列にそって『明月記』を読み進めている。各章は『明月記』中の一節、もしくはその章で中心的に扱われる事柄をタイトルとしており、和暦年が付されている。また、記録のない時期を扱った章は、和暦年の後の「記」が省かれるか、「明月記欠」というタイトルが付されている。たとえば、「序の記」に続く各章のタイトルをいくつか拾ってみると、「名月蒼然、定家十九歳――治承四年記（1）」、「俄ニ遷都ノ聞エアリ――治承四年記（2）」、「仏法王法滅尽――治承四年記（3）」、「初学百首――治承五年記」、「明月記欠」、「堀河院題百首――寿永元年」といった具合である。

『定家明月記私抄』のスタイルは『方丈記私記』のそれと大きく異なるものではないが、後者に比べると堀田の私的な体験談は影を潜め、より対象となるテキストに即した展開となっている。また『定家明月記私抄』は、事実上定家の伝記に近く、定家の人生、人物像をくっきりとあぶり出すことに成功している。もちろん『方丈記私記』においても、堀田は長明をユニークな個性を持った人物として描いているが『方丈記』が短い随筆であることに加えて、長明に関する史料も限られているため、長明の人物、人生について多くの空白があることは否めない。他方で『定家明月記私抄』の場合は、

『明月記』が半世紀以上にわたって書かれた日記であることに加えて、定家に関する史料もはるかに豊富であるため、人物に関する情報の絶対量が圧倒的に多い（分量的にも、『定家明月記私抄』は『方丈記私記』の二倍を優に超える）。もちろんこれは、有力な貴族であった定家と、マージナルマン、あるいはアウトサイダーであった長明との違いにも関係しているであろう。

ところで『定家明月記私抄』に先立って書かれた『方丈記私記』において、堀田は定家に関して多くの言及を行っていた。同書が描く定家の人物像は、乱世の現実に背を向け、宮廷社会と伝統文化に立てこもったインサイダーの貴族、歌人というものであり、マージナルマン、アウトサイダーであった長明との差異が強調されていた。

他方で、『定家明月記私抄』における定家像は『方丈記私記』のそれとはかなり異なっている。もちろん、定家の体制内の貴族、歌人としての位置づけや、定家の文学の観念性、現実遊離や、これらの点についての長明との対比などは、『定家明月記私抄』においてもくり返し語られるが、同時に、同書ではこうした点に還元できない、より人間味を帯びた定家像が提示される。

それでは、『定家明月記私抄』が描く藤原定家とはどのような人物なのか。最も印象的な点として、定家の飽くなき出世欲を挙げることができる。定家は二八歳で左近衛権少将に任ぜられたが、その後の昇進は遅く、四一歳で漸く左近衛権中将に任ぜられた。その後五〇歳の時に従三位に叙せられ公卿の仲間入りをし、五三歳で参議となった。定家の最終官位は正二位権中納言であるが、七一歳で権中納言に任ぜられるまで官位昇進に並外れた情熱を抱きつづけた。折に触れて自己の不遇を託つ「述懐歌」、「嘆き歌」を天皇や上皇に届けさえしたことを、堀田は半ば呆れながら記している。また堀田は、定家が息子の為家の出世のために心を砕いたことも詳しく書いている。なお、為家は定家よりはるかに若い二九歳の時に参議に任命されている。

また、『定家明月記私抄』は定家が情報通、ゴシップ好きであったことが強調されていたが、『方丈記私記』では、定家が頼朝の挙兵や福原遷都に背を向けたことを強く印象づける。『定家明月記私抄』では、定家が宮中の出来事を注意深く観察し詳細に記録していることをくり返し指摘している。京都守護平賀朝雅の殺人事件をめぐる記述について論じた箇所では、堀田は定家を「ジャーナリストとしても才能のあった人」であると評している（全集一〇巻、四五六頁）。先ほどの出世欲と共に、定家の俗世に対する強い関心を印象づける指摘と言えよう。

同時に、『定家明月記私抄』は定家が気位の高い狷介な人物であったことを強調する。たとえば堀田は、定家が和歌所の寄人たちと花見に行ったことを記録した際、「狂女等、謬歌ヲ擲《ナ》ゲ入ル」、「雑《ザフ》人《ニン》多ク見物ス」と書いている点に着目している（同、四三七頁）。つまり定家は、下手な和歌を寄こした花見客を「狂女」と断じ、また花見客一般を「雑人」として一括した。続けて堀田は、「この気位の高さが、しかし、定家の身上なのであり、かつはこれがさまざまな故障を引き起すもととなるのである」（同）と指摘しているが、その「故障」の最たるものは、後鳥羽院による勅勘であった。これは、順徳天皇が内裏で歌会を開催した折に送り届けた和歌二首が後鳥羽院の逆鱗に触れ、後鳥羽院から蟄居謹慎を命じられた事件である。『定家明月記私抄』では、この一件のみならず、様々な場面での後鳥羽院と定家の衝突、わだかまりを描いており、堀田はその主な原因を定家の狷介さに求めている。そして、『後鳥羽院御口伝』中の、「定家は左右なき物なり」、「傍若無人、理《ことはり》も過ぎたりき。他人の詞を聞くに及ばず」という定家評にくり返し言及している（同、四三九頁）。

これまで見てきたように、定家は決して好人物とは言えないが、定家に対する堀田のまなざしは思いのほか温かい。堀田は、定家の俗物性や狷介さを示す様々なエピソードを――半ば呆れながらも――おおらかに受け止め、面白がっているように思える。他方で、宮仕えの苦労、子供の将来に対する心配、病の苦しみ、家族や友人の死の悲しみ、老いの境地などについて記録した箇所では、自身の経験も重ね合わせつつ、定家への共感を示している。

ただし、堀田が定家の人生、人間像を具《つぶさ》に描くことに力点をおいていたといっても、堀田は、有名歌人であった定家が一人の平凡な人間にほかならなかったことを示そうとしたわけでない。そしてまた、定家の人間性を強調することで、若い頃から定家の文学について感じ続けていた違和感を帳消しにしようとしたわけでもない。では、『定家明月記私抄』が描く定家像は、乱世を生きる作家の身の処し方、乱世における文学のあり方とどのような関係を持つのだろうか。

堀田が『定家明月記私抄』において定家の人生、人物像を詳細に描こうとした意図は、何よりも、定家をとりまく現実を示すことにより、定家の作品を相対化することにあったように思われる。このことは、たとえば「夢の浮橋――建久八・九年記」の章の構成からもうかがえる。この章では、定家と俊成の父子が仁和寺の守覚法親王から五十首和歌の詠進を命じられたことが述べられ、その際定家が詠んだ和歌のうち「春十二首」が紹介されている。そのうちの一首は、名高い「春の世の夢の浮橋とだえして嶺に別る、横雲の空」であるが、堀田はこの和歌について次のような解説を加えている。

源氏物語の最終部をふまえて、浮舟が見捨てられたままにされていることなどまでがこの三十一音詩に含められている、これはもう教養による人工の極と言うべきものであろう。かくまでの巧みと寓意と象徴は、他を考えてみてもせいぜいでマラルメの十四行詩にあるくらいのものであろう。音韻のなだらかさにも耳を澄したいものである。（同、三九九頁、傍点堀田）

他方で堀田は、この記述の直後に、「さてしかし、かかる夢の浮橋が、如何なる状況の上に架けられているものであるかを、建久九年の記に見てみたい」（同）と述べ、定家の主家である九条家の失脚のことや、定家が九年前に左近衛権少将に、八年前に従四位に叙された後、いっこうに昇進する兆しがないことや、後鳥羽天皇が譲位し上皇・院となって「実にしたい放題をはじめ」たことなどを書いている。そのうえで堀田は、「かの「夢の浮橋」は、かかる騒擾・尾籠の上に架かっているのである。これを超現実と言わずして何が、ということになろうか」（全集一〇巻、四〇一頁）と述べ、作品とその背景にある現実との乖離を再確認している。

ところで、定家は同時代の現実について無関心だったわけではない。先述したとおり、堀田は定家が京で生じた出来事を日記に詳しく記録していたことを指摘している。さらに堀田は、定家が、巧みな世渡りの才能を持っていたことについても詳しく述べている。それは、主として息子為家の婚姻戦略に関わっている。

そもそも定家は、家司として仕えた九条家と妻の生家の西園寺家を通じて政界に有力な人脈を持っていた。九条家は保元の乱で藤原忠実・頼長と骨肉の争いを繰り広げた忠通の三男九条兼実を祖とする一族であり、兼実は、治承・寿永の乱の直後に摂政と関白を務めた。その後、兼実は土御門通親との権力争いに敗れて失脚するが、通親の没後に息子の良経が摂政となり九条家は権力を回復する。良経は『新古今集』の編纂に関わるなど歌人としても名高く、定家の庇護者でもあった。良経が三〇代後半で急逝した後、後を継いだ息子道家は、源頼朝の姪である藤原能保女を母とし、また西園寺公経女を妻として将軍家と深い縁故を持ち、承久の乱後は西園寺公経と提携して京都の政界に君臨した。なお道家の子頼経は実朝殺害後に断絶した将軍家を継承している。他方、親幕派の巨頭とみなされた西園寺公経は、頼朝の姪藤原能保女（道家の母の妹）を妻とし、承久の乱後は関東申次の職に就き、また天皇の外戚ともなって権勢を誇った。そして定家の妻は、公経の姉の西園寺（藤原）実宗女であった[15]。

このように、九条家および西園寺家は定家にとって重要な後ろ盾であったが、少なくとも九条家との関係は定家の力によって得られたものではない。他方で堀田は、定家の息子為家が関東の豪族宇都宮頼綱の娘で北条時宗の孫にあたる女性を妻に迎えたことを、定家の辣腕によるものとして皮肉な調子で賞賛している。

関東の、豪族中の豪族、宇都宮頼綱の娘を家に迎えたのである。それは、如何に京都宮廷の民部卿であるとはいえ、元来歌の家である家柄からしても、相当な振舞い方というべきものであった。したたかと言うべきか、逞しいと言うべきか、ここに定家卿の新たな、とまでは言わないにしても、別の側面を見ることになる。この婚姻について、後に「始終ノ吉慶（吉慶）、至愚ノ父ニ似タルカ。自愛シテ悔イズ」（嘉禄二年六月三日）と書いているのであるから、いわば北叟笑《ほくそ》んでいる定家の横顔が見えて来るであろう。（同、五三八頁）

もっとも堀田は、定家のみならず、当時公家の間で武家の娘を嫁に迎えるケースが急増していたことも指摘している。「すでに宮廷だけに頼っていては生活が成り立たなくな」（同、五三九頁）る状況が生まれていた。ともあれ、定家は自らの才覚によって乱世を巧みに乗り切ることに成功した。堀田は晩年の定家が、当時の公家としては例外的に物質的に安定した生活を送ったことを強調している。なおつけ加えるならば、立場が全く異なるとはいえ、この点で実朝は定家と大きく異なっていた。『定家明月記私抄』において、堀田は実朝を「成長するに従って現実が見えなくなって行く青年」（同、五一二頁）と評し、実朝が文学＝幻想の世界に生きていたこと、「連続テロというべき手段」によって維持されていた鎌倉の政界で生き残るために必要な政治的駆け引きの才能を持たなかったことを強調している。

他方、定家にとっても、生臭い乱世の現実としたたかに渡りあいながら人工的、観念的な美の世界に生き続けることは不可能だった。堀田は定家が三〇代半ば頃から作歌に対して「倦怠感」を感じ始めたことを指摘している。堀田によれば、定家の作歌数はやがて顕著に減り始めるが、決定的な「歌のわかれ」は後鳥羽院との別れによってもたらされた。後鳥羽院時代の宮廷文学について、堀田は、ホイジンガに倣って宮廷を「遊戯空間」として、後鳥羽院を「遊戯人間《ホモ・ルーデンス》」として、和歌を宮廷における様々な遊芸の一つとして、また宮廷内のコミュニケーションの手段として捉えている。承久の乱後、後鳥羽院が失脚し隠岐に流されたことで王朝文学が機能するこうした「遊戯空間」は決定的に失われた。

では、「歌のわかれ」を経験した定家は文学と訣別したのだろうか。堀田は、承久の乱前後から、定家が「家学」としての歌学の確立に力を注ぐようになることを指摘している。「家学」としての歌学の確立とは、歌論書や注釈書を書いて和歌を方法的に確立・定式化することであり、また歌集を始めとする古典的な書物を家伝の書とすべく書写することでもあった。他方で、優れた歌人が軒並み姿を消す中で、歌人としての定家の名声はますます高まった。定家は歌学の権威として作者・判者として歌会に招待され、『新勅撰和歌集』の選者に任命された。しかし、堀田の見るところ、それらは「家学」であってもはや文学でも芸術でもない。この皮肉な状況を、堀田は「歌道、家学は残って、歌自体は潮の引くように去って行くのである」（同、五八三頁）と表現している。

他方で、宮廷文化は政治の力によって変質を余儀なくされた。定家が編纂した『新勅撰和歌集』は紆余曲折を経た後、道家らの政治的配慮により、承久の乱により配流となった後鳥羽・順徳・土御門の各上皇の和歌が削除される一方で、関東勢の和歌が加えられた。堀田はこの出来事を、「政治が文化を捥《も》ぎとった、典型的な例であろう。幕府の干渉が、すでに文化にも及んで来ていたのである」（同、六四二頁）と評している。

一方、堀田は、後鳥羽院が宮廷歌壇を主宰していた当時から、和歌というジャンル全体に陰りが見えていたことも指摘している。それは、堀田がくり返し問題にしている和歌の現実乖離という問題に関わる。

私はこれまで何回か新古今集とその周辺の歌業について、その抽象美を日本文学史上の高踏の頂点であり、現実棄却の文学の祝祭であるというふうに書いて来た。歌に歌を重ね、本歌を微妙に方向転換をさせて、あるいは本歌を否定することによって、一層の効果を逆に引き出すなどの技巧を、美を形成する要素として肯定的に書いて来た。

しかし頂点に達したということは、別に言えば文学としては袋小路、ということである。その先にあるものはデカダンスのみであり、現実を棄却して文学によって文学をするものは、必ずや現実によって復讐をされるのである。（同、四六三頁）

後鳥羽院失脚に伴う文学空間の変質と武家のプレゼンスの拡大を、文学外的な動きに伴う和歌の衰退であるとするならば、右の引用が示唆するのは、文学内的な動きとしての和歌の衰退であろう。すなわちそれは、現実との接点を失った文学ジャンルがやがて頽廃し衰退の道を辿るという道筋にほかならない。堀田は、その具体的な動向として連歌の流行を挙げている。すでに後鳥羽院治世下において、宮中では連歌の会が頻繁に催されるようになり、伝統的な和歌をパロディ化する動きが生じていた。また他方では、小唄、雑芸、今様など様々なジャンルの庶民的な芸能が宮廷に流入し始めていた。堀田はこれらの動向を、「上層階級に想像力、従って創造力が欠けてきて、歌に歌を重ねる自分自身の真似ばかりをするという自動運動《オートマティズム》をはじめるとき、そこに生ずるものが賤民階級への下降志向である」（同）と意味づけている。

ちなみに堀田は、定家が連歌はもとより下層階級が持ち込んだ諸芸能に対して無関心であったことをくり返し指摘している。定家は、息子為家が才能を発揮し出世の拠り所となった蹴鞠についてさえも冷ややかな態度をとったという。さらに堀田は、音楽、絵画、彫刻、建築など和歌以外の諸芸術について、『明月記』中に「ほとんど一言もない」ことに注意を促している。堀田は、このように「作歌に限って、これを真面目一方に執り行」（傍点堀田）う定家と、「大遊戯人間」であり、文学・芸術・芸能の多くのジャンルに関心と才能を示した後鳥羽院との間の「悲劇的、あるいは喜劇的なまでの亀裂」（全集一〇巻、四二四頁）を指摘する一方で、こうした定家の生真面目さが、和歌の「家学」化の局面では大きな力を発揮したことを示唆している。ただし、「家学」と化した和歌は存続自体を自己目的化し文学としての独創性を喪失する。堀田は、日本における芸事が、総じて「天皇制に疑似した、才能があろうがあるまいがおかまいなしの、子孫相続の家元制」（同、五五三頁）によって担われてきたと指摘している。

五　おわりに

本章第二節の末尾で、『方丈記私記』と『定家明月記私抄』の検討を通じて、堀田が長明と定家の肖像をどのように描き、堀田自身の乱世の経験をどのように重ね合わせ、そこからどのような意味を引き出そうとしたのかを明らかにしたいと述べた。以下では、これらの点について本章の考察内容を簡単にまとめておきたい。

まず堀田は乱世を生きた長明と定家をどのような人物として描いたのだろうか。堀田は長明を乱世の現実と対峙し得た稀有な作家として捉え、『方丈記』における「五大災厄」をめぐる記述のルポルタージュ的な性格を高く評価した。堀田は、長明が同時代において例外的な作家でありえた理由を、長明が宮廷社会のマージナルマンとして、あるいはアウトサイダーとして、文学をめぐる支配的な規範から自由でありえたことに求めた。他方の定家については、定家の和歌の芸術至上主義的な性格を強調する一方で、定家が俗事に強い関心を持ち処世に長けた人物であったことに注目した。堀田は定家の人生を辿りながら、定家が新興勢力の武家と巧みに関係を取り結ぶ一方で、和歌を「家学」とすることで王朝文化の危機を乗り越えようとしたことを強調した。以上のような定家の振る舞いは、既得権益を守るべく時代の変化に機敏に対応する宮廷官僚（インサイダー）の典型的な身の処し方であったと感じられる。

それでは、堀田は長明および定家の乱世における身の処し方および作品に、堀田自身による乱世の経験をどのように重ね合わせ、そこからどのような意味を引き出そうとしたのだろうか。堀田は『方丈記』における「五大災厄」に関する記述に自身の東京大空襲の経験を重ね合わせ、乱世の現実を直視する散文性と時代の転換を感受する歴史意識を高く評価した。他方で堀田は、制度化された文学や伝統文化の枠組みに閉じこもり、乱世の現実を文学から遮断した定家に、戦中の多くの作家・芸術家・知識人の姿を重ね合わせている。(16) 少し長くなるが、この点に関わる記述を『方丈記私記』から引用しておきたい。

一九四五年のあの空襲と飢餓にみちて、死体がそこらにごろごろしていた頃ほどにも、神州不滅だとか、皇国ナントヤラとかという、真剣であると同時に莫迦莫迦しい話ばかりが印刷されていた時期は、他になかった。戦時中ほどにも、生者の現実は無視され、日本文化のみやびやかな伝統ばかりが本歌取り式に、ヒステリックに憧憬されていた時期は、他に類例がなかった。論者たちは、私たちを脅迫するかのようなことばづかいで、日本の伝統のみやびを強制したものであった。危機の時代にあって、人が嚇ッと両眼を見開いて生者の現実を直視し、未来の展望に思いをこらすべき時に、神話に頼り、みやびやかで光栄ある伝統のことなどを言い出すのは、むしろ犯罪に近かった。天皇制というものの存続の根源は、おそらく本歌取り思想、生者の現実を無視し、政治のもたらした災殃を人民は眼をパチクリさせられながら無理矢理に呑み下させられ、しかもなお伝統憧憬に吸い込まれたいという、われわれの文化の根本にあるものに根づいているのである。（全集一〇巻、三二九頁）

堀田が乱世における作家・知識人の身の処し方として、長明と定家のいずれを是としたのかは言うまでもない。堀田は、既存の文学・伝統文化の枠組みから自由になり、散文によって乱世の現実そのものに肉薄した長明に深い共感を寄せている。ただし堀田は、『方丈記』における長明の姿勢があくまでも歴史に対して受け身である点において、「同時に私は長明の否定者でもありたい」（同、二九八頁）と述べることを忘れていない(17)。

『方丈記私記』は、やがて『ゴヤ』へと発展する。『ゴヤ』では、宮廷画家であったゴヤが、美術をめぐる規範・枠組みから徐々に自由になり、乱世の現実と対峙しながらユニークな画風を確立するプロセスがダイナミックに描かれる。また堀田は、『方丈記』の「五大災厄」をめぐる記述と同様に、ゴヤの絵画が乱世であったスペインの現実をめぐる記録であること、そのことが同時代の芸術の中で革新的な意味を持つことを強調することになるだろう。他方で、宮廷画家としてのゴヤの立場は、長明以上に宮廷歌人としての定家の立場に近い。つまり堀田のゴヤ論では、定家と同様に根深く宮廷社会に組み込まれていたゴヤが、定家とは対照的に、「芸術」を通じて乱世の現実を対象化し、またそうすることで「芸術」を「政治」から自立させていく過程が鮮やかに描き出されることになる。

第三章　ゴヤ
──『ゴヤ』──

一　はじめに

第二章では、『方丈記私記』と『定家明月記私抄』に描かれた鴨長明像と藤原定家像について検討した。本章では、一九七三年一月から七六年九月まで『朝日ジャーナル』に連載され、後に単行本にまとめられた『ゴヤ』（全四巻、新潮社、一九七四―七七年）に描かれたゴヤ像について検討する。

堀田のゴヤとの出会いは、長明・定家との出会いと同様に、戦中にさかのぼる。堀田は、インタビュー「なぜゴヤか？」（『PLAYBOY』一九七七年六月号）において、戦時中に古本屋で英語版の『戦争の惨禍』を見つけたことがゴヤとの出会いであったと述べ、その印象を次のように述懐している。

戦争というものがお互いに身近だったわけで、その戦争に対する見方が、あの版画で見る限り、敵味方双方に対してわりあいに公平だなというのが、そのときの印象でしたね。残虐行為に関しても、敵のものも、味方のものも遠慮会釈なく描くしね。ということは、戦争を考える視点というものが、「大東亜共栄圏を築くためにがんばれ」というのではない、第三者的な見方があるものだということを、あの版画集は、漠然とではあるけど、若いぼくに教えたかもしれません。

（『スペインの沈黙』筑摩書房、一九七九年、一九頁）

堀田にとって『ゴヤ』完成までの道のりは長かった。堀田は一九五〇年代よりゴヤに関する文献収集とスペイン語の学習を始めた。その後、一九五八年に第一回アジア・アフリカ作家会議準備会に出席するために訪れたモスクワで、そしておそらくその帰途に訪れたパリにおいても、ゴヤの作品を見る機会を得た。エッセイ「ゴヤと怪物」（『みづゑ』一九六二年秋季号）では、モスクワのプーシュキン美術館で「瀕死のモナ」を見たことが、ゴヤとのつきあいを「運命的」なものにしたと述懐している。以後、堀田は世界各地に散在するゴヤの作品を見るために、ヨーロッパ各国や米国を訪れた。一九六二年には初めてスペインを訪問し、以後『ゴヤ』の連載を終えるまで、ゴヤの作品を見るため、またゴヤの足跡を辿るため、約一〇回スペインを訪れたという。堀田とスペインのつきあいは『ゴヤ』完結後も続いた。堀田は一九七七年から約一〇年間、帰国の期間をはさみながら、妻と共にスペインで暮らした。(1)

『ゴヤ』は、『方丈記私記』や『定家明月記私抄』と同様に、乱世における作家・芸術家の肖像を描く試みの一つとして位置づけることができる。ゴヤの誕生から死までを時系列的に描いた『ゴヤ』は、スタイルとしては、『方丈記私記』や『定家明月記私抄』以上に評伝に近い。『ゴヤ』の背景にあるのは、何よりも乱世における芸術家の生き方に対する強い関心であり、芸術家の作品および活動を、時代に対する芸術家の応答として捉える姿勢である。そして、一八〇八年における独立戦争開始以後のスペインは紛れもなく乱世であった。堀田は『ゴヤ』において、当時のスペインをとりまく複雑な歴史的背景を明らかにするため多くの紙幅を割いている。もっとも、『ゴヤ』がゴヤの生きた時代のスペインの状況をめぐる記述のみでなく、ヨーロッパをめぐる文明論的な考察をも含んでいるのは、堀田のゴヤ論が、ゴヤに対する関心ばかりでなく、「ヨーロッパの近代、現代というものが、如何なる歴史的経緯によって現在に呈示されている形姿をとったものかという、いわばきわめて現代的な視点をもちたいという要望」（「著者あとがき　ゴヤと私」、全集一一巻、五四三頁）によって動機づけられていたことと無関係でないだろう。

ところで、地域や時代が異なるとはいえ、ゴヤは宮廷画家であった点において、宮廷歌人であった鴨長明や藤原定家と近い立場にあった。直接の言及はないものの、堀田がゴヤと長明・定家を共通する問題関心において捉えていることは明らかだ。そのことは、『方丈記私記』、『ゴヤ』、『定家明月記私抄』が一九七〇年代から八〇年代にかけて、右の順序で書かれたこととも無関係ではないだろう。他方で、乱世を生きた画家という点では、ゴヤは長編小説『海鳴りの底から』に描かれた山田右衛門作と重なる。本章では、『ゴヤ』に描かれるゴヤ像が、堀田が他の著作で描いた作家像・芸術家像とどのような関わりを持つのかという点についても注意を払いたい。

二　ゴヤがゴヤになる

まず、『ゴヤ』の構成を確認しておきたい。『ゴヤ』は、「ゴヤ Ⅰ」、「ゴヤ Ⅱ」、「ゴヤ Ⅲ」、「ゴヤ Ⅳ」のタイトルの下で四期に分けて『朝日ジャーナル』に連載され[2]、後に『ゴヤ * スペイン・光と影』、『ゴヤ ** マドリード・砂漠と緑』、『ゴヤ *** 巨人の影に』、『ゴヤ **** 運命・黒い絵』として新潮社から出版された。各部は原則としてゴヤの人生に沿って時系列的に書かれ、連続している。『朝日ジャーナル』連載時、各部終了後約四ヵ月間の休載期間がおかれた理由は、ヨーロッパやアメリカへゴヤの作品を見に行く時間を確保するためだったようだ[3]。

次に、各部が扱う時期について簡単に述べておきたい[4]。第一部は一七四六年のゴヤ誕生から宰相フロリダブランカ伯爵の肖像画を描く一七八三年頃まで。サラゴーサ近くのフエンデトードス村で鍍金師の次男として生まれたゴヤは、サラゴーサ、マドリード、ローマで画家としての修業を積み、紆余曲折を経ながらも、一七八〇年には王立サン・フェルナンド美術アカデミー正会員となり、マドリードの上流社会に足がかりを得る。第二部は一八〇二年のアルバ公爵夫人の死まで。ゴヤは優れた肖像画の描き手として上流社会の人気画家となり、一七八九年には宮廷画家に、一七九九年には首席宮廷画家に任命される。アルバ公爵夫人は才色兼備の大富豪で、ゴヤのミューズであった。こうした華々しい成功の影で、一七九二年にゴヤは病によって聴覚を失う。この出来事はゴヤにとって第一の転機となる。第三部は一八一四年にスペインが独立戦争に勝利しフェルナンド七世がフランスから帰国する直前まで。一八〇七年におけるフランス軍のスペイン侵入と一八〇八年における独立戦争の開始によりスペインは長期の混乱状態に陥る。独立戦争開始後の政治的動乱はゴヤにとって第二の転機となる。第四部は一八二八年のゴヤの死まで。フェルナンド七世帰国後もスペインでは政治の混乱が続く。一八二四年にゴヤは事実上の亡命を余儀なくされ、二八年に亡命先のボルドーで死没する。

ゴヤについては多数の研究が存在するが、多くの論者がゴヤの絵画の現代性、先駆性を強調してきた。『ゴヤ』にも、「古代の詩がホメロスに発するように近代絵画はゴヤに始まる」というイタリアの美術史家ヴェントゥーリの言葉や、「ここから、現代絵画の幕が切っておとされるのである」というアンドレ・マルロー『ゴヤ論――サチュルヌ』の末尾の一文が引用されている（全集一二巻、二四七頁）。堀田自身も、一八〇八年にマドリードで勃発した民衆蜂起を描いた『五月二日』と『五月三日』について、「それまでの古典主義的な美と芸術の離婚がここに開始されているという歴史的事実が、この二枚にもっとも明白にあらわれている」として、ゴヤの絵画の決定的な新しさを指摘している（同）。

ゴヤの絵画の現代性を最も雄弁に物語るのは、四大版画集（『気まぐれ』、『戦争の惨禍』、『闘牛技』、『妄＝ナンセンス』(5)）、「聾者の家」の壁画『黒い絵』、そしてスケッチ画帳に描かれた多くのデッサン類であろう。これらの作品は、素人目にも、ゴヤが悪や暴力の問題や人間の無意識の領域に深く切り込んだ異色の画家であったことを強く感じさせる。こうした系列の作品には、魔女、精霊、怪物、空飛ぶ人間などを描いた超現実的と言うべき作品も多数含まれる。

ただし、同時代におけるゴヤの世俗的な成功は、右に述べた異色の作品によってではなく、宗教画や上流階級を描いた肖像画などによって得られた。そもそも右に挙げた作品群のほとんどはゴヤの生前に発表されなかった。ツヴェタン・トドロフが『ゴヤ――啓蒙の光の影で』（小野潮訳、法政大学出版局、二〇一六年）の中で指摘しているように、ゴヤは終生「公向けの絵画」と「私的な芸術」を注意深く区別し続けた。

ところで、ゴヤが伝統的な絵画のあり方から逸脱した作品を描き始めるのは中期以降のことである。このことは、いつ、いかにしてゴヤが我々の知るゴヤになったのかという問いを浮上させるが、ゴヤが病のために聴覚を失ったこと、また独立戦争に始まる政治的動乱に遭遇したことを転機とみなすことが通説となっている。たとえば、ゴヤ研究の大家であるサンチェス・カントンは、一九五一年に発表された著作の中で次のように述べている。

とにかく、一七九二年から九三年にかけての病気がゴヤの生に重大な危機をもたらしたか、あるいは、病気が重大な危機と一致したことだけは疑問の余地がない。ゴヤの全作品を分類する場合、これほど明確な分水嶺はないであろう。分水嶺を――今までにも行なわれて来たように――十八世紀と十九世紀の境界に置くことは、少なくとも、一八〇八年という、両世紀を、性格的に明確に区別しうる二つの時代という風に見た場合の真の境界線まで下げない限り、何の意味もないのである。ところがその年ゴヤは、「スペインの蜂起、戦争、革命」と時間的に一致する極めて重大なもう一つの変化を経験したのである。(6)

カントンと同様、堀田も聴覚の喪失と独立戦争勃発後の政治的動乱への遭遇をゴヤにとっての大きな転機として位置づけている。またその点も含めて、堀田はゴヤの芸術家としての歩みを、ゴヤがゴヤになるプロセスとして捉えている。たとえば、ゴヤが初めて「怪異」を描いた作品として知られる宗教画『悔悟しない瀕死の病人とボルハの聖フランシスコ』（一七八八年）について論じた箇所で、堀田は、「ともあれ、彼のなかにあって、息を詰めて棲息をしているもう一人の、彼自身のなかの地下人物が、そろそろと、彼に近付きつつあるのである」（全集一一巻、三〇五頁）と指摘している。それにしても、右の引用文中で堀田が言うところの「もう一人の地下人物」とはどのような人物なのだろうか。そもそも堀田は、ゴヤの絵画の転換の性格や意味をどのようなものとして捉えているのだろうか。

まずは、転機を迎える以前のゴヤについて考えてみよう。ゴヤは、一七五九年からサラゴーサの画塾で学び、一七六三年にマドリードに移住し、一七七〇年頃にイタリアを訪れた。堀田によれば、修業期間中のゴヤはマドリードとパルマ公領で計三回アカデミーのコンクールに出品し、マドリードの二度のコンクールでは落選、パルマ公領のコンクールでは選外佳作となった。これらのコンクールの課題は歴史画であった。堀田は、「芸術によって芸術を学ぶこと」が「一九世紀の半ば頃までは芸術家教育、絵師養成の基本であった」（同、一三二頁）と指摘している。一七七一年、ゴヤはサラゴーサに戻り、エル・ピラール大聖堂の丸天井にフレスコ画を描く仕事を得、翌年には、修道院アウラ・デイ付属聖堂の壁画を描く仕事を任された。一七七六年、ゴヤは再度マドリードに移住し、義兄フランシスコ・バイユーの口利きで、王宮や貴族の邸を飾るタピスリーの下絵（カルトン）を描く仕事に携わるようになった。

堀田によると、ゴヤの生きた時代のスペインでは、ベネチア派のティエポロに代わって新古典主義を創始したボヘミア出身の画家ラファエル・メングスが大きな影響力を持っていた。堀田はメングスの著書『絵画と美についての考察』から、「もしそれが可能だとして、現代人が偉大になれる道は唯一つ、古人を模することである」、「絵画芸術は、ギリシャ人によって確立される以前には、如何なる国にも存在しなかったものであり、また如何なる絵画もギリシャのそれを上まわるものではない」、「美と自然は、一致するものではない」などの箇所を引用したうえで、「自然からの乖離」、「現実への訣別」をメングスの絵画理論の最も重要なポイントであると述べている（同、一〇九―一一〇頁）。つまり堀田は、メングスの新古典主義を、芸術と現実との乖離を前提しつつ、過去の芸術の再生産を志向する絵画として理解している。

ところで、先に、ゴヤがタピスリーの下絵を描く仕事に従事したことを指摘したが、当時、上流階級の間では牧歌的な民衆の生活風景を描いたタピスリーが流行していた。もちろん、タピスリーの消費者である上流階級は民衆と接触する機会を持たなかったし、現実の民衆に関心を寄せていたわけでもない。堀田は、タピスリーに描かれた「〝幸福〟な民衆」の姿は、「退屈で死にそうになっている王族や貴族の連中」の気を紛らわせるための「フィクション」にすぎなかったと断じている。

ゴヤが首席宮廷画家になるまで順調に出世を遂げたことは、ゴヤの絵画が体制的な芸術の枠の中で高く評価されたことを意味する。それでは、「ゴヤがゴヤになる」ということは何を意味するのか。堀田はそれを、絵画を絵画の次元で自己完結させていた伝統や規範から自由になり、絵画を「現実」と直に関わらせるようになることとして捉えている。堀田はその最初の契機を、通説にしたがって聴覚を失ったことに求めている。堀田は、ゴヤが聴覚を失ってまもない頃に描いた連作「民衆の気ばらし」の一つである『山賊　女に短刀を擬す』（一七九四―九五年）を取り上げつつ、この作品では、同じく民衆を描きながらもタピスリーのカルトンに見られる甘美さは姿を消し、「残酷さと醜さの方が正面に出て来て」いることを強調している。そのうえで堀田は、「ここに蟬が殻を脱ぐようにして、一八世紀的虚飾の一切が抜け落ちて、神も仏もなくして現実を現実として見なければならぬことになる、〝近代〟というものが姿をあらわしはじめているのである」（全集一一巻、四〇九頁）と指摘する。また、別の箇所では、ゴヤの転換を、「宮廷画家の世界――それこそは彼が少年時代からひたすらに首をながくして希求し翹望《ぎようぼう》して来た、唯一の全世界であった」、「彼はこの〝全世界〟を喪って、はじめて〝現実〟を得たのである」と表現している（同、四〇三頁）。

ところで、ゴヤの転換をめぐる堀田の考察は、多くの点で『方丈記私記』や『定家明月記私抄』における宮廷歌人としての藤原定家や鴨長明をめぐる考察と重なる。第Ⅱ部第二章で詳しく論じたとおり、堀田は両著において、『新古今集』に代表される院政期の和歌の支配的な潮流を批判的に捉えていた。というのも、当時、和歌の技巧・様式が規範化・制度化され、伝統の再生産を促す本歌取りの流行とも相俟って、和歌が「芸術のための芸術」として自足し、同時代の現実と交渉を持たなくなっていたためであった。そのうえで、堀田は、制度的な宮廷歌人の立場に自足した定家を批判的に捉える一方、出家し、歴史意識を持ちつつ乱世の現実を見つめ、それを散文に定着させた長明を肯定的に評価した。このような長明像は、聴覚を失ったことを契機として、絵画をめぐる規範や制度から自由になり、現実と対峙するようになったゴヤ像と大きく重なるところがある。

また堀田は、禰宜の家に生まれながら禰宜になれなかった長明が、宮廷歌人として活躍した時期においても、宮廷社会のマージナルマンであったことを強調していた。堀田は、ほぼ終生宮廷画家であり続けたゴヤにも同様の周縁性を見出している。といっても、それはゴヤが四〇代半ばにおいて聾者になったことだけを意味しない。

堀田は、寒村の鍍金師の息子として生まれたゴヤを、才能と処世術によって上流社会に参入した成り上がり者として描く一方、宮廷画家としての枠を乗り越える野蛮なエネルギーの源泉を、出身階層に基づくゴヤの周縁性に見出している。堀田は、若き日のゴヤが何度かアカデミー主催のコンクールに落選した理由を、ゴヤが無教養で歴史画が苦手だったことに求めている。堀田によると、後年の版画集『闘牛技』においても、ゴヤは歴史的考証に無頓着であった。ゴヤにとって、「歴史的事象」は、「ほとんど全的に現在に同時存在しているものと受け取られている」（全集一二巻、三三九頁）。また堀田は、ゴヤが終生維持し続けた闘牛に対する愛着を、「アラゴンの山男」であるところの出身階層と関連づけて理解している。堀田はゴヤについて次のように書いている。

彼は底の底まで民衆の人である。すなわち魂の自由が意識されている。それは新古典主義者と関係のないものである。（同、三三二―三三三頁）

三　スペインの「乱世」

前節で論じたように、聴覚の喪失はゴヤの第一の転機となった。しかし、ゴヤが真にゴヤとなるためには、乱世と対峙する必要があった。堀田は『ゴヤ』において、ゴヤが乱世をどのように生き乱世をどのように「見た」のかという点に最大の関心を寄せつつ、ゴヤ像を描いている。これは、堀田の一貫した問題意識に由来する。本書において明らかにしてきたように、堀田の多くの著作は、内乱、戦争など乱世的状況における作家・芸術家あるいは知識人の身の処し方をめぐる関心に貫かれている。他方で、堀田が『ゴヤ』においてゴヤと乱世の関わりに深い関心を寄せた背景には、冒頭で指摘したように、ナポレオン戦争とそれに対するスペインあるいは周辺諸国の抵抗に、今日まで続く近代（現代）の出発点を見出そうという問題意識もあった。そのため、『ゴヤ』では、一八世紀後半以降のスペインの歴史、あるいはその背景となったヨーロッパの歴史がかなり詳しく語られている。そうした背景的な知識は、乱世におけるゴヤのおかれた状況とその下でのゴヤの身の処し方を十分に理解するため、本章においても不可欠である。そこで本節では、堀田の記述を立石博高編『スペイン・ポルトガル史』（山川出版社、二〇〇〇年）によって補いながら、ゴヤが生きた時代のスペインの政治状況についてやや詳しく見ておくことにしたい。

ゴヤが最初にマドリードに出てきた時代のスペイン王はカルロス三世（在位一七五九―八八年）であった。カルロス三世は、ブルボン家のフェリペ五世の子でフランスのルイ一四世の曾孫にあたる。

カルロス三世は啓蒙専制君主として後進国スペインの改革を勢力的に推進したが、一七六六年、その反発から各地でエスキラーチェ暴動が発生した。翌一七六七年、カルロス三世はこの暴動をイエズス会の陰謀と見て、イエズス会士五〇〇〇人以上を国外へ追放した。イエズス会士の追放は国王強権主義の立場に立つ教会改革の一環でもあった。カルロス三世は中世以来スペインで猛威を奮っていた異端審問所についても、権限の縮小を図った。

一七八八年、カルロス三世の死去により、カルロス四世（在位一七八八―一八〇八年）が王位に就いた。カルロス四世は善人だが政治的には無能な王であり、一七九二年以降は王妃マリア・ルイースの愛人でもあったゴドイが宰相として権力をふるった。

ところで、カルロス四世即位の翌年、フランス革命が勃発した。スペインでは、革命の流入を防ぐため異端審問所による検閲が強化された。一七九三年のルイ一六世処刑後スペインはフランスに対する干渉戦争を開始するが、九五年にはフランスと講和し、翌九六年にはサン・イルデフォンソ条約を締結して同盟関係となる。フランスとの同盟は、一八〇一年のオレンジ戦争を皮切りに、ナポレオンが主導する対イギリス戦争にスペインを巻き込む結果となった。

一八〇七年、ゴドイはひそかにナポレオンとフォンテーヌブロー条約を結び、ポルトガル制圧のためにフランス軍のスペイン通過権を認め、ポルトガル分割を約した。ところがナポレオンはポルトガルを制圧するにとどまらず、スペイン支配を企てた。一八〇八年三月、マドリードではフランス軍の進撃を前にクーデタ（アランフエス暴動）が勃発してゴドイが失脚、カルロス四世が退位し、長男のフェルナンドがフェルナンド七世として国王の座に就いた（在位一八〇八年、一八一四―三三年）。しかし、その直後にゴドイ、カルロス四世夫妻、フェルナンド七世は、ナポレオンによってフランスのバイヨンヌに呼び出され、スペイン王位の委譲を承認させられた。新たに王位に就いたのは、ナポレオンの兄、ジョセフ・ボナパルト（ホセ一世）である。

他方、王不在のマドリードでは、一八〇八年五月二日、三日にナポレオン軍に抵抗する民衆蜂起が発生した。ゴヤの『五月二日』と『五月三日』は、この出来事を描いたものである。まもなく抵抗はスペイン全土に広がり、フランスに対する独立戦争が開始された。年末にはナポレオン自らフランス軍を率いて首都を制圧したが、その後も全国各地でゲリラを中心に抵抗が続いた。転機は一八一二年に訪れる。ロシア遠征のためフランス軍の守りが手薄になるや、ウェリントン率いるイギリス軍がスペイン領内に進軍し、ゲリラと連携しながらアラピレスの戦いで勝利を収めた。さらにフランスのロシア遠征敗北後、イギリス＝スペイン軍は反撃を激化させた。一八一三年、ホセ一世は退位しフェルナンド七世に王位を返還した。フランス軍は一八一四年中にスペインから完全に撤退した。

ところで、一八一〇年にフランス軍の占領を免れたカディスにおいて、スペイン初の近代議会が開かれた。カディス議会は旧体制の廃棄と自由主義立法を成立させ、一二年には立憲君主制を謳った近代的な憲法を制定した。ところが、一八一四年五月にマドリードに入城したフェルナンド七世は、カディス議会による自由主義的な改革を否定し、絶対王政を復活させた。王令により一八一二年憲法を無効とし、異端審問所を復活させ、親仏派や自由主義者を徹底的に弾圧した。

フェルナンド七世復帰後の「反動・弾圧・迫害」の六年間を経た一八二〇年、リエゴ大佐がアンダルシアで反乱を起こした。反乱は各地に広がり、フェルナンド七世は一八一二年憲法への忠誠を誓うことを余儀なくされた。けれども、政権を担う自由主義者の間で穏健派と急進派の対立が激化し、王党派のゲリラ活動も活発化してスペインは内戦状態に陥った。さらに、一八二三年には、スペインにおける革命の進行を怖れた神聖同盟の委任を受けたフランス軍がスペインに侵攻した。この干渉戦争はフランス軍の勝利に終わった。その結果、再びフェルナンド七世の絶対王政が復活し、彼が亡くなる一八三三年まで「反動・弾圧・迫害」の時代が続いた。

以上が、ゴヤが生きた時代のスペインの政治状況についてのラフスケッチであるが、次に堀田がこうした状況をどのように捉えていたのかを見てみたい。まず、堀田は何ゆえに、スペインの独立戦争にヨーロッパの近代もしくは現代の起源を見出そうとしたのだろうか。それは、堀田がナポレオン戦争にナショナリズムと帝国主義の時代の幕開けを見ていたことと深く関わっている。

フランス革命後に、ナポレオンによって創設された近代国家と、それに付随する暴力装置としての近代的国民軍というもの、及びこのナポレオンの国家と国民軍に対抗して創設されたヨーロッパの他の近代的国家とその国民軍の、この両者によって開始された帝国主義時代。（全集一二巻、二〇四頁）

周知のように、ナポレオン戦争後、戦争の担い手は傭兵から国民軍に変化し、国民がナショナリズムの名の下に戦争に大規模に動員され、またそのことが相手国のナショナリズムを掻き立てる悪循環が生み出された。スペインでは、ナショナリズムは、ナポレオン軍に対抗する民衆のゲリラ闘争を生んだ。堀田は、ネーションの枠組みの下で戦われた一九世紀、二〇世紀における数々の戦争を想起し、また「スペインの百姓と下層人民によるゲリラ」と「ベトナム人民の三〇年にわたるゲリラ戦争」の連続性を指摘しつつ、「国家単位の〝現代〟」を終焉させせんとする願望が「『ゴヤ』を書かしめている情熱の根源」であると告白している（同、二〇四頁）。

もちろん堀田は、フランス軍のスペイン侵略に始まる独立戦争を両成敗と見ているわけではないが、スペイン民衆の「愛国的蜂起」を無批判に賛美することにも懐疑的である。堀田は、「燎原」のような民衆蜂起の広がりについて、「愛国心、王への忠誠、反キリストであるフランス革命に対しての、神の名における戦いであり、また宗教的、政治的伝統の擁護という、ありとあらゆる美しく高貴なものによって燃やされていた」としても、「火は、しかし、要するに火である」と断じる（同、八一頁）。とりわけ愛国心は剝き出しの憎悪と際限のない暴力の大いなる原動力であった。こうした視点は、フランス軍のスペイン民衆に対する残虐行為のみでなく、スペイン民衆のフランス兵に対する残虐行為をも容赦なく描いたゴヤの版画集『戦争の惨禍』の示唆によるところが少なくないと思われる。

しかも、スペインにおいて悲劇的だったのは、フランスと異なり、ナショナリズムが保守的・反動的な立場と結びついたことにあった。そもそもスペインでは、自由主義や進歩主義は一部の知識人や上流階級がフランスから輸入した外来思想にほかならなかった。堀田は、自由主義的な理念や制度の上からの導入に対して民衆が旧習墨守の立場から反発する構図を、カルロス三世時代のエスキラーチェ暴動に見て取っている。さらに、こうした構図は、ナポレオン軍のスペイン侵略によって決定的となる。一八〇八年一二月にマドリードに入城したナポレオンは、布告を発して封建的諸特権を廃止し立憲制を導入する。けれども、スペイン民衆は占領軍による革命の導入に反発し、反動思想の持ち主であるフェルナンド七世を「望まれたる王」として、ナショナリズムのシンボルとして理想化した。堀田は、ナポレオン戦争がスペインに強いた状況を次のように捉えている。

ナポレオンに制覇された諸国の人民にとっての悲劇は、征服者ナポレオンの政治こそが、革命的民主的、進歩的であり、それなくしては政治も経済も文化も前進しえぬことは明瞭なことであるのに、しかもなお〝独立〟を求めるとなれば、それはどうしても絶対王制、貴族、教会の支配という旧制度への〝復帰〟という、超反動的なことにならざるをえないという辛さにあった。

（同、一二三頁）

しかも、皮肉なことに、フェルナンド七世は愛国者でさえなかった。堀田は、ナポレオンによって幽閉されたフェルナンド七世が、ナポレオンに追従し、ヴァランセイの「金ピカの城館」で優雅な生活を送ったこと、イギリス政府による脱出の呼びかけをフランス警察に密告したこと、独立戦争後は、フランス軍に抵抗した自由主義者やゲリラのリーダーさえも容赦なく弾圧したことを鋭く指摘している。しかも、リエゴの反乱後、立憲君主となったフェルナンド七世は、フランスの干渉戦争の助けを受けて絶対君主の座に返り咲いた。

最後に、独立戦争後に知識人がおかれた状況について述べる。堀田は、ゴヤが啓蒙的、開明的な立場に立つ多数の優れた知識人の友人を持ち、彼らから多大な影響を受けると共に様々な助力を得たことを詳しく記している。しかし、ゴヤを含めて独立戦争後のスペインにおいて開明派の知識人であることは容易なことではなかった。フランス占領下で、ゴヤの友人のある者はマドリードにとどまってホセ一世に協力し、ある者はカディスの議会に集った。堀田は、「マドリード派とカディス派に共通していた一事」は、「双方ともに、民衆とは切れたところにいた」ことだと述べている（同、一三一頁）。さらに「マドリード派」は、民衆から孤立していたばかりか、ホセ一世に協力したため祖国に対する裏切り者とみなされかねなかった。こうしたポジションは、知識人をジレンマに陥れた。堀田は、占領者であるホセ一世によって推進された改革をめぐる開明派知識人の「心境の複雑さ」を次のように推し量っている。

しかし、かかる状況が外国人の「侵入王」によって実現されて行く有様を見せつけられていた人々の心境の複雑さは、想像にあまりある、とは、やはり言わざるをえないであろう。その心境の複雑さと、推し進められる変革のテンポの早さについて行けないことの双方の要因は、王への服従と奉仕を仕方なしのそれ、つまりはきわめて消極的なものにする。

元来スペインの開明派、リベラルは、フランス的諸観念によってつちかわれた、いわば百科全書派の精神的孫のようなものであり、（略）彼らの思想も趣味もフランスによって養われていた。従って彼らにはホセ一世の開明な政策を拒否すべき理由は何もなかった。

理窟はその通りである。けれども人間は理窟ではない。（同、一二九頁）

独立戦争後、開明派の知識人は、フランスに協力した「マドリード派」も、フランスに抵抗した「カディス派」も、フェルナンド七世から激しい弾圧を受けた。その結果、多くの知識人がフランスへの亡命を余儀なくされた。

四　戦争を描く

本節では、一八〇八年以降の乱世的状況において、芸術家であるゴヤがどのような作品を描き、またどのように身を処したのかを、堀田の議論に即して検討する。まず、ゴヤは独立戦争をどのように描いたのだろうか。

ゴヤによる独立戦争を素材とした代表的な作品には、マドリードにおける民衆蜂起を描いた油彩画『五月二日』、『五月三日』と版画集『戦争の惨禍』がある。(7) 前二者は独立戦争終結後の一八一四年春、フェルナンド七世の帰還を前にしてゴヤ自身による臨時摂政府に対する申し入れによって描かれた。後者は一八〇八年以降に制作された一連の作品を一八二〇年に友人のセアン・ベルムーデスが編集したもので、ゴヤの死後三五年を経た一八六三年に出版された。

第二節において、堀田が『五月二日』と『五月三日』に、「それまでの古典主義的な美と芸術の離婚」を見出していたことを指摘した。それはどういうことか。堀田は両作品が、古典的な絵画が志向してきた「美」ではなく、「むしろ醜であり、絵画でありながらも正視するに堪えない〝真実〟」を描いていると論じている（全集一二巻、二四七頁）。堀田はまた、これらの作品が既存の歴史画のように、英雄ではなく「無名の民衆」を対象としていること、ピラミッド型の構図、線・輪郭の明瞭さなどの「歴史記念画の伝統的手法」を無視していることも指摘している。(8) なお、堀田は版画集『戦争の惨禍』についても、ほぼ同様の指摘を行っている。

先述したように、堀田は聴覚の喪失がゴヤを、芸術を芸術の内部に自足させていた様々な規範や様式から解放し、現実そのものと向き合う契機を作り出したと論じていた。堀田は独立戦争をめぐるゴヤの一連の作品を、そうした変化の延長線上に位置づけている。

ここで『戦争の惨禍』について詳しく見ておきたい。堀田は、『戦争の惨禍』の原題が「スペインがボナパルトと戦った血みどろの戦争の宿命的結果（複数）とその他の強烈な気まぐれ」であることを指摘し、「ゴヤは、戦闘も戦争も、まして会戦を描いてはいない。彼が描いたものは、すべて戦争の「結果」である」と論じている（同、一五九頁）。それでは、ゴヤは戦争がもたらしたどのような「結果」に着目したのだろうか。

堀田は『戦争の惨禍』に収められた作品八二点について、七群に分けて詳しく考察している。堀田によれば、各群の主題は、それぞれ「ゲリラとフランス軍との戦いとその悲惨」、「その結果の悲惨」、「この戦争の内戦としての悲惨な性格」、「死体陵辱と死刑執行の悲惨」、「私がこれを見た」、「〝飢えの年〟の描出」、「強烈な気まぐれ」である。

このうち第六群までが、原題にある「ボナパルトと戦った血みどろの戦争の宿命的結果」にあたる。これらのグループに含まれる作品には、ゲリラがフランス兵に対してマサカリを振り上げる光景（三「これもまた」）、一人の女性が赤ん坊を小脇に抱えたまま槍でフランス兵を突き刺し、もう一人の女性が大きな石を頭上に振り上げている光景（五「彼女らも猛獣のようだ」）、男性が血を吐き死体の山の上に倒れようとする光景（一二「このために生れて来たのか？」）、フランス兵が女性を暴行しようとする光景（九「彼女たちはそれを望まない」ほか）、フランス兵がゲリラの性器を切り取る光景（三三「これ以上何が出来るか」）、十字架を持たされ椅子に縛り付けられた人々が処刑される光景（三五「何故か、誰も知らない」）、ばらばらの死体が木に吊されている光景（三九「死体に対しての、何たる武勇ぞ！」）など、いずれも「人間の醜悪、獣性」を証する陰惨な光景が描かれている。他方で、第七群の主題は、「フェルナンド七世がマドリードに戻って来てからの、いわば戦争の結果の、そのまた結果とも言うべき、戦後の様相にかかわる」（全集一二巻、二〇〇頁）。堀田は、『戦争の惨禍』が決して勝利を描いてはいないこと、「本当の「戦争の惨禍」は、惨憺たるこの戦争の〝勝利〟の、その後に来る」ことを強調している（同、二〇一頁）。言うまでもなく、堀田の念頭にあるのは、独立戦争終結後、つまりフェルディナンド七世帰国後のスペインの惨憺たる状況である。

ところで、堀田は『戦争の惨禍』に収められた作品のうち、四〇「怪獣」と八一「物凄いけだもの」に特別な注意を向けている。前者は、「豚と猪と虎の合いの子のような怪獣に一人の女性がとりついて、短剣で刺そうとし、剣先が口中に突き出ている」（同、一九六頁）光景、後者は、「四〇番において足腰たくましい女性によって短剣で口を刺された怪獣が、（略）あまりに多くの人間を食べ過ぎて口からゲーとばかり未消化の人間を吐き出している」（同、二一九頁）光景を描いた作品である。後者の怪獣について、堀田は、おそらく一九世紀から二〇世紀にかけて発生した多数の戦争を想起しながら、「一休みをして、腹のなかの人間を消化してしまえば、またまた立ち上って、ヨーロッパの、アジアの、アフリカの、アメリカのどこかへ、砲声のような足音を轟かせて人を食いに出掛けて行くであろう」（同、二一九―二二〇頁）と記している。

右のような堀田の解釈が妥当であるとすれば、これらの怪獣が象徴するものは人間の暴力性や邪悪さ、あるいは人間を狂気に陥れる戦争そのものということになるだろう。堀田自身は、怪獣が象徴するものを「現実それ自体」だと論じている（同、一九六頁）。いずれにしても両作品は、ゴヤが、人間が人間に対して狼となりうることを知らしめた戦争体験を経て、またフランス革命が隣国への侵略に転化し、さらに独立戦争の勝利が絶対王政の復活を帰結するという二重の啓蒙の挫折の体験を経て、啓蒙の地平をつきぬけてしまったことを示している。ゴヤは六九「虚無だ」において、魑魅魍魎に囲まれた瀕死の人物に石か板の上に「虚無だ」という言葉を書かせ、また七四「最悪なのはこれだ！」では、狼に「人間たることの悲惨、咎は汝にあり」というイタリアの詩人ジャンバティスタ・カスティの詩句をスペイン語で書かせている。堀田は、人間が本質的に狂気をはらむ存在であることを述べたパスカル『パンセ』の一節を引きつつ、人間の狂気を見据えたゴヤの人間観を次のように評価している。

この狂気の沙汰というものを含まぬ、あるいはそれを囲い込んで排除した、いわば理性一本槍の人間観というものは、人間観としては、人間世界にあって通行権を持たぬものだ、と画家によってわれわれは告げられているようである。(9)（同、一九七頁）

ゴヤ『戦争の惨禍』40「怪獣」（Wikimedia Commons より転載）

ゴヤ『戦争の惨禍』81「物凄いけだもの」（Wikimedia Commons より転載）

『戦争の惨禍』が捉える生々しい現実は、まぎれもなく現実でありながら理性を超越している点において、版画集『妄＝ナンセンス』が描く「想像力の世界」と地続きである。堀田は、『妄＝ナンセンス』について、「夢、狂気、ナンセンスは、理性が理性として通りえない現実が噴出して来たとき、もっとも現実的な現実の表象としてここでも噴き出て来る」と指摘するであろう（同、四四五頁、傍点引用者）。

ところで、『戦争の惨禍』の作品四四には「私は見た」という詞書が付されているが、堀田はこの詞書について、「この版画集全体の副題であってもよく、またこの画家、ゴヤの全生涯のそれであってもふさわしいものである」、「時代の証言者としての芸術家、という、存在のあり様は、ここに全的に成立しているのである」と論じている（同、一九八頁）。堀田はゴヤと新古典主義をくり返し対比させているが、その際狂気をはらんだ忌むべき現実を、美や理想などの「迂回路」を経ることなく正面から描いた点に、ゴヤの芸術の大きな意義を見出している。

『戦争の惨禍』のみではない。たとえば堀田は、彼が「地下画帳」と呼ぶデッサン帳に描かれた約三〇枚の囚人図・拷問図について詳しい考察を行っている。これらの作品はいずれも、鎖に繋がれ、刑の宣告を受け、拷問される人々を画面の中心に据えている。堀田は、これらの作品を異端審問所の「徹底的に理不尽な、人間生活への介入」に対する痛烈な批判であるとし、当時日の目を見る可能性はなかったにせよ、「それを明からさまに描き、記憶に残すということ」が大きな勇気を要したであろうことを指摘している（同、三八〇頁）。同時に堀田は、残虐な光景を記録し続けるゴヤの情熱が常軌を逸していることにも注意を促している。堀田は、「自分の画材運搬人を殺されるのを目撃したミケランジェロが、その運搬人の苦悶する肉体にプロメティウスのモデルを観察した」挿話に言及しながら、次のように述べている。

これらの全残虐画を長い間にわたって見つづけて来ている私の結論は、これらの巨人たちにあって、日常的な事件、あるいは時代の日常における異常な事件が、それらの事件のアクチュアリティを越えた何等かのものを考えさせる場合、彼、あるいは彼らが、「私がこれを見た」として、彼、あるいは彼らが見たものを表現し、告げようという、不可避な意欲が、通常の道徳的理念、感情を、ここで逆接的な言い方を使えば、いわば滞りなく越えてしまうことの次第である。従って、彼ら巨人たちの側から言わせれば、人間がもつもっとも本質的な悪の一つは、人間が人間に対して犯す悪を直視し、これを表現し切る勇気と技術を欠いていることである、ということになるであろう。（同、三九一頁）

つまり、人間の狂気が炸裂する乱世において、現実を冷徹に見据え、さらにその出来事を仮借なく記録する試みは常人になしうることではない。独立戦争以来のスペインの動乱のさなかで、それを行ったところにゴヤの天才とその画業の偉大さがある。

五　宮廷画家の仮面

ところで、第三節において、開明派の知識人であったゴヤの友人の多くが、ある者はホセ一世に協力し、ある者はカディス議会に集い、独立戦争後にフェルナンド七世から弾圧を受け、亡命を余儀なくされたことを指摘した。それでは、彼らと近い思想的立場に立っていたゴヤは、公的にはどのような立場をとったのだろうか。

第二節において、ゴヤが一七九九年に首席宮廷画家になったことを指摘したが、以後ゴヤはほぼ生涯にわたってこの地位にとどまった。最晩年にゴヤは事実上の亡命を余儀なくされたが、首席宮廷画家の地位を放棄したわけではない。ゴヤがマドリードから去るのは、フェルナンド七世が絶対君主に返り咲いた翌年の一八二四年のことだが、堀田によると、この時ゴヤは湯治を理由として休暇を願い出た。ゴヤの希望は入れられ、後には休暇の延期も認められた。さらに、一八二六年にゴヤはマドリードに出向き、王に引退と恩給の支給を願い出て認められた。当時、ゴヤは八〇歳であった。

右は、ゴヤが公的には大勢順応的な立場をとり続けたことを推測させる。堀田は、ゴヤについて、「ほとんど生涯を通じて、時代の公式にあわせようと努めた人であった。（略）彼の身にそってそれを言うとすれば、彼を大勢順応主義者《コンフォルミスト》と呼ぶのに、私はいささかも躊躇をしない」と述べ、さらに「地付きで主人持ちの芸人がどうして大勢順応主義者《コンフォルミスト》でないことが出来るか」と問うている（全集一一巻、一一二頁）。もちろん、ゴヤは教会や聖職者を始めとして権力に対する痛烈な批判を持ち続けたが、そうした批判を盛り込んだ版画集『戦争の惨禍』および『妄＝ナンセンス』、スケッチ画帳などを生前に世に問うことはできなかった。版画集『気まぐれ』も、すぐ出版を中止した。

それにしても、独立戦争後のゴヤの「主人」の移り変わりは目まぐるしかった。一八〇八年のアランフエス暴動によるゴドイの失脚後、カルロス四世はフェルナンド七世に王位を譲ったが、まもなくフェルナンド七世はスペインを去り、ナポレオンによってホセ一世が王に任命された。さらに、一八一二年におけるイギリス軍のウェリントンのマドリード入城を経て、一八一三年にホセ一世はスペインを去り、翌一四年にフェルナンド七世が王座に復帰した。その六年後の一八二〇年、リエゴの反乱が発生し自由主義政府が成立するが、一八二三年のフランス軍の侵攻によりフェルナンド七世による絶対王政が復活する。このように権力者が目まぐるしく交替する中で、ゴヤは首席宮廷画家の地位にとどまり続けた。堀田は、ゴヤが、カルロス四世一家、ゴドイ、ホセ一世、ウェリントン、フェルナンド七世など、その時々の権力者の肖像を描いていることに注目している。

とはいえ、最晩年に亡命を余儀なくされるまで、ゴヤの立場は安泰だったわけではない。堀田によれば、ゴヤは、版画集『気まぐれ』の出版や『着衣のマハ』、『裸体のマハ』の制作により異端審問所で有罪判決を受ける危険を友人たちの尽力によりかろうじて免れた。独立戦争後には、多くの親仏派、自由主義者、ゲリラの指導者と共に「粛清」を受ける可能性もあった。堀田は、ゴヤが「親仏派」であった証拠として、ホセ一世の下で宮廷画家にとどまり最高勲章をもらったこと、フランス人の将軍、高官やその家族の肖像画を描いたことなどを掲げ、またその「反証」として、フェルナンド七世、ウェリントンの肖像画を描いたこと、『五月二日』と『五月三日』において愛国的なスペインの人民を描いたことなどを挙げている。ともあれ、最終的にゴヤは粛清を免れた。

それにしても、堀田はゴヤの表向きの大勢順応主義と冷徹な現実認識との関係を、さらに未発表の作品の中で表明された権力に対する痛烈な批判との関係をどのように捉えているのだろうか。

本章第Ⅰ部第五章において詳しく論じたように、かつて堀田は島原天草一揆を素材とする長編小説『海鳴りの底から』を執筆し、一揆に参加しながら仲間を裏切る実在の画家山田右衛門作を描いた。堀田はこの作品の中で、右衛門作の裏切りの動機の一つを、キリシタンが根絶された後、真実を後世に伝えることに見出した。ただし、右衛門作が担う崇高な使命は裏切りに伴う汚辱を帳消しにするわけではない。『手帳』（一九五四年、県立神奈川近代文学館・堀田善衞文庫所蔵）に書かれた、「すべてインテリというものは裏切者なのだ。その前歴者であり、候補者なのだ。（略）裏切者ではないものはインテリではないのだ」というメモが示すように、堀田はそのような背理を生きることを知識人の宿命であると考えていた。このような知識人観はゴヤ論にも見え隠れする。創作ノート『Goya Notes Ⅰ』（一九七三―七四年、県立神奈川近代文学館・堀田善衞文庫所蔵）には、「作家や画家は、如何なる時代にあろうとも決して誇り高い職業などというものではないのだ。社会的にも生活的にも、それは屈辱の苦汁にみちたものなのだ」という記述がある。堀田は『ゴヤ』の中で、『黒い絵』について、「彼は、この、内的自由を得るために、生涯かかって稼いだ金を払って家を買わねばならなかったのである。それは半世紀にわたる労働に、値した」（全集一二巻、四七九頁）と論じている。堀田はゴヤが宮廷画家として権力に奉仕する代償を支払うことによって、自宅の壁やスケッチ画帳や非公開の版画集の中で自由に描く権利を獲得したことに注目している。

とはいえ、堀田のゴヤ像は、右衛門作像と違って、「屈辱の苦汁」をさほど感じさせない。むしろ堀田は、ゴヤの不遜さ、したたかさを強調し、ゴヤを宮廷画家らしからぬ宮廷画家として描いている。

堀田は、ゴヤが描く権力者の肖像画に、権力者に対する追従の姿勢が欠落していることをくり返し指摘している。その筆頭は『カルロス四世家族図』（一八〇〇年）であろう。堀田はこの家族図に、「公式画家としての対象に対する儀礼、敬意、鑽仰などの放棄」（全集一一巻、五一七頁、傍点堀田）と対象に対する鋭い観察眼を見出し、「首席宮廷画家として、公式の仕事をしながらも、彼は彼自身で見たものだけを表現している」（同、五一九頁）と論じている。また、『王立フィリピン会社総会』（一八一五年）について、この絵画が「公式の注文画」ながら、王を含む理事、株主に対する尊敬を欠いていること、「死ぬほど退屈し切っているブルジョアたち」の姿をリアルに描いていることを指摘している（全集一二巻、三〇九―三一〇頁）。つまり、堀田の見るところ、ゴヤは聾者になって以後、公的な絵画においてもリアリズムの手法で対象にアプローチし、伝統的な絵画の規範を踏襲する姿勢や権力者を称える姿勢を後退させていた。

さらに堀田は、イギリス軍のマドリード入城後に描かれたウェリントンの騎馬像の下に別の人物の騎馬像が描かれていることに着目し、「塗り潰されたのがジョセフであってもゴドイであっても、ウェリントンに対する敬意などというものはゴヤの側には皆無と見える」（同、一七四頁）と述べ、権力者に対するゴヤの冷めた態度を読み取っている。ゴヤにおいて、宮廷画家であるが故に求められる王や貴族に対する臣従は、形式的に果たすべき義務の次元に矮小化されているかの如くである。

六　おわりに

本章では、堀田が『ゴヤ』において、乱世を生きた画家としてのゴヤをどのように描いたのかについて論じてきた。最後に本章の要点をまとめておきたい。

ゴヤが生きた乱世とは、ナポレオン戦争に端を発する、スペインにおける独立戦争以後の動乱の時代にあたる。堀田は、愛国心が歯止めのない戦争の暴力の原動力となったスペイン独立戦争に、二〇世紀に至る近代的な戦争の幕開けを見た。他方で、革命が他国への侵略を生み、また侵略軍に対する抵抗と勝利が専制政治を帰結した点に、スペインの乱世の悲劇的性格を認めた。こうした動向はスペイン国内においてナショナリズムと進歩主義を鋭く対立させ、開明派の知識人をジレンマに追い込むことになった。

絶望的な状況の下で、ゴヤは人間の狂気がもたらす醜悪な現実を正面から見据え、人間が人間に対して狼となる残虐な光景を容赦なく描いた。堀田は、乱世の現実を描いたゴヤの絵画を時代の証言として高く評価すると同時に、それらが既存の絵画と不連続であることを強調する。ヨーロッパにおける伝統的な絵画は美や理想を描くことを目的としており、とりわけゴヤの生きた時代のスペインでは古典的な美を規範とする新古典的主義が流行していた。また戦争画は、英雄の武勲や戦争の勝利を称えることを目的としていた。堀田は、ゴヤが宮廷画家でありながら既存の芸術の規範や様式から自由になりえた背景を、聴覚の喪失や乱世の時代経験そのものに加えて、寒村の鍍金師を父親とする出自に求めた。

こうしたゴヤ像は、『方丈記私記』における鴨長明像と重なる部分が少なくない。宮廷歌人であった長明は、出家によって「芸術のための芸術」に自足する傾向の強かった宮廷サロンから去り、『方丈記』において乱世の現実をリアルに記録にとどめた。他方で、堀田のゴヤ像は、『海鳴りの底から』における山田右衛門作像も想起させる。堀田は、島原天草一揆において真実を後世に伝えるため仲間のキリシタンを裏切った右衛門作の選択に、知識人の宿命を見た。堀田は宮廷画家として権力者に奉仕し続けることを代償とすることで時代の証言者となりえたゴヤにも、右衛門作と同様の知識人の宿命を認めている。ただし、『ゴヤ』では、ゴヤを宮廷画家らしからぬ宮廷画家として描き、権力に対する内面的な追従を拒むようなゴヤのしたたかさも強調している。

第四章　モンテーニュ
――『ミシェル　城館の人』――

一　はじめに

堀田善衞は、最晩年にフランスの思想家ミシェル・ド・モンテーニュの評伝『ミシェル　城館の人』（全三巻）を集英社より上梓している（一九九一、九二、九四年）。一六世紀フランスの宗教戦争の時代を生きたモンテーニュは、西行、鴨長明、藤原定家、ゴヤと同様に、紛れもなく乱世を生きた作家・芸術家の一人である。

堀田は、『ミシェル　城館の人』連載中に行われた講演において、[1]『方丈記私記』、『ゴヤ』、『定家明月記私抄』について、いずれも「戦時中に背負い込んだテーマ」を作品化したものだと述べている。他方、『ミシェル　城館の人』については、「戦時中の自分というものからやっと解放されたのは、今書いているモンテーニュ（略）ですね。もちろん、戦時中にも少しはモンテーニュのものは読みましたけど、その時代に背負い込んだテーマではなくて、私がある一定の年齢、たとえば七十歳を越えると、もくもくと胸の中に湧き上がってくる人物、それがモンテーニュだったわけです」と語っている。[2]

とはいえ、堀田にとって戦争体験はモンテーニュ論と無関係であったはずはなかろう。その証と言うべきか、『時間』（新潮社、一九五五年）には、南京事件の際に日本軍の蛮行を目撃する主人公の陳英諦が、宗教戦争の時代を生きたモンテーニュが「劫掠の市街に住して自家の扉を開け放していた」ことを想起しつつ、『エセー』の一節を引用するくだりがある（全集二巻、三〇八頁）。

ところで、日本が「十五年戦争」を戦っていた時期には、宗教戦争をファシズム台頭の時代状況と重ねながら、モンテーニュを始めとするユマニスムの思想家にアクチュアルな関心を寄せる動きが国内外に見られた。本章では、ファシズムと第二次大戦の体験を背景として書かれた渡辺一夫とシュテファン・ツヴァイクのユマニスム論を、堀田のモンテーニュ論を検討するうえでの補助線としてみたいと思う。

渡辺一夫は、『フランス・ユマニスムの成立』（岩波書店、一九五八＝二〇〇五年）の序章「ユマニスムという語について」において、ドイツにおけるヒトラーの政権獲得から第二次大戦開始に至るフランスにおいて、「ユマニスム humanisme についての論議が盛んになり、破滅しようとする世界の救済法を、ユマニスムの再検討乃至ユマニスムの意義の拡充に求めようとした人びとが輩出し」（一〇頁）たことを想起している。

渡辺自身、ファシズムが台頭する時代背景の下で、ユマニスムに深い関心を寄せた論者の一人だった。周知のように、渡辺はフランソワ・ラブレーを中心とするルネサンス期のフランス文学の専門家である。一九四〇年から東京帝国大学文学部フランス文学科で教鞭をとった渡辺について、戦時中、医学部の学生でありながらフランス文学科の研究室に頻繁に出入りしていた加藤周一は、自伝『羊の歌――わが回想』（岩波書店、一九六八年）において、「私がいちばん強い影響を受けたのは、おそらく、戦争中の日本国に天から降ってきたような渡辺一夫助教授からであったにちがいない」（一八四頁）と回想している。そのうえで、加藤は、渡辺による一六世紀のフランス文学に関する研究が極めてアクチュアルな意味を持っていたことを次のように証言している。

その「一六世紀」は、綿密周到に調べられていただけではない。まさにそれは、宗教戦争の時代であり、異端裁判の時代であり、観念体系への傾倒が「狂気」にちかづいた時代であって、従ってまた何人かのユマニストたちが「寛容」を説いてやまなかった時代でもあった。すなわち、遠い異国の過去であったばかりでなく、また日本と日本をとりまく世界の現代でもあった。資料の周到な操作を通して過去の事実に迫ろうとすればするほど、過去のなかに現在があらわれ、また同時に、現在のなかに過去が見えてくるということを、渡辺先生は身をもって、私たちに示していた。（『羊の歌』、一八五頁）

ところで、渡辺は先述の『フランス・ユマニスムの成立』の序章において、一九三六年に、「痴愚狂信の敵であったユマニストの王者」であるところのネーデルラント生まれのデシデリウス・エラスムスの没後四〇〇年祭がヨーロッパ各地で行われたこと、ほぼ同時期にエラスムスに関する優れた研究書が多数上梓されたことを指摘している。さらに渡辺は、同書の註において、そうした研究書の一つとして、シュテファン・ツヴァイク『エラスムスの勝利と悲劇』のフランス語版を挙げている。

ツヴァイクはユダヤ系オーストリア人の作家であり、自伝『昨日の世界』（全二巻、原田義人訳、みすず書房、一九七三年）に詳しく書かれているように、第一次大戦時、ロマン・ロランと同様スイスに亡命し反戦の立場を貫いた。戦後はオーストリアに帰国したが、ナチスの政権獲得後まもなくイギリスに亡命し、一九四二年に当時の亡命先のブラジルで自死した。日本で本格的にツヴァイクの翻訳がなされるのは戦後のことであるが、加藤周一や中村真一郎らの在学時に第一高等学校の教授だったドイツ文学者の片山敏彦は、ロマン・ロランと並んでツヴァイクに強いシンパシーを寄せていた(3)。中村真一郎は、ツヴァイクの自殺を「弱さからだと批判」したため、片山の「激怒を買った」と証言している(4)。

ツヴァイクは伝記文学の書き手として知られるが、ユマニスムに関する主な著作に、エラスムスを描いた『エラスムスの勝利と悲劇』(5)（一九三四年）、ジャン・カルヴァンに対するセヴァスチャン・カステリオンの闘いを描いた『権力とたたかう良心』(6)（一九三六年）があり、さらに絶筆となったモンテーニュの評伝「モンテーニュ」(7)（一九四二年）もある。二度の世界大戦とファシズムの時代を生き、その途上で果てたツヴァイクのユマニスムへの関心が、ツヴァイク自身の乱世における知識人としての生き方の模索と密接に関わっていたであろうことは想像に難くない。

以下、第二節、第三節では、渡辺一夫とツヴァイクが描くユマニストを乱世を生きる知識人像として捉えながら、彼らがユマニスムにどのような現代的意義を認めたのかを検討する。第四節以下では、堀田のモンテーニュ論について検討することとしたい。

二　渡辺一夫のユマニスム論

まず、渡辺一夫のユマニスム論について検討する。渡辺の著作の多くはルネサンス期のフランス文学に関するものであるが、本節では、そのうちフランス・ユマニスムを概観した前掲『フランス・ユマニスムの成立』によりながら、渡辺のユマニスム理解を明らかにしたい(8)（引用は同書により、該当箇所の頁数を本文中に明記する）。

渡辺によると、ユマニスムとは、「信仰と理性・思想と人間との課題を近代世界の人びとに提出」したルネサンス期の運動である(9)（四―五頁）。渡辺によれば、ユマニスムは「思想」ではない。ユマニスムとは、「人間が自分の作ったもの（制度・思想・機械・技術）を使い切れず、逆に使われる恐れはありはせぬか？　その結果避けられる筈の悲惨や危機にも陥るのではないか？」と問いかける「自己批判の精神」である（二一四―二一五頁）。

渡辺は本書において、この批判精神を象徴する一節、「それはキリストと何の関係があるか？(Quid haec ad Christum?)」にくり返し言及している。この一節は、「それはヘルメス（メルクゥリウス）と何の関係があるのか？（Qui haec ad Mercurium?）」を換骨奪胎したもので、「本義を逸脱した虚構事」に陥ることを防ぐべく「自粛自戒を要求」する（二四頁）。この一節に「キリスト」という言葉が用いられているのは、当時のユマニストの中心的な関心がキリスト教の問題であったためであるが、渡辺は「キリスト」という言葉を「完全なもの・根本的なもの・正しいものの象徴」の意味に解するべきだとしている（二四頁）。たとえば渡辺は、ラブレーが『パンタグリュエル』において、「根本・原初の精神を忘れはてて、枝葉末節に走る法律学者」を痛烈に皮肉った場面に、ラブレーによる「それはキリストと何の関係があるか？」の問いかけを見て取っている（二〇頁）。

ところで、『フランス・ユマニスムの成立』は、題名から受ける印象とは異なり、フランスにおけるユマニスムの勃興を跡づける著作ではない。むしろ同書が描き出すのは、フランスにおけるユマニスムの凋落・挫折の過程であると言ってよい。まず、同書の第一章「一五一七年」では、フランスにおける新しい教育機関へのエラスムスの招聘計画とその頓挫が描かれる。言うまでもなく、一五一七年はルターが宗教改革の狼煙を上げた象徴的な年でもあり、渡辺は一五一七年を起点として、宗教改革の進展がフランスにおけるユマニスムをいかにして挫折に追い込んだのかを詳しく描くことになる。

といっても、宗教改革とユマニスムはルネサンスが生んだ「双生児」であり、当初より対立関係におかれていたわけではない。エラスムスが『痴愚神礼賛』において腐敗した教会制度を痛烈に批判したように、そして「エラスムスの産んだ卵をルターが孵した」という言葉が示唆するように、ユマニスムは宗教改革を促進する役割を果たした。しかしながら、宗教改革の動きがカトリックとプロテスタントの分裂を帰結し、またプロテスタントが自らの教義を絶対化しそれに従わない者に「異端者」の烙印を押すようになり、さらにカトリックとの間で血で血を洗う戦争を展開するに至って、ユマニスムは宗教改革と訣別する。他方で、一部のユマニストは教会との対決姿勢を強めつつ急進化し、ある者はフランスを去り、またある者は教会による異端者追及の犠牲となった。

その典型はジャン・カルヴァンである。本書を締めくくる第七章と第八章はそれぞれ「ジャン・カルヴァンの出発」、「ジャン・カルヴァンの回心」と題され、カルヴァンがいかにしてユマニスト的立場から戦闘的なプロテスタントに転換したのかが辿られる。渡辺によれば、一五三〇年代初頭のカルヴァンは、セネカ『寛容について』の校訂註解本を上梓したことが示すとおり、「旧教会側からのユマニストや新教徒弾圧に対して、「寛容」を説く若いユマニスト」（一七六頁）だった。ところが、一五三三年のニコラ・コップ事件（パリ大学総長ニコラ・コップの演説がルター主義的として告発された事件）以後、「急速に旧教会を離れ始め、いずれ旧教会と激突し、更に己の理想の達成のためには、不寛容と罵られても、これに甘んじ、己の理想の進行を阻害する者は、誰であろうとも、これを「異端者」として告発する冷厳な宗教改革者としての道を徐々に辿り始め」た（一七六頁）。

一五三四年、カトリックのミサを誹謗する檄文が撒き散らされる檄文事件が発生し、フランソワ一世が寛容政策を転換すると、カルヴァンはフランスを去り、三六年にバーゼルで『キリスト教綱要（教程）』を発表する。まもなくジュネーヴに移り厳格な神権政治を実施するカルヴァンは、一五四四年には『ニコデモス派の諸君に対するジャン・カルヴァンの弁明、カルヴァンの度を越えた厳しさについて彼らが行える訴えについて』という小冊子を上梓し、ユマニストに対して「絶縁状」を叩きつけた。

カルヴァンが『キリスト教綱要（教程）』を発表した一五三六年は、奇しくもバーゼルにおいてエラスムスが世を去った年でもあった。晩年までユマニスムの理念に忠実であり続けたエラスムスは、キリスト教の分裂とユマニストの急進化が進むに従い、カトリック側からもプロテスタント側からも白眼視され孤立を深めた。さらに渡辺は、一五三六年以後のフランスの歴史を、「旧教会と新教会との双方の狂信主義と王公の野望とが絡み合った結果起ったとも言える宗教戦争（ユグノー戦争）の血を以て血を洗うような現実で点綴される」と概観しつつ、ユマニスムが辿った末路を、「ユマニスムは、その兄弟であった宗教改革から見棄てられ、その母であったとも言える旧教会（カトリック教会）からは白眼視されるような事態へ、追い込まれるにいたり、謂わば見る影もない姿になったかに思われる」と書いている（二五―二六頁）。

だからといって、渡辺は乱世におけるユマニスムの無意味・無効を結論づけるわけではない。渡辺は、ユマニスムがユマニスムであり続けるためには、狂信と暴力に対して「格闘」することはできず、「ただ隠忍するだけの道しかない」（一五一頁）ことを率直に認めつつ、「ヨーロッパの一角に、Quid haec ad Christum? と呟き続けていた」（一一三頁）エラスムスの態度を是としている。

なぜなら、よく知られた渡辺の評論「寛容《トレランス》は自らを守るために不寛容《アントレランス》に対して不寛容《アントレランス》になるべきか」（一九五一年、発表媒体不明）において詳述されるように、「不寛容に報いるは不寛容を以てすることは、寛容の自殺であり、不寛容を肥大させるにすぎない」（『渡辺一夫著作集（増補版）』第一一巻、筑摩書房、一九七六年、一七一―一七二頁）からだ。とはいえ、「寛容」は必ずしも「不寛容」の歯止めとなりうるわけではなく、短期的に見れば、「敵に刃を振るわせるだけであることがままあり得る」（前掲『フランス・ユマニスムの成立』、一八二頁）。しかし渡辺は、長期的な観点によりながら、「たとえ不寛容的暴力に圧倒されるかもしれない寛容も、個人の生命を乗り越えて、必ず人間とともに歩み続けるであろう」（「寛容《トレランス》は自らを守るために不寛容《アントレランス》に対して不寛容《アントレランス》になるべきか」『渡辺一夫著作集（増補版）』第一一巻、一七二頁）と期待する。このような渡辺のユマニスム評価は、ルネサンス期のフランス文学の研究のみからではなく、狂信が支配する中でユマニスムの精神に深い共感を寄せた「十五年戦争」期の渡辺自身の体験を通じて確立されたものと言えよう。

三　ツヴァイクのユマニスム論

次に、ツヴァイクのユマニスム論について検討する。第一節で述べたように、ツヴァイクのユマニスムに関する主な著作には、前掲の『エラスムスの勝利と悲劇』と『権力とたたかう良心』がある。この二つの著作はそれぞれ、乱世を生きたエラスムスとセバスチァン・カステリオンの人生をドラマティックに描いた伝記文学である。本節では、これらの著作によりながら、ツヴァイクの描くユマニスト像を明らかにしたい（引用の際は本文中に頁数を明記する）。

『エラスムスの勝利と悲劇』は、一四六六年にロッテルダムに司祭の私生児として生まれ、一五三六年にバーゼルで没したエラスムスの類稀な生涯を描いた伝記である。まずはエラスムスの今日的意義を語ったツヴァイク自身の言葉を引用しておこう。

だからまず明確に、要約して言っておくべきであろう――この偉大な忘れられた人、ロッテルダムのエラスムスを今日なお、いや今日こそ、われわれにとって貴重な存在にするゆえんのもの、すなわち彼が西欧のすべての著作家や創作家のなかで最初の自覚したヨーロッパ人、最初の戦闘的な平和愛好者であり、人道主義《ヒューマニズム》的な理想、世界と精神を友とする理想のための最も雄弁な代言者であったということを。さらに、彼がわれわれの精神的世界の、より公正で和解的な形成のための闘争にあたって、つねに敗北の人でありつづけたということを。（七―八頁）

右の引用が示すように、ツヴァイクによれば、エラスムスは、人類（ヨーロッパ）統一の理想を提唱した偉大なユマニストであった。にもかかわらず、ツヴァイクがエラスムスを「敗北の人」と呼ぶのはなぜか。それは、高邁なユマニスムの理念がヨーロッパを席巻し、そのチャンピオンであるエラスムスが比類ない名声を獲得した直後に、宗教改革の波が押し寄せ、妄想と狂信がヨーロッパを覆い尽くすに至ったためである。新旧両派の対立は、「どの国、どの町、どの家、どの家庭、どの心をも縦断」し、「およそいかなる安全な局外の立場をも許さない」ほどヨーロッパ社会を根深く分裂させた（一六頁）。然るに、エラスムスは、いかなる党派にも与せず、どこまでも自由と独立を貫き孤独に世を去った。ツヴァイクは、分裂した世界において不偏不党を貫くことが「最も勇気と実力と道徳的決断とを必要とする」（一七頁）ことを指摘し、エラスムスの生き方に深い共感を示す。

といっても、エラスムスは行動の人ではなかった。ツヴァイクによれば、エラスムスは、対立する人々を統一、和解させるためであっても、決断し行動することを忌避した。ツヴァイクは、エラスムスが一五二一年にヴォルムスの帝国議会への参加を拒み、そのことによって、ルターの教会からの離反とその結果としての宗教戦争を阻止する機会を逃したことを指摘する。ツヴァイクによれば、エラスムスは、「世界的時間にあたってその本性、その実力、その現存のすべてを自分の確信に賭けることをしなかった」（一四五頁）。一五三〇年のアウクスブルクの帝国議会においても、エラスムスは助言者・仲介者として参加を求められながら、それを拒んだ。ツヴァイクによれば、この議会は新旧両派を和解に導く最後の機会、すなわち「つぎの幾世紀の推移をうちに孕んだ、あの呼びもどすべもない歴史的な機会の一つ」（一九二頁）だった。

ツヴァイクは、決断と行動を回避したエラスムスの臆病と小心を、「騒乱に際して蝸牛の殻のなかへ、すなわち書斎のなかへ引きこもろうとする」（五九頁）と表現する。そして、次のように言う。

> 運命を妊んだ瞬間にエラスムスを眺めることは、ほとんど苦痛にちかい。というのも、彼はせっぱづまるやいなや急いで危険地帯から抜けだし、無責任な「かりに……」とか「ただし……」とかで、あらゆる決断からの退却を援護し、肯定《イエス》と否定《ノオ》のあいだを揺れうごき、味方を混乱させ、敵方を憤激させる。（同）

もっとも、ツヴァイクによれば、エラスムスが「決断を本能的に嫌う」のは、自己にのみ忠実であろうとする独立心の反面である。またツヴァイクは、ルター流の勇気と革命的な行動が本質的にユマニストのものではないこと、「人文主義はその本質上、けっして革命的なものではない」（七七頁）ことも理解している。ツヴァイクによれば、「人文主義的理想」は現実化されない超越的な理想である点において、世代を超えて特別な力を発揮する。ツヴァイクは言う。「現実化によって消耗したり妥協したりしない理想だけが、人倫衝動の元素として、あらゆる新世代のうちに働きかけることをやめない」（二〇八頁）、と。

とはいえ、本書のいたる所にツヴァイクのもどかしさ、歯痒さがにじみ出ていることも確かだ。ツヴァイクは、ファシズムが猛威を奮うヨーロッパにあって、人間の理性を信じ人類の統一を説いたエラスムスの思想の深い意味を噛みしめつつ、行動を避け権力との対決を回避したエラスムスの穏健さ、慎重さの限界も痛感しつつあったのではないだろうか。(10)

『権力とたたかう良心』の冒頭部分では、ツヴァイクは、エラスムスのみでなく、ラブレー、モンテーニュの名前も挙げながら次のように述べている。(11)

しかしこれらの人文学者《フマニスト》たちは、真実をちゃんと知っていながら、その真実のためにたたかおうとはしなかった。ほとんどたいていの場合、人生における役割というものはわかれていて、知っている者は行動する者ではないし、行動する者は知っている者ではない。これらの悲劇的で悲嘆にくれた人文学者《フマニスト》たちはみな、読む者の心をゆり動かすような美しい手紙をやりとりし、ドアを閉ざした書斎の中で嘆き悲しんではいたが、誰ひとり戸外に出て反キリストに戦いを挑む者はなかった。（略）世のなかの体験をかさねて用心ぶかくなった彼らは、賢者はこんな気ちがいどもを相手にして争ったりするものではなく、自分自身がつかまって犠牲にささげられないように、こんな時代にはむしろ背後にひっこんでいた方がいいと考えたのであった。（一六―一七頁）

ただし、ユマニストの中に一人の例外がいたことをツヴァイクは見逃さない。セバスチァン・カステリオンである。フランス生まれの神学者であるカステリオンは、一五五三年にミシェル・セルヴェートがカルヴァンによって異端として焚刑に処せられるや、寛容の立場からカルヴァンを公然と批判した。ツヴァイクによれば、狡猾なカルヴァンはバーゼルにいるカステリオンを陥れるため様々な画策を行ったが、カステリオンは憔悴して命を落とし、カルヴァンによる逮捕を免れた。カステリオンはカルヴァンとの闘いに文字通り命を賭けたのである。

ジュネーヴにおけるカルヴァンの権力掌握から書き起こされる『権力とたたかう良心』は、一五五三年におけるセルヴェート焚刑事件とその結果ひきおこされたカルヴァンとカステリオンの対決をドラマティックに描いた作品である。ツヴァイクによれば、セルヴェート焚刑事件は、「宗教改革派の最初の「宗教的殺人」」であり、「宗教改革運動本来の根本思想の最初の公然たる否定」であった（一八六頁）。渡辺一夫はカルヴァンによるユマニスムの放棄が不寛容な時代状況によるものであったとして、カルヴァンに一抹の同情を示したが、ツヴァイクは異なる。本書において、セルヴェートの逮捕・投獄・処刑を教唆したカルヴァンは、異なる意見を持つ者を暴力的に排除しようとする冷酷無比な独裁者としてもっぱら否定的に描かれる。

他方でツヴァイクは、「権力とたたかう良心」であるところのカステリオンの闘いぶりを絶賛する。カステリオンの闘いについて、ツヴァイクが強調する点は次の二点である。第一に、寛容の理念に基づく不寛容に対する闘いであること。第二に、党派に属さぬ個人による孤独な闘いであること。国家権力をバックにしたカルヴァンと孤独なカステリオンの闘いは、圧倒的に非対称的であった。しかも、カステリオンは元来闘いを好む殉教者的な人物ではなく、平和を愛する人物であった。ツヴァイクは次のように述べている。

あらゆる思想上のたたかいで最もすぐれた戦士となるのは、軽率に、夢中になって戦闘をはじめるひとびとではなく、長いあいだためらっているひとびと、心から平和を愛しているひとびとがゆっくりと時間をかけてその決意をかためたときである。（二〇一頁）

不遍不党の立場に立ち、不寛容に対して寛容を主張したカステリオンは、典型的なユマニストであった。しかも、いかによく闘ったとはいえ、カステリオンは敗北するべくして敗北した。その意味において、カステリオンとエラスムスの差は、さほど大きくない。

渡辺が論じたように、ユマニストによる「寛容」の主張は、「不寛容」が支配する乱世において、「敵に刃を振るわせるだけであることがままあり得る」。しかし、ユマニスムは、「個人の生命」を越えて「人間とともに歩み続ける」。ツヴァイクも『権力とたたかう良心』の最終節において、カステリオンの功績が「死後二、三十年のあいだ」忘却されていたこと、しかし、やがてカルヴィニストの牧師の間で再評価が開始され、一七世紀には著書が復刊されセンセーションを巻き起こしたと記している。

四　モンテーニュとフランス宗教戦争

随分と回り道をしてしまったが、本節より堀田善衞のモンテーニュ論に入りたい。堀田のモンテーニュ論は、月刊の文芸雑誌『すばる』（集英社刊）に連載後（一九八八年一一月号から一九九三年一〇月号まで)、『ミシェル　城館の人　第一部　争乱の時代』、『ミシェル　城館の人　第二部　自然　理性運命』、『ミシェル　城館の人　第三部　精神の祝祭』として上梓された(集英社、一九九一年、九二年、九四＝二〇〇四年、全集未収録)。モンテーニュの誕生から死までを時系列的に辿った『ミシェル　城館の人』は、ミシェル・ド・モンテーニュのユニークな評伝とも『エセー』論とも言うべき著作である(12)。

ここでモンテーニュの人生を概観しておきたい(13)。モンテーニュは、一五三三年にギュイエンヌ地方にあるモンテーニュの城館に貴族の長男として生まれた。幼い頃に家庭でエラスムス流の英才教育を受けた後、ボルドーのギュイエンヌ学院に入学し、古典語・古典文学を学んだ。一五四八年に同学院の学士課程を修了し、五一年頃パリに遊学した。その後故郷に戻り、一五五五年から五七年までペリグー市の租税法院審議官を、五七年から七〇年までボルドー高等法院の評定官を務めた。

一五七一年、高等法院評定官の職を友人に譲って引退し、故郷の城館に隠棲した。人口に膾炙した隠遁者としてのモンテーニュのイメージは、四〇歳になる前に官職を退き、母屋から切り離された塔の三階にある書斎にこもって思索と執筆に専念する生活を始めたことに由来している。他方でモンテーニュは、一五七一年にシャルル九世よりサン＝ミシェル首飾勲章を授与され、次いでフランス王室伺候侍従武官に任命された。堀田は首飾勲章の叙勲について、「法官職を引退した後の、公的生涯の開始をさえ表徴していた」(第二部、九九頁)と評している。さらに、一五七七年にはナヴァール王室伺候侍従武官にも任命された。

一五八〇年、七二年より執筆を開始した『エセー』全二巻の初版本を刊行する。ほどなくしてモンテーニュは、スイス、ドイツを経てイタリアへと向かう一七ヵ月間にわたる長期の旅に出る。その旅の途上にあった一五八一年、ボルドー市参事会からボルドー市長に任ぜられた旨の通知を受け、帰郷後、二期四年間ボルドー市長を務めた。他方、ライフワークとなった『エセー』は、初版出版後順調に版を重ねていたが、一五八八年、第一巻、第二巻の増補版と第三巻を併せた第四版が刊行された。その四年後の一五九二年、モンテーニュは宗教戦争の終結を待つことなく、五九歳で死去した。

『ミシェル　城館の人』の特徴の一つは、モンテーニュの人生とクロスさせる形で、当時の時代背景、特にフランスの政治状況が克明に辿られる点にある。モンテーニュが生きた時代は宗教改革を大きな要因とする政治の動乱期であった。ここでフランスの宗教改革の動向について、少し詳しく見てみたい。

フランスの宗教戦争（ユグノー戦争）[14]は、第一次から第八次までの戦争からなるが、第一次宗教戦争の開始は一五六二年、第八次宗教戦争の終了は一五九八年である。つまり、モンテーニュの後半生は宗教戦争の時代と重なっていた。もっとも、前半生も平和な時代だったわけではない。一五一七年にドイツでルターが宗教改革の狼煙を上げて以来、フランスにもルター派に呼応する動きが生まれ、さらに一五五〇年代には、ジュネーヴを拠点とするカルヴァン派の勢力が急速に拡大した。こうした改革派の動きに対する教会、守旧派の反発は日増しに強まり、プロテスタント（ユグノー）に対する熾烈な弾圧が行われた。フランソワ一世は当初改革派に対して寛容な態度をとったものの、一五三四年の檄文事件を機に大きく政策を転換した。深刻化した新旧両派の対立は、国家間の対立とも結びつき、やがて内戦へと発展する。

フランスの宗教戦争の中心的な担い手は、各地に勢力を持つ大貴族だった。とりわけ、シャンパーニュ、ブルゴーニュを拠点とするギュイーズ家がカトリックの核となり、ラングドック、プロヴァンス、イル・ド・フランスを拠点とするモンモランシ家と南西部を拠点とするブルボン親王家がユグノーの核となった。弱体化した王室は両派のバランスをとるため、プロテスタントに対する融和と弾圧をくり返した。その采配を振るったのはカトリーヌ・ド・メディシスである。故アンリ二世（在位一五四七―五九年）の妃であったカトリーヌは、長男のフランソワ二世（在位一九五九―六〇年）の死後、一〇歳で即位した三男のシャルル九世（在位一五六〇―一五七四年）の摂政となった。

第一次宗教戦争は、一五六二年の正月勅令（プロテスタントに対する宥和政策）に不満を持つギュイーズ公らが礼拝中のプロテスタントを虐殺した事件（ヴァシーの虐殺）を発端とする。以後、新旧両派は王室を間に挟んで断続的に血みどろの抗争をくり広げた。最も血腥い事件は、一五七二年に勃発した聖バルテルミーの虐殺である。プロテスタントのアンリ・ド・ナヴァールとカトリックの王妹マルグリットの婚礼の折、モンモランシ家のコリニー提督を始め多くのプロテスタントが虐殺された事件である。この事件はカトリーヌによる陰謀とされるが、当初の計画ではコリニー提督のみが標的とされていた。しかし、カトリーヌの思惑を越えて虐殺の規模は拡大し、パリから地方へも波及して多数の犠牲を生んだ。この事件はプロテスタントの急進化をもたらし、第四次宗教戦争の引き金となった。

一五八四年、ヴァロア家におけるアンリ三世（在位一五七四―八九年）の唯一の王位継承者であった王弟のアンジュー公が没すると、宗教戦争は新たな局面を迎える。サリカ法の定めにより、ブルボン親王家の筆頭であるナヴァール公アンリが王位継承者となったのである。プロテスタントによる王位継承に反発するカトリック教徒は、一五八五年、王位に野心を持つギュイーズ公を中心に旧教同盟を結成した。アンリ三世は勢いを増す旧教同盟に対して全面的な譲歩を強いられ、プロテスタントの全特権を廃棄するヌムール協定への調印を余儀なくされた。その結果、国王アンリ三世、ギュイーズ公アンリ、ナヴァール公アンリによる「三アンリの戦い」とも呼ばれる第八次宗教戦争が開始される。旧教同盟は王室に対する攻勢を強め、一五八八年には旧教同盟が掌握したパリにおいて王に対する反乱が生じ、アンリ三世がパリから敗走する事件が発生した。一五八八年末、アンリ三世は王権の回復を求めてギュイーズ公を殺害したが、翌八九年にカトリックの修道士に殺害された。アンリ三世の死後、ナヴァール公がアンリ四世（在位一五八九―一六一〇年）として王位を継承したものの、プロテスタントと旧教同盟の戦争は続いた。一五九三年にアンリ四世がカトリックに改宗し、一五九八年にナントの勅令（プロテスタントに対する信仰寛容令）を発布して宗教戦争に終止符を打った。

次に、モンテーニュと宗教戦争との関わりについて簡単に述べておきたい。先述したように、モンテーニュの後半生は宗教戦争の時代と重なっていた。一五六二年以降フランス全体が内戦状態にあったことに加えて、モンテーニュの公的な立場（ボルドー高等法院評定官、ボルドー市長、フランス王室およびナヴァール王室伺候侍従武官）は、彼を宗教戦争に深く関わらせずにはいなかった。後述するように、堀田のモンテーニュ論は、全体として、世俗と絶縁した隠遁者としてのモンテーニュのイメージを覆すものとなっている。

しかも、モンテーニュの住むフランス南西部はナヴァール公国にも近く、プロテスタントの拠点地域であった。堀田は、モンテーニュが「父祖の代からのカトリック教徒」でありながら、「プロテスタント勢力の圏内に城館があること、また家族や姻戚の中にもプロテスタント信仰に傾いている人が少からず存すること、また友人関係にもプロテスタントの友人が多数いた」（第三部、一二八頁）ことを指摘している。つまり、先述のツヴァイクの言葉を用いるならば、モンテーニュは、新旧両派の対立が「どの国、どの町、どの家、どの家庭、どの心をも縦断」し、「いかなる安全な局外の立場をも許さない」ほどフランス社会を深く分裂させたことを、極めて身近に感じていたと推測できる。(15)

五　『エセー』を読む

前節ではモンテーニュの生涯とフランスにおける宗教戦争の動向を概観したが、モンテーニュはフランス社会を二分した宗教戦争のただ中において、どのような思想を展開したのだろうか。(16)以下では、この点を『エセー』をめぐる堀田の考察に即して検討したい。

先述したように、『ミシェル　城館の人』は『エセー』論とも言うべき著作である。これは『エセー』を唯一の代表作としたモンテーニュ論の定石とも言えるが、『ミシェル　城館の人』の特徴は、『エセー』の引用が際立って多い点にある。(17)この点について堀田は、「筆者のつもりとしては、展覧会の絵のように引用の方が主であって、筆者のコメントは絵と絵の間をつなぐプロムナードというほどの心持ちなのであった」（第三部、七三頁）と、半ば居直るような弁明をしている。しかし、だからといってテキストの解釈、考察が手薄なわけではない。堀田は、『エセー』を丁寧に読みながらモンテーニュの思想のエッセンスを抽出し、それが乱世において持つ意味を巧みに浮かび上がらせている。

この点と関わる堀田の『エセー』解釈の特徴は、長期にわたって書かれた『エセー』にモンテーニュの思想の発展の軌跡を見出している点にある。先述したように、モンテーニュは一五七二年に『エセー』の執筆を開始し、八〇年に第一巻と第二巻を初版本として刊行した。以後『エセー』は、一五八二年、八七年に第二版、第三版と版を重ね、八八年には第一巻、第二巻の増補版と第三巻が第四版として刊行された。その後も『エセー』の改稿は継続され、モンテーニュの生前に決定版が出版されることはなかったものの、今日我々が手にする『エセー』には第四版以後の改稿も反映されている。[18] 堀田はこれらの点もふまえつつ、「モンテーニュの『エセー』なる、三巻からなる書は、彼の思想の発展、進化の過程を示すものだった」（第三部、二七四頁）として、特に第一巻、第二巻と第三巻の間にあるモンテーニュの思想の発展を読み取っている。『すばる』誌上の井上ひさしとの対談では、「もし『エセー』をお読みになるんだったら、第三巻目だけ読んで、第一巻目や第二巻目の半ばぐらいまでは、ひょっとしたら読まなくてもいいかもしれない」[19] とさえ述べている。それでは、『エセー』第三巻に結実するモンテーニュの思想の発展とはどのようなものだったのか。

堀田は、『エセー』の初期のテキストが、「いわば読書余録、身辺雑録の如きものであり、また珍奇な事件や奇怪な事例などのコレクシォンでもあり、それに彼自身のコメントを加えたといった程度のものであった。道徳の問題を扱ったものも少からずあったけれども、これも古代の哲学者の意見のコレクシォンにコメントを加えるというもので、いわば一種の訓話集類似のものであった」（第三部、二七三―二七四頁）と断じている。なお、右の引用文中に「古代の哲学者」とあるが、幼少期よりラテン語の英才教育を受けたモンテーニュはラテン語の古典的著作に通暁しており、『エセー』にもそれらの著作から多くの引用が行われていた。しかし堀田によると、初期のテキストでは先人の思想とモンテーニュ自身の思想が十分に結びついていなかった。堀田はこの点を、「他人の匂いがする」とするモンテーニュ自身の言葉を用いて否定的に捉えている。けれども第三巻になると、モンテーニュの思想と文体は「十分に融合」し、「エッセイ自体が〈他人の匂い〉をまったく感じさせず、ミシェル・ド・モンテーニュそのものとなる」（第三部、二三六頁）。

堀田によれば、モンテーニュに借り物の思想からの脱皮を促したものは懐疑主義だった。モンテーニュは、あらゆる事象を疑問に付す懐疑へと向かい（「私は何を知るか（Que sais-je?）」）、その帰結として、経験に基づく自己の判断に絶対的な自信を持つようになった。堀田は、モンテーニュにおいて懐疑は「判断停止の不毛の荒野」にとどまることなく、確実な判断に至るための方法へと転化されたと指摘する。

　思考と生活上の方法に転化した懐疑主義が、逆接的にも、とでも言うべきか、自己に対する自信を生むという幸福な結果を来たしたのであった。すなわち、彼自身の個人的経験に対しての自信を生んだのである。疑うことは、観察することであり、観察することは、観察する自己自身をも含めて、自分と人間世界のすべてを観察することでもあった。（第二部、四六〇頁）

堀田によれば、以後、モンテーニュの関心は自己自身をめぐる観察と描写へと向かう。自己自身の観察・描写を通じて真理の認識に至ろうとするモンテーニュの姿勢は、経験主義的な態度に加えて、自己の経験が他者のそれに通じているとする普遍主義も内包している。堀田は、「人間は誰でも自分のなかに、人の人たる条件の完全な形をそなえているのだ」（第三部、三三九頁）という『エセー』の一節を引用している。

ところで、堀田によれば、『エセー』の初期のテキストは「理性によって情念を抑える」ことを徳とするストア派の禁欲主義の強い影響を受けていた。『エセー』第一巻に収録されている「哲学とは如何に死すべきかを学ぶことである」と題した有名な章にもその傾向が見られる。しかし、第三巻になると、「ストア派の考え方は、すでにして断乎として拒けられる」（同、三六二頁）。先述の自己観察・自己描写も、禁欲主義からの解放を前提とした。堀田は、モンテーニュが性欲や性体験をあけすけに語っていることをくり返し指摘しているが、このことはモンテーニュが、人間の自然な性状を肯定する態度に転じたことの証と言える。

だからといって、モンテーニュは欲望を無制限に肯定したわけではない。堀田は、「われわれの欲望の競技場は、われわれにもっとも身近な都合不都合の狭い限界に制限されなければならない」（同、三八八頁）とする『エセー』の一節を引用している。とはいえ、後期のテキストでは、もはや欲望の制限は人間の自然に反する作為であるとはみなされない。モンテーニュは、ストア派的な「徳」によらずとも、「気質気性」によって過度な欲望や情念を「避ける」ことは可能であり、その方が望ましいと考えるに至る（同、三八九頁）。同様に、「死や苦痛と言った避けがたく宿命的な問題にしても、常住それにこだわりつづけて克服しようとして精神を鍛えるなどという、無理無体なことをせず、自然にまかせて身をかわすがよい」（同、三六四頁）という方向へと発想が転換される。

堀田は、右のような発想の転換と連動して、モンテーニュから「俗衆なるもの」に対する軽蔑の念が払拭されることにも注目している。モンテーニュは、庶民が労せずに情念を回避する術を身につけ、死の恐怖から自然に免れていることを見出す。そして、庶民の作為のない生き方は、結果として哲人のそれに通じていることに思い至る。モンテーニュによれば、「両極の地帯、すなわち哲人と田舎人は心の平穏と幸福の点で一致する」（同、三八九頁）。

堀田は、禁欲主義的なストア派の哲学から出発しつつ、ごく普通の庶民が体現するような人間の自然な姿を肯定するに至ったモンテーニュの思想の歩みを、「死の哲学から生の哲学へ」という言葉で意味づける。そして、モンテーニュが到達した境地を次のような言葉でまとめている。

彼が縷々《るる》説き明かしてくれたように、モンテーニュの道徳（morale）の目標は、生きること、〈人間の生活をその自然の性状にふさわしく営むことである。〉すなわち、精神、肉体、感覚、理性等々の、そのどれかを押えつけたり排除したりすることなく、そのすべてを十全に伸ばし、あらゆる方向に（略）展開せしめることであった。（同、三七八―三七九頁）

右のような考え方は、無為自然を是とする老荘思想を思わせるところがある。堀田は、異教徒的であったモンテーニュが、「オリエンタルな虚無感」（同、三七〇頁）を湛えた『伝道の書』を、聖書の中で唯一偏愛したことをくり返し指摘している。また右の引用は、モンテーニュが、精神、肉体、感覚、理性といった、人間に備わる様々な要素の調和を信じていたことを示唆している。この点は、『ミシェル　城館の人』第二部のタイトル「自然　理性　運命」に反映されている。堀田は、宮下志朗との対談において、「ぼくがモンテーニュにいちばん惹かれるのは、自然、運命、理性、この三つの言葉をほぼ同じものとして使っていることなんです」と述べている[20]。

六　乱世との対峙

前節では、堀田による『エセー』の考察を通じて、モンテーニュが懐疑主義を経由して自身の経験に基づく判断に自信を持つに至ったこと、禁欲主義的なストア派の哲学を相対化し、節度やバランスを内在させた人間の本性を肯定するに至ったことを見た。ところで、こうした発想は、宗教戦争のただ中にあった同時代の現実とどのように関わるのだろうか。

第一に、モンテーニュの懐疑主義は、宗教戦争の時代に支配的であった教条主義や狂信的態度の対極に位置していた。モンテーニュは対立しあう党派やイデオロギーに与するどころか、それらのすべてから徹底した距離をとった。堀田はモンテーニュが同時代の制度やイデオロギーに対して、「如何なる幻想をももっていないということ、裸の目で事態を見ているということ」（第二部、二一三―二一四頁）を強調する。たとえばモンテーニュは、過激な筆致で法律や王の権威の空虚さを指摘し、宗教が悪徳を覆い隠す仮面にすぎないことを暴露している。やや長くなるが、堀田のテキストから『エセー』の関連箇所をいくつか孫引きする。

法律が信用をされるのは、それが公正であるからではなくて、それが法律であるからである。（同、二一四頁）

皇帝（複数）の精神も靴屋の精神も、同じ鋳型で出来ている。（略）われわれに隣り近所と喧嘩をさせるのと同じ理由が、王侯たちに戦争をさせるのだ。われわれに召使を鞭打たせるのと同じ原因が、王にある地方を滅亡させるのだ。（同、二一二頁）

私は明らかに知っている。われわれが信心のために捧げるお勤めは、自分の情念を喜ばせるためのものでしかないことを。キリスト教徒の敵意ぐらい激しいものはどこにもない。われわれの信心は、われわれの憎しみや、残虐さや、野心、貪欲、中傷、反逆への傾きを助長するときには驚くべき力を発揮する。逆に、親切や、好意、節制への傾きを助けるときには、まるで奇蹟のように、何かの稀な性格にでもうながされない限り、歩きもしなければ飛びもしない。

われわれの宗教は悪徳を根絶させるために作られたのに、かえって悪徳をはぐくみ、養い、かつ掻きたてている。（同、四三三頁）

さらにモンテーニュは、奇蹟や魔法に対しても懐疑の目を向ける。モンテーニュの生きた一六世紀は魔女狩りの全盛期でもあり、狂信的な態度と迷信が密接に結びついていた。堀田によれば、モンテーニュは、常識的かつ合理的な判断によりながら奇蹟や魔法の存在を疑い、またそれらを理由として他人の命を奪うことを批判する。

われわれの悟性が、調子の狂った精神の気まぐれから羽目をはずしたのだ、と考えることの方が、一人の人間が悪霊によって、箒《ほうき》にまたがって暖炉の煙突から生身のまま飛んで行った、などと考えるよりも、余程自然であろう。外部の、未知の幻想を探しまわるのはもうやめよう。われわれはそうでなくても、絶えずわれわれ自身の、内部の幻想にかき乱されているのだ。われわれは奇蹟を信じなくても許されると思う。（第一部、二九九頁）

人間を殺すには明白な証拠がなければならないし、われわれの生命は、こういう超自然の途方もない出来事の担保とするには、あまりにも実在的かつ実質的である。（第三部、三四八頁）

右の引用が示すように、モンテーニュは自明視されている様々な制度・イデオロギーに対して根本的な疑いを投げかけた。こうした姿勢は、渡辺一夫がユマニスムの本質とした、「それはキリストと何の関係があるか？（Quid haec ad Christum?）」と不断に問いかける「自己批判の精神」そのものと言える。

ところで、経験や常識に基づく価値判断は狂信や教条主義の歯止めとなる反面、保守的な態度を帰結しがちである。堀田は、終生カトリックにとどまり「新規なもの」や「変革」を嫌ったモンテーニュの保守性を否定しない。しかし、堀田はその保守性が、自身のそれと著しく異なる文化や意見に対する理解を妨げなかったことを見て取っている。

その一例は、新大陸の原住民をめぐる考察である。一五六二年、モンテーニュはルーアンで三人のブラジルの原住民と面会する機会を得た。堀田は、モンテーニュがこの経験を背景としつつ、ヨーロッパ人が自明とする「野蛮」の概念を相対化したことを指摘している[(21)]。他方で、モンテーニュの「健常な判断力」について論じた箇所で引用される次の一節は、人間の多様性を積極的に捉えるモンテーニュの姿勢を示すものとして注目に値する。

私は、自分の尺度で他人を判断するという、万人共通の誤りをまったくもち合わせていない。私は他人の中にある自分と違うものを容易に信用する。自分もある一つの型にしばられていると は思うけれども、皆のように、それを他人に押しつけることはしない。そして千もの相反する生き方があることを信じ、理解している。また一般の人々とは逆に、お互いの間にある類似よりも、差異の方を容易に受け入れる。（第二部、四六〇―四六一頁）

右の引用に見られる寛容な姿勢は、自己のそれと異なる見解を暴力的に排除する不寛容が社会全体を覆っていた宗教戦争の時代において、極めて稀有で貴重なものであったと言えるだろう。

このことと深く関わるが、堀田は、一五七〇年代初頭のヨーロッパ旅行の際、モンテーニュが、「通過、宿泊の如何を問わず、通った町村の宗教のことを必ず指摘し、両方の教会をも実際に訪ね、双方の司祭、牧師とも会話をかわし」（第三部、五〇頁）たとする指摘をしている。モンテーニュは生涯カトリック教徒であったが、信仰の自由を重んじ党派的な態度を憎んだ。堀田が引用する、「わが国の現在の混乱のなかにあっても、自分の利害のために、敵の誉むべき長所も、味方の咎むべき短所も見落しはしない。人々は自分の側のすべてを讃えるが、私は私の側の事柄の大部分を許すことさえもしない。よい著作は私の主義と反対のことを論じても、魅力を失わない」（同、一八八―一八九頁）という一節は、モンテーニュの中立、公正な姿勢を如実に示している。

しかし、党派に与することを嫌ったエラスムスがカトリックからもプロテスタントからも白眼視されたように、右のような態度はカトリックからもプロテスタントからも反発と誤解を招きがちであった。堀田は、「ギベリニ党からはグェルフィ党と見られ、グェルフィ党からはギベリニ党と見られた」という『エセー』の一節をくり返し引用している。

他方で堀田は、モンテーニュが寛容さ、公平さ故に、カトリーヌ・ド・メディシス、アンリ三世、ナヴァール公らの深い信頼を獲得したこと、そしてギュイーズ公とナヴァール公の、あるいはアンリ三世とナヴァール公の調停役を務めたことを指摘している。もっとも、モンテーニュが記録を控えたため、その内実の多くは不明であるようだ。堀田は、「彼の政治行動に関しては、まるで家つきの弁護士のように（守秘義務を守って）口を閉ざしてしまう」（同、三一四頁）とするギャレット・マッティングリーの言葉を引用している。ただ少なくとも、堀田はモンテーニュを、しばしばイメージされるように世俗と絶縁した隠遁者ではなく、王侯たちと密接な関わりを持ち、アドバイザー的な立場ながらハイポリティクスに関与した人物として描いている。

と同時に、堀田は、モンテーニュが公的任務に携わる際にも、そうした任務の中に自己を見失うことがなかったこと、すなわち公的な役割の外部に「私」の視点を維持し続けたことを強調する。たとえば堀田は、モンテーニュがボルドー市長時代を振り返りながら、「私は爪の幅ほども私からそれないで、公務にたずさわることが出来た」（同、一四三頁）と述べていることを指摘している。さらに堀田によれば、モンテーニュにおいては、王に対する態度さえもが「単純明快」で「実用主義的《プラグマティク》」だった。つまりモンテーニュは、王臣の果たすべき義務は王に対する「臣従や服従」のみであり、「尊敬」や「愛慕」ではないとする割り切った考え方を抱いていた（第三部、二五六頁）。さらに、「私の理性は折りかがむようには躾《しつけ》られていない。さらにそう躾られているのは私の膝である」（第二部、四八二頁）というよく知られた一節が示すように、モンテーニュは理性や良心を曲げて王に阿《おもね》ることを嫌った。このようなモンテーニュの独立自尊の精神は、人々が党派的立場の中に自己を埋没させていた乱世において稀有なものであったと言えるだろう。

七　おわりに

堀田は、モンテーニュがボルドー高等法院の評定官を退任した後も、フランス王室とナヴァール王室の侍従武官を務め、乞われるままに宗教戦争において対立する陣営の調停役を務めたことに注目している。また堀田は、モンテーニュが領主として、一五八一年から八五年まではボルドー市長として、領地や地域の安全と平和を守る任務を果たしたことにも目を向けている。これらの点において、堀田の描くモンテーニュは、よりアウトサイダー的で傍観者的な存在として描かれる西行、長明、ゴヤとは異なっている。とはいえ、第三者的な視点で乱世の現実を見つめたマージナル・マンであった点において、モンテーニュと他の三者は共通する。

ところで、定家も含めて、堀田の描く作家・芸術家は、いずれも時代の現実をダイナミックに動かす中心的な行為者ではなく、乱世という状況故に行動の可能性を極度に制限されたマージナルな存在である。ツヴァイクはエラスムス流のユマニスムが宗教改革の波に圧倒されたことを「悲劇」あるいは「敗北」として捉えていたが、むしろ堀田は困難な状況におかれた作家・芸術家の身の処し方と創作活動の意義を問うことに積極的な関心を向けた。ツヴァイクは、モンテーニュを念頭におきながら、「知っている者は行動する者ではないし、行動する者は知っている者ではない」と論じたが、堀田が描く作家や芸術家は明らかに、「行動する者」ではなく「知っている者」のカテゴリーに属する。堀田の関心は、彼らが乱世においていかに行動するかという点よりも、乱世の現実をどう認識するかという点に向けられている。その背景に、時局に対する強い批判を持ちながら、絶望的なまでに行動の可能性を欠いていた堀田自身の戦時中の体験を見ることは困難ではない。

ところで、行動の可能性の欠如は、必ずしも状況に対する客観的な観察や冷静な判断を導くわけではない。「十五年戦争」期の日本の知識人のケースを見れば明らかなように、むしろ様々なタイプのイデオロギーに絡め取られる場合が少なくない。であればこそ、堀田は、乱世を生きる作家や芸術家が、認識を歪め妨げる支配的なイデオロギーや思考の枠組みからいかにして自由になるのかという問題に強い関心を向けた。西行、長明、定家、ゴヤにとっての支配的なイデオロギーや思考の枠組みとは、主として文学や芸術の主題や表現技法であり、それらと結びついた美意識であった。モンテーニュの場合、それは古典的著作によって培われた教養であったと言うべきだろう。そして、伝統的な絵画の約束事から自由になり生の現実を直視しえた時にゴヤがゴヤになりえたように、古典的な著作の影響から自由になり己自身の視点を獲得した時にモンテーニュもモンテーニュとなりえた。

堀田は、長明やゴヤの作品について、天災や戦争といった乱世の現実が実存的な手ざわりを持って写しとられていることに着目し、それらが乱世の現実をめぐる記録の意味を持つことに大きな意味を見出した。ところが、モンテーニュによる『エセー』は同時代に発生した生々しい事件の記録とはなりえていない。たとえば堀田は、ボルドーに波及した聖バルテルミーの虐殺について、モンテーニュが「まことに見事なほどに一言も書いていない」（第二部、一九八頁）ことを指摘している。しかしながら、第六節で詳しく論じたように、モンテーニュもまた、長明やゴヤと同様に、いかなる幻想も介在させることなく、乱世の現実を「裸の目」で見つめていた。

他方で堀田は、モンテーニュが懐疑を推し進めた末に、認識の拠り所として自己を見出した点に注目した。乱世においていかに現実を認識するのかという問いは、そのような認識を可能にする自己をいかに担保するのかという問いと不可分である。また、この問いは乱世における知識人の生き方の問題にも密接につながっている。モンテーニュは乱世の現実から自己を自立させ、自己の判断を曲げることなく生きた。その意味において、『ミシェル　城館の人』は、自ら乱世を生き知識人の生き方を問い続けた堀田らしい作品と言えるだろう。

第Ⅲ部

アジア・アフリカ作家会議へのコミットメント

1956年12月、第1回アジア作家会議で議長を務める堀田善衞（県立神奈川近代文学館・堀田善衞文庫所蔵）

第一章　第三世界との出会い

一　はじめに

　堀田善衞は、日本近代文学史上屈指のコスモポリタンの作家である。堀田は、諸外国の歴史や文化について該博な知識を持ち、そうした知識をもとに多数の国際色豊かな作品を発表した。西洋文化が教養の中心を形成していた世代にあって、堀田に特徴的な点は、アジア・アフリカ諸国（第三世界）との深い関わりである。

　堀田の第三世界との関わりは、敗戦前後の中国体験に始まる。堀田は一九四五年三月末に上海に渡り、四六年末まで上海に滞在し、この体験をもとにして「上海もの」と言われる一連の小説を執筆した。一九五七年には中国を再訪し、過去の中国滞在についての回想を交えたエッセイ『上海にて』（筑摩書房、一九五九年）を上梓している。

　しかし、堀田が関わりを持った第三世界は中国のみでない。堀田は、一九五六年末から翌年初めにかけて第一回アジア作家会議に参加するためニューデリー（インド）に一ヵ月以上滞在した。以後アジア作家会議は、アフリカの作家も加わりアジア・アフリカ作家会議と名称を変えて活動を本格化するが、堀田は日本代表として大会や常設事務局会議などに何度も参加した。さらに堀田は、アジア・アフリカ作家会議日本協議会や日本アジア・アフリカ作家会議においても、長く中心的な役割を果たした。

アジア・アフリカ作家会議は堀田の第三世界との関わりにおいて中核的な位置を占め、堀田の思想、作品に大きな影響を与えた。本章では、堀田とアジア・アフリカ作家会議の関わりを明らかにしつつ、堀田が第三世界をどのように理解し、また思想化したのかを検討したい。さらに、堀田と第三世界とのユニークな関わりが、同時代の日本社会や日本と第三世界との交流史において、どのような意味を持つのかについても考察したい。なお、堀田と中国との関係については本章では詳しく論じない。中国については、アジア・アフリカ作家会議や中国以外の第三世界の国々と関わる範囲で記述する。

二　アジア・アフリカ作家会議とは何か

アジア・アフリカ作家会議とは、反帝国主義・反植民地主義を基調とした、アジア・アフリカ諸国の作家を担い手とする連帯運動である(1)。その端緒は、一九五六年一二月二三日から二九日にかけてニューデリーで開催された第一回アジア作家会議である。

一九五六年にアジア作家会議が開催された背景は以下のようなものである。第二次大戦後、アジア・アフリカの諸地域において、多くの民族が植民地支配を脱し次々と独立国家を形成した。一九五五年四月、新興国を中心に二九ヵ国の代表がインドネシアのバンドンに集い、アジア・アフリカ会議を開催した[2]。アジア・アフリカ会議は、反帝国主義・反植民地主義の立場に立つ第三世界の存在を国際社会に強く印象づけ、第三世界の連帯運動が活発化する契機となった[3]。アジア・アフリカ作家会議は、文学の領域における第三世界の連帯運動として位置づけられる。

インドの呼びかけで開催された第一回アジア作家会議には、ビルマ、セイロン、中国、北朝鮮、モンゴル、ネパール、パキスタン、シリア、イラン、エジプト、ソ連、ベトナム民主共和国、ベトナム共和国、インド、日本の一五ヵ国から一五〇名の代表が参加した[4]。続く第二回会議は、アフリカの作家が加わり、第一回アジア・アフリカ作家会議（以下、第一回大会）として、一九五八年一〇月七日から一三日までタシケントで開催された[5]。この第一回大会において、カメルーン、セイロン、中国、ガーナ、インドネシア、スーダン、インド、ソ連、アラブ連合、日本の一〇ヵ国の理事国によって構成される常設書記局をコロンボ（セイロン）に設置することが決定された（一九六一年一月開設）。その後、一九六一年三月二八日から三一日まで、東京で開催された緊急大会を経て[6]、一九六二年二月一二日から一五日まで、第二回アジア・アフリカ作家会議（第二回大会）がカイロで開催された[7]。

第二回大会後、アジア・アフリカ作家会議は大きな困難に直面する。ジャカルタ（インドネシア）で開催される予定だった第三回大会が、中ソ対立とインドネシアにおけるクーデターの影響により中止となったのである[8]。さらに、中ソ間の深刻な対立は組織を分裂させた。詳しい経緯は次章に譲るが、一九六六年にベトナム支援のための緊急集会が中国派とソ連派によって別々に開催されたことが、分裂を決定的なものにした。

緊急集会後、中国派は文化大革命の混乱の中で自然消滅した。他方のソ連派は、一九六七年三月二四日から二九日まで、第三回大会をベイルートで開催した(9)。第三回大会には、アジア、アフリカから四三ヵ国、ヨーロッパ、ラテン・アメリカからゲストとして一三ヵ国の作家が参加し(中国は不参加)、アジア・アフリカ作家会議憲章を採択し、文学賞(ロータス賞)の制定、機関誌(『アジア・アフリカ文学』として刊行、七号より『ロータス』と解題)の創刊などを決定した。

この後、運動は軌道に乗り、冷戦終結までコンスタントに集会、大会が開催された。一九六八年には九月二一日から二五日までタシケントで一〇周年記念集会が開催された(10)(第Ⅲ部第二章第四節参照)。その後、一九七〇年一一月一七日から二〇日までニューデリーで第四回大会が(11)、七三年九月四日から九日までアルマ・アタで第五回大会が(12)、七八年一〇月七日よりタシケントで二〇周年記念集会が、七九年六月二九日から七月三日までルアンダで第六回大会が(13)、八三年九月二六日から一〇月一一日までタシケントで第七回大会が(14)、八八年一二月八日から一一日までチュニスで第八回大会が(15)、開催された(16)。

三　アジア・アフリカ作家会議と日本

日本は、第一回アジア作家会議からこの運動に深く関わった。日本は、すべての大会に代表を送り(参加者については三三三頁の表を参照)、常設書記局設置後は常任理事国の一つとなった。かつての帝国主義国だった日本の立場は参加国の中でやや特殊だったが、堀田らの尽力もあり調整役として一定の役割を果たしたようだ。なお、先述のとおり第三回大会においてロータス賞が制定されたが、日本の作家では、野間宏、堀田善衞、小田実の三名が、それぞれ、一九七三年、七九年、八八年に受賞した。

窓口となる国内組織も生まれた。その契機は第一回アジア・アフリカ作家会議である。第一回大会に向けて、日本文藝家協会、日本ペンクラブ、新日本文学会、日本児童文学者協会、シナリオ作家協会、日本アジア・アフリカ連帯委員会などの団体が共同で日本連絡協議会（委員長は石川達三）を組織し、代表の選出や連絡を担った。第一回大会後、日本連絡協議会はアジア・アフリカ作家会議日本協議会に発展した（委員長石川達三、事務長堀田善衞）。

一九六一年三月に東京で開催された緊急大会では、[17]日本協議会は準備のため三三四名の個人会員と九団体を結集した。東京大会は日本協議会が飛躍的に発展する契機となり、緊急大会後の一九六一年一〇月には『アジア・アフリカ通信』が創刊され、[18]六二年よりアジア・アフリカ講座も開講された。

しかし、中ソ対立は日本協議会にも大きな混乱をもたらした。日本では、中ソ対立において当初中国側に肩入れした日本共産党が一九六六年に中国共産党と決裂したため、状況はより複雑だった。一九六七年七月三〇日、日本協議会は中国の立場を支持する委員の発議により総会を待たずに解散し、「北京派」、「自主独立派」、後述のリエゾン・オフィス（連絡事務所）の三派に分裂した。[19]

先述したように、一九六七年三月、アジア・アフリカ作家会議はソ連派により第三回大会を開催し再出発を図るが、国内では、日本協議会に代わって新日本文学会内におかれたリエゾン・オフィスがカイロの常設書記局との連絡役を務めた。この状態が第五回大会まで続いた後、一九七四年五月二五日に日本アジア・アフリカ作家会議が設立され（議長野間宏、事務局長堀田善衞）、一九八三年以降は

『アジア・アフリカ通信』第7号、1962年4月（アジア・アフリカ作家会議　カイロ大会特集号）表紙（日本近代文学館所蔵）

新たに機関誌も発行された[20]。

ところで、日本にとってアジア・アフリカ作家会議とはどのような存在だったのか。一九六〇年代半ばまで日本人が海外に行く機会は著しく制限されており、それはアジア・アフリカや共産圏の国々について顕著だった。そのため、アジア・アフリカ作家会議は日本人作家が第三世界と結びつく主要な回路の一つとなった。といっても、アジア・アフリカ作家会議における各国の作家間の関係は、個人間の関係というよりは国家間、組織間の関係という性格が強かった。だからこそ、次章で述べるように、アジア・アフリカ作家会議は国家間の政治によって翻弄された。

こうした限界はあるにせよ、第三世界との交流が極度に制限されていた時代にあって、日本人作家がアジア・アフリカ作家会議を通じて第三世界の作家と継続的に交流を持った意味は大きい。しかも日本では、原則として、この運動が単一の政治党派によってではなく、多様な文化団体や作家個人の結びつきによって推進されたことは高く評価されるべきだろう。

アジア・アフリカ作家会議　大会開催状況

開催期間	大会名	開催地	参加国数、参加者数	日本代表団の構成員
1956.12.23〜29	第1回アジア作家会議	ニューデリー（インド）	15ヵ国、150名	堀田善衞、畑中政春
1958.10.7〜13	第1回大会（第1回アジア・アフリカ作家会議、以下同）	タシケント（ソ連・ウズベク共和国）	30ヵ国、約200名	伊藤整（団長）、野間宏（副団長）、加藤周一、三宅艶子、遠藤周作、中川正文、寺田信義
1961.3.28〜31	緊急大会	東京（日本）	20ヵ国、84名（代表団）	石川達三（団長）、阿部知二、白石凡、佐多稲子、青野季吉、広津和郎、堀田善衞（大会事務局長）、開高健、亀井勝一郎、木下順二、草野心平、松岡洋子、三宅艶子、中川正文、中島健蔵、中野重治、丹羽文雄、野間宏、大江健三郎、岡倉古志郎、坂本徳松、佐藤重雄、芹沢光治良、竹内実、竹内好、矢内原伊作
1962.2.12〜15	第2回大会	カイロ（アラブ連合共和国）	43ヵ国、約250名	木下順二（団長）、堀田善衞、武田泰淳、依田義賢、藤島宇内、小出正吾、松本正雄、松岡洋子、三宅艶子、佐藤重雄、城山三郎
1966.6.27〜7.9	緊急大会	北京（中国）	53ヵ国、161名	白石凡（団長）、霜多正次、窪田精、中島健蔵、西園寺公一、佐藤重雄、藤島宇内、高橋徹、小出正吾、由紀しげ子、寺田信義、依田義賢、松岡洋子、白土吾夫
1966.8.30〜9.1	緊急大会	バクー（ソ連・アゼルバイジャン共和国）	17ヵ国	中薗英助、安部公房
1967.3.24〜29	第3回大会	ベイルート（レバノン）	43ヵ国・招待国13ヵ国、150名	長谷川四郎（団長）、堀田善衞、針生一郎、北村美憲、鈴木道彦、竹内泰宏、阿部政雄
1968.9.21〜25	10周年記念集会	タシケント（ソ連・ウズベク共和国）	不明	堀田善衞、菊池章一
1970.11.17〜20	第4回大会	ニューデリー（インド）	32ヵ国・招待国11ヵ国、130名	堀田善衞（団長）、島尾敏雄、大江健三郎、中薗英助、高良留美子、竹内泰宏
1973.9.4〜9	第5回大会	アルマ・アタ（ソ連・カザフ共和国）	55ヵ国・招待国12ヵ国、217名	野間宏（団長）、堀田善衞、大江健三郎、針生一郎、小田実、竹内泰宏、栗原幸夫、野間光子
1978.10.7〜	20周年記念集会	タシケント（ソ連・ウズベク共和国）	不明	堀田善衞、ほか不明
1979.6.29〜7.3	第6回大会	ルアンダ（アンゴラ）	37ヵ国・招待国15ヵ国、111名	堀田善衞、小中陽太郎、芝生瑞和
1983.9.26〜10.11	第7回大会	タシケント（ソ連・ウズベク共和国）	48ヵ国、145名	野間宏、小田実、針生一郎、太田昌国、栗原幸夫
1988.12.8〜11	第8回大会	チュニス（チュニジア）	39ヵ国、127名	小田実、太田昌国、栗原幸夫

※栗原幸夫「A・A作家運動小史」（『歴史の道標から』れんが書房新社、1989年）および本文中または注に掲げた各大会に関する文献に依拠して作成した。

アジア・アフリカ作家会議は日本とアジアの関係史にも大きな足跡を残した。戦前、日本は台湾、朝鮮を植民地支配し、中国にも権益を広げた。さらに満州事変を契機とする「十五年戦争」において、日本は占領地を大幅に拡大し、中国を始めとしてアジアの多くの地域を戦争に巻き込んだ。明治以降敗戦に至るまで多くの日本人がアジアを訪れ、アジアをめぐる様々な言説を生み出したが、敗戦と植民地喪失により、日本とアジアの関係は総括を経ずにリセットされた。

一九五〇年代になると、植民地解放戦争の展開、中国における共産主義革命の実現によって、左派陣営や知識人の間にアジアを再評価する気運が生まれた。また、占領と日米安保体制によって反米感情が強まり、日本をアメリカの被支配国として捉え、アジアの国々との連帯を求める考え方も提起された。一方で、日本とアジアとの関係は、労働組合や政党など、ほぼ組織間の関係に限定されていた。

こうした状況が大きく変化するのは一九七〇年前後である。ベトナム戦争を契機として戦前の植民地支配や侵略戦争、また高度成長に伴うアジアへの経済進出について、日本の加害責任を問う視点が生まれた。こうした視点をいち早く提起した団体はべ平連（ベトナムに平和を！市民連合）であるが、一九七三年にはべ平連のコアメンバーを中心にＰＡＲＣ（アジア太平洋資料センター）が誕生し、アジアや第三世界の問題に精力的に取り組んだ。その頃から、ＰＡＲＣと共通の問題関心を持つ市民運動が広がり、アジアの運動家との草の根的な交流・連帯も徐々に拡大した[21]。

こうした流れは、アジア・アフリカ作家会議の運動にも影を落としている。第五回大会以降、日本代表として大会に参加した小田実、栗原幸夫、小中陽太郎らはべ平連のコアメンバーであった。また、一九八三年以降発行された日本アジア・アフリカ作家会議の機関誌『季刊ａａｌａ』、『月刊ａａｌ a』の問題関心、論調は、PARCやその周辺の運動と大きく重なっていた。他方で、古参のメンバーである堀田善衞や野間宏らは、一九七〇年代以降もアジア・アフリカ作家会議の運動にコミットし続けた。

野間宏、堀田善衞、小田実というロータス賞受賞者の顔ぶれが示すように、日本におけるアジア・アフリカ作家会議の運動は、異なる世代の作家、知識人の連携によって展開された。その背景として、堀田ら戦後派世代の作家たちが、植民地体験、戦争体験をベースとして、アジアとのユニークな交流体験を持ち、またアジアについて先駆的な問題提起を行っていたこと、また後の世代が前の世代の経験・活動を敬意をもって継承したことを無視することはできないだろう(22)。

四　堀田善衞とアジア・アフリカ作家会議

堀田は長期にわたってアジア・アフリカ作家会議の運動に深く関わった。堀田はこの運動をめぐる日本人随一の功労者であると同時に、国際的にも創始者の一人と目されていた。以下、堀田とアジア・アフリカ作家会議の関わりを見てみたい。

先述のとおり、堀田は一九五六年一二月にニューデリーで開催された第一回アジア作家会議に、作家としては唯一の日本人として参加した(23)。のみならず、堀田は書記局員として約一ヵ月早く現地入りし、大会の準備にも関わった。続いて堀田は、一九五八年六月にモスクワで開催された第二回アジア作家会議国際準備会議に参加し、大会予定地のタシケントも訪問した（この会議においてアフリカの作家の参加が決まり、第二回アジア作家会議は第一回アジア・アフリカ作家会議（第一回大会）として開催されることになった）。ただし堀田は、大会には参加していない。次に堀田は、東京での緊急大会（一九六一年）において事務局長を務め、第二回大会（一九六二年）では国際準備委員会の委員長を務めた（大会にも参加した）。以後堀田は、第三回大会（一九六七年）、一〇周年記念集会（一九六八年）、第四回大会（一九七〇年）、第五回大会（一九七三年）、二〇周年記念集会（一九七八年）、第六回大会（一九七九年）に日本代表として参加したほか、常設書記局会議などに何度も出席した。また、一九七九年にはロータス賞を受賞した。

国内組織においても、堀田は中心的な役割を果たした。堀田は、一九五八年の第一回大会を契機として設立された日本協議会の事務長を一九六六年半ばまで務めた。また、一九七四年に設立された日本アジア・アフリカ作家会議では初代事務局長を務め、一九七九年から八四年までは議長を務めた。

先述のとおり、アジア・アフリカ作家会議は国家間、党派間の対立によって激しく翻弄された。そのため、調整役となった堀田の苦労は並々ならぬものであったようだが、堀田は献身的に働いた。カイロでの第二回大会に参加した武田泰淳は、アジア・アフリカ作家会議における堀田の働きについて、「堀田君というのは、ひょろひょろしているようですけれども、いろいろの外国人をよく知っているのです。（略）欲なしでよく働くから、人に好かれる。ずいぶん思い切ったことを言って、向うが眉をしかめたりするが、それがかえって親愛の念を増すのです。彼はほんとに外交官としても立派なものだと思います」と語っている(24)。

これほどまでに堀田がアジア・アフリカ作家会議の運動に深くコミットしたのはなぜか。堀田は

「小国の運命・大国の運命」（『朝日ジャーナル』一九六九年一月一九日号―六月一五日号）の冒頭で、「この運動は、アジアとアフリカにとってはどうしても必要であり、日本文学もまた、このような現実を知る必要がある、と少々バカ正直というものではないか、と自分でも思いながら、従事するだけはしてきたものであった」と回想している（全集九巻、四四五頁）。

第一回アジア作家会議の際、堀田が日本代表に選出された経緯は明らかでないが、自ら名乗り出たわけではないようだ。堀田は当時を振り返り、「ニューデリーで開催される第一回アジア作家会議へ行けという要請を受けて、本当に狼狽したものであった」と回想している（「著者あとがき　先進国の後進性」、同、六六九頁）。

ともあれ、堀田が第一回アジア作家会議に日本代表として参加することを承諾し、その後もこの運動にコミットし続けた背景として、敗戦前後の中国体験を認めることは困難ではない[25]。堀田は、後述の『インドで考えたこと』の冒頭において、第一回アジア作家会議への参加にあたって、それまでのアジアに対する態度を「反省」したと述懐している。元来「西欧文化ファン」であった堀田は、戦中、「アジアのことを知らねばならぬ」という使命感に駆られて中国語を学び、中国に渡って様々な体験を重ね、「『断層』という小説まで書いた」。にもかかわらず、帰国後、「近代西欧に対する一辺倒」の姿勢が蘇り、「アジアのことは、またまた、忘れてしまった」（同、五―六頁）。なお、「上海もの」の一つである「断層」（『改造』一九五二年二月号）は堀田の分身である主人公安野の中国との出会いについて書かれた私小説的な短編小説であるが、「中国語はとうとうものにならなかったが、日本とヨーロッパしか念頭になかった彼の世界地図は完全に変貌していた」という一節で締め括られる（全集一巻、四一〇頁、傍点堀田）。つまり、堀田のアジア・アフリカ作家会議に対するコミットの原点には、中国体験を通じて得られた西欧中心主義に対する自己批判が存在した。

さて、堀田は一九五六年のアジア作家会議への参加を皮切りにアジア・アフリカ作家会議の運動に深く関わるようになり、以後頻繁にアジア・アフリカ諸国やソ連・東ヨーロッパなど共産圏の国々を訪問するようになった。会議や大会に参加するためばかりではない。取材旅行のため、あるいは招待を受けて第三世界や共産圏の国々を訪問することもあった。一九六四年には、キューバ革命蜂起記念祝典に招待されてキューバを訪れている。他方で、一九五七年には中国を再訪し、五八年のパリ訪問を皮切りにヨーロッパを訪問する機会も増えた。つまり、一九五六年のアジア作家会議は、堀田にとって、第三世界のみならず世界に踏み出す第一歩となった。

堀田は、一九五六年に第一回アジア作家会議に参加した後、第三世界について多数の著作を発表した。主な著書に以下がある。エッセイ・旅行記としては、『インドで考えたこと』（岩波書店、一九五七年）、『後進国の未来像』（新潮社、一九五九年）、『キューバ紀行』（岩波書店、一九六六年）、『小国の運命・大国の運命』（筑摩書房、一九六九年）などがある。『インドで考えたこと』は、第一回アジア作家会議の際のインド訪問記である。『後進国の未来像』は、第一回アジア・アフリカ作家会議国際準備会議への参加を機に書かれたソ連訪問記、第三世界論である。『キューバ紀行』はキューバ革命蜂起記念祝典への参加を機に書かれたキューバ訪問記およびキューバ革命論である。『小国の運命・大国の運命』には三点の文章が収録されているが、その中心である表題作は共産主義体制のあり方をめぐって書かれた論考である。この論考では、一九六八年におけるアジア・アフリカ作家会議一〇周年記念集会への参加と、チェコ事件の渦中にあったチェコスロバキア訪問が中心におかれている。小説としては、主として『河』（中央公論社、一九五九年）、『スフィンクス』（毎日新聞社、一九六五年）、『19階日本横丁』（朝日新聞社、一九七二年）などがある。『河』は堀田自身の海外体験を色濃く反映したエッセイ風の作品で文明論として読むことができる。『スフィンクス』は、アルジェリアの植民地解放戦争を扱ったサスペンスタッチの長編小説で、植民地解放戦争をめぐる政治の問題や核の問題が焦点化される。『19階日本横丁』は、ある共産主義国の首都を舞台として、日本の商社から海外に派遣されたビジネスマンを描いた長編小説であり、第三世界を含む海外への日本の経済進出が風刺的に描かれている。

このほか、第三世界の問題は堀田の作品の随所に顔をのぞかせている。たとえば、『審判』には、ビルマ人のダゴン・ダヤという人物が登場し、核をめぐる持論を展開する（堀田は、第一回アジア作家会議の際、同名のビルマ人と知り合った）。また、戦争のトラウマの問題を扱った長編小説『橋上幻像』（新潮社、一九七〇年）の第三部には、ベトナム戦争時の脱走兵である韓国系アメリカ人が登場する。この作品は、脱走兵援助の経験を下敷きにしたものと考えられる。

五　第三世界と出会う

堀田にとって第三世界が何であったのかといえば、まず未知の世界であったと言うべきだろう。中国をのぞくアジアあるいは第三世界との堀田の最初の出会いを記録した『インドで考えたこと』には、未知の世界に対する堀田の率直な感想や驚きに満ちた反応が生き生きと記録されている[26]。

先述したように、一九五六年末に堀田は唯一の日本人作家としてニューデリーで開催された第一回アジア作家会議に参加した。堀田は書記局員として本会議の開始よりも約一ヵ月早く現地入りし、中国の韓北屏と通訳の劉慧琴、ビルマのパラグー、ソ連・タジキスタンのミール・シャカールと通訳のマリアム・サルガニイク夫人、インドのアナンドと寝食を共にしながら会議の準備にあたった。『インドで考えたこと』では、各国代表との交流やインドにおける様々な体験が極めて自由なスタイルで語られている。

敗戦までの日本では「アジア」が饒舌に語られてきたが、堀田はそれらに囚われることなく、自らの知性と感性のみを武器にしてアジアに向き合った。栗原幸夫は、「AA作家運動の軌跡」（註1参照）において、「『インドで考えたこと』という本が、我々に与えた影響は大きかったですよ。つまり、バンドン会議は、ああそうですかですんだけど、『インドで考えたこと』は、我々にアジアを主体的に考える契機をあたえたとおもいます」（二〇四頁）と回想している[27]。

堀田は同書の中で、日本とインドを始めとするアジアの国々が様々な点で大きく異なっていることを強調している。たとえば、「ウルドゥ語の詩人」に誘われてピクニックに行った際、食べ物が全く口にあわず困惑させられたエピソードや、ボンベイまでの長旅の際、同じコンパートメントに乗り合わせたインド人の医学生から長時間「演説」を聞かされて辟易させられたというエピソードをユーモアを交えて綴り、日本とインドの食文化の違いや人々のメンタリティの違いを浮かび上がらせている。

言語のあり方も異なっている。堀田は、第一回アジア作家会議の分科会「作家とその職業」において、議長として各国の状況について報告を求めたところ、「インド内の十七ヵ語の代表」がそれぞれ発言することを主張して閉口したという。だが堀田は、セイロン、パキスタン、ソ連なども多言語の国家であることを思い起こし、「日本のように、一ヵ語だけで全国はなしの通じる国は、地球の上では、むしろ少数に属するのだ」という認識に至る（全集九巻、六三頁）。

また、堀田はインドの自然環境の過酷さを強調する。朝晩の寒暖の差、「一切の生き物を灼き枯らす」ような日光の強さ、「半砂漠の飢え乾いた土地」等々。堀田によると、デカン高原では、樹木は自然に「生えてくる」ことはなく、畑の作物の「背丈は低く、穂数は少く、ひょろひょろと頼りなく、菜の花にしても満面咲きほこるというにはほど遠い」（同、四五頁、傍点堀田）。堀田は、「自然が、どんなにまで過酷でありうるか。それはもう、自然がほとんど人間となれあっている日本島では想像出来ない」（同、四三頁）と嘆息する。

さらに、堀田はインドの総体について違和感を表明する。堀田は、「自分の知性乃至感性の幅だけではどうにもとらまえきれないほどの広さ、始末におえぬ猥雑さというところまでときとして行くと見受けられる複雑さ、あるいは時間と能率にかかわるもの一切の、どうしようもないのろくささ加減に対する苛立ち、またそれが自分のなかに進入して来ることのやりきれなさ」に、「ときどきヒステリー気味になる自分を見出した」と告白する（同、五二—五三頁）。堀田は、自身の認識の枠組みがインドを理解するうえで全く役に立たないことを痛感し、フォースターの小説『インドへの道』においてイギリス人のフィールディングがインドからヨーロッパに戻った時に発した言葉、「地中海は人間の規矩だ」をしみじみと思い起こす。

他方で堀田は、フィールディングの言葉に対する共感を、「果してとことんまでおれ自身の判断であるのかいな」と問い返している（同、五五―五六頁）。さらに堀田は、西洋化による「皮相上滑り」（漱石）の近代化が日本をアジアから切り離したのではないかと問いかける。堀田は、「古代史上代史的な秩序」において日本人の祖先がアジアの文明に学び、アジアの文明を取り入れたことを思い起こし、「近代史現代史的な秩序」におけるアジアの欠落を反省する（同、四八―四九頁）。そのうえで、堀田は次のように述べる。

アジアは、われわれからおっこちてしまったのである。しかし、まるでおっこちてしまったわけではあるまい。まだ遅くはないであろう。ベンチに坐っていて、私は、たとえば足のない人が、手術なんぞで切りおとしてなくなってしまったその足が疼くという、あの気持を味った。（同、四九頁）

ただし、日本のみがアジアの中で孤立しているわけではない。堀田は第一回アジア作家会議に携わった書記局員間のコミュニケーションについて、「この七人の文学者は、森羅万象について話しても、文学についてだけは話さぬという奇々怪々な結果になった」（同、一九頁）と述べている。その理由は互いの文学についての知識がないからである。堀田は、『インドで考えたこと』第二章に「アジアがアジアをなんにも知らない」というタイトルを付けている。しかも堀田は、西欧の作家の場合は互いの文学をよく知っていること、のみならずアジアの作家も西欧の文学については知識を持ち、議論が成立することとの非対称性も問題にしている。

堀田は、最初のインド滞在を通じて、脱亜入欧型の日本の近代化を反省すると共に、西洋の文化的ヘゲモニーの下でアジア諸国が相互に分断されている状況について認識を深めた。以後の堀田のアジア・アフリカ作家会議に対するコミットは、日本と第三世界の国々が、また第三世界の国々が自律的な関係を築くための真摯な努力であったと言えるだろう。

六　「後進国」としての第三世界

『インドで考えたこと』において、堀田は「他国の標準で云えば、インドという国は、まず国というものではない」と述べる。というのも、インドでは、言語、民族、皮膚の色、体格体質、宗教、風俗習慣、気候、風土などすべてが著しく多様（「バラバラでメチャメチャ」）でまとまりがないためだ。では、インドという国家の統一性を保証するものは何か。堀田は、「このバラバラでメチャメチャな現実を統一しているものは、結局、民族独立、経済建設、民衆の仕合せ、つまりインドの未来がインドを統一しているのである」と述べる。インドだけではない。堀田は、「新興国とは何かといえば、それはその国の過去というよりも、むしろ未来がその国の存在を保証しているということになるだろう」とも述べている（全集九巻、六二頁、傍点堀田）。

この観点は『後進国の未来像』にも引き継がれている。同書の冒頭で、堀田は、モスクワにおける第二回アジア作家会議（第一回アジア・アフリカ作家会議）国際準備会議の帰路における体験を紹介する。ベイルート空港でのこと、バラライカを抱えた堀田のところに見知らぬアメリカ人がやってきてソ連批判を始めた。堀田が、未来に希望を託すソ連の友人について話すと、アメリカ人は「未来」を持ち出すことで都合の悪い現実を正当化しようとする共産主義者の論法を批判し始めた。それに対して、堀田は次のように反論した。

あの国は巨大な後進国であったたし、いまもそういう部分を多大にかかえこんでいる。そういう国の人民が未来《フユーチユア》に希望をかけるのは当然であって、なにか欠点を指摘された場合に、未来《フユーチユア》にそれの克服のための希望をかけ、またそれが出来るという自信を、革命後四十年でやっと持つことが出来て来たということは、理解すべき事柄ではなかろうか（同、二四一頁）

さらに堀田は、「ソヴェトとアジアやアフリカの後進地域とをごちゃまぜにしてしまってまくしたてた」（同、二四二頁）。

アジアやこの中近東には、古い国が沢山にある。けれども、それは歴史が古いだけのことであって、現実には後進国である。（略）国の歴史は古いけれども、人民が望み見ているもの、それによってそれぞれの現代史にリアリティを与えているものは、歴史の古さではなくて、むしろ未来《フユーチユア》なのだ。だから、未来《フユーチユア》、未来《フユーチユア》と彼等が言うからと言って軽蔑すべきではないであろう、そうは思わないか（同、二四一―二四二頁）

堀田は、第三世界を「後進国」として、「〝未来〟という信仰」に生きる国として捉える[28]。また、堀田はソ連、中国に代表される共産主義国についても、「後進国」として捉えている[29]。堀田は、『後進国の未来像』において、敗戦前後の中国生活、解放後の中国訪問、一九五八年のソヴィエト訪問の際、「つねに、なんということれは後進国であろうか、という入組んだ感情を捨離することが出来なかった」と告白している（同、三〇五頁）。

もちろん、こうした理解は決して珍しいものではない。当時多くの論者が後進国と共産主義の親和性を指摘していた。たとえば加藤周一は、タシケントにおける第一回アジア・アフリカ作家会議のための国際準備委員会に出席した後に『ウズベック・クロアチア・ケララ紀行――社会主義の三つの顔』（岩波書店、一九五九年）を上梓しているが、その冒頭部分で、社会主義革命は資本主義的発展の遅れた地域で発生したこと、第二次大戦後社会主義への関心が後進国・低開発国で高まったことを指摘している。

堀田は、共産主義国を含めて「後進国」の「〝未来〟という信仰」に対して深い共感を示す。実際には、堀田は第三世界の明るい未来を素朴に信じていたわけではないが、帝国主義の暴力に抵抗し、民主的な国家を自力で建設しようとする第三世界の人々に同情と共感の念を抱いた。その背景として、堀田が、敗戦前後の中国滞在とアジア・アフリカ作家会議の運動を通じて、帝国主義が被支配国にもたらす破壊的な影響を目の当たりにする一方、自国の政治に情熱的にコミットする人々と交流したことを指摘できる。堀田による「後進国の未来」に対する支持は、堀田が直接関わりを持った人々に対する深い同情と共感を伴うものだった。

第三世界の「未来信仰」に対する堀田の共感を最もストレートに示した作品に『河』[30]がある。この小説は、堀田の分身である語り手の「私」が、カイロ、上海、パリ、タシケント、モスクワなど様々な場所を訪れ、その印象を自由に語るエッセイ風の作品である。発表当時、『河』の評判は芳しくなかったようだが[31]、一九六〇年代にアジア・アフリカ人民連帯機構の国際書記局（カイロ）で働いた北沢洋子は『私のなかのアフリカ』（朝日新聞社、一九七九年）において、この作品を読んで第三世界への想いが強まったと述懐している。

さて、タイトルが示すとおり、『河』には、ナイル河、黄河、揚子江、セーヌ河、ユーコン河、メコン河、インダス河、チグリス河、ユーフラテス河、モスクワ河、ザラフシャン河、シルダリア河、アムダリア河、アムール河等々、世界各地の様々な河が登場する。これらの河の多くがアジア・アフリカ諸国あるいはソ連を流れる大河であることに注目されたい。河は「後進国の未来」の象徴である。エジプト人のムルシィは「私」との会話の中で、「大きな河をもった国は、これから発展するのだ。ミシシッピィをもったアメリカ、アマゾンのあるブラジル、みなこれからだ。セーヌ河なんてものは、あれは河じゃない。ただの溝だ」と断言する（全集三巻、五九五頁）。

だが、河はアジア・アフリカおよびソ連の過酷な自然条件の一部でもある。

すべて河というやつは、どこでどうもつれたのか、ときつほぐれつめちゃめちゃに、えもいわれず勝手放題、あちらでだだ洩り、こちらを水びたしということになって流れているものであった。（同、六三二頁）

そして一度氾濫すれば、人間の労苦を無化し、甚大な被害をもたらす。第三世界において、「河は神であり、運命であ」る（同、六三二頁）。

他方で、パリを流れるセーヌ河は、「おとなしくやさしく、ほとんど人工的といいたくなるようなふうで優雅に流れていてくれる」と描写される（同、六二三頁）。日本の河も、「およそのところ、人間の統制に服してい」る。日本において人間の河との格闘は今日も続いているが、すでに堤防が築かれ、「われわれの河は既に、運命、ではなくなっている」（同、六三二頁）。

右の日本の河をめぐる記述が示唆するように、治水・灌漑技術の向上は、その国の近代化の指標である。つまり、第三世界において河が依然として「運命」であるということは、自然条件を度外視するならば、その国の「後進性」を示す。そして、河を技術を用いて人間の支配下におくことは、実質的にも象徴的にも国家を近代化する意味を持つ。堀田は『河』において、「後進国」の人々が河を統御するため懸命に取り組む姿、すなわち「世界の各地の人々が、それぞれの仕合わせのために、あるいは長江に橋をかけ、アスワンにダムを築き、またシベリアの大河を逆流させようとしている」（同、六五二頁）姿に希望を見出す。

特に注目されているのは、揚子江の洪水対策である。『河』によると、一九五四年に揚子江で洪水が発生したとき、中国の民衆は堤防を補強すべく献身的に働いた。全国から学生、兵士、農民が集まり、「人海戦術」を展開し設備の不足を補った。滑りやすい場所では自分の衣服を泥の上に置き、それを踏んで作業を行った。このような中国人の姿は第三世界の人々を勇気づけ鼓舞する意味を持った。ムルシィは、洪水対策に従事する中国人の姿から「古い伝統的なエネルギー」を呼び覚まされたと述べる。

人海戦術、と人は言うが、おれはわれわれのピラミッド建設もこんなだったか、と思った。われわれアラブ人が、ヨーロッパの近代文明に気をとられ、砂漠のなかに忘れかけてしまって、外国から来る観光客だけが覚えていてくれるピラミッドや神殿のことを、あそこでおれは思い出した。われわれもまた、自分自身の歴史や伝統を観光客にまかせてしまうという間違いを犯して来たことに気がついた（同、五九六頁）

当時、第三世界の人々にとって中国は模範であり、未来に対する希望であった。ムルシィだけではない。『河』には、フランスに対する国家反逆罪で死刑判決を受け、エジプトに亡命申請をしているカメルーン人エコロが、「今度おれは、よほどカイロじゃなくて中国へ亡命しようか、と思った、中国は後進国の解放と建設の、本当の先輩だ」と述べる場面がある（同、五九三頁）。「私」は、中国に亡命しているチリ人の革命家夫妻のことを思い起こす。

他方、『キューバ紀行』では、キューバにおける革命の成就と国家建設が極めて肯定的に描かれる。同書で堀田が強調するのは、キューバの国民に対するカストロら指導者たちの献身的な姿勢と彼らに対する国民の大きな支持である。とりわけ堀田は、キューバの外国資本への隷属とそこから脱却するための懸命の努力に目を向けている。陽性のキューバ人の気質は堀田の肌に合っていたようで、同書は、現地の人々との交流をユーモアを交えて明るく描き出している。また堀田は、外国映画の上映が自由化されている点など、共産主義国家としてのキューバの柔軟で寛容な姿勢を好意的に捉えている。『キューバ紀行』に描かれたキューバは、教条主義的・官僚主義的でない、オルタナティブな社会主義社会の姿を示している。

七　第三世界と日本

ところで、堀田はアジア・アフリカ作家会議における日本の立場をどう捉えていたのだろうか。言うまでもなく日本は地理的にはアジアに属するが、かつての帝国主義国家である。反植民地主義・反帝国主義を旗印とし、植民地支配を受けた（受けている）経験を持つ国が圧倒的多数を占めていたアジア・アフリカ作家会議において、日本は例外的な存在であった。他方で、日米安保体制は日本の左派知識人の間に日本が米国の半植民地であるという認識を生んだ。そのため、当初アジア・アフリカ作家会議は日本が被抑圧国の立場から第三世界の国々との連帯を目指す運動としても捉えられていた。

一九五八年にタシケントで開催された第一回大会において、野間宏は、「国際緊張の作家に及ぼした影響」というタイトルで講演を行い、「私たち日本人は、アジア、アフリカの各民族の独立と、現にたたかわれている民族独立のたたかいから、大きな精神的援助を得ています。民族の独立こそは、私たち日本人にとってもまた、大きな共通の課題であるからであります」と述べた[32]。一九六一年三月の東京における緊急会議の開催は、前年の安保闘争をふまえて、「独立のためにたたかいっている日本の作家と日本人民にアジア・アフリカ作家会議が協力の手をさしのべること」を求めた日本代表の要請に基づくものだった。[33] 東京大会における日本代表報告において、中野重治は、安保闘争をアジア・アフリカの反帝国主義闘争、反植民地主義闘争の一部として位置づけている。[34]
もっとも、中野は同じ報告の中で、戦前の日本が「アジアの隣人にたいして侵略者、加害者」であったこと、朝鮮戦争において日本が「共犯者的役割」を果たしたこと、米軍基地が日本の周辺国に対する米国の干渉に深く関わっていることについても明確に指摘している。[35] 他方で、東京大会に参加した鈴木道彦は、「A・A作家会議における日本代表はいささか場ちがいであり、むしろ西独の代表とでも会議をひらいた方がよいのではないか、という皮肉な意見」も提起されたと証言している。[36] 一九六七年の第三回大会における日本代表（長谷川四郎）の演説では、かつて植民地支配を行った日本の「アジアにおける特殊な状態」が強調されている。[37] このように、アジア・アフリカ作家会議における日本の立場は、地理的にはアジアに属し、日米安保体制に基づいて米国の軍事的抑圧を受けつつも、かつての帝国主義国であり、第三世界ではないという曖昧さを含むものだった。
では、この問題について堀田はどのような認識を持っていたのだろうか。堀田は、ほぼ一貫して、アジア・アフリカ作家会議における日本の例外的な立場を強調している。堀田は第一回アジア作家会議の時点で日本を先進国として捉えていた。『インドで考えたこと』において、堀田は同時代の日本の「猛烈な生産と消費」を他のアジア諸国と対比し、「いまだに工業の段階に到達していないアジアの国々から見れば、怖ろしくなるようなものである」と評している（全集九巻、三〇頁）。また、『後進国の未来像』では、日本は「未来《フユーチユア》」に関して、「アメリカは別として、西欧とパラレルな状況にあるかもしれない」と述べる（同、二五二頁）。つまり、近代化を遂げた日本はヨーロッパと同様文明の行き詰まりに直面しており、第三世界の国々と違って「未来」に夢を託すことができない。
他方で、第五節でも言及したとおり、堀田はアジアの一角を占める日本が欧米と同一でありえないことを深く認識していた。堀田は、第三世界の人々が、明治以後脱亜論的な立場に立った日本に対して向ける批判的な視線を意識せざるをえなかった。『インドで考えたこと』には、農村で出会った老人から次のような言葉を投げかけられる場面がある。

日露戦争以来、日本はわれわれの独立への夢のなかに位置をもっていた。しかし、日本は奇妙な国だ。日露戦争に勝って、われわれを鼓舞したかと思うと、われわれアジアの敵である英国帝国主義と同盟を結び、アジアを裏切った。工場建設をどしどし押し進めてわれわれの眼をみはらせてくれた。が同時に、その工業力を、英国帝国主義と同じように使い、英国がインドに要求したと同じような、タナカ・メモリアル（対支二十一ヵ条要求のこと）を中国につきつけた。つい近頃では、米英の帝国主義を叩きつぶし、植民地解放をやろうとしてくれた。が、それと同時に、その旧植民地を日本帝国主義の植民地としようとした。不思議な国だ。戦後には、アジアで英国支配の肩替りをしようとするアメリカと軍事同盟を結んだ。つくづく不思議な国だ（同、三三一―三四頁）

この発言に対して、堀田は次のように答える。

われわれの国が、アジアの眼から見た場合、つねにそういう二重性を帯びていたことを、われわれも承知している。それはかなり長い時間にわたった。しかし、現在、この歴史的な習性ともなっている二重性からぬけ出さなければならぬと気付き、そのために努力をしている人がたくさんいるということを、私はあなたに告げたい（同、三四頁）

他方で堀田は、第三世界の人々が日本に対して示す連帯の姿勢にも言及している。たとえば、インドがサンフランシスコ講和会議を欠席した理由の一つは、沖縄を含む「日本の全主権の恢復」を主張し、それが受け入れられなかったためだと指摘している[38]（同、一〇〇頁）。また堀田は、広島、長崎、ビキニにおける日本の被爆体験について、第三世界の人々が示した気遣い、罪悪感、連帯意識に感銘を受けたと随所で述べている。

なお堀田は、日本のアジアに対する加害責任について自覚的だった。第一回アジア作家会議の分科会の際、堀田は、各国の代表の多くが日本の侵略による被害に触れたため、日本代表として「日本国民として責任を痛感している」と発言した。この発言は大きな拍手によって迎えられた。報告の後、堀田が感想を問うと、各国の代表は、「オネスト・ジャパニーズがいることを初めて知った」と口々に述べたという[39]。

日本国内では、ベトナム反戦運動を契機としてアジアに対する日本の加害責任が問題化され始めるが、ほぼ同時にアジアへの経済進出がもたらす資源の収奪、労働力の搾取、自然破壊などについても議論されるようになった。堀田の著作の中で、日本の第三世界に対する経済的搾取を比較的詳しく取り上げた作品として、『19階日本横丁』がある。

この作品は、「北方の寒い広大な国の首都」を舞台として、海外で働く日本のビジネスマンを喜劇的・風刺的に描いた長編小説である。物語は、二九階建ての「巨大すぎる大ホテル」の一九階にある木村宅におけるホームパーティの場面から始まる。木村は日本のある商社の駐在員で、招待客の多くも同じ商社の駐在員とその家族である。といっても皆がこの首都に常駐しているわけでなく、日本の工業製品の展示会を開催するため、世界各地（パリ、ロンドン、カルカッタ、シンガポールなど）に派遣されている社員たちが一時的にこの首都に集合したという設定である。

堀田は、外国生活になじめず日本人同士で群れ、愚痴をこぼしあう日本のビジネスマンの悲喜劇をユーモラスな筆致で描く一方、「ラーメンからミサイルまで」取引する総合商社が象徴する日本企業の貪欲な利益追求の姿勢と日本人の底なしの消費欲を批判的に描き出す。他方で、日本企業が資源を乱獲して第三世界の自然環境を破壊し、プラント輸出により公害をまき散らす現状に批判的な目を向けている。日本企業は戦争さえもビジネスの手段として利用している。

もっとも、この作品に登場するビジネスマンは先進国による第三世界の搾取について無批判であるわけではない。普段は会社の命令に粛々と従っている彼らは、内心疑問や罪悪感を抱いている。シンガポールに駐在する山田伝六は次のように煩悶する。


経済進出、経済援助、資源開発、開発協力……。

その名やよし、である。

しかし、進出、援助、開発、協力というものが、日本人の側での一方的な思い込みであるにすぎなくて、先方様が、もし万一に、まったく違った認識をもっていたとしたら、どうなるか？

（全集六巻、四八一頁）

八　おわりに

堀田は、一九五六年に開催された第一回アジア作家会議を皮切りに、長期にわたってアジア・アフリカ作家会議の運動に関わった。この運動を通じて、堀田は頻繁に第三世界の国々を訪れ多くの人々と交流した。堀田にとって第三世界は未知の世界であり、時として理解の範囲を超えてもいたが、堀田は既存のイメージに囚われることなく第三世界の現実と向き合った。

アジア・アフリカ作家会議における日本の位置は特殊であった。日本はアジアの一国であり、被爆国であり、独立後も米軍の駐留を受け続けたが、かつての帝国主義国でもあり、先進国でもあった。したがって、日本の代表が第三世界の人々から信頼を得るためには、国際社会の状況をめぐる適切な理解と、ある種のバランス感覚が必要であっただろう。堀田は多面性を持つ日本の立場をふまえながら、第三世界の国々と柔軟に関わった。

堀田は第三世界の国々が帝国主義・植民地主義から脱却し、主体的に近代国家の建設を行うことを心から支持した。敗戦前後の中国体験と、ほかならぬアジア・アフリカ作家会議を通じた第三世界との関わりは、第三世界をめぐる堀田の理解を支えた。だが、アジア・アフリカ作家会議が反帝国主義・反植民地主義の理念を前面に据え、過度に政治に傾斜したことを、堀田は窮屈にも感じていたようだ。しかも、一九六〇年代において、アジア・アフリカ会議は中ソ対立を始めとする大国によって激しく翻弄された。

次章では、大国主義、政治主義がもたらした困難な状況に対して、堀田がどのように振る舞い、またどのような考察を行ったのかを検討したい。

第二章　中ソ対立の中で

一　はじめに

前章の末尾でも触れたように、アジア・アフリカ作家会議はアジア・アフリカ諸国内部の政治的対立によって翻弄された。とりわけ二つのヘゲモニー国家であった中国とソ連の対立は、アジア・アフリカ作家会議および同日本協議会に深刻な党派対立を持ち込み、両組織の分裂をもたらした。敗戦後の上海においても堀田は国共間の熾烈な党派対立を目の当たりにしたが、日本人である堀田は傍観者・部外者であった。ところが、中ソ対立において堀田は当事者となり、諸国間、諸党派間の調整役として多大な苦労を強いられた。本章では、大国の政治が文学運動の内部に持ち込まれる事態を堀田がどのように捉え、また組織の中でどのように振る舞ったのかを考察する。

同時に、本章では、アジア・アフリカ作家会議に影を落としたもう一つの政治的事件であるチェコ事件についても取り上げる。一九六八年八月、ワルシャワ条約機構はソ連を主力とする五ヵ国軍をチェコスロヴァキアに派遣し、チェコスロヴァキアの民主化運動（「プラハの春」）を弾圧した。チェコ事件の渦中で開催された一〇周年記念集会に出席した堀田は、チェコ事件をめぐるアジア・アフリカ作家会議の対応を文学運動に課せられた試金石として捉えた。他方で、堀田は一〇周年記念集会後にチェコスロヴァキアを訪問し、「小国」であるところのチェコスロヴァキアの民主化運動に大きな可能性を見出した。本章では、中ソ対立を出発点として、共産主義運動・反帝国主義運動のオルタナティブとなるヴィジョンを「小国」の異議申し立ての動きに見出すに至った堀田の足跡を辿りたい。

二　中ソ対立と組織の分裂

中ソ対立とは、中ソ両国の間に生じた国際共産主義運動の路線をめぐる対立である。一九五〇年代以降、ソ連は平和共存・平和移行、中国は武力闘争による民族解放という対立的なヴィジョンを掲げていた。また多くの論者が指摘するとおり、中ソ対立には両国の国益の対立や互いに対する複雑な感情が絡んでいた(1)。中国とソ連はいずれも共産主義陣営および第三世界の解放運動において指導的立場にあったため、両国の対立はヘゲモニー争いの様相を呈し、これらの運動に深刻な分裂を持ち込んだ。アジア・アフリカ作家会議も中ソ対立によって分裂した。

まずはその経緯を確認しておきたい。一九六六年初め、中国派はベトナム支援の名目で北京における緊急大会の開催を常設書記局に呼びかけ承認を得た。他方、ソ連派はカイロで常設書記局会議を開催し緊急大会に反対する旨の意思表示を行ったが、中国派はソ連を除名したうえで緊急大会を強行した。他方のソ連派もバクーで独自にベトナム支援のための緊急大会を開催した。この後、中国派は文化大革命の混乱の中で有名無実化するが、ソ連派は一九六七年のベイルートにおける第三回アジア・アフリカ作家会議（以下、第三回大会）を皮切りに運動を軌道に乗せた。

中ソ対立は日本協議会にも分裂をもたらした。日本では、一九六〇年代前半に中ソの核実験・核開発の評価をめぐって革新陣営に分裂が持ち込まれ、この動きが文学運動にも波及したこと（一九六四年に新日本文学会が分裂し、翌年日本民主主義文学同盟が設立された）、日本共産党が中ソ対立において一度中国支持に舵を切った後に中国共産党と関係を悪化させたことから事態はより複雑であった。

栗原幸夫によれば、日本共産党と中国共産党との関係が密接になるにつれ、前者の日本協議会への干渉が強まり、一九六五年四月の総会で選出された委員の大半は日本共産党員とその「同調者」で占められた。同時に、機関誌『アジア・アフリカ通信』の編集・発行、アジア・アフリカ講座や講演会の企画・実行を担当していた企画委員会の旧メンバーは解任された。[2] 後述するように、堀田も一九六六年五月二日に事務長を辞任した。栗原は、インタビューにおいて当時の日本協議会の動向を、「代々木に乗っ取られるような形で、ＡＡ作家会議ははっきりと中国路線に転換して、堀田さんも事務局長を辞めちゃって」と回想している。[3]

ところが、一九六六年春に日本共産党と中国共産党との関係が悪化し、前者は「自主独立」路線に転換した。その結果、日本協議会は「北京派」、「自主独立派」、新日本文学会内におかれたリエゾンオフィスの三派に分裂し、一九六七年七月三〇日の委員会で「北京派」の委員の発案により総会を待たずに解散した。リエゾン・オフィスは、一九六七年の第三回大会への代表派遣を契機として、一九七四年に日本アジア・アフリカ作家会議が組織されるまで日本におけるアジア・アフリカ作家会議の窓口となった。

次に、アジア・アフリカ作家会議の分裂をめぐる日本協議会の対応について見ておきたい。一九六六年三月、日本協議会は常設書記局会議の書記長から北京における緊急大会開催の提案を受け承認の意思表示を行った[4]。他方、緊急大会に反対するアラブ連合のユーゼフ・エル・セバイ（アジア・アフリカ人民連帯機構書記長）は独自に常設書記局の構成国に招請状を送り六月一九日と二〇日にカイロで会議を開催した。日本協議会も招請状を受け取ったものの、書記長ではないセバイに書記局会議を開催する権限はないと考え、これを黙殺した[5]。中国派はソ連派に対抗して六月七日と一〇日に北京で常設書記局会議を開催し、六月二七日から七月六日まで緊急大会を開催することを正式に決定した[6]。日本は、当初の予定通り緊急大会に一四名からなる代表団を派遣したが、当時日本協議会のヘゲモニーは共産党に掌握されていた。

「明らかに中国の反ソ・キャンペーンの一環としておこなわれた」緊急大会において、中国の要人は次々にソ連を攻撃した[7]。また本会議に先だって六月二三日に開催された常設書記局会議では、ソ連を除名処分とする声明を発表し議論を巻き起こした。日本代表は書記局会議においてソ連の除名を回避しようと努力したが、本会議では声明を承認した。ベトナム戦争でソ連の援助を受けていた南北ベトナムを含む一〇ヵ国は態度を保留した[8]。

次に、一九六七年開催の第三回大会に対する新日本文学会ないしリエゾン・オフィスの対応を見たい。長谷川四郎「堀田善衞」（『堀田善衞全集第七巻・月報八』筑摩書房、一九七五年）によれば、長谷川は、ソ連作家同盟が主催したバクーにおけるベトナム支援のための緊急集会（一九六六年八月三〇日から九月一日まで開催）に出席した際、第三回大会について相談を受けたという。長谷川は帰国後、この件を当時新日本文学会の事務局長であった武井昭夫に報告し、さらに武井が堀田、野間宏、木下順二に相談して「ソビエト側の提案を受け入れること」を決定した。そして竹内泰宏によれば、一九六六年一一月五日に開催された新日本文学会常任幹事会において、第三回大会準備会議に事務局長の長谷川四郎の代理として竹内を派遣することが決定された(9)。

第三回大会以後、新日本文学会はアジア・アフリカ作家会議に集団メンバーとして加入し、一九七四年に日本アジア・アフリカ作家会議が設立されるまで、日本国内の文学者とカイロの常設事務局およびアジア・アフリカ諸国を結ぶリエゾン・オフィス（連絡事務所）の役割を担った。新日本文学会が準備会議に代表を派遣することを決定した背景として、竹内は、「このまま放置しておけば、当分のあいだ日本とアジア・アフリカ諸国の文学者が直接接触する国際的ルートが一つもなくなってしまうだろうという見とおし」があったと証言している。また竹内は、アジア・アフリカ作家会議を文学運動としての内実を伴う活動とすること、社会主義国間の「最終的な統一」を目指すことが準備会議にのぞむ新日本文学会の立場だったと述べている(10)。

準備会議は一九六六年一一月一三日から一五日までカイロで開催され、一四ヵ国が参加した(11)。中国にも招待状が送られたものの不参加に終わった。中国は、一九六七年三月二四日から二九日にかけてベイルートで開催された第三回大会も欠席した(12)。第三回大会において、日本代表は共産主義国間、第三世界間の統一を目指す立場をくり返し表明した。「中国問題」は、「いわばこの大会の一番敏感なところに刺さっている棘《ママ》のようなもので、誰もが大いに気にしていながら手を触れようとしない」問題だった[13]。しかし、団長の長谷川四郎は日本代表団のスピーチにおいて、「みなさんもごぞんじの通り、中国は歴史的に日本と最も近い友人であります」と述べると共に、社会主義国家間の統一の必要を強調して会場から喝采を受けた[14]。

また、日本代表は大会宣言および諸決議の審議の場（第一分科会）において、「この会議にいくつかのＡＡ諸国代表が不在であること、とりわけアジアの、また世界の、最も重要な社会主義国の一つである中国が参加していないことを、われわれは、会議の責任において深く遺憾に思うものであり、この分裂をのりこえて、民族解放運動と社会主義諸国の緊密な統一をもたらすことが、われわれの緊急の課題であることを確認する[15]」という趣旨の決議案を議長団に提出した。だが、ソ連代表が中国に関する言及に難色を示し、日本の決議案は紹介されずに終わった。

実行委員会の構成を検討した第三分科会では、堀田が実行委員会の構成国を二〇とし、そのうち二つを中国とインドネシアのために空席にすることを提案した。この提案も激しい議論を呼んだが、最終的に、中国、インドネシア、ガーナを含む二七ヵ国を実行委員会の構成国とすることが決定された。さらに、閉会後に開催された常設書記局会議における挨拶の中で、日本代表は「民主的手続きの重要性」を強調した[16]。これは、日本の決議案を民主的な討議を経ずに反故にした第一分科会を念頭においた発言であった。

第三回大会において日本代表団は、「この大会が分裂のための大会となることを望まない、という日本で託された課題を機会をとらえてつらぬこうとした[17]」。そして、おそらく部分的には日本代表団の働きかけが功を奏して第三回大会は「中国非難の分裂大会」になることを免れた。

三　中ソ対立をめぐる堀田善衞の姿勢

それでは、堀田は中ソ対立をどのように捉えていたのだろうか。著作から判断する限り、そもそも堀田は、中ソ対立の根幹にあった国際共産主義運動の路線については強い意見を持っていなかったようだ。そして、それ故にと言うべきか、中ソ対立をもっぱらアジア・アフリカ諸国の連帯を阻む醜悪な党派対立として認識していたように思われる。

堀田は、「中ソ抗争について（人、親しければ）」（『ちくま』一九八〇年一〇月号）において、「中ソ抗争の議論の程度の低さと言ったら、それはもう文学者の会議としては恥ずべきほどのものであった」と述べ、当時ポーランドに亡命中であったトルコの詩人による、「ソ連はアメリカ帝国主義のスパイ飛行機U2を撃ち落としたが、中国はいまだに自由にとばせているではないか」という発言を例に挙げている（全集一四巻、六八二頁）。「我慢について――インターナショナリズムというもの」（『展望』一九六五年一月号）では、ある会議でソ連代表の演説が終わる寸前に入場したある社会主義国の代表が、ソ連代表の演説を聴いていないにもかかわらず、「自分はソ連代表の意見を支持するものである」と述べたことを「バカげたようなこと」だと述べている（全集一四巻、五五五頁）。また、「中国を考える」（『毎日新聞』一九六六年七月二六日夕刊）では、ソ連のショーロホフが日本文藝家協会に招かれて来日した際に、中国の文化界が「ひどく低級な批判をもってほとんど罵った」ことを例に挙げ、「中ソ抗争の激化以後、常識的な礼節の感覚さえが異常化しているのではないか」と苦言を呈している（全集一四巻、四九九—五〇〇頁）。

「ミラ・サルガニィク夫人（人、親しければ）」（『ちくま』一九八〇年八月号）では、「中ソ喧嘩のはじまりを印する」、「忘れがたい集り」であった第二回大会におけるエピソードが詳しく語られている。第二回大会において堀田は事務局長代理として運動報告を行うことになったが、中国代表の楊朔が、この報告の中に「"U.S. Imperialism is Public Enemy No. 1" という字句をどうあっても入れなければならぬ、と顔を真赤にして主張をした」。堀田は、「アメリカ帝国主義が敵であることには異論はない、しかし、Public Enemy No. 1 といった言い方は、これはシカゴのギャング用語であって、あまりにはしたない表現であり、文学運動の報告のなかに入って来るに適当なことばではない」と反対したもののの、楊朔の「ただならぬ」態度に圧倒されてしまった。しかし、運動報告を読み上げる際、「どうしてもこの下品な言い方に抵抗があり、その字句のところだけ飛ばして読まなかった」（全集一四巻、六七四—六七五頁）。ささやかながら勇気を伴う抵抗だったが、結果的に読み違えたと解釈されて事なきを得たという。

より大胆な抵抗は、一九六八年にタシケントで開催された一〇周年記念集会の場で行われた。スピーチを行った堀田は、アジア・アフリカ作家会議の歩みを中ソ対立に力点をおいて振り返り、この集会に中国の作家が不在であることを指摘した[18]。この大胆な発言は、記念集会の直前に生じたチェコ事件に対する抗議の意思表示でもあった（後述）。

堀田は文学運動に持ち込まれたあからさまな「政治」の論理に対して陰に陽に抵抗した。第二回大会の直後に書かれた「A・A作家会議裏方の弁」（『週刊読書人』一九六二年四月一六日号）において、堀田は「モスクワへ行っても、カイロ、北京、デリーなどでも、正直に言って、私は愉快な思いをすることが、真実、あまり多くない」(全集一四巻、六四八頁)と述べ、「裏方役」としての多大な苦労について語っている。堀田はこのエッセイの中で、「文士の国際的会議」に対する絶望を表明し、時として「なにもかも放り出し」たい気持ちになることを吐露しつつ、「しかもなお」、「裏方役」に踏みとどまっていると述べる。おそらくその理由は、会の理念に対する共感であり、第三世界の状況に対する日本の作家としての責任意識であり、またこれまで共に運動を進めてきた海外の作家たちに対する同志意識ないし義理であり、そして「A・A作家会議裏方の弁」で言及されているような政治的な議論の中に顔をのぞかせる「人間的なもの」に対する作家的興味でもあっただろう。前掲「我慢について」では、堀田はインターナショナリズムとは「我慢」であると述べている。各国の多様な事情、多様な考え方を受け入れながら、粘り強く運動に関わった堀田の姿勢を如実に示す発言と言える[19]。

さて、中ソ間の対立において堀田は終始調整役であり続けたが、組織の分裂後はソ連派に与し(先述のとおり、中国派は有名無実化した)、国内では新日本文学会内におかれたリエゾン・オフィスと歩調を合わせた。先述したように、国内では、一九六五年四月の総会を機に共産党系の作家が新日本文学会系の作家を排除し日本協議会のヘゲモニーを掌握した。堀田はその直後から事務長の辞任を検討していたようだが[20]、一九六六年五月二日に遂に事務長を辞任した。

『会報AA』第六号(一九六六年六月二一日)には堀田の「事務長辞任ついて」と題した文章が掲載されている。堀田は体調不良を事務長辞任の理由としつつ、中ソ間の対立に翻弄されるアジア・アフリカ作家会議をめぐる現状を「眼を蔽わしむる」状況と形容し、「この文学の面における解放運動が、国家エゴイズムによつてもし明白に分裂するようでしたら、会からも私は去るつもりですが、日本協議会の努力によってこの共同の運動の統一的な再建がなされるよう、心から希望するものです」と記している（三頁）。

統一を志向する姿勢は、一九六七年二月に日本協議会委員会に宛てて書かれた「アジア・アフリカ作家会議日本協議会の現状及び運営について」[21]でも明確に表明されている。この意見書の中で、堀田は分裂のきっかけとなった北京における緊急会議について、「一応の手続を踏んだ」ものの構成国（ソ連）を除名したため「結果としては規約違反」、すでに準備が進められていたソ連派による第三回大会については「開催手続において規約違反」であると述べている。また、結果として両者を「諒承」し、「会員諸氏の判断と意見は自由」とする日本協議会の矛盾を指摘し、「もし北京、ベイルートの両者を、日本協議会として認めて行くとすれば、遠い将来における両者の統一を希望して、という、未来に力点をおいた、一種の統一戦線に立たざるをえない筈です」、「一種の「統一戦線論」に、日本協議会がはっきりと立つのでない限り、日本協議会の枠内における私の活動は終ったものと考えます」と述べている（全集一四巻、六六三―六六四頁）。

このように、堀田は統一を志向する立場に立っていたが、右の文書を同封した中野重治宛ての書簡[22]では、日本協議会の解散を提案したいとも述べている。当時、堀田は日本協議会内の分裂はもはや修復不可能な段階にあると考えていたのであろう（先述のとおり、一九六七年七月末に日本協議会は「北京派」の提案により解散した）。

堀田がソ連派によって開催された第三回大会に参加し、分科会の場で中国を実行委員会の構成国とする提案を行ったことについては先述したとおりである。堀田は大会開始の約二週間前にあたる三月一〇日にモスクワ入りし、ソ連作家同盟と打ち合わせを行ったようだ(23)。モスクワから野間宏に宛てて送られた書簡からは、堀田がソ連作家同盟から厚い信頼を受け、第三回大会において「楽屋裏の全体」を担ったことがうかがえる(24)。ちなみに、新日本文学会の会員でなかった堀田は、モスクワで新日本文学会から送付された日本代表団のリストを確認した後に、日本代表団の構成員として第三回大会に参加することを決断したようだ(25)。

四　チェコ事件と一〇周年記念集会

一九六八年八月一六日、堀田はソ連作家同盟から一通の電報を受け取った(26)。九月二一日から二五日までタシケントで開催されるアジア・アフリカ作家会議一〇周年を記念する文学シンポジウム（以下、一〇周年記念集会）への招待状だった。堀田はしばらく返事を出さずにいたが、折しもソ連軍を主力とするワルシャワ条約五ヵ国軍が民主化運動を展開するチェコスロヴァキアに侵攻し八月二一日には全土を占領下においた(27)。堀田は、軍事介入の事実が明らかになった直後に一〇周年記念集会への参加を決断した(28)。

「堀田善衛年譜」（『堀田善衛展――スタジオジブリが描く乱世。』）によると、堀田は九月一九日に日本を出発し、その約三ヵ月後の一二月二四日に日本に帰国した。この間堀田は、九月二〇日から二五日までタシケントで開催された一〇周年記念集会に出席したほか、ヘルシンキ、ストックホルム、ロンドン、パリ、プラハ、スロヴァキア、ウィーン、東独などヨーロッパ各地を訪問した。

なぜ堀田はワルシャワ条約軍の介入後に旅に出ることを決断したのか。堀田にとってこの旅の目的は何だったのか。堀田は『小国の運命・大国の運命』の「はじめに」において、丸山眞男や久野収らが提唱したチェコ事件をめぐる抗議声明[29]に署名しなかったことを告白し、その理由を「自分で行って自分でたしかめてからにしたかった」ためと説明している。実際、堀田はチェコスロヴァキアに「前後二回、約一ヵ月」滞在し、帰国後「小国の運命・大国の運命」（註26参照）を執筆し、自らの見聞に基づいて「プラハの春」とチェコ事件について詳しく論じた。さらに、一〇周年記念集会に集うアジア・アフリカ作家会議のメンバーの反応を見ることも旅の大きな目的だった。堀田は一〇周年記念集会に参加し、同時にチェコスロヴァキアを始めヨーロッパ各地を旅行した動機について、「長年の友人である彼らの作家たちがどんな顔をして何を言うか、このことだけをでもたしかめてみようと思い立った」（全集九巻、四四八頁）、「私の関心が、（略）第三世界の人々がこれ〔ワルシャワ条約軍による出兵、占領――引用者註〕をどう考えてくれるか、それを知りたい、という点に集中して行くことを、自分に感じていた」（同、四四九頁）と述べている。

「小国の運命・大国の運命」から判断する限り、一〇周年記念集会における堀田の関心は、「長年の友人である彼らの作家たち」の中でも、ソ連作家同盟に所属するソ連の作家たちに向けられた。ソ連作家同盟は文学者の組織であるが、アジア・アフリカ作家会議日本協議会や新日本文学会などとは異なり国家の統制下にあった公的な団体である。また、ソ連作家同盟はアジア・アフリカ作家会議の中心的な担い手であり、ソ連は一〇周年記念集会のホスト国でもあった。つまり、ソ連作家同盟はチェコ事件について局外者、第三者とは言い難い立場にあった。また、そもそも軍事介入はアジア・アフリカ作家会議の思想的バックボーンの一つであった社会主義の理念に対する裏切りでもあった。以上のような点から、堀田は、ソ連の作家たちが何を考え、彼ら彼女らが一〇周年記念集会においてどのような発言をするか知りたいと切実に感じたのであろう。堀田は、チェコ事件に対するソ連の作家たちの反応をアジア・アフリカ作家会議の運動の試金石とみなしたと言っても過言ではない。

とはいえ、堀田は問われているのがソ連の作家だけでないことも自覚していた。一〇周年記念集会に参加することは、他国の作家にとってもワルシャワ条約軍の軍事介入に加担する意味を持ちかねない行為だった。堀田は、日本を発つ前に妻から投げかけられた「それでも、あなたは行くの？」という言葉について、「それはまったくその通りであって、私自身でも、いったいこれでもおれは行くのか、と自分に問いつづけていたものである」（全集九巻、四四九頁）と書いている。また堀田は、タシケントで各国の作家たちに再会した際、互いに「君は来たのか、やっぱり……？」、「君も来たのか、なぜ……？」といった「猜疑」の気持ちを向け合ったこと、そして共犯者的な意識を抱いたことに触れている（同、四五七頁）。ちなみに、会場には堀田が再会を強く望んでいたアルジェリアの作家の姿はなかった。アルジェリア作家同盟はワルシャワ条約軍によるチェコスロヴァキア占領に一致して反対声明を出し、記念集会への参加を拒否した。

それでは、一〇周年記念集会におけるソ連の作家たちの態度はどのようなものだったのか。公式の場ではチェコ事件について何も語られなかったようで、堀田は違和感を抱くと共にいたく失望したようである。記念集会は、ソ連における「会議」、「会合」が通常そうであるように、「人を圧伏するようなふんいき」の下で、官僚主義的、形式主義的、非民主的な仕方で進められた。議長団は、アジア・アフリカ作家会議の事務局長であるセバイのほかはソ連の作家によって独占されていた。シンポジウムのテーマは「文学におけるナショナリズムとインタナショナリズム」であったが、ソ連とチェコスロヴァキアのインターナショナルな関係については語られなかったばかりか、「インタナショナリズム」の名の下で、もっぱらソ連邦の国内問題が論じられていた。しかも、多民族国家、連邦国家であるソ連内部の「インタナショナリズム」なるものは、諸共和国間、諸言語間の翻訳書の発行部数によって「量的」に語られた。堀田はこれを「棍棒のような議論」であると評している。

一方、夜の宴会ではチェコ事件をめぐる率直な意見が飛び交った。「チェコスロヴァキア占領には、自分は反対だ、だが反対だと公表する勇気が自分にはない、だからおれは偽善者だ！」という痛切な叫びが発せられる一方で、「チェコスロヴァキアにおいてソ連兵一〇万の死者を出して得た権益を、なんでムザムザと西欧にわたしてたまるものか」という自国中心の見解も吐露された（同、四六二頁）。堀田は、このように私的な場所でだけ率直に意見が交わされるソ連の体制を不健全だと評している。

他方で堀田は、ソ連の作家の態度や言葉の端々から彼ら彼女らの苦しい胸の内を汲み取っている。ある作家は堀田に再会するや否や、無言で手書きのW・H・オデーンの詩「一九六八年八月」を差し出した。「一九六八年八月」は、ソ連ないしワルシャワ条約軍を「人喰い鬼（ogre）」にたとえつつチェコ事件を痛烈に批判した詩である。また、ある作家は、「いったい、あなた方はインタナショナリズムの問題としての、今回のチェコスロヴァキアへの出兵について頬かむりをしてしまうつもりなのか？」という堀田の問いに対して、片目をつぶりながら「チェコスロヴァキアはアジア、アフリカではないから、ということになっている」と述べたうえで、「どうかその問題だけはもち出さないでほしい。もち出されると、実はわれわれが困る」と付け加えた（同、四六九―四七〇頁、傍点堀田）。堀田は、この言葉から、ソ連の作家たちが「われわれ」と「奴ら」の間に「明瞭な対比」と「断絶」を感じていることを読み取った。またある詩人は、「奴ら（政治の方）はいろいろなことをする。よいこともすればわるいこともする。しかし、最小限、モスクワの秋は美しいとは思わぬか」と述べた（同、四七二頁）。堀田は、「五〇万もの軍隊」を出動させたチェコ事件を棚上げするこの言葉に反発を感じつつも、詩人の目に「光るもの」を認めたため反論を控えた。

　堀田はストックホルムから中野重治宛てに送られた手紙の中で、「ところで、ソヴェトの知識人たちの苦しみ方というものは、（略）こちらが怖しくなるほどに深くて苦しいものです。一言で言って、上層部はいったい何をしてくれたのか、ということで、中央の justification をどうにか呑み下しはするものの、「独ソ協定が西欧の（当時）知識人に与えたと同じ打撃です」というのが、おそらくはもっとも簡潔な要約ということになりましょう」と述べている[30]。堀田は、軍事介入を正面から批判する言葉こそ聞かなかったものの、ソ連の作家たちが当局に対する批判を抱き良心の呵責を感じていることを理解した。もちろん、それが可能であったのは、堀田とソ連の作家のたちとの間に深い信頼関係が存在し、そして堀田が彼ら彼女らの胸中を理解しようと努力したためでもある。

　そもそも堀田は、ソ連の作家が公の場でたやすく国家の方針を批判できないこと、それを求めることが彼ら彼女らを苦境に陥れるということをよく知っていた。だからこそ堀田は、「小国の運命・大国の運命」においてソ連の作家たちを傷つけないよう細心の注意を払った。堀田は、後述のアレクセイ・スルコフ氏をのぞいて、ソ連および他国の作家について実名はおろか人物の特定につながる情報を一切記していない。

にもかかわらず、堀田は作家たちの秘められた良心を慮ることで事足れりとはしなかった。堀田には、一〇周年記念集会の参加者にチェコ事件について問いただざずにはいられない、やむにやまれぬ気持ちがあった。堀田はそれを知識人の、またアジア・アフリカ作家会議の運動に携わる者の責務だと考えたのであろう。「チェコスロヴァキアに対する同情について」(『マイウェイ My Way』一九六九年六月号)では、プラハを訪問した際に堀田がソ連の作家たちの「同情」を伝えたところ、ある現地の作家が「プイと不機嫌にそっぽをむい」た後で、「奴らはいつでもこうなのだ!」と「はきすてるようにつけ加えた」ことを報告している(五八―五九頁)。この作家の反応について、堀田は、ソ連国内における行動を伴わない「同情」が「批評としての機能」を欠くものであると論評している。

堀田は、作家同盟の最古参の幹部で第一回アジア作家会議以来の親しい友人であるスルコフ氏に対して、「公式の面会」さえ試みた。スルコフ氏は、第二次世界大戦を回避するためという理由でソ連による出兵を正当化したが、同時に誠心誠意を込めて出兵に多大な苦痛を伴ったことを述べ、またこの出兵によって、サルトル、ボーヴォワール、アラゴン、ラッセル、グレアム・グリーンなど西側の貴重な友人を多数失ったことを耐え難いことだと語った。堀田は、スルコフ氏の苦衷を推し量りつつも、彼に向かって「了解した」とは言わなかった。否、言えなかった。[31]

堀田の頑なな気持ちは、一〇周年記念集会におけるスピーチにおいて十二分に表現された。このスピーチにおいて、堀田はアジア・アフリカ作家会議の歩みを自身の体験をもとにして振り返った。

初めに一九五六年に開催された第一回アジア作家会議の感動的な思い出が語られた。

The Atmosphere of the Secretariat and of the Conference itself was warm and friendly, really friendly, I assure you. Real internationalism was realized, this also I assure you.
（書記局および大会そのものの雰囲気は、暖かく友好的でした。本当に、友好的でした。これは、たしかなことです。真のインターナショナリズムが実現されました。これもまた、たしかなことです。）

ところが、一九六一年から六三年までの間に状況が変化し始めた。

Some dark cloud and noisy thunder came over our heads. Dark clouds covered us.
（私たちの頭上に黒い雲が立ちこめ、騒がしい雷鳴が聞こえて来ました。黒い雲が私たちを覆いました。）

もちろんこの変化をもたらしたものは、中ソ対立である。堀田は、中ソ対立が党派的な感情の衝突をもたらし理性的な議論を不可能にしたことを、次のような言葉で示唆している。

And in Cairo, the speeches of some member became not speeches, but thunder, I mean just shouting, angry shouting.

（そして、カイロにおける一部のメンバーのスピーチはスピーチではありませんでした。雷鳴でした。つまりそれはただの叫び、怒りに満ちた叫びでした。）

さらに堀田は、会が分裂した事実に触れ、会場に中国の作家が不在であることを指摘する。

We missed and don't see, here, in this hall, some of our great friends, I mean friends from Peoples' Republic of China.

（ここに、この会場に、我々の偉大な友人たち、中華人民共和国の友人たちの姿はありません。）

堀田はこの事実についてコメントを控えるとしつつも、"But true, we missed them. This is a cold fact, nobody can deny.（しかし実際に、我々は彼らを失いました。このことは冷酷な事実であり、誰も否定することはできません）"と、中国の作家の不在を改めて強調している[32]。

さらに、スピーチの終わりの方で、堀田はチェコ事件を念頭におきながら、次のように述べている。

The International situation, nowadays, is tense, not so peaceful. And one action, political or ideological, taken by one country against another country might provoke many disputes, now and in future too. This may not be a time for the celebration.

（今日、国際情勢は緊張しており、それほど平和的ではありません。そして、政治的なものであれイデオロギー的なものであれ、ある国が他の国に対抗してとる行為は、今日あるいは将来、多くの論争を引き起こしかねません。今は祝福の時ではないかもしれません。）

このように、堀田はアジア・アフリカ作家会議の一〇周年を祝う場で会の内紛について長々と述べ、またチェコ事件についても暗に言及しつつ、記念集会そのものに疑問を投げかけさえした。この挑発的なスピーチは、まさしく、チェコ事件の責任者であるソ連への、またチェコ事件に「頬かむり」して開催される欺瞞的な一〇周年記念集会への堀田の勇気ある抵抗であった。と同時に、このスピーチは、第一回アジア作家会議以来、アジア・アフリカ作家会議の運動にコミットし続けてきた堀田の、会に対する深い思い入れ、愛情の表現でもあった。

五　「小国」と第三世界

先述のとおり、一〇周年記念集会の後、堀田はヨーロッパ各地を訪れたが、そのうち約一ヵ月間をチェコスロヴァキアで過ごした。「小国の運命・大国の運命」の三分の二はヨーロッパ訪問記であるが、その中でも中心的な位置を占めているのはチェコスロヴァキア訪問の記録である。

チェコスロヴァキア滞在中、堀田が特に関心を向けたのは、民主化運動と軍事介入についてのチェコスロヴァキアの人々の見解、心情、姿勢であった。「小国の運命・大国の運命」には堀田が出会っ

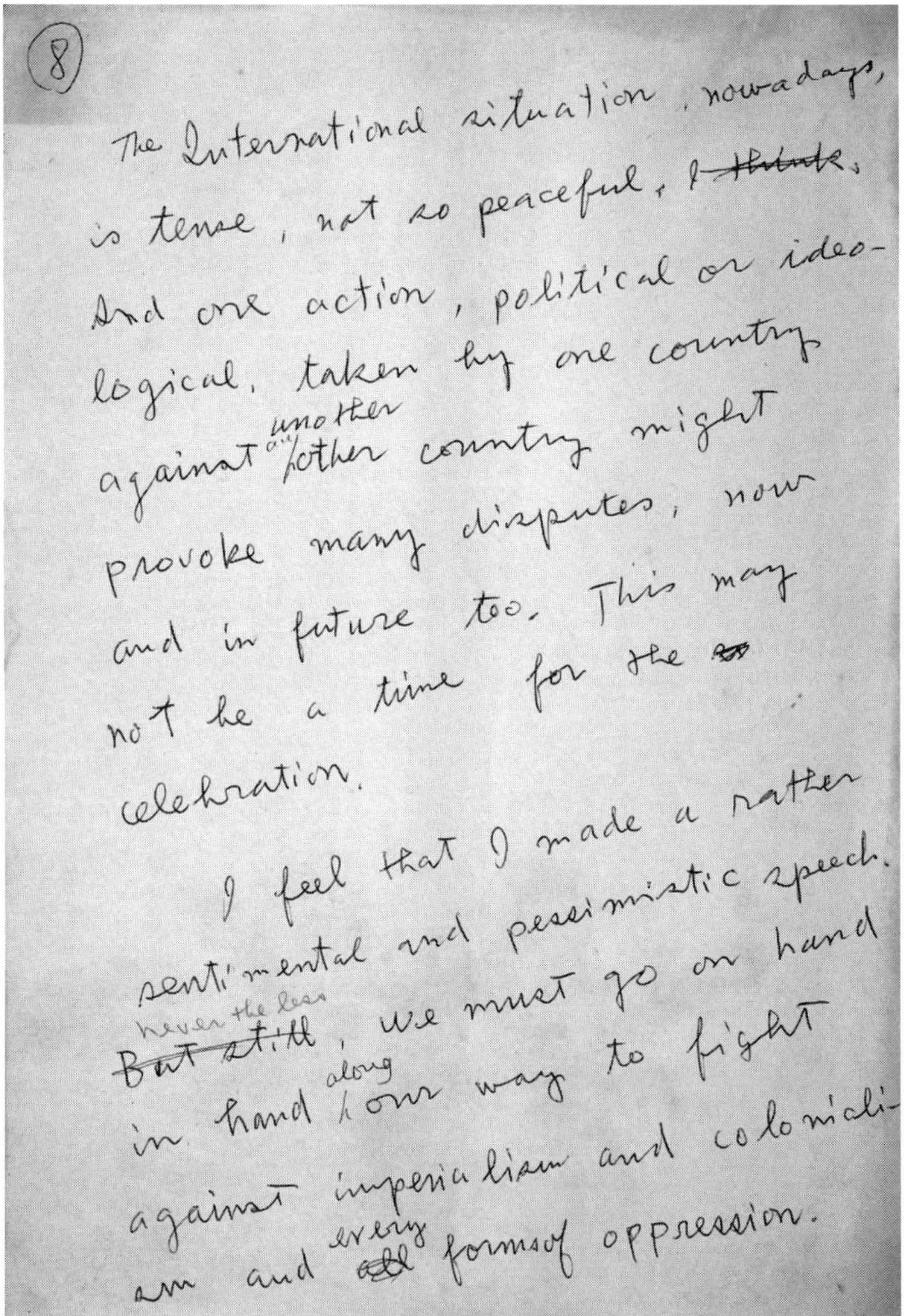

8

The International situation nowadays,
is tense, not so peaceful, I ~~think~~.
And one action, political or ideo-
logical, taken by one country
against another country might
provoke many disputes, now
and in future too. This may
not be a time for the
celebration.

I feel that I made a rather
sentimental and pessimistic speech.
~~But still~~ never the less, we must go on hand
in hand along our way to fight
against imperialism and coloniali-
sm and ~~all~~ every forms of oppression.

アジア・アフリカ作家会議10周年記念集会における講演草稿（県立神奈川近代文学館・堀田善衞文庫所蔵）。

た知識人や学生たちの言葉が数多く記録されているが、ここでも堀田は人々の身元が特定されるような情報を注意深く避けている。

堀田によれば、堀田が現地を訪れた時、占領軍の弾圧は徐々に強まり状況は悪化していたが、一定の言論の自由は残されており、改革への希望は存続していた。民衆の間にソ連に対する徹底した嫌悪が広まる一方、絶望や諦観は未だ支配的ではなかった。

堀田は一九六八年に「プラハの春」が発生した背景を、チェコスロヴァキアの暴力的、非人間的な政治体制に帰している。特に堀田は、「最暗黒期」であった一九四八年から五三年にかけて無慈悲な政治裁判、粛清が行われ、一六六人が死刑、一三八人が無期懲役、約一〇万人が強制抑留に処せられたことを指摘し、「その春〔プラハの春――引用者註〕のどん底には重罪犯的なまでに暗いものが盤踞し、とぐろをまいている」（全集九巻、五三四頁）と指摘している。

他方で堀田は、軍事介入後も粘り強く続けられる抵抗の中に、チェコスロヴァキアの伝統である「黒いユーモア」と「したたかな批評精神」を見出す。たとえば、ソ連の戦車の侵入が始まったとき、プラハの学生たちは「モスクワ・サーカス再来。ヴァツラフスキエ広場にて公演中。参観無料、ただし生命の保証はせず、また猛獣に餌をやるべからず」、あるいは「レーニンよ目をさませ、ブレジネフは気が狂ったぞ」などと書かれたプラカードを掲げた（同、五一九頁）。また、占領軍が自己検閲を強制すると、大胆にも検閲官がテレビに出演し、「人民諸君、私は人類の歴史ではじめて公衆の面前に姿をあらわした検閲長官であります」と演説した（同、五一八頁）。ある人は堀田に、チェコスロヴァキアの国民は検閲を受けた文章を批判的に読む術を心得ていること、「ソ連軍」を「占領軍」と読みかえるような民衆の間のラディカリズムこそが（民主派の）指導部を支えていることを説明した。

こうしたラディカリズムの伝統は、「大国」に囲まれた「小国」としてのチェコスロヴァキア固有の状況の中で歴史的に培われた。隣にロシアという巨大な専制国家があったから、というだけではない。堀田はヤン・フスの焚刑からミュンヘン会談まで、チェコスロヴァキアが常にヨーロッパに「裏切られ」てきた歴史にも言及している。

もっとも堀田は、「面従腹背」の精神の裏付けを持つチェコスロヴァキアのブラックユーモアにユニークな抵抗の形を認める一方で、それがシニシズム、自嘲、自慰と紙一重であることも鋭く指摘している。たとえば、『兵士シュヴェイク』の一節、「兵士はなにがなんでも上官に服従する義務がある。たとえその上官が上官らしからぬものだろうがなんだろうが、だ。上官なるものは高度に重要な存在であって、お前たち、タダの兵隊なるものは、タマタマまぐれに存在するようなものにすぎない。すなわち、お前さんが存在していようがいまいが、そんなことは向う様の知ったことではないのだ」（全集九巻、五三八―五三九頁、傍点堀田）は、支配者に向けられた皮肉なのか、それとも服従者としての自嘲なのか。もちろん、この一節は「上官」に対する痛烈な毒を含んでいるし、それがナチの占領以前から存在するプラハの老舗のビアホールの壁に、英語、ロシア語、ドイツ語訳を伴って掲げられていることからして、単なるシニシズムではありえないだろう。堀田は、「苛烈無惨な小国の歴史と運命」の中で培われたチェコスロヴァキア人のメンタリティ、政治文化を、日本人にとって徹底して異質な、不可解なものとして捉えている。

他方で、堀田は「プラハの春」を社会主義の立場から社会主義を問い直す試みとみなして深い共感を示す。「小国の運命・大国の運命」によると、堀田は、青春時代からレーニンに深い信愛を抱き社会主義について多大な興味を持ち続けてきた。しかし、堀田はソ連を訪問するたびに「いったいこの国は果して社会主義国なのか」という違和感を抱き、また中ソ対立では、社会主義の指導的な二大国間の醜悪な党派対立を目の当たりにした。だからこそ、堀田は「プラハの春」に既存の社会主義を刷新する大きな可能性を見出した。すなわち、「現在では、社会主義とは何か、何が社会主義であるか、と問うている国々が、すなわち社会主義国であるという様相を呈してきている」(全集九巻、四八六頁)。

堀田は、チェコスロヴァキアを訪問した際、「プラハの春」に対して連帯の意思表示をすべく、チェコスロヴァキア作家同盟に対して文書によるメッセージを残してきたという[33]。その中で堀田は、チェコスロヴァキア訪問の結果として以下の三点を確認したと述べている。

一、貴国において、一九六八年一月以後に開始された社会主義再生のための企図は、現在、社会主義諸国に於て、社会主義がその本来の意味において実現されるために必要であり、また、一つの危機に臨んでいる資本主義諸国における社会主義運動を再生させるためにも必要欠くべからざるものであること。

二、政治と文化の、相互の再生作用のためには、政治と文化の間における、相互の自由な批判が必要であり、そのためには言論の自由がつねに確立していなければならないこと。

三、作家が創造的な仕事をするためにも、以上の再生運動は如何なる条件の下においても必要であり、特にチェコスロヴァキアの作家たちが、困難なる条件下において、また現在の想像を越えた悪条件下にあっても、諸君が忍耐強い努力をつづけられていることに敬意を表し、またその努力がつづけられることを期待すること。

堀田はまた、「プラハの春」とチェコ事件を社会主義陣営の内部にとどまらない、より大きな歴史の流れの中に位置づける。「小国の運命・大国の運命」というタイトルが示すように、堀田はソ連とチェコスロヴァキアの関係を「大国」対「小国」というフレームで捉え、これをベトナム戦争に重ね合わせる。

小国の運命が大国の運命にかかわらぬなどという時代では、現代がないことは、ヴェトナムとアメリカのそれを見てさえも明らかなことである。（全集九巻、五五四頁）

さらに、堀田は「プラハの春」を第三世界による先進国に対する異議申し立ての動きにも関連づける。今日の世界には、「小国」が「大国」を問い、「第三世界」が資本主義体制と社会主義体制の双方を問う大きな潮流が重なり合いながら存在している。

今日の資本主義体制も、社会主義体制も、おそらく第三世界の問題とどう相対するか、あるいは相対しうるかによってためされるという状況が展望されるはずである。チェコスロヴァキは明白に第三世界ではない、しかし小国という観点から見れば、問題をつきつけられて、ためされているのは実は大国であるソヴェトの方であろう。そうしてヴェトナムは明白に第三世界に属し、ためされ、しごかれているのは、明白にアメリカの方である。（同、五六四頁）

堀田によると、こうした「小国」の「大国」に対する、また第三世界の資本主義・社会主義の両体制に対する問い直しは、「第一世界」をも巻き込みつつ世界的な潮流となりつつある。先に「小国の運命・大国の運命」の三分の二はヨーロッパ旅行記であると述べたが、堀田は、西欧諸国、特にパリの知識人・学生の間で、第三世界に対する関心が高まっていることを指摘する。近年パリの本屋では、アジア、アフリカ、ラテンアメリカの革命運動や革命理論についての本が「店頭にごろごろし」、容易に入手できるようになる一方、ソルジェニツィンやエフトゥシェンコを例外として、ロシア人によって書かれた社会主義、共産主義についての本は「きれいさっぱりと消えてしまった」（同、五〇九—五一〇頁）。堀田は、パリの五月革命において、また東大や京大の大学紛争において、ホー・チ・ミン、〝チェ〟・ゲヴァラ、毛沢東の肖像やベトナム解放民族戦線の旗が掲げられたことにも注意を促す。

堀田は、先進国における第三世界への関心が、先進国内部の「現体制」と「既成反対勢力に対する失望」に根ざしていることを喝破しつつも、また多くの第三世界の実情が先進国における理想からほど遠いものであることを認識しつつも、「小国」および第三世界が、「大国」および資本主義・社会主義の両体制に対して異議申し立てを行い、後者をラディカルに問い直す歴史の流れに、歴史的な必然性と正統性を認めている。この点は『小国の運命・大国の運命』全体の中心的なコンセプトにもなっている。

「小国の運命・大国の運命」は、『小国の運命・大国の運命』の表題作であるが、同書にはほかに、「第三世界の栄光と悲惨について」[34]と「エルネスト・〝チェ〟・ゲヴァラと現代世界――インタナショナリズムの前途」[35]が収録されている。堀田は同書の「はじめに」において、「これらの三つの文章は、それぞれ相互に関連して一つの環をなすものと思われるので、ここに一緒におさめた」と述べている（全集九巻、四四三頁）。

「第三世界の栄光と悲惨について」は植民地主義批判である。この評論は、ラス・カサスを主題としつつ、植民地主義に伴う構造的な暴力の問題を、デュボイス、マルコムX、フランツ・ファノンなどの引用を交えながら論じたものである。

「エルネスト・〝チェ〟・ゲヴァラと現代世界」では、今日の世界における第三世界による資本主義・社会主義両体制に対する異議申し立ての動きの持つ意味、可能性が詳しく論じられる。冒頭で堀田は、今日のインターナショナリズムの問題を「キューバからの照射によって」考えたいと述べる。かつて堀田はキューバ革命蜂起記念祝典に招待されてキューバを訪問し、その体験に基づいて『キューバ紀行』（岩波書店、一九六六年）を上梓した。同書で描かれる人間的なキューバ像はソ連型の共産主義国家の対極にある。

とはいえ、「エルネスト・〝チェ〟・ゲヴァラと現代世界」は、オルタナティヴな社会主義国家としてのキューバの現状に焦点化した評論ではない。この評論は、「現代世界のもっとも痛切かつ大胆な批判者」としてのゲヴァラの二つの文章に即して展開される。一方は、ゲヴァラがキューバの工業相だった一九六五年二月にアルジェリアで開催された第二回アジア・アフリカ人民連帯機構会議第二回経済セミナーで行った演説であり、他方は、ゲヴァラがキューバを離れた後、一九六七年四月に発表された「三大陸人民連帯機構を通じる世界人民へのメッセージ」である[36]。堀田は、両者に第三世界からの資本主義・社会主義の両体制に対するラディカルな問いかけを読み取っている。

前者において、ゲヴァラは、帝国主義国の富が低開発国の搾取を土台としてもたらされたこと、低開発国は帝国主義国の新植民地主義的な介入によって独立後も政治的・経済的困難に陥っていることを鋭く指摘する。そのうえで、ゲヴァラは低開発国と社会主義国が連帯して帝国主義と闘わねばならないと主張する。この主張は、低開発国であり社会主義国であるキューバの立場に立つ限り当然のものであるが、堀田は、ゲヴァラが中ソに代表される社会主義国と低開発国の間に矛盾や利害対立を認めている点に注意を促す。

堀田によれば、ゲヴァラは現代社会における資本主義諸国、社会主義諸国、低開発諸国の三派鼎立状態をふまえたうえで、「社会主義諸国は、西側の搾取国家との暗黙の共犯関係を解消する道徳的義務を負っている」（全集九巻、六一一頁）、「今、解放の道を歩み始めた諸国の開発は社会主義諸国の犠牲を求めている」（同、六〇九頁、傍点堀田）と主張する。ゲヴァラの言う社会主義国の「義務」、「犠牲」とは、具体的には、先進国がヘゲモニーを握る世界市場の論理を社会主義国が相対化し、低開発国との取引において低開発国の「開発が可能になるような」価格を認めること、低開発国の技術開発のために技術教育機関の設置や技術者の派遣などの援助を行うこと、ひいては資本主義的な世界市場に対抗して、新興国を帝国主義の政治的・経済的支配から解放するような「一大ブロック」を形成することなどを指す。

堀田は、このような「プロレタリア国際主義」が、対立を深めつつあった「中ソ双方に対する烈しい、いわば必死の警告」であることについても注意を促す（同、六〇八頁）。ゲヴァラは、抗争を続ける中ソの間にもはや「団結すべき理由」がないとしても、「共通の敵」である帝国主義者に対しては団結する義務があると主張する。堀田は、同様の主張をゲヴァラの「三大陸人民連帯機構を通じる世界人民へのメッセージ」からも読み取っている。このメッセージの中で、ゲヴァラはベトナムがアメリカに対して孤独な闘いを続けている傍らで中ソ対立（「社会主義陣営の二大国の代表のあいだで、かなりまえから始まった悪罵とかけひきの争い」（同、六一九頁））が継続されていることの「罪」を告発し、「敵」に対する「団結の必要」を主張する。

つまり、ゲヴァラはキューバに代表される低開発国の視点に依りながら、社会主義のあるべき方向を見据えつつ、社会主義国と低開発国が広く団結することを呼びかけている。この呼びかけは、既存の国家体制を自明視し、あるいは近視眼的な国益や体面に囚われて大局を見失っている社会主義諸国の現状と、その結果生じた中ソ対立に対するアンチテーゼとして捉えることができる。堀田は、このようなゲヴァラの考え方に、「後進国、低開発国の側にこそ、現代世界がもつべき、ポジティブな道徳が存している」（同、六一三頁）とするメッセージを読み取り、深い共感を示す。

もちろん、堀田自身が述べているように、当時、第三世界あるいは「小国」[37]に社会変革の可能性を見ようとする姿勢は決して珍しいものではなかった。中国はともかくとして、ソ連型の社会主義を批判し、チェコ、キューバの社会主義に可能性を見出し、アメリカと闘うベトナムを支持することは、六〇年代末の左派知識人に共通の立場でさえあった。ただし、堀田に関する限り、こうした立場はアジア・アフリカ会議の運動に関わる中で、内発的に導き出されたものだ。

六　おわりに

一九五〇年代半ばに開始されたアジア・アフリカ作家会議の運動は、共産主義陣営と第三世界の連帯によって進められてきた。ベトナム戦争においてソ連と中国がベトナムを支援したように、この構図は六〇年代においても維持されたが、中ソ論争によって綻びを見せ始めた。他方で、チェコ事件は、スターリン批判、ハンガリー動乱後低下しつつあったソ連の威信をいっそう低下させ、中ソ対立と相俟って共産主義内部の分裂を明るみに出した。第三世界と共産主義陣営をとりまくこうした歴史の流れが、アジア・アフリカ作家会議に多大な影響を与えたことは本章で詳しく論じたとおりである。

第Ⅲ部第一章で論じたように、堀田はアジア・アフリカ作家会議に集う共産主義諸国と第三世界諸国の間に「後進国」としての共通点を見出し、両者の連帯を自明視しつつ、両者の帝国主義からの解放と主体的な国家形成を支援した。ところが、中ソ対立とチェコ事件は中ソ二大国への幻滅をもたらし、国家の介在の下で進められる文学運動の困難を痛感させたと思われる。堀田はその過程で、キューバ、ベトナムによる闘いやチェコスロヴァキアによる共産主義陣営内の異議申し立ての動きに一筋の光を見出した。

もちろん、だからといって堀田はアジア・アフリカ作家会議の運動から離脱することはなく、中ソの分裂後はソ連を中心として再建された運動にコミットし続けた。堀田は、限界を知りつつも、既存の運動の中で可能な批判や問題提起を行い、同時に全面的に国家を代表しているわけではない生身の作家たちとの間に信頼関係、友情を育んだ。一九五〇年代半ばから六〇年代後半にかけて、第三世界の解放運動についての堀田の見解は部分的に変化したが、アジア・アフリカ作家会議の運動に粘り強くコミットする姿勢は第一回アジア作家会議の開催時から決して変わることがなかった。

註

◆序論

（1）伝記的事実については、「堀田善衞年譜」（『堀田善衞展――スタジオジブリが描く乱世。』県立神奈川近代文学館・財団法人神奈川文学振興会、二〇〇八年）を参照。

（2）前掲『堀田善衞展――スタジオジブリが描く乱世。』参照。

（3）『読売新聞』二〇一一年五月一一日の書評欄において、ノンフィクション作家の河合香織が『方丈記私記』を取り上げたことが契機となり、版元の筑摩書房に同書の注文が相次ぎ、計五〇〇〇部が増刷されたという。『読売新聞』二〇一一年八月一三日朝刊。

（4）論文集として、中野信子ほか編『堀田善衞――その文学と思想』（同時代社、二〇〇一年）がある。

（5）堀田の「上海もの」に関する最近の研究の一つの傾向として、堀田の上海体験および上海表象を他の作家のそれと比較する視点が見られる。たとえば、黒田大河「堀田善衞と上海――「祖国喪失」と「無国籍」のあいだで」（『日本近代文学』第八一号、二〇〇九年一一月）、大橋毅彦『昭和文学の上海体験』（勉誠出版、二〇一七年）など。

（6）堀田の上海体験は、紅野謙介編『堀田善衞　上海日記――滬上天下一九四五』（集英社、二〇〇八年）の刊行によって全貌が明らかになった。この日記をもとにして堀田の上海体験を詳しく辿った論考として、本文中で言及した曾嶸『堀田善衞と中国』の第二章のほか、梅田祐喜「堀田善衞の上海（一）」（『海龍』第九号、二〇一六年二月）、同「堀田善衞の上海（二）」（『海龍』第一一、一二号、二〇一六年九、一二月）がある。

（7）『野間宏と戦後派の作家たち展』（県立神奈川近代文学館・財団法人神奈川文学振興会、二〇〇一年）。

（8）「堀田善衞の戦後意識」（『早稲田文学（第八次）』第二一九号、一九九四年八月）、九八―九九頁。

（9）星菫派論争の主要な論考は、臼井吉見編『戦後文学論争』上巻（番町書房、一九七二年）に収録されている。

(10) 以下は、ほとんどが先述の『物語戦後文学史』でも言及されているよく知られた事柄なので、原則として参照すべき先行研究を提示しない。

(11) 「登場できなかった「角帯君」」(『堀田善衛全集九・月報一四』筑摩書房、一九七五年)。

(12) 「堀田善衛」(『戦後派作家は語る』筑摩書房、一九七一年)、七二頁。

(13) 堀田における「祖国喪失者」の形象については、大橋毅彦「〈マラーネ〉ゲルハルトの赤い舌――堀田善衛「祖国喪失」からの問いかけ」(前掲『昭和文学の上海体験』所収)、前掲黒田「堀田善衛と上海」、丸川浩「堀田善衛「国なき人々」の難民たち――堀田善衛の上海体験」(『山陽女子短期大学紀要』第三七号、二〇一六年三月)ほか参照。

(14) 武田自身が戦場で民間人を殺害したことには触れていない。これが武田の実体験であることは、川西政明『武田泰淳伝』(講談社、二〇〇五年)の「敗戦前後」に書かれたエピソードから推測される。

(15) 「二つの衝撃――松川事件第二審判決と加藤道夫の自殺」(『中央公論』一九五四年二月号)。『加藤道夫全集』第二巻(青土社、一九八三年)に掲載されている「年譜」には、「昭和十九年(一九四四年)」の欄に、「南方へ赴任。濠州作戦なりしか(?)、マニラ、ハルマヘラ島を経て、東部ニューギニアのソロンなる部落へたどり着く。以後終戦まで、全く無為にして記すべきことなし。人間喪失。マラリアと栄養失調にて死に瀕す」(六二三頁)とのみあり、加藤の経験した「地獄」が食人であったかどうかについては明確にされていない。

(16) 椎名麟三ほか『わが文学、わが昭和史』(筑摩書房、一九七三年)、五八―五九頁。自伝的小説「黒い旗」(『文學界』一九六二年八月号)にもこれとほぼ同じ内容の記述がある。

(17) 近年刊行された『コレクション戦争と文学』(全二一巻、集英社、二〇一一―二〇一三年)にも、多くの戦後派作家の作品が収録されている。

(18) たとえば、村上克尚『動物の声、他者の声――日本戦後文学の倫理』(新曜社、二〇一七年)は、斬新な観点から武田泰淳の作品を読み直しつつ、武田を他の戦後派の作家・評論家と差異化している。

(19) 例外的な試みとして、高橋啓太『「文学」の倫理と背理――戦後文学再検討の視座』(中川書店、二〇一七年)がある。一般書では、奥泉光・群像編集部編『戦後文学を読む』(講談社、二〇一六年)において、戦後派作家が重点的に取り上げられている。

(20) 佐々木基一は、そのことを示す事例として、野間宏が「現代日本文学の問題」(『思想』一九六二年一月号)、「続現代日本文学の問題」(『文学』一九六二年三月号)、「続現代日本文学の問題(完)」(『文学』一九六二年五月号)、「現代日本文学の問題」(『思想』一九六二年一一月号)において、堀田の『海鳴りの底から』を高く評価していることを指摘している。

(21) 丸山眞男も座談会「戦争と同時代」(『同時代』第八号、一九五八年)において、「この一、二年というもの、精神的にスランプを感じるんです」と告白し、その理由を、天皇制とマルクス主義の「風化」に求めている(『丸山眞男座談』第二巻、岩波書店、一九九八年、二三四頁)。

(22) 佐々木は、『堀田善衞全集(第一期)』第五巻(筑摩書房、一九七四年)の巻末に「解説」として収録された「昭和三十年代の苦渋と苛立ち」においても、堀田のアジア・アフリカ作家会議へのコミットを「昭和三十年代前半が、戦後文学者に強いていた或る種の困難な状況」と関連づけている(三八六—三八七頁)。ただし、佐々木は第三世界をめぐる堀田の文学活動を全否定しているわけではない。たとえば、『現代日本文學大系』第八七巻「堀田善衞・遠藤周作・井上光晴集」(筑摩書房、一九七二年)の巻末に収録されている「堀田善衞《ママ》論」では、『インドで考えたこと』、『上海にて』、『後進国の未来像』について、「堀田善衛《ママ》の小説以上に、わたしたちの心にうったえてくるものをもっているし、わたしたちの目を開いてくれもする」(三三四頁)と好意的に評価している。

(23) もっとも、武装闘争路線に舵を切った在日朝鮮人と共産党の「反戦」運動は、日本の朝鮮戦争に対する加担を見据えたものだった。道場親信『占領と平和——〈戦後〉という経験』(青土社、二〇〇五年)、第二部第二章第三節。

【第I部】

◆第一章

(1) 「米国海軍基地・横須賀」(『中央公論文藝特集』一九五二年一月)、「朝霞と立川」(『婦人公論』一九五二年五月号)、「危機の中からの未来」(『中央公論』一九六〇年六月号)など。

(2) 朝鮮戦争下の日本の状況を描いた小説としては、「広場の孤独」のほかに、「曇り日」(『新潮』一九五五年一一月号)がある。この作品では、語り手の「おれ」の近所に住む「ぱんぱん」のヨーコさんの家に出入りする黒人の脱走兵がMPと日本の警官から追跡を受けるエピソードや、マッカーサー解任をめぐる市井の人々の反応などが描かれる。「曇り日」に関する研究として、西田桐子「堀田善衛《ママ》「曇り日」と文芸誌の「戦後十年」言説――一九五五年における文学者の責任」（『言語態』第一四号、二〇一四年）がある。

（3）　翻訳をコミットメントだとする木垣の姿勢には、そうした意識を欠く知識人に対する堀田の批判が反映している。『歴史』（新潮社、一九五三年）には、主人公の竜田が、「如何なる左翼的な政党にも運動にも所属せず」、左翼文献を多数翻訳し、「戦時中、左翼の人々が投獄された時にも、数多い訳書のうち、続版を許されたものの印税で頗る楽に暮していた」、「職業的翻訳者」のH氏について批判をこめて回想するシーンがある（全集二巻、二七頁）。

（4）　冷戦状況下におけるフランスの論壇の状況については、ミシェル・ヴィノック『知識人の時代――バレス／ジッド／サルトル』（塚原史ほか訳、紀伊國屋書店、二〇〇七年）の第三部を参照。同時代に日本に紹介された論考として、「サルトルは朝鮮動乱をどう見るか」（『展望』一九五一年七月号、サルトルがアメリカの雑誌『ネーション』に寄稿した論文を『展望』編集部が解説・紹介したもの）などがある。

（5）　この点は、本作品の発表後まもなく、山本健吉が「昨日・今日・明日の文学」（『朝日新聞』一九五二年一月六日朝刊）において明確に指摘している。この論考において山本は、「広場の孤独」を「コミットメントの文学であって、アンガジェの文学ではない。「参加」の文学ではなく、「参加させられる」文学である。サルトルの文学ではなく、『二十五時』のゲオルギウの文学ある」と論じている。また伊豆利彦は、『シンポジウム日本文学19　戦後文学』（學生社、一九七七年）において、「自分の意志によらずに、ある状況におかれることで何等かの役割を果たしてしまう」ような「政治の捉え方」を、大岡昇平、武田泰淳、堀田善衞ら「第二次戦後派の特徴」であると指摘している（一七八―一七九頁）。

（6）　この結末にサルトルの小説『嘔吐』の影響を認めることは困難ではない。『嘔吐』では、カフェでジャズのレコードを聴いた主人公ロカンタンが、実存するものの偶然性を乗り越えるために、「一冊の書物」を書くことを決意する場面で物語が閉じられる。

（7）　「歯車」の冒頭にもほぼ同一の記述が見られる。

（8）　「広場の孤独」は雑誌掲載後に、「歯車」と共に

『広場の孤独』（中央公論社、一九五一年）に収録された。堀田は、この単行本のあとがきに、「現代の人間像は、過去についても未来についても、政治の二つの頂点としての戦争と革命のリアリティなしには成立しない。ここにおさめられた二つの作品は、流血をともなわずには起りえない、そうした事態に対する、私なりの悲しみと怒りと恐怖によって書かれた」（全集一巻、六三四頁）と書いている。

（9）「鹿地事件に於ける小説的解釈」（『新潮』一九五三年二月号）において、堀田は、中国滞在中に、ある中国人の学生から『腐蝕』の筋書きと序文について話を聞いたと述べている。

（10）本多秋五は堀田善衛の芥川賞受賞祝賀会における挨拶の中で、「堀田君の文学が日本の「二十五時的現実を描いた」といはれる」ことに言及している。「広場の孤独と共通の広場」（『近代文学』一九五二年五月号、三頁）。

（11）ティルピッツとゲルハルトの人物像造形には、マルロー『人間の条件』に登場するクラピック男爵からの影響が認められる。フランス人であるクラピックは、骨董品売買や、麻薬・武器の密取引に関わるニヒリストである。

（12）「広場の孤独」については、松木新が、「「進んで中立する立場」こそが人間性の尊厳を守る立場だという信念を変えない」木垣の姿勢に限界を認めている。「「広場の孤独」が問いかけるもの」（『民主文学』第四八一号、二〇〇五年一一月、九三頁）。他方で佐々木基一は、木垣が、傍観者、根無し草のようでありながら、「どこまでも第三者として、自己の現実をもたぬ国内亡命者として終始することはできない。現実を動かす巨大な力にもみくちゃにされ、その力からはね出されている存在にすぎぬ自分の条件こそ、ほかならぬ自分の現実であるということ」を「ついにようやく自覚」する点に、「祖国喪失」や「歯車」からの「ひとつの飛躍」、「新しい出発点の発見」を認めている。「堀田善衛《ママ》」（『現代日本文學大系』第八七巻「堀田善衛・遠藤周作・井上光晴集」筑摩書房、一九七二年）、三二九頁。また、曾嵘は、ハント、御国、ティルピッツ、原口が体験する四つの選択肢を否定的に媒介しつつ、「「人間的」な小説の創作に身を投」じた点に木垣の選択を認めている。『堀田善衛と中国——上海体験」に始まる初期作品の形成と展開』（博士論文（大阪大学）、二〇一二年）、第三章。他方で、陳童君『堀田善衛の敗戦後文学論——「中国」表象と戦後日本』（鼎書房、二〇一七年）の第四章では、「広場の孤独」を

「多元的な視点から国民的事件を表現することに成功」した点において評価し、「主人公の政治的立場の確定の拒否」をそのための戦略的手法として捉えている（一〇六頁）。

◆第二章

（1） 初出は、「序章」（原題「歴史」）『別冊文藝春秋』第二六号、一九五二年二月、「石を愛する男」『文學界』一九五二年五月号、「無人地帯《ノーマンズ・ランド》」『新潮』一九五二年四月号、「不幸への意志」『文藝』一九五二年七月号、「零点運動」『別冊文藝春秋』第三〇号、一九五二年一〇月、「重慶の墓」『文藝』一九五二年一二月号、「遡行的」（原題「危険な物質」）『文學界』一九五三年三月号、以下書き下ろし。

（2） 「日本の知識份子」は、「上海の、作家、並びに学生諸君、私は今日、ここで話をする機会を得たことを心から嬉しく思います」という一文で始まる。この草稿は、一九五七年に上海で行われた講演のために書かれたものと思われる。タイトルの右側には、鉛筆書きで「一九五八年　中国」という表記があるが（本文は万年筆で書かれている）、「一九五七年　中国」の誤りであろう。

（3） 国共内戦については、Pepper Suzanne. *Civil War in China: the Political Struggle, 1945–1949*, University of California Press, 1978, Westad, Odd Arne, *Decisive Encounters: the Chinese Civil War, 1946–1950*, Stanford University Press, 2003 ほか参照。なお堀田は、「私の創作体験」（『乱世の文学者』未來社、一九五八年）において、『歴史』を執筆するうえで、米国国務省『中国白書』（朝日新聞社、一九四九年）を「一番参考にした」と述べている。

（4） 佐々木基一は、前掲「堀田善衛《ママ》」（第Ⅰ部第一章註12参照）の中で、明確な「位置選択」を行った点において、『歴史』に『広場の孤独』からの「飛躍」と「新しい出発点の発見」を見出している。矢崎彰「堀田善衛――上海から被占領下の日本へ」（『文学』第四巻第五号、二〇〇三年九月）も、政治に対する「積極的な姿勢」を描いている点に『歴史』の特異性を認め、その背景として侵略戦争の死者に対する堀田の思いを指摘している。

（5） ナチスとアメリカ企業の関係については、チャールズ・ハイアム『国際金融同盟――ナチスとアメリカ企業の陰謀』（青木洋一訳、マルジュ社、二〇〇二年）を参照。

（6） この点には、一九三〇年代の上海を舞台として民族資本と買弁資本の対立を主軸として書かれた茅盾

『子夜』からの影響がうかがえる。前掲曾嶸『堀田善衞と中国』（第Ⅰ部第一章註12参照）の第五章および前掲陳童君『堀田善衞の敗戦後文学論』（第Ⅰ部第一章註12参照）の第七章では、『子夜』が『歴史』に与えた影響を方法的な側面から詳細に論じている。

（7）アンラについては、板垣與一編『アメリカの対外援助――歴史・理論・政策』（佐藤和男訳、日本経済新聞社、一九六〇年）の第一部第三章第二節に詳しい記述がある（同書では、「アンラ」に「連合国救済復興機関」の訳語があてられている）。同書では、中国、ギリシャ、ポーランドにおいて、相当量のアンラ物資が闇市場に流れたことが指摘されている。

（8）昭和通商については、山本常雄『阿片と大砲――陸軍昭和通商の七年』（PMC出版、一九八五年）を参照。

（9）児玉誉士夫については、有馬哲夫『児玉誉士夫――巨魁の昭和史』（文藝春秋、二〇一三年）ほか参照。

（10）里見機関については、佐野眞一『阿片王――満州の夜と霧』（新潮社、二〇〇五年）ほか参照。日本の阿片取引については、岡田芳政・多田井喜生・高橋正衛編『続・現代史資料』第一二巻「阿片問題」（みすず書房、一九八六年）、江口圭一『日中アヘン戦争』（岩波書店、一九八八年）ほか参照。

（11）註3で挙げたPepper Suzanne, *Civil War in China* とWestad, Odd Arne, *Decisive Encounters* はいずれも、内戦の初期の段階（米国が調停を放棄する一九四七年初めまで）の反政府運動において重要な役割を果たした学生運動が、国民党の主張に反して、必ずしも共産党の影響下におかれていたわけではなく、また中国の共産主義化を求めていたわけでもなかったとする見解を示している。

（12）紅野謙介編『堀田善衞　上海日記――滬上天下一九四五』（集英社、二〇〇八年）に収録されている日記（一九四六年一一月二九日分が最後である）には、この「暴動」についての言及はない。

（13）"China: Peddler's Revolt", *Newsweek*, December 16th, 1946.

（14）これらの点には、マルロー『人間の条件』からのあからさまな影響が見て取れる。この点については、前掲陳童君『堀田善衞の敗戦後文学論』の第七章第三節参照。

（15）椎名麟三ほか『わが文学、わが昭和史』（筑摩書房、一九七三年）、一五九頁。

(16) 作中には、竜田が、自分を「彼等」(中国人の革命家たち)に「結びつけるもの」が、「実はまだ乾ききったとは云えぬ彼の同年代の日本人と中国人の戦死者の血にまみれた或るものである」と考察する場面もある(全集二巻、一八九頁、傍点堀田)。

(17) 堀田は「現代史」(『近代文学』一九五〇年八月号)というタイトルの詩を書いている。

(18) 栗原幸夫「解題」『堀田善衛全集(第一期)』第二巻(筑摩書房、一九七四年)、四一七頁。

◆第三章

(1) 佐藤とよ子『〃原爆ヒーロー〃エザリーの神話』(朝日新聞社、一九八六年)によると、"Eatherly"は「エザリー」と発音するのが正しいようであるが、本書では、日本で人口に膾炙した読み方に従った。

(2) 小田実をメインに論じた第一〇章に若干の言及がある。

(3) イーザリーに関する以下の記述は、主としてRonnie Dugger, *Dark Star: Hiroshima Reconsidered in the Life of Claude Eatherly of Lincoln Park*, World Pub. Co., 1967に依った。

(4) *Dark Star*によると、この核実験の際、イーザリーは軍の命令に従って原子雲に突入し、器具を用いて放射性物質の混じった大気(radioactive air)のサンプルを収集した。イーザリーは、一九四七年と四八年に妻が流産した際、退役軍人局に被爆を理由とする給付金の申請を行った(申請は却下された)。なお、前掲『〃原爆ヒーロー〃エザリーの神話』によると、イーザリーは五〇代半ばで咽頭癌を発病し、二度の手術の後に五九歳で亡くなったが、イーザリーは癌に罹患した理由を被爆によるものと考えていたようだ。

(5) イーザリーとアンデルスの往復書簡は、一九六一年に西ドイツで出版された。『ヒロシマわが罪と罰——原爆パイロットの苦悩の手紙』(篠原正瑛訳、筑摩書房、一九六二年)は、その抄訳である。

(6) 『ヒロシマわが罪と罰』、一九一頁。

(7) William Bradford Huie, *The Hiroshima Pilot*, G. P. Putnam, 1964. 抄訳として、「おれは原爆を落さなかった——偽善的平和主義者へ捧ぐ一文」(常磐新平訳、『潮』五〇号、一九六四年八月)がある。また、『ザ・ヒロシマ・パイロット』をふまえて書かれた日本語の著作に、田口憲一『ヒロシマ・パイロット——クロード・イーザリーの悲劇』(講談社、一九六八年)がある。

(8) 前掲田口『ヒロシマ・パイロット』、一八五—一八七頁。ゴードン・トマス、マックス・モーガン＝ウィッツ『エノラ・ゲイ——ドキュメント・原爆投下』（松田銑訳、TBSブリタニカ、一九八〇年）は、ヒューイの『ザ・ヒロシマ・パイロット』を「イーザリーの製造し続けるフィクションをひっくり返そうとする勇敢な試み」として高く評価している（四六二頁）。

（9）　先述の『ヒロシマわが罪と罰』にまとめられた。

（10）　数少ない先行研究として、鈴木昭一「堀田善衛《ママ》論——「審判」を中心として」（『日本文学』第一六号、一九六七年二月）がある。鈴木は、観念性、人物の形象化の不十分さ、構成の荒さなどの点から、『審判』について否定的な評価を行っている。また、『堀田善衛全集（第一期）』第六巻（筑摩書房、一九七五年）の巻末に「解説」として収録された平野謙「現代における個人の責任」、『審判』下巻（集英社、一九七九年）の栗原幸夫による「解説」、「核戦争の危機を訴える文学者の声明」署名者企画『日本の原爆文学』第六巻「堀田善衛《ママ》」（ほるぷ出版、一九八三年）の巻末に「解説」として収録された小中陽太郎による「終末論的なピカレスク」も先行論として参考になる。

（11）　武田泰淳は、イーザリーのケースが知られる以前にSF小説「第一のボタン」（『流人島にて』新潮社、一九五三年）を発表し、事情を知らされないまま原爆を凌ぐ破壊力を持った「新兵器」の下手人になることを強制される死刑囚を描いている。

（12）　序章でも述べたように、堀田は武田の死後に書かれた「彼岸西風——武田泰淳と中国」（『世界』一九七七年六月）において、「戦後の武田泰淳の根源」には、「「審判」が厳として盤踞していた」（全集一三巻、四〇四頁）と述べている。

（13）　堀田が「背景」を執筆したきっかけは、クロード・イーザリーの存在を広く世に知らしめた、『ニューズウィーク』一九五七年四月一日号掲載の記事“Hero in Handcuffs”を読んだためと考えられる。

（14）　県立神奈川近代文学館・堀田善衛文庫所蔵のアンデルス宛ての書簡の下書きによる（同文庫には、英文と日本文の下書きが保管されているが、本文中では日本語版から引用した）。

（15）　トラウマの問題に注目して武田の「審判」を考察した論考として、大原祐治「終わらない裁き、分有される記憶——竹山道雄と武田泰淳」（『日本近代文学』第七〇号、二〇〇四年五月）、榊原理智「帰る物語／留まる物語——武田泰淳「審判」における国家への想像力」(『国文学研究』第一五二号、二〇〇七年六月)などがある。

(16) 武田の評論「滅亡について」(『花』一九四八年八月号)には、上海で敗戦を迎え「滅亡」を経験した武田の心境が詳しく書かれている。

(17) 討論会「『悪霊』をめぐって」(『近代文学』一九四八年八月号、九月号)における埴谷の基調報告による。『埴谷雄高全集』第一二巻(講談社、二〇〇〇年)所収。

(18) 同、一一二頁。

(19) ドストエフスキーが堀田の『審判』に与えた影響は、ポールの人物像、実存主義思想、ポリフォニックな対話形式(後述)のみにとどまらない。たとえば『審判』には、恭助が両脚の痙攣を主題とした自作の詩を姪で愛人の唐見子に朗読する場面があるが、この詩は『カラマーゾフの兄弟』において、野心家の神学生ラキーチンが、片脚が腫れた地主のホフラコーヴァ夫人に捧げた詩を借用したものである。また、出音也の次男の吉備彦が兄の信夫に向かって『悪霊』を「ユーモア小説」、「滑稽小説」と評し、妻マリイの出産を目前にしたシャートフがキリーロフと思弁的な会話を交わすエピソードについて語る場面もある。また、創作ノート『審判』(県立神奈川近代文学館・堀田善衞文庫所蔵)には、ポールをムイシュキンに、恭助をラゴージンに、唐見子をアグラーヤに、雪見子をナスターシャに見立てるメモがある。堀田はポールを「淫女を通じて回生しようとする」人物として、恭助を「聖女を通じて回生しようとする」人物として描こうとしていたようだ。

(20) 以下、本文中に述べる原爆投下の特色の多くは空爆(空襲)に通じる。原爆投下と同様、空爆も不特定多数の殺害であり、加害者と被害者の関係は間接的である。このほか両者に共通する特徴・傾向として、加害者と被害者の間に圧倒的な力関係が存在し、加害者が生命を危険に曝すリスクが小さく、また加害者の精神的な負担が小さいことが挙げられるだろう。近年活発化している空爆についての研究でも、空爆と原爆投下は地続きのものとして扱われている。田中利幸は『空の戦争史』(講談社、二〇〇八年)において、空爆と原爆投下が無差別攻撃と大量殺戮という点で連続的なものであることを強調している。荒井信一も『空爆の歴史――終わらない大量虐殺』(岩波書店、二〇〇八年)において、第二次大戦中の空爆と原爆投下が、(軍事目標主義を掲げている場合でも)一般住民の大量殺戮にほかならなかったことを強調している。

(21) 恭助は姪の唐見子に対して、「だけど、病気が、ぼくの場合で言えば、足が曲ってしまったことが、救いなときもあるんだ」、「唐見ちゃん、わたしの両脚が曲ったことね、これはね、罰なんだ……」と述べている（全集五巻、六二頁）。
(22) 前掲「現代における個人の責任」、五二四頁。
(23) 前掲「終末論的なピカレスク小説」、五七一頁。
(24) 『ドストエフスキーの詩学』（望月哲男・鈴木淳一訳、筑摩書房、一九九五年）。
(25) 広島と長崎への原爆投下に関わったチャールズ・W・スウィーニーの回顧録『私はヒロシマ、ナガサキに原爆を投下した』（黒田剛訳、原書房、二〇〇〇年）には、スウィーニーが広島への原爆投下後、長崎への原爆投下の前にカトリックの司祭に会いに行く印象的な場面がある。スウィーニーが司祭に対して「戦争を行うのは罪なのでしょうか、神父さま?」と問うと、司祭はトマス・アクィナスによりながら、戦争が正当化される状況はありうると答える。この答えを聞いたスウィーニーは、再度司祭に、「では大量破壊兵器はどうでしょう? それも正当化されるのですか?」と問う（二一〇―二一三頁）。
(26) 恭助は、ポールが預言者となることの意味を理解する一方で、人間が神の視点に立つこと、あるいは「絶対ニヒリズム」（全集五巻、三四九頁）の境地に立つことの不可能性も提起している。北極で越冬したポールの話を聞き終えた恭助は、初対面のポールに「あなたは、ごうまんです」という言葉を投げかける（同、二三七頁）。
(27) 宮本研も、「ザ・パイロット」を執筆する際に『安達原』に影響を受けたと述べている。「『ザ・パイロット』の美学」（『テアトロ』第二三二巻第二号、一九六五年）。
(28) 「安達原」佐成謙太郎『謡曲大観』第一巻（明治書院、一九六三年）、竹本幹夫『安達腹・黒塚』（檜書店、二〇〇〇年）。
(29) 片平幸三『ふくしまの民話（ふくしま文庫六）』（FCTサービス出版部、一九七四年）、二〇―二三頁。同書によると、安達ヶ原の鬼婆の伝説には諸説がある。日本児童文学者協会編『福島県の民話（県別ふるさとの民話一〇）』（偕成社、一九七八年）に収録されている「安達ヶ原のおにばば（伝説・安達郡）」の結末では、鬼女に追われた祐慶が熊野那智社の観音像を取り出してお経を唱えると、観音像が舞い上がって鬼女をめがけて矢を放ち、その矢によって鬼女が息絶える。同書によると、二本松市にはこの観音像（白真弓観音）を祀った観世寺観音堂があるという。

（30）『俘虜記』の冒頭に収録された「捉まるまで」（『文學界』一九四八年二月号）のエピグラフは、初出では、「わがこゝろのよくてころさぬにはあらず。害せじとおもふとも、百人千人をころすこともあるべし。　歎異抄」であった。『大岡昇平全集』第二巻、六四四頁。

（31）第三部では、ベトナム戦争に従軍し脱走兵となった韓国系アメリカ人のアイデンティティの問題が扱われる。

（32）堀田は、「往復書簡　核時代のユートピア——大江健三郎・堀田善衞」（『朝日新聞』に全七回連載）の第六回（一九八四年四月一三日夕刊）の大江健三郎宛書簡の中で、オッペンハイマーに会ったとき、「一生に何度かというほどの勇を奮って」、「Naturellement, you should go to Hiroshima.」と述べたと回想している（全集一四巻、三一二—三一三頁）。堀田は、原爆の開発に携わったオッペンハイマーが原爆がもたらした被害と向き合うことを期待したのであろう。

（33）前掲田口『ヒロシマ・パイロット』、一〇—一一頁。

（34）前掲『私はヒロシマ、ナガサキに原爆を投下した』の著者のスウィーニーも原爆投下を正当化している。

（35）撫順・太原の戦犯管理所および中国帰還者連絡会については、熊谷伸一郎『なぜ加害を語るのか——中国帰還者連絡会の戦後史』（岩波書店、二〇〇五年）、星徹『私たちが中国でしたこと——中国帰還者連絡会の人びと（増補改訂版）』（緑風出版、二〇〇六年）、岡部牧夫・荻野富士夫・吉田裕編『中国侵略の証言者たち——「認罪」の記録を読む』（岩波書店、二〇一〇年）などを参照。スガモプリズンに収容されたBC級戦犯の中にも、加藤哲太郎を始めとして加害責任に向き合おうとする平和グループがあった。内海愛子『スガモプリズン——戦犯たちの平和運動』（吉川弘文館、二〇〇四年）。加藤哲太郎については、『私は貝になりたい——あるBC級戦犯の叫び』（春秋社、一九九四＝二〇〇五年）を参照（『零から数えて』において、デーヴィッドは「インセクトになりたい」とくり返し述べているが、これは加藤哲太郎の「私は貝になりたい」を意識した言葉であろう）。なお吉田裕は、一九八〇年代頃から、戦争中に犯した残虐行為について罪の意識を抱きつつ証言する元兵士が出現するようになったと指摘している。『日本人の戦争観——戦後史のなかの変容』（岩波書店、一九九五年）。この点については、吉田裕『兵士たちの戦後史』（岩波書店、二〇一一年）第四章も参照。

（36）前掲熊谷『なぜ加害を語るのか』、二〇―二三頁など。

（37）ジュディス・L・ハーマン『心的外傷と回復』（増補版、中井久夫訳、みすず書房、一九九九年）。

（38）「十五年戦争」における帰還兵のトラウマに関する最新の研究として、中村江里『戦争とトラウマ——不可視化された日本兵の戦争神経症』（吉川弘文館、二〇一八年）がある。文学研究では、神子島健『戦場へ征く、戦場から還る——火野葦平、石川達三、榊山潤の描いた兵士たち』（新曜社、二〇一二年）が、優れた問題提起を行っている。

◆第四章

（1）初出は、「時間」『世界』一九五三年一一月号、「詩篇」『文學界』一九五四年二月号、「山川草木」『改造』一九五四年七月号、「受難楽」『文學界』一九五四年八月号、「存在と行為」『世界』一九五四年一〇月号、「帰還」『世界』一九五五年一月号。

（2）彦坂諦『文学をとおして戦争と人間を考える』（れんが書房新社、二〇一四年）も、この点に注目している。他方で、竹内栄美子は、主人公の陳英諦が被害者であると同時に加害者でもあり、かつそのことに自覚的であることを指摘している。Takeuchi Emiko, “Overlap between Victims and Perpetrators in Hotta Yoshie's Novel *Jikan*”（『世界の日本研究』国際日本文化研究センター、二〇一五年）。

（3）『カミュを読む——評伝と全作品』（大修館書店、二〇一六年）、二一七頁。

（4）たとえば英諦は、蔣介石夫妻が南京を脱出したとする噂を耳にした際の心境を、「特権の座に、堂々と、何の疑いもなく坐り込み、そこから百千の命令を下し、危険が迫ればさっと引揚げる。それは当然でもあろう。特権というものは、なんと勇ましく、かつ感動的なものなのだろう。それに比べて、生命となけなしの財産を守ろうとして右往左往している難民たちは、何と、ただ単に悲惨であることか！」（全集二巻、二八八頁）と綴っている。

（5）『創作ノート（4）』（県立神奈川近代文学館・堀田善衞文庫所蔵）には、「mars——p.206」というメモがある。このメモは、アラン『マルス——裁かれた戦争』（加藤昇一郎・串田孫一訳、思索社、一九五〇年）の二〇六頁を指すと思われる。二〇六頁は

第五二章「決定論」の最終頁に該当する。
（6）括弧内の日本語訳は引用者による。
（7）陳童君が前掲『堀田善衞の敗戦後文学論』の第八章第三節で指摘しているように、堀田は創作ノート『夜の森　時間』の中で、ガエタン・ピコン『現代フランス文学の展望』（フランス語版）より、マルローについて論じた箇所をノート四頁分抜粋している。『時間』には、「人間の存在を意識するとは、結局、その条件がいかに受け容れ難いものであるかということを、知ることではないか」（全集二巻、三七二頁）という記述があるが、これは、『現代フランス文学の展望』の中の一節、"Prendre conscience pour l'homme, c'est découvrir combien sa condition est inacceptable" の引用に近い（創作ノートでは、この部分に赤鉛筆で下線が引かれている）。なお、同書において、ピコンは、マルローが同時代の歴史的事件を素材としつつ虚無と不条理の中で「冒険」を行う人物を好んで描いたこと、絶望的な行動の中に人間の自由と偉大さを見出そうとしたことを指摘している。ピコンによれば、マルローにとって重要なのは行動そのものであり、結果ではない（たとえば、以下の引用を参照。「行為の社会的な反響は行動自体の偉大さほどには考慮されず、本質的なことは、人間が自らのうちにもつ能力を見出して、人間を救うことなのである」『現代フランス文学の展望』白井浩司訳、三笠書房、一九五四年、六一頁、傍点原文）。ピコンは、「スペインの共和派の敗北の書が『希望』と題されているのは意味深い」（同、五九頁）とも指摘しているが、このことはニヒリズムと希望を表裏一体のものとみなす英諦の思想（たとえば、以下の引用を参照。「つまり、決定的な救いの日などがありえないということ、そのこと自体がわれわれに希望を生み出させる」（全集二巻、三七三頁））にも通じていよう。なお、創作ノート『夜の森　時間』には、マルロー『希望』（日本語訳）についてのノート一四頁分のメモがある。
（8）創作ノート『夜の森　時間』には、「この後は、もっぱら中尉の話――Silence de la Mer」という記述がある（『海の沈黙』の原題は、*Le Silence de la mer* である）。なお、『海の沈黙』は、一九五一年に岩波書店より出版された『海の沈黙・星への歩み』（訳者は、河野與一・加藤周一）に収録されている。
（9）初出は、「夜の森」『群像』一九五四年一月号、「雪どけ」同、一九五四年一二月号、「凱旋」同、一九五五年二月号。
（10）『堀田善衞全集（第一期）』第三巻（筑摩書房、一

九七四年）の巻末に「解説」として収録された菊地昌典「歴史的現実とモノローグの世界」では、『時間』と『夜の森』がセットで論じられている。菊地は両作品の共通点を、シベリヤ出兵と南京事件を等しく「侵略」として捉えていること、モノローグの形式で書かれていること、「戦争ならざる戦争の状況下で、懊悩する人物像を核にしている」ことなどに見出している。

(11) 創作ノート『夜の森　時間』には、「自分は呉服ヤ《ママ》の手代にもどる。海へ沈む。そのどこがわるいか――」、「別段変りはしない。いくらか人間が出来たくらいのものだ。《発展》がない」、「われゝ庶民とはこういうものだ。ある考え思想を先に立てて動くということはない。考えはすべて後から来て、どこかへ沈んでゆく」というメモがある。

(12) 初出は、それぞれ、『中央公論』一九五五年五―八月号、『中央公論』一九五六年一―四月号。なお、両作品に関する主な論考として、『堀田善衛全集（第一期）』第四巻（筑摩書房、一九七四年）の「解説」として書かれた真継伸彦「日本的心性との対峙」、三好淳史「堀田善衛論――敗戦前後の日本を描いた二つの作品」（『国語と国文学』第六九巻第七号、一九九三年七月）、伊豆利彦「堀田善衛《ママ》における知識人の戦争責任――『記念碑』と『広場の孤独』を中心に」（『民主文学』第四一八号、二〇〇〇年）、同「堀田善衛――『若き日の詩人たちの肖像』と『記念碑』」（『国文学　解釈と鑑賞』二〇〇五年一一月号）などがある。

(13) 『記念碑』と『奇妙な青春』では、共産主義者の安原初江が、伊沢信彦に代表される日本的なメンタリティーのアンチテーゼとして位置づけられている。

◆第五章

(1) 初出は、『朝日ジャーナル』一九六〇年九月一八日号から翌六一年九月二四日号。

(2) 「プロムナード」には1～7までの通し番号のほかに、それぞれ、「神神の微笑」、「日本の知性と信仰」、「なかじきり」、「うつしもの」、「武器感覚について」、「作者の心証」、「あとがき」というタイトルが付与されている。「プロムナード」に関する先行研究に、津久井喜子「堀田善衛著『海鳴りの底から』における〝プロムナード〟の考察」（『明星大学研究科紀要人文学部』第四二号、二〇〇六年三月）がある。

(3) 神田千里『島原の乱――キリシタン信仰と武装蜂起』（中央公論新社、二〇〇五年）は、島原の乱と戦国時代に多発した土一揆との連続性を指摘し、島原の乱についての、「幕府や藩に対する非妥協的な抵抗運動」、「現実の利害を度外視した殉教」といったイメージを相対化している。また、大橋幸泰『検証島原天草一揆』（吉川弘文館、二〇〇八年）は、原城への籠城が中近世の民衆の抵抗形態の一つである「挙家型の逃散」であることを指摘し、島原天草一揆は必ずしも玉砕を覚悟した闘いであったとは言えないと主張している。

（4） 一九五二年に乾元社より日本語訳（訳者は吉田小五郎）が刊行された。

（5） 拙稿「堀田善衛《ママ》『鬼無鬼島』と『サークル村』」（『第Ⅲ期　サークル村』第一二号、二〇〇七年一二月）参照。

（6） 本文中で触れた論点のほかに、「プロムナード5」では、「日本人民の非武装、武装解除」について興味深い問題提起がなされている。

（7） 山田右衛門作は、多数の事典の項目に取り上げられている。また後述するように、右衛門作の口述書は島原天草一揆研究の貴重な資料であるため、多数の歴史書に山田右衛門作への言及が見られる。

（8） 林銑吉編『長崎県島原半嶋史』中巻（長崎県南高来郡市教育会、一九五四年）所収。

（9） 『耶蘇天誅記』（巻之十）に「山田右衛門作矢文之事」とする文書があり、右衛門作による矢文の文面が記録されている。前掲林編『長崎県島原半嶋史』中巻所収。右衛門作が城中から放った二点の矢文の内容は、岡田章雄「山田右衛門作の矢文——島原の乱秘話」（『人物探訪　日本の歴史』第二〇巻「日本史の謎」暁教育図書、一九七六年）にわかりやすくまとめられている。

（10） 堀田は「プロムナード 3」において、本章で取り上げる四作品のうち、村山知義「終末の刻」、左近義親『落城日記』の二点に言及している。榊山潤「日本のユダ」（初出不詳）に関する言及はないが、榊山が『天草』（河出書房、一九四一年）の後記に、「若し続篇を書くとしたら、私の書きたい興味は、山田右衛門作ただひとりにかかつてゐる」と書いていることに注目している（全集四巻、三二八頁）。

（11） 原題は、「天草四郎と山田右衛門作（習作）」。『中央公論』誌上に発表後、加筆のうえで、『明星』第二巻第三号（一九二二年八月）に再掲されたが、その際、表題の「（習作）」は除かれた。さらに、『木下杢太郎選集』（中央公論社、一九四二年）に収録された際、タイトルが「増補　天草四郎」に変更された。本書では、『木下杢太郎全集』第四巻（岩波書店、一九八一年）に依る。この作品の先行研究に、太田鈴子「木下杢太郎「天草四郎と山田右衛門作」――創作動機について」（『学苑』第六〇二号、一九九〇年一月）がある。

（12）『天草』（叢文社、一九八三年）所収。初出は不明であるが、巻末におかれた榊山雪による「ひとこと」には、「［月刊雑誌に読物として「島原の乱」を書いた昭和二十五年から――引用者註］更に十年経ち、山田右衛門作、「日本のユダ」を書いた」とあるので、「日本のユダ」の執筆時期は一九六〇年前後と推定される。

（13）「終末の刻」のエピグラフには、細田民樹『共同研究　偽らぬ日本史』続（中央公論社、一九五二年）からの引用、「切支丹の殉教は、まことに日本民族の、世界的な誇りと言ってもよかろう。それは日本人の良心の自由のための闘争の歴史において、最高の栄誉ある地位の一つを今も占めている。彼らの闘争は、「切支丹邪宗門」に魅入られた少数の狂信者の、狂信的な行動ではなくて、今や年一年と加重されてくる封建的搾取と圧制から、精神と肉体との人間生活を守るための闘争の、まさに頂点をしめたものであった」が掲げられている（前掲『村山知義戯曲集』下巻、二六九頁）。

（14）前掲『村山知義戯曲集』下巻の著者による「解説」による（五八九頁）。

（15）杉浦明平は、「堀田善衛《ママ》「海鳴りの底から」」（『文学』一九六二年三月号）において、『海鳴りの底から』が書かれた「最大主要な動機」は「戦前における転向の問題」であり、「作者の関心」の中心は山田右衛門作であると述べている。ただし杉浦は、「山田右衛門作は、考え、ためらい、自己弁護をくりかえすものの、そのどれもがわれわれの常識を出ることができない」（四五頁）として、堀田による右衛門作の描き方に批判的である。平野謙も、『海鳴りの底から』（新潮社、一九七〇年）の「解説」において、本作品を山田右衛門作という「背教者の心理と行動を中心」とする作品として捉えている。作品全体についての平野の評価は必ずしも否定的ではないが、右衛門作については、「傍観者的態度を最後まですて得なかった」、「煮えたぎる実践の場で自己をより高次の新しい表現者たらしめることに成功しなかった」と批判的に論じている（六七三頁）。

（16）四福音書におけるユダの描かれ方については、荒井献『ユダとは誰か――原始キリスト教と『ユダの福音書』の中のユダ』（岩波書店、二〇〇七年）、同『ユダのいる風景』（岩波書店、二〇〇七年）を参照。

（17）『太宰治全集』第四巻（筑摩書房、一九六〇年）における亀井勝一郎の「解説」（『亀井勝一郎全集』第五巻、講談社、一九七二年に「作品解説」として収録されている）など。ちなみに、亀井自身も、自身の転向をユダの背教に重ね合わせて「生けるユダ（シェストフ論）」（『日本浪曼派』一九三五年五、六月号）を書いている。中山弘明は「「生けるユダ」の残響――亀井勝一郎と太宰治」『太宰治研究』第二〇号（和泉書院、二〇一二年六月）において、亀井と太宰のユダ論の交錯について論じている。

（18）荒井献は、前掲『ユダのいる風景』第六章において、古代から近代に至る様々な「ユダ復権の試み」について紹介している。その中で、一九世紀以降に目立つようになる「ユダ復権」の系譜にイエスに対するユダの「愛憎説」があるとして、その系譜の中に太宰の「駈込み訴へ」を位置づけている。

【第Ⅱ部】

◆第一章

（1）初出は、『文藝』一九六六年一月号―一九六八年五月号。

（2）鈴木享「或る青春群像」（『堀田善衛全集一一・月報六』（筑摩書房、一九七四年）を参考にした。

（3）堀田は『方丈記私記』において、戦中に英訳のレーニンを耽読したことが事実であることを強調している。『小国の運命・大国の運命』（筑摩書房、一九六九年）には、「戦時中を、レーニンの書き物（英訳）によって辛くも自分を支えてき」（全集九巻、四八六頁）という記述がある。

（4）加藤周一『羊の歌――わが回想』（岩波書店、一九六八年）、中村真一郎『戦後文学の回想』（筑摩書房、一九六三年）、同『私の履歴書』（ふらんす堂、一九九七年）、同『愛と美と文学』（岩波書店、一九八九年）など。

（5）臼井吉見編『戦後文学論争』上巻（番町書房、一九七二年）に主な論考が収録されている。「星菫派論争」については、同書の解題のほか、佐藤静夫『戦後文学論争史論』（新日本出版社、一九八五年）、矢野昌邦『加藤周一の思想・序説――雑種文化論・科学と文学・星菫派論争』（かもがわ出版、二〇〇五年）も参考になる。

（6）「オネーギンを乗せた「方舟」」（『赤い手帳』河出書房、一九四九年）。

（7）「中村・加藤・福永の仕事」（『週刊読書人』一九五九年八月三日）、本多秋五『物語戦後文学史』上巻（一九六六［新潮社］＝二〇〇五年、岩波書店）

所収。

(8) 鈴木亨「雑記」(『山の樹』一九三九年三月号)、三二頁。

(9) 一九四〇年一月号に掲載されたカロッサの詩「古い泉」と一九四〇年二月号に掲載されたリルケのエッセイ「風景について」の訳者は加藤周一である。

(10) 中村真一郎「同時代者堀田善衞」(『堀田善衞全集(第一期)』第一三巻、筑摩書房、一九七五年)、三七九頁、傍点中村。

(11) 同、三七八頁。

(12) 「新しき星菫派」において、加藤は、「戦争の世代」が文学や芸術に耽溺して現実に背を向けたことを厳しく批判したが、加藤もまたそうした心情と無縁であったわけではなかろう。しかし、加藤と世代を異にする荒や本多には、加藤の「星菫派」に対する近親憎悪的な感情をよく理解できなかったのではないだろうか。神谷忠孝は「保田與重郎と戦後文学」(『保田與重郎論』雁書館、一九七九年)において、「日本浪曼派とまともに対決しなかった」『近代文学』グループと、「日本浪曼派を根底で意識してい」た加藤周一と中村真一郎を差異化している。また神谷は、「日本浪曼派的なるものの反措定という意識が杉浦明平の仕事を持続させているエネルギーであることはまちがいない」と論じているが(二三頁)、同じことは堀田についても妥当する。

(13) 「未来について」を収録した全集一三巻の「著者あとがき　彗星の尾の如き」では、堀田は、「当時、何時《いつ》召集令状が来て戦場へ連れ出されるかわからぬ、という状況のなかにあって、「未来」とは、眼前ほんの一メートルほどの場所であるにすぎなかったのであった」と述懐している(六七九頁)。

(14) 『芥川龍之介全集』第一六巻(岩波書店、一九九七年)、七頁。

(15) 「ラムボオに就いて――『酩酊の朝』をめぐって」(『蠟人形』一九四二年九、一〇月号)では、一九世紀における西洋の没落をふまえながらも、ランボーが、悲哀や感傷に陥ることなく、絶対的、極限的なものを渇望した点に、同時代の詩人との差異を見出している。

(16) 三好淳史「戦時期の堀田善衞」(『日本文學誌要』第三九号、一九八八年六月)および陳童君『堀田善衞の敗戦後文学論――「中国」表象と戦後日本』(鼎書房、二〇一七年)の第一章では、堀田の初期評論への芳賀檀の影響が指摘されている。

(17) 前掲中村『戦後文学の回想』、五〇頁。

(18) 「西行」にも同じ箇所からの引用が見られる(全

集一三巻、五三頁)。

(19) 実朝については既述。定家については、加藤周一「定家『拾遺愚草』の象徴主義」(『文藝』一九四八年一月号)など。

(20) 前掲三好「戦時期の堀田善衞」および曾嶸『堀田善衞と中国――「上海体験」に始まる初期作品の形成と展開」(博士論文(大阪大学)、二〇一二年)の第一章参照。後者は小林の「西行」と堀田の「西行」を詳しく比較検討し、西行の決断力と信念、素直かつ平明な歌風を評価している点に、小林の西行論の影響を認めている。

(21) 風巻景次郎『西行』(建設社、一九四七年)の「はしがき」に詳しい。

(22) 「別離」と「邂逅」という言葉は、堀田の詩集『別離と邂逅の詩』(集英社、二〇〇一年)のタイトルにも用いられている。この詩集については、清水徹による同書の「あとがき」を参照。

(23) 堀田は「戦後文学の国際的背景――堀田善衛《ママ》を囲んで」(『文学的立場』第九号、一九六六年一一月)において、戦時中に保田の『後鳥羽院』を読んだことに触れ、「そういう解釈の仕方もあるものかと、それはちょっと感心しました」(八一頁)と述べている。

(24) 渡辺和靖『保田與重郎研究――一九三〇年代思想史の構想』(ぺりかん社、二〇〇四年)、第Ⅲ部第四章、第Ⅳ部第四、五章参照。

(25) 同、第Ⅳ部第三―五章参照。

(26) 『保田與重郎全集』第一七巻(講談社、一九八七年)所収。

(27) 前掲「戦時期の堀田善衞」において、三好淳史は「堀田が西行の出家を(あるいは、その決断を)強調したのは、自らの「運命」を能動化し積極化するためだった」(四二頁)として、堀田の西行論が戦争を正当化をする意味を持つものだったと主張している。

◆第二章

(1) 戦後に書かれた『方丈記私記』と『定家明月記私抄』以外の著作のうち、西行に触れた著作として、「山家集をよむ」(『朝日新聞』一九八六年一月一二日朝刊)と「西行、定家そして長明」(『めぐりあいし人びと』集英社、一九九三年、関連箇所の初出は『青春と読書』一九九二年七月号)がある。これらの論考が描く「暗黒の世界に通じたフィクサー」としての西行のイメージは、戦中の西行論に描かれた西行像とはかなり異なっている。

（2）『方丈記私記』における西行に対する評価は好意的なものではなく、西行を長明よりは定家に近い存在として位置づけている印象さえ受ける。たとえば、木曾義仲の死に際して詠まれた西行の和歌について、堀田は次のように述べている。

　されぱこそ、たとえば義仲が戦死しても、西行のうたうところは、ひやかし唄のようなもの、

　　木曽と申す武者、死に侍りけりな
　きそ人はうみのいかりをしづめかねて死出の山にも入りにけるかな

という冷たい、嘲りにも近いものであるすぎない。「死に侍りにけりな」という、この一言の冷たさは、すなわち朝廷一家のエゴイズムそのものである。（全集一〇巻、二五九頁）

　他方で『定家明月記私抄』で描かれる西行のイメージは、註1で触れた「山家集をよむ」や「西行、定家そして長明」のそれと重なっている。

（3）「西行　旅」（県立神奈川近代文学館・堀田善衞文庫所蔵）、一七頁。

（4）同、一七―一八頁。

（5）現代語訳は以下のとおり。「世間は反乱とその追討の噂でもちきりだが、それをいちいち記さない。軍旗を靡かせ敵を討つことは私には関わりのないことだ。」五味文彦『藤原定家――芸術家の誕生』（山川出版社、二〇一四年）、五頁（ルビは省略した）。

（6）養和の飢饉についてのこれらの記述については、前掲「西行」でも言及されている（全集一三巻、五三頁）。

（7）ただし、自伝的小説『若き日の詩人たちの肖像』には、主人公の「若者」が満州国皇帝溥儀の来日時に警察に連行され、一三日間拘留されたことも記されている。

（8）『方丈記私記』に関する先行研究のうち、近代日本における『方丈記』に関わる言説や作品全体の中での『方丈記私記』の位置と『方丈記私記』をめぐる評価や影響について検討した論考として、島内裕子「堀田善衞『方丈記私記』の圏域」（『放送大学研究年報』第二六号、二〇〇八年）がある。また、『方丈記私記』と『定家明月記私抄』をセットで論じた論考として、上原真「「母なる思想」巡歴の途上で――『方丈記私記』と『定家明月記私抄』をめぐって」（中野信子ほか『堀田善衞――その文学と

思想』同時代社、二〇〇一年）がある。

(9) 以下は、木下華子『鴨長明研究――表現の基層へ』（勉誠出版、二〇一五年）の第三部序章を参考にしてまとめた。『方丈記』の本文については、『新訂方丈記』（市古貞治校注、岩波書店、一九八九年）、『方丈記』（浅見和彦校訂・訳、筑摩書房、二〇一一年）を参照した。なお本章における『方丈記』からの引用は、堀田自身による引用によらない場合のみ、前掲『新訂方丈記』に依拠する。

(10) 以下は、三木紀人『閑居の人――鴨長明』（神典社、一九八四年）、五味文彦『鴨長明伝』（山川出版社、二〇一三年）も参照。

(11) 大隅和雄『方丈記に人と栖の無常を読む』（吉川弘文館、二〇〇四年）によれば、古典文学研究においては、永積安明が『中世文学論』（日本評論社、一九四四年）において「『方丈記』の価値は前半の部分にある」とする主張を提起して以来、一九六五年頃まで『方丈記』の前半に力点をおく読み方が主流になったが、近年ではこうした読み方は相対化されているという。なお大隅は同書において、堀田の『方丈記私記』にも言及し、「後半にはほとんど価値を認めない『方丈記』の読み方」として位置づけている。私見では、堀田が記録文学としての性格を持つ『方丈記』の前半に大きな価値を見出したことはたしかであるが、後半も軽視されているわけではない。この点については、本文中で明らかにする。

(12) 五味文彦は、この言葉を、「文化に自己の存在を置く、そんな立場を物語っている」と解釈している。『藤原定家の時代――中世文化の空間』（岩波書店、一九九一年）、二七頁。ただし五味は、辻彦三郎が『藤原定家明月記の研究』（吉川弘文館、一九七七年）において、この言葉が後年に定家自身によって書き加えられた可能性が高いと指摘していることをふまえて、あくまでも事後的な感想であると主張している。他方で、久保田淳は、辻の説を考慮しつつも、定家が、「紅旗征戎吾事ニ非ズ」という言葉が書かれた翌月の日記に「遷都の後　幾《いくばく》ならざるに、蔓草《つるくさ》庭に満ち、立蔀《たてじとみ》多く顚倒《てんたう》せり。古木黄葉、蕭《せう》索《さく》の色有り。傷心箕子《きし》の殷墟《いんきょ》を過ぐるが如し」と記していることに注目している。そのうえで、右の記述に見られる「現実問題としては「世上乱逆」にたいして関心をいだかざるをえないけれども、可能ならばそのような現実を排除したい、それができないまでも、自身をふくめて現実を歴史のかなたにおしやってしまい、自身はただ感傷にひたっていようとする姿勢」は、「紅旗征戎非吾事」という「宣言」

と「ほとんど同じ姿勢である」と述べている。『藤原定家』（筑摩書房、一九八四［集英社］＝一九九四年）、一一五―一一六頁。

(13) もっとも加藤は、美学の枠内にとどまり実在を志向しない定家の象徴主義の限界を結論している。

(14) これらの点については、唐木順三が「鴨長明」（『中世の文学』筑摩書房、一九五五年）の第一節において、ほぼ同じ指摘を行っている。

(15) 以上は、村山修一『藤原定家』（吉川弘文館、一九六二＝一九八九年）も参照。

(16) 加藤周一は、『日本文学史序説』（筑摩書房、一九七五、八〇年）において、文学者が所属する集団に組み込まれ政治や社会に対する批判的な視点を欠く傾向を持つことを、日本文学全体の伝統として論じている。このような視点は、堀田のそれと大きく重なるものである。ただし、『日本文学史序説』において加藤は、長明を「土着思想の此岸性」によって特徴づけられる伝統的な作家として捉えており、この点は長明の例外性に着目する堀田の評価とは異なっている。

(17) 堀田は、「方丈記その他について」（『文藝』一九五五年六月号）において、『方丈記』に底流する無常観と東京大空襲に対する堀田自身や同時代の日本人の反応を重ね合わせながら、「「方丈記」の体系、論理は、成立すべき弁証法を自ら消してゆく論理である。責任解消である」と断じ、「鴨長明の「方丈記」は、私にとって絶えざる戦いの相手である」（全集一三巻、四五六頁）と断言している。『方丈記私記』においても、こうした観点は皆無ではなく、たとえば第三章では、『方丈記』に底流する無常観が、支配者による失政を被支配者に甘受させる政治的な意味を持つことを、「無常観の政治化」という言葉で批判的に論じている。ただ、本文中で詳しく論じたように、『方丈記私記』における『方丈記』評価の主要な方向性は、その可能性に力点をおくものであり、『方丈記』が通俗的に解釈された「無常観」のフレームに収まるものでないとする理解に立脚しているように思われる。この点は、全集一〇巻の「著者あとがき　位相幾何学・本歌取り文化」における、「一九四五年三月九日深夜から十日早朝までの米軍機B29による東京大空襲と、その後の事の運びとは、筆者に勁《つよ》い閃めきとともに、「方丈記」というわれわれの古典が、実に無常観などというものを超えたところに出ていることを啓示してくれたものであった」（六六一頁）という記述にも反映していよう。ただし、鴨長明の評価や『方丈記』の解釈の問題とは別に、堀田は「無常観」を日本の伝統に根ざす精神的態度として把握し、その克服の必要をくり返し問題にした。

◆第三章

（1）堀田とスペインとの関わりについて論じた先行研究に、山本欣司「堀田善衞とスペイン――人間存在への凝視」（芦谷信和ほか編『作家の世界体験――近代日本文学の憧憬と模索』世界思想社、一九九四年）がある。

（2）連載時期は以下のとおり。「ゴヤ　Ⅰ」一九七三年一月五・一二日号合併号―八月三一日号。「ゴヤ　Ⅱ」一九七四年一月四・一一日合併号―九月六日号。「ゴヤ　Ⅲ」一九七五年一月三・一〇日合併号―九月五日号。「ゴヤ　Ⅳ」一九七六年一月一六日号―九月一七日号。

（3）「本屋のみつくろい」（『文芸展望』第一三号、一九七六年四月）。

（4）ゴヤをめぐる伝記的事実については、サンチェス・カントン『ゴヤ論』（神吉敬三訳、美術出版社、一九七二年）、ジャニーヌ・バティクル『ゴヤ――スペインの栄光と悲劇』（堀田善衞監修・高野優訳、創元社、一九九一年）、大髙保二郎『ゴヤ「戦争と平和」』（新潮社、二〇一六年）なども参照した。

（5）本章におけるゴヤの作品のタイトルは堀田の表記に従う。

（6）前掲『ゴヤ論』、九五頁。

（7）『五月三日』については、ヒュー・トマス『ゴヤ――一八〇八年五月三日』（都築忠七訳、みすず書房、一九七八年）を参照。同書は、一八〇八年五月二日、三日の民衆蜂起の背景、経緯についても詳しい。

（8）ただし、『五月二日』は『五月三日』と比べてより伝統的・因襲的であるとも論じている。この評価は、前掲ヒュー・トマス『ゴヤ』の見解とも合致する。

（9）とはいえ、堀田は、ゴヤが「希望を何処にも見出せぬ一九世紀ロマンティク」ではなく、「骨太い一八世紀合理主義者」、「理性にもとづく進歩主義者」であることを強調している（全集一二巻、三八八―三八九頁）。この点は、戦中に書かれた「ハイリゲンシュタットの遺書」において、堀田がベートーヴェンらの「偉大なる血統」と（後期）ロマン主義を差別化していたことを思い起こさせる（第Ⅱ部第一章参照）。

◆第四章

（1）『めぐりあいし人びと』（集英社、一九九三＝一九九九年）所収。該当箇所の初出は、『青春と読書』一九九一年七月号。
（2）『めぐりあいし人びと』、一九頁。
（3）片山敏彦「西欧精神の歌──シュテファン・ツヴァイクについて」（『愛と孤独』みすず書房、一九四八年）など。
（4）『戦後文学の回想』（筑摩書房、一九六三年）、六六頁。
（5）内垣啓一・藤本淳雄・猿田悳訳、みすず書房、一九六五＝一九七五年。
（6）高杉一郎訳、みすず書房、一九六三＝一九七三年。
（7）『三人の巨匠』（柴田翔ほか訳、みすず書房、一九六一＝一九七四年）所収（「モンテーニュ」の訳者は渡辺健）。
（8）渡辺のモンテーニュ論としては、『渡辺一夫著作集（増補版）』第四巻（筑摩書房、一九七七年）に収録されている八点の論考がある。このうち、「モンテーニュ雑録（一九二九年─五八年）」として「モンテーニュと人喰人」（一九四七年、発表媒体不明）および同主旨の講演記録「善い野蛮人の話」（一九五八年、発表媒体不明）は発表当時画期的な論考であったと思われる。これらの論考は、一五六二年にルーアンでブラジルの原住民と面会した経験をもとにして書かれた『エセー』中の「人喰人について」について論じたものである。渡辺は、これらの論考の中で、モンテーニュが「人喰人」をヨーロッパ人と同じ「人間」として捉えると共に、新大陸におけるヨーロッパ人の野蛮さを批判して、ヨーロッパ人の持つ「野蛮」の概念を相対化したことを指摘している。同時に渡辺は、このようなモンテーニュの視点こそがヨーロッパ文明の先進性を示すとも論じている。なお渡辺は、古典的なモンテーニュ論であるアンドレ・ジード「モンテーニュについて」（『筑摩世界文学大系』第一三巻「モンテーニュⅠ」筑摩書房、一九七三年所収）やサント・ブーヴ「モンテーニュ小論」（『筑摩世界文学大系』第一四巻「モンテーニュⅡ」筑摩書房、一九七三年所収）の翻訳も行っている。
（9）ただしルネサンス期には「ユマニスム」という言葉は存在しなかったようだ。
（10）エラスムスに同様の限界を見た論者はツヴァイクだけではなかった。渡辺一夫は、一九三〇年代における エラスムス研究の中で、「現実の狂乱に対しては無力だったとしか言えないように見えるエラスムスのユマニストとしての態度に対してかなり手厳しい批判も行われていた」ことを指摘している（前掲『フランス・ユマニスムの成立』、一三頁）。この点については、渡辺一夫「エラスミスムについて」（『渡辺一夫著作集（増補版）』第四巻、筑摩書房、一九七七年所収、初出は一九四八年、発表媒体不明）も参照。ただし、渡辺自身はエラスムスに対して同情的である。

(11) 他方で、遺作となった前掲の「モンテーニュ」では、宗教戦争の時代に「内面の自由」、「内面の独立」を守り通したモンテーニュを高く評価している。

(12) 本章では文庫版（集英社、二〇〇四年）を使用する。引用の際は、本文中に巻数と頁数を明記する。

(13) 以下は、関根秀雄『モンテーニュとその時代』（白水社、一九七六年）を参照し、堀田の記述を適宜修正している。なお、モンテーニュに関する先行研究は、同書のほか日本語文献に限っても少なくない。堀田はフランス語の文献を含めて多数のモンテーニュ論を参照しているが、本章では堀田のモンテーニュ論と先行研究との関係については論じない。

(14) フランス宗教戦争については、イヴォンヌ・ベランジェ『モンテーニュ　精神のための祝祭』（高田勇訳、白水社、一九九三年）の第二章、柴田三千雄・樺山紘一・福井憲彦編『世界歴史大系　フランス史二――一六世紀～一九世紀なかば』（山川出版社、一九九六年）の第二章・第三章、Mack P.Holt. *The French Wars of Religion, 1562–1629*, Cambridge University Press, 1995などを参照した。

(15) 堀田の『ラ・ロシュフーコー公爵傳説』（集英社、一九九八年）においても、聖バルテルミーの虐殺の際に殺害されたラ・ロシュフーコー家の当主フランソア三世の一族に新旧両派が混在していたことが詳しく描かれている。

(16) キリスト教による社会の分断についての堀田の関心は、一三世紀前半の南ヨーロッパにおける異端審問を描いた小説『路上の人』（新潮社、一九八五年）にも見られる。このテーマに対する堀田の関心は、キリスト教文化に対する関心のみならず、イデオロギーが社会を分断する乱世を生きた自身の体験にも由来すると考えられる。

(17) 本章における『エセー』の引用は、『ミシェル城館の人』に依拠する。

(18) 『モンテーニュ随想録』（関根秀雄訳、白水社、一九九五年）など。『エセー』の書誌については、同書巻頭におかれた関根秀雄「モンテーニュの生涯とその作品」に詳しい。

（19）「モンテーニュへの試み」（『すばる』一九九四年一月号）、二〇〇頁。
（20）「いまよみがえる――モンテーニュの虚像と実像」（『青春と読書』一九九一年一二月号）、一三頁。この点については、『ミシェル　城館の人』第二部の末尾で詳しく論じられている。
（21）この問題については、註8で指摘したとおり、渡辺一夫が先駆的な指摘を行っている。

【第Ⅲ部】

◆第一章

（1）アジア・アフリカ作家会議の歩みについては、栗原幸夫「アジア・アフリカ作家運動小史」（『歴史の道標から――日本的「近代」のアポリアを克服する思想の回路』れんが書房新社、一九八九年）、天野恵一・水島たかし・田波亜央江による栗原幸夫へのインタビュー、「AA作家運動の軌跡」（『未来形の過去から――無党の運動論に向って』インパクト出版会、二〇〇六年）を参照。このほか、アジア・アフリカ作家会議日本協議会の機関誌（『アジア・アフリカ通信』）や会報、日本アジア・アフリカ作家会議の機関誌（『季刊ａａｌａ』、『月刊ａａｌａ』）、『新日本文学』、『文化評論』、その他の雑誌、新聞に、関連の記事が多数掲載されている。
（2）アジア・アフリカ会議については、岡倉古志郎編『バンドン会議と五〇年代のアジア』（大東文化大学東洋研究所、一九八六年）を参照。
（3）一九五五年以降、アジア連帯を推進するため多数の国際機構・組織が設立された。岡倉古志郎ほか『アジア・アフリカ講座』第四巻「A・A研究のために」（勁草書房、一九六六年）参照。なお、一九五五年四月にニューデリーで開催されたアジア諸国民会議後に各国に組織された人民連帯委員会を中心として、一九五七年一二月から翌年元旦にかけてカイロでアジア・アフリカ人民連帯会議が開催され、常設機関としてアジア・アフリカ人民連帯機構が組織された。日本においても、一九五五年一〇月に日本アジア連帯委員会が組織され（一九五八年一二月にアジア・アフリカ連帯委員会と改称）、一九五七年八月より機関誌『アジア・アフリカ』を発行した。
（4）第一回アジア作家会議については、堀田『インドで考えたこと』のほか、堀田善衞・佐々木基一・武田泰淳による座談会「アジアの社会と文学――アジア作家会議の模様を聞く」（『新日本文学』一九五七年四月号）も参照。
（5）第一回大会については、野間宏「国際緊張の作家に及ぼした影響――第二回アジア・アフリカ作家会議報告」（『新日本文学』一九五八年一一月号）、同「第二回アジア・アフリカ作家会議の報告」（『新日本文学』一九五九年二月号）、加藤周一「アジア・アフリカ作家会議から帰って」（『文学』一九五九年四月号）などを参照。

（6）東京大会については、註17を参照。

（7）第二回大会については、『新日本文学』一九六二年五月号の特集「第二回アジア・アフリカ作家会議特集」、『アジア・アフリカ通信』第六号（一九六二年三月、アジア・アフリカ作家会議　カイロ大会資料（抄））、同第七号（一九六二年四月、アジア・アフリカ作家会議　カイロ大会特集号）などを参照。

（8）第三回大会の準備のため、一九六三年七月一六日から二〇日まで、バリ島（インドネシア）でアジア・アフリカ作家会議執行委員会会議が開催された。「第三回アジア・アフリカ作家大会をめざして――アジア・アフリカ作家会議執行委員会会議より」（『文化評論』第二八号、一九六四年一月）、「続・第三回アジア・アフリカ作家大会をめざして」（『文化評論』第二九号、一九六四年二月）参照。なお、一九六五年にアルジェで開催が予定されていた第二回アジア・アフリカ会議も、アルジェリアとインドネシアで発生したクーデター、印パ紛争、中ソ対立などにより中止となった。

（9）第三回大会については、『新日本文学』一九六七年七月号の特集「アジア・アフリカ文学の現状と課題」参照。

（10）第四回大会については、『新日本文学』一九七一年三月号の特集「アジア・アフリカ文化の可能性」、竹内泰宏「アジアの民衆と作家――AA作家会議ニューデリー大会に出席して」（『朝日ジャーナル』一九七一年一月一日号）などを参照。

（11）第五回大会については、『新日本文学』一九七三年一二月号の特集「アジア・アフリカ文学運動の新たな展開」参照。

（12）詳細不明。

（13）第六回大会については、小中陽太郎「AA作家会議への新視点――第六回大会に参加して」（『朝日ジャーナル』一九七九年八月二四日）参照。

（14）第七回大会については、栗原幸夫「タシケント大会報告――二五周年をふりかえりつつ」（『季刊aala』第一号、一九八三年一一月）参照。

（15）『月刊aala』第五〇号、一九八九年二月の特集「転機を迎えたAA作家運動」参照。

（16）アジア・アフリカ作家会議はソ連崩壊前後に自然

消滅したようだ。『ロータス』は一九八八年発行の第六〇号で終刊した。

(17) 東京大会については、『二〇億民族の発言――AA作家会議東京大会を迎えて』（アジア・アフリカ作家会議日本協議会、一九六一年）、『アジア・アフリカ作家会議東京大会　一九六一年三月二八日―三〇日』（アジア・アフリカ日本協議会、一九六一年）、長谷川四郎「アジア・アフリカ作家会議東京大会」（『新日本文学』一九六一年五月号）などを参照。

(18) 一九六四年一二月発行の一九・二〇号（合併号）をもって終刊した。

(19) 「自主独立派」は解散後もアジア・アフリカ作家会議日本協議会を名乗り、一九六七年一一月には『アジア・アフリカ通信』第二一号（表紙に第一四号の記載があるが第二一号の誤り）を発行した。

(20) 『季刊ａａｌａ』全一一号（一九八三年一一月～一九八五年一〇月）、後続雑誌『月刊ａａｌａ』は第一二号（一九八五年一二月）より刊行（終刊時期不明）。一九九三年五月には、新たに『季刊ａａｌａ』が創刊されたが、その時点で国外の運動団体は消滅していた。日本アジア・アフリカ作家会議の活動については、前掲栗原「Ａ・Ａ作家運動小史」を参照。

(21) 拙稿「アジアの女たちの会とその周辺――国際連帯の観点から」（安田常雄編『シリーズ　戦後日本社会の歴史』第三巻、岩波書店、二〇一二年）、道場親信「ポスト・ベトナム戦争期におけるアジア連帯運動――「内なるアジア」と「アジアの中の日本」の間で」（『岩波講座　東アジア近現代通史』第八巻「ベトナム戦争の時代　一九六〇―一九七五年」岩波書店、二〇一一年）などを参照。

(22) アジア・アフリカ作家会議の運動には、戦前・戦中にアジアを訪れた（アジアで生活した）体験を持ち、かつそれを批判的な視点で捉えた作家が少なからず参加した。たとえば、『アジア・アフリカ通信』第三号（一九六一年一二月）には、植民地生まれの尾崎秀樹と小林勝が日本の植民地支配の加害責任に言及した文章を寄せている。

(23) 第一回アジア作家会議に堀田と共に日本代表として参加した畑中政春は、レッドパージにより朝日新聞を追われたジャーナリストである。畑中は、日朝友好や原水禁の運動に深くコミットし、日本アジア連帯委員会の結成にも関わった。畑中政春『平和の論理と統一戦線――平和運動にかけた三〇年』（太平出版社、一九七七年）。

(24) 武田泰淳「植物の根や昆虫の触角のごとく」『ア

ジア・アフリカ通信』（第七号、一九六二年四月）、一一〇頁。

(25)「著者あとがき　無常観の克服」（全集三巻）では、「筆者がアジア・アフリカ作家会議の運動に従事しはじめたのは、おそらく戦中戦後の上海での生活によって、いわば西欧一辺倒であったかもしれなかった視線を、百八十度とは言わないまでも、相当程度に転廻する必要を感じたことから発していたであろうと思われる」と述べている（六五八頁）。

(26)『インドで考えたこと』の主なテーマの一つに、無常観および虚無との格闘がある。この点については、竹内泰宏「堀田善衛とアジア――文化創造の根源を求めて」（日本アジア・アフリカ作家会議編『戦後文学とアジア』毎日新聞社、一九七八年）、牧梶郎「無常観とアジア的虚無――『インドで考えたこと』とその前後」（中野信子ほか『堀田善衛――その文学と思想』同時代社、二〇〇一年）などを参照。

(27)一九六一年には、小田実が『何でも見てやろう』を河出書房新社より上梓している。同書は、小田のフルブライト奨学生としてのハーバード大学における留学生活とバックパッカーとしての世界一周旅行を綴った旅行記である。西洋人の若者と対等な立場でつきあい、既存のイメージに囚われずに世界（特にアメリカ社会）と向き合う小田の姿勢は、当時としては極めて斬新だった。堀田と小田の世代は異なるが、『インドで考えたこと』と『何でも見てやろう』は好一対をなす著作と言えるだろう。

(28)堀田が第三世界を「後進国」と同一視している点に、当時の知識人に広く共有されていた進歩史観を見て取ることは困難ではないだろう。

(29)もっとも、堀田は第三世界と共産主義国を同一視していたわけではない。特にソ連および中国については、共産主義国一般に還元できない大国としても捉えていた。この点については次章で論じる。

(30)初出は、『中央公論文藝特集』一九五九年一月。同年四月、中央公論社より単行本として刊行された。

(31)「著者あとがき　無常観の克服」（全集三巻）、六五九頁。

(32)前掲「国際緊張の作家に及ぼした影響――第二回アジア・アフリカ作家会議報告」、一四一頁。

(33)野間宏「アジア・アフリカ作家会議第一回理事国会議の報告」（『新日本文学』一九六一年三月号）、八頁。

(34)中野重治「日本代表報告（各国代表報告四）」（『新日本文学』一九六一年五月号）、一七八頁。

（35）同、一七六―一七七頁。
（36）鈴木道彦「コンゴ、カメルーン、アルジェリア（A・A作家代表が語るアジア・アフリカの文化と政治）」（『新日本文学』一九六一年五月号）、一八―一九頁。
（37）長谷川四郎「日本代表団の演説――付・ベイルート雑感」（『新日本文学』一九六七年七月号）。
（38）サンフランシスコ講和会議およびサンフランシスコ平和条約をめぐるインドの政策とその背景については、中村麗衣「日印平和条約とインド外交」（『史論』第五六号、二〇〇三年）参照。
（39）「胎動するアジア――第一回アジア作家会議に出席して」（『文学』一九五七年五月号）、六一―六頁。

◆第二章

（1）中ソ対立については、菊地昌典ほか『中ソ対立――その基盤・歴史・理論』（有斐閣、一九七六年）、山極晃・毛里和子編『現代中国とソ連』（日本国際問題研究所、一九八七年）、毛里和子『中国とソ連』（岩波書店、一九八九年）などを参照。
（2）前掲「アジア・アフリカ作家運動小史」（第Ⅲ部第一章註1参照）、一二三頁。栗原によると、解任された企画委員会のメンバーとは、大江健三郎、竹内実、開高健、栗原幸夫らであった。
（3）前掲栗原「AA作家運動の軌跡」（第Ⅲ部第一章註1参照）、二一三頁。
（4）『会報AA』第五号（一九六六年四月二〇日）、一頁。霜多正次・窪田精・津田孝による座談会「アジア・アフリカ作家会議とベトナム人民支援のたたかい」（『文化評論』第六〇号、一九六六年一〇月）によると、緊急大会の開催に反対した国は、ソ連、インド、アラブ連合の三ヵ国である。
（5）前掲霜田・窪田・津田「アジア・アフリカ作家会議とベトナム人民支援のたたかい」、八頁。
（6）『会報AA』第六号（一九六六年六月二一日）、一頁。
（7）前掲栗原「アジア・アフリカ作家運動小史」、一三二頁。日本代表団の人数は、前掲霜田・窪田・津田「アジア・アフリカ作家会議とベトナム人民支援のたたかい」による。
（8）前掲霜田・窪田・津田「アジア・アフリカ作家会議とベトナム人民支援のたたかい」、一二一―一二三頁。
（9）竹内泰宏「アジア・アフリカ作家会議の七年」（『新日本文学』一九七三年八月号）、一二一頁。
（10）同、一二一―一二三頁。
（11）準備会議については、竹内泰宏「アジア・アフリカ作家会議カイロ準備会議の報告」（『新日本文学』

一九六七年三月号）参照。
(12) 第三回大会については、日本代表団「アジア・アフリカ作家会議ベイルート大会報告」（『新日本文学』一九六七年七月号）参照。
(13) 同、一一〇頁。
(14) 長谷川四郎「日本代表団の演説――付・ベイルート雑感」（『新日本文学』一九六七年七月号）、一二八頁。
(15) 前掲日本代表団「アジア・アフリカ作家会議ベイルート大会報告」、一一三頁。
(16) 針生一郎は第三回大会をめぐる座談会（針生のほか、北村美憲、鈴木道彦、竹内泰宏、長谷川四郎、江川卓が参加）において、第三回大会では、ソ連よりアラブ連合の方が反中国的であったと述べている。「パレスチナ・ベトナム・日本――ベイルート大会日本代表座談会」（『新日本文学』一九六七年七月号）、一五九―一六〇頁。
(17) 前掲「アジア・アフリカ作家会議ベイルート大会報告」、一一二頁。
(18) 県立神奈川近代文学館・堀田善衞文庫所蔵の一〇周年記念集会のスピーチの草稿（英文）による。なお、同文庫に所蔵されているスピーチの草稿は二種類あるが、本章ではより完成稿に近いと判断された草稿に依拠する。
(19) 小田実は、「堀田さんの英語」（『青春と読書』一九九九年六月号）において、当時のアジア・アフリカ作家会議の会員の中に「中国にやたら親近感を持つ人が多かった」ことを指摘しつつ、堀田が「中国を特殊扱いせずに」、中ソ論争から距離をおいていたことを肯定的に論じている（一五頁）。
(20) 一九六五年七月一〇日付けの野間宏宛ての手紙に事務長辞任の意向が記されている（県立神奈川近代文学館・堀田善衞文庫所蔵）。
(21) この文書は、一九六七年二月二〇日の消印のある中野重治宛ての書簡にも同封されている（県立神奈川近代文学館・堀田善衞文庫所蔵）。堀田は手紙に、「はじめに先生と木下順二に送りました。御意見をえて、他の委員諸氏に送るつもりです」と書いている。
(22) 註21参照。
(23) 県立神奈川近代文学館・堀田善衞文庫所蔵の「第三回アジア・アフリカ作家会議ノート」による。
(24) 一九六七年四月二八日付け。県立神奈川近代文学館・堀田善衞文庫所蔵。
(25) 一九六七年三月一七日付けでモスクワから中野重治に宛てて送られた書簡による。県立神奈川近代文学館・堀田善衞文庫所蔵。

(26) 本節は、断り書きのない場合は、「小国の運命・大国の運命」（『朝日ジャーナル』一九六九年一月一九日号―六月一五日号、『小国の運命・大国の運命』筑摩書房、一九六九年所収）による。

(27) 「プラハの春」とチェコ事件については、木戸蓊『東欧の政治と国際関係』（有斐閣、一九八二年）の第四章、佐瀬昌盛『チェコ悔恨史――かくて戦車がやってきた』（サイマル出版会、一九八三年）、平田重明『埋もれた改革――プラハの春の社会主義』（大月書店、一九八四年）、林忠行『粛清の嵐と「プラハの春」――チェコとスロヴァキアの四〇年』（岩波書店、一九九一年）などを参照。

(28) 一〇周年記念集会には、堀田のほかに新日本文学会（リエゾンオフィス）から菊池章一が参加した。菊池「タシュケントの薔薇――アジア・アフリカ文学シンポジウムからの報告」（『新日本文学』一九六九年一月号）。

(29) 『世界』一九六八年一〇月号に掲載されたアピール「チェコ事件について世界の知識人に訴える」を指すと思われる。『世界』一九六八年一一月号、一二月号には、「世界の知識人は応える――日本の知識人のアピールへの回答」として、右のアピールに対する各国の知識人の回答が掲載されている。

(30) 一九六八年一〇月一五日付け。県立神奈川近代文学館・堀田善衞文庫所蔵。

(31) 註18参照。括弧内の日本語訳は筆者による。

(32) 「小国の運命・大国の運命」では、堀田は一〇周年記念集会におけるスピーチでチェコ事件に言及したことを、「チェコスロヴァキアという国名はあげずに短い言葉で言い」と記している（全集九巻、四七〇頁）。

(33) 県立神奈川近代文学館・堀田善衞文庫には、このメッセージの写し（日本語）が二種類所蔵されているが、ごくわずかの異同がある。本文中の引用はそのうちの一方による。末尾には「一九六八年十二月十五日　於ドブジーシ　堀田善衞」とある。なお、「小国の運命・大国の運命」には、チェコスロヴァキア作家同盟にメッセージを届けたことについての言及はない。

(34) 初出は、堀田善衞編・解説『現代人の思想』第一七巻「民族の独立」（平凡社、一九六八年）。

(35) 初出は、堀田善衞編『講座中国』第四巻「これからの中国」（筑摩書房、一九六七年、原題「インターナショナリズムの前途」）。

(36) いずれも、『ゲバラ選集』第四巻（青木書店、一九六九年）に収録されている。

（37）　新左翼の知識人、運動家の間には中国の文化大革命に対する大きな支持ないし強い期待が存在した。馬場公彦『戦後日本人の中国像――日本敗戦から文化大革命・日中復交まで』（新曜社、二〇一〇年）の第四章・第五章参照。栗原幸夫は、前掲「ＡＡ作家運動の軌跡」の中で、中ソ論争を当初より中ソ間の「パワー・ポリティクス」として批判的に捉える一方で、文化大革命については共感を持っていたと回想している。堀田は文革について目立った発言を行っていないが、武田泰淳との対談『対話　私はもう中国を語らない』（朝日新聞社、一九七三年）にはやや詳しい言及がある。この対談において、堀田は、文化大革命によって命を奪われた「ぼくら敬愛していた友人たち」に思いを馳せて、「文化大革命ゆるしがたし」と述べている（八一頁）。

あとがき

記憶がたしかであれば、堀田善衞の作品を読み始めたのは、北大就職後まもない時期であったと思う。といっても、堀田ワールドに一気にのめり込んだというわけではない。私の堀田善衞に対する関心は、いくつかの論点を中心に、少しずつ深まっていった。

第一の論点は、中国との関わりである。堀田による敗戦前後の上海滞在とその影響下で書かれた作品については、当初より大きな関心を持っていた。大学の授業でも、『上海にて』や「上海もの」と呼ばれる一連の小説を、たびたび取り上げてきた。第二の論点は、文学批判である。文学や芸術がその内部に自足し現実社会から遊離する傾向をラディカルに批判した『定家明月記私抄』は、長らく最も思い入れのある作品だった。日本の古典文学を扱った堀田の作品の中では、一般には、『定家明月記私抄』よりも『方丈記私記』の方が人気が高い。けれども、『方丈記私記』における鴨長明の優れた現実感覚・歴史感覚に対する評価は、『定家明月記私抄』の問題提起に裏打ちされているからこそ深い意味を持つのではないだろうか。第三の論点は、日本文化批判である。堀田は、天皇制や無常観など、日本固有の制度やメンタリティーをくり返し批判してきた。堀田による日本文化批判は、学生時代から親しんできた加藤周一や丸山眞男によるそれと響き合うものと感じられた。

ただし、これらの論点は堀田善衞について本格的な研究を行うきっかけにはならなかった。本書の出発点は二〇一一年三月に発生した東京電力福島第一原発事故である。この事故の直後から原爆文学を読み直す機運が高まり、そうした動きに刺激されて、『審判』について論じてみたいと考えるようになった。本書の第Ⅰ部第三章で詳しく論じたように、『審判』は広島への原爆投下に関わった米国人パイロットをモデルにした長編小説である。ドストエフスキーの小説から大きな示唆を受けながら人類にとっての核の開発・使用の持つ意味を問い直した『審判』は、豊かな蓄積のある原爆文学の中でも異色の作品である。

私の専門は日本の近現代思想史であるが、二〇世紀思想史というグローバルな枠組みの中で日本の思想史を捉えることを心がけている。二〇世紀を捉える視点は人によって異なるだろうが、二〇世紀が、帝国主義、ファシズム、共産主義革命、植民地独立闘争、そして何よりも二度の世界戦争によって特徴づけられる激動の時代、そして暴力の時代であったことを否定する者はいないだろう。そしてホロコーストや核兵器の開発・使用が象徴するように、二〇世紀における科学技術の飛躍的な進歩は、人間が人間を支配し殺傷する能力を著しく向上させた。こうした状況は、広い意味でのヒューマニズムからの決別を告げる思想や文化を生み出した。暴力の極限形態と人類滅亡の可能性について問題提起した『審判』は、まさしく、堀田善衞が二〇世紀の時代状況と四つに組んだ作家・思想家であることを示すように思われた。

『審判』を出発点として書かれた本書全体のテーマは、必然的に堀田と「乱世」との関わりを問うものとなった。ただし、二〇世紀版「乱世」の冷酷無残な現実を考慮するならば、堀田が好んだ「乱世」という言葉は古めかしく、どこか牧歌的な印象さえ抱かせる。また、序論に書いたように、「乱世」は堀田善衞論の紋切り型でもある。これらの点を自覚しながらも、本書では敢えて「乱世」という言葉をタイトルに用いた。というのも、「乱世」は、堀田が二〇世紀における新しい時代状況に対して古典的な教養をもって立ち向かったことを示唆する言葉でもあるからだ。堀田は、第二次大戦期の体験に決定的な影響を受けながら、その体験を、院政期の内乱、ナポレオン戦争、フランス宗教戦争、中世の異端審問などの歴史的事件に重ね合わせた。

こうした堀田の態度は教養主義的であり、それを衒学的と感じる向きもあるかもしれない。しかし、古典的な教養をふまえつつ二〇世紀的な時代状況の中で革新的な問題提起を行った点では、サルトル、アレント、サイードといった二〇世紀の大思想家たちも同じである。新しい現実に素手で立ち向かうことはできない。過去の歴史に学ぶと共に、過去に書かれたテクストを新しい状況の中で蘇らせ、評価し直し、そして読み替えていくこと、これは人文学の最も基本的な態度とも言える。社会全体が科学主義に席巻されつつある今日、人文学の価値を信じる者の一人として、堀田の教養主義的な態度に与したいと考える。これは本書の隠れたメッセージでもある。

話を本書の成立過程に戻す。先ほど福島第一原発事故をきっかけとして『審判』について論じることを思い立ったと述べたが、『審判』論は二〇一三年一二月末に開催された原爆文学研究会における構想発表の後に論文化され、翌年に大学の紀要に発表された。その後は比較的スムースに研究が進んだ。当初から明確な構想をもって研究を始めたわけではないが、次々と論文を書き進めるうちに骨格となる三本の柱（本書の第Ⅰ部、第Ⅱ部、第Ⅲ部に相当する）が見えてきて、やがて本書へと結実した。

本書は全一一章からなるが、いずれも学内の雑誌に発表された論文を加筆修正したものである。一一編中一〇編は文学研究科の紀要に、残り一編は映像・表現文化論講座の雑誌に発表された。周知のように、学術論文の発表媒体としての大学の紀要の位置づけは高くないが、執筆者にとっては、実はこれほど有り難い媒体はない。『北海道大学文学研究科紀要』の場合は、年三回のペースで発行され、四回の校正の機会が確保されている。原則として、希望すれば執筆の機会が与えられ、そして論文のテーマや分量に制約はない。

ただし、人知れず黙々と紀要論文を発表し続けることは、一人で山に登るような大変孤独な作業であった。多くの場合、紀要論文は読者に読まれないし、また読まれたとしても著者はそのことを知らない。振り返ってみれば、「汝の道を行け、そして人々をして語るにまかせよ」というダンテの言葉に従ってひたすら我が道を歩んだ四年間であった。もちろん、本書の出版によってこうした状況が変わるとすれば、大変喜ばしい。読者の皆様からの忌憚のないご批判をお待ちする。

もともと本書は二〇一九年度に出版する予定であった。しかし、今年初めに堀田善衞生誕一〇〇年の節目の年に本書を出版したいという思いに囚われ、原稿の完成を急いだ。しかし、七月半ばの脱稿まで予想以上に時間がかかってしまった。この「あとがき」を執筆している現在、すでに年内の出版が危ぶまれる状況になっている。堀田善衞の誕生日である七月一七日から数えて一〇〇年目の年に出版できることを、せめてもの慰めとしたい。

＊

本書では、県立神奈川近代文学館堀田善衞文庫に所蔵されている、堀田善衞の自筆原稿、創作ノート、手帳、書簡、写真などの多くの資料を参照させていただいた。堀田善衞氏ご息女の堀田百合子氏には、資料の公開をご承諾いただき、度重なる事務手続きに迅速にご対応いただいた。また、鮟目卯女氏には中野重治氏宛書簡の公開を、五十嵐桂氏には野間宏氏宛書簡の公開を、本村雄一郎氏には加藤周一氏と堀田善衞氏のツーショット写真の使用を、廣瀬啓吉氏には廣瀬義男氏撮影の写真の使用をご承諾いただいた。また、資料の閲覧、公開にあたっては、和田明子氏を始めとする県立神奈川近代文学館の職員の皆様のお手を何度も煩わせた。以上の皆様に、心からの謝意を表したい。

ナカニシヤ出版の酒井敏行さんには、前著『『サークル村』と森崎和江――交流と連帯のヴィジョン』に引き続き編集をご担当いただいた。タイトなスケジュールの中で大変手際よく編集作業を進めていただいたことに深く感謝申し上げる。

坂口博さんには、前著に引き続き再校ゲラをチェックしてしていただいた。迅速にゲラにお目通しいただき、多数の重要なご指摘をいただいたことに厚くお礼申し上げる。

最後に、二〇一三年一二月末の研究会において『審判』論を発表する機会を与えていただき、沢山のコメントをくださった原爆文学研究会の皆様に感謝の気持ちをお伝えしたい。

本書は、JSPS科研費・基盤研究（C）「現代社会運動のアジェンダ――「フクシマ」以後の社会変革」（研究代表者・本田宏（24530644）、同「戦後派作家と人文知の関わりに関する思想史的研究」（17K02246）の成果の一部である。また、本書の刊行にあたり、北海道大学大学院文学研究科より平成三〇年度一般図書刊行助成を受けた。

二〇一八年一〇月末日　札幌にて

水溜真由美

初出一覧

第Ⅰ部

第一章　「堀田善衞『広場の孤独』論――二〇世紀における政治と知識人」『層――映像と表現』第九号、二〇一六年一〇月

第二章　「堀田善衞『歴史』」『北海道大学文学研究科紀要』第一五五号、二〇一八年七月

第三章　「堀田善衞『審判』論――原爆投下の罪と裁き」『北海道大学文学研究科紀要』第一四三号、二〇一四年七月

第四章　「堀田善衞『時間』――乱世を描く試み」『北海道大学文学研究科紀要』第一五四号、二〇一八年三月

第五章　「ユダとしての知識人――堀田善衞『海鳴りの底から』論」『北海道大学文学研究科紀要』第一四八号、二〇一六年三月

第Ⅱ部

第一章　「堀田善衞と作家・芸術家の肖像（1）――西行」『北海道大学文学研究科紀要』第一五〇号、二〇一六年一二月

第二章　「堀田善衞と作家・芸術家の肖像（2）――鴨長明・藤原定家」『北海道大学文学研究科紀要』第一

五一号、二〇一七年三月
第三章　「堀田善衞と作家・芸術家の肖像（3）――ゴヤ」『北海道大学文学研究科紀要』第一五二号、二〇一七年七月
第四章　「堀田善衞と作家・芸術家の肖像（4）――モンテーニュ」『北海道大学文学研究科紀要』第一五三号、二〇一七年一〇月

第Ⅲ部

第一章　「アジア・アフリカ作家会議と堀田善衞（1）――第三世界との出会い」『北海道大学文学研究科紀要』第一四四号、二〇一四年一一月
第二章　「アジア・アフリカ作家会議と堀田善衞（2）――「政治と文学」」『北海道大学文学研究科紀要』第一四七号、二〇一五年一二月

人名索引

作品名索引

＜その他の作品＞

事項索引

さ

た

水溜真由美（みずたまり　まゆみ）
1972年大阪府生まれ。東京大学大学院総合文化研究科国際社会科学専攻博士課程修了（学術博士）。現在、北海道大学大学院文学研究科准教授。専攻は、日本近現代思想史。著書に、『『サークル村』と森崎和江――交流と連帯のヴィジョン』（ナカニシヤ出版、2013年）、『カルチュラル・ポリティクス　1960／70』（北田暁大・野上元との共編著、せりか書房、2005年）など。

堀田善衞　乱世を生きる

2019年2月28日　初版第1刷発行　（定価はカバーに表示してあります）

著　者　水溜真由美
発行者　中西　良
発行所　株式会社ナカニシヤ出版
〒606-8161　京都市左京区一乗寺木ノ本町15番地
TEL 075-723-0111　FAX 075-723-0095
http://www.nakanishiya.co.jp/

装幀＝宗利淳一
印刷・製本＝亜細亜印刷

Printed in Japan.　ISBN978-4-7795-1364-0　C1010

『サークル村』と森崎和江
――交流と連帯のヴィジョン――
水溜真由美 著

筑豊の炭鉱を舞台に創刊された『サークル村』。そこに結集した谷川雁、上野英信、森崎和江たちは、激動する時代のなかで何を考えたのか。彼らの構想した交流と連帯のヴィジョンを探り、その現代的意義を問う。

三八〇〇円

講義　政治思想と文学
堀田新五郎・森川輝一 編

カミュやメルヴィル、フロベール、三島由紀夫らの作品を素材に「政治と文学」の関係を再考し、「政治」の自明性を問う。特別講義・平野啓一郎『仮面の告白』論」、最終講義・小野紀明「戦後日本の精神史」収録。

四〇〇〇円

社会的なもののために
市野川容孝・宇城輝人 編

平等と連帯を志向する〈社会的なもの〉の理念とは何か。その歴史的形成過程を明らかにし、それが何であったのか、何でありうるのかを正負両面を含めて明らかにする。暗闇の時代に、来るべき政治にむけた徹底討議の記録。

二八〇〇円

人文学宣言
山室信一 編

われわれはどこから来たのか、われわれは何者なのか、われわれはどこへ行くのか。「人文学」の危機が叫ばれるなか、人文・社会科学の存在意義とは何か。51名の人文学者による「わたしの人文学宣言」。

二二〇〇円

表示は本体価格です。